ADMIS FONCTION PUBLIQUE

CONCOURS 2023

6e édition

RÉDACTEUR TERRITORIAL RÉDACTEUR PRINCIPAL DE 2e CLASSE

Externe, interne et 3e voie • Catégorie B

Tout-en-un

Olivier Bellégo
Ancien directeur des concours du CIG de la petite couronne
et du CDG du Rhône et de la Métropole de Lyon,
membre de jurys de concours et examens,
élu local

Vuibert

Ressources numériques

Téléchargez des annales corrigées supplémentaires sur www.Vuibert.fr/site/214314

ISSN : 2109-9305
ISBN : 978-2-311-21431-4

Conception de la couverture et de l'intérieur : Séverine Tanguy
Composition : SCM, Toulouse
Crédit photographique : Adobe Stock

Site Internet : http://www.vuibert.fr

Sommaire
pour se repérer

Travail réalisé

Introduction .... 7 ☐

1. Une fonction publique qui devrait rester attractive .... 7 ☐
2. Des concours fortement professionnalisés .... 8 ☐
3. Des concours et examens « plus faciles » ? .... 9 ☐
4. Se préparer .... 10 ☐

Votre concours, votre métier en 10 questions-réponses

1. Quelles sont les missions des rédacteurs territoriaux ? .... 13 ☐
2. Comment s'inscrire aux concours de rédacteur et de rédacteur principal de 2e classe ? .... 14 ☐
3. Quelles sont les conditions d'accès aux concours ? .... 15 ☐
4. Quelles sont les épreuves des concours ? .... 18 ☐
5. Quelles sont les règles générales d'organisation du concours ? .... 22 ☐
6. Quelles sont vos chances de réussite ? .... 24 ☐
7. Que devez-vous faire après la réussite au concours ? .... 24 ☐
8. Quels sont les emplois proposés ? .... 25 ☐
9. Quelles sont les évolutions de carrière possibles ? .... 25 ☐
10. Quelle rémunération en début et en fin de carrière ? .... 26 ☐

Auto-évaluation .... 27 ☐

PARTIE 1 Réussir les épreuves d'admissibilité

Note sur dossier (rédacteur externe, interne et 3e voie)

Planning de révisions .... 35 ☐

Méthodologie et conseils .... 36 ☐

1. Comprendre les exigences de l'épreuve .... 36 ☐
2. Présenter clairement une note .... 51 ☐
3. Exploiter méthodiquement le sujet .... 59 ☐
4. Gérer le temps de l'épreuve .... 72 ☐

- **Annales corrigées** 74
  - **Sujet n° 1 :** Concours externe, session 2021 74
  - **Sujet n° 2 :** Concours externe, session 2019 106

Rapport sur dossier avec propositions opérationnelles (rédacteur principal de 2e classe externe, interne et 3e voie)

- **Planning de révisions** 137
- **Méthodologie et conseils** 139
  1. Comprendre les exigences de l'épreuve 139
  2. Présenter clairement un rapport 148
  3. Exploiter méthodiquement le sujet 156
  4. Gérer le temps de l'épreuve 160
  5. Se préparer en amont de l'épreuve 162
- **Annales corrigées** 167
  - **Sujet n° 1 :** Concours externe, interne et 3e voie, session 2021 167
  - **Sujet n° 2 :** Concours externe, interne et 3e voie, session 2019 206

Série de questions (rédacteur externe, rédacteur principal de 2e classe externe, interne et 3e voie)

- **Méthodologie et conseils** 241
  1. Maîtriser les connaissances 241
  2. Adopter une stratégie gagnante 246
  3. Soigner la rédaction 248
- **Annales corrigées** 249
  - **Questions :** droit public et finances publiques, session 2021 249
  - **Série de questions :** missions, compétences et moyens d'action des collectivités territoriales, session 2021 253
  - **Série de questions :** domaine au choix, session 2021 256

PARTIE 2 Maîtriser l'environnement territorial

- **Planning de révisions** 267
- **Tout le cours** 268
  1. Le service public, grands principes, principaux modes de gestion 268
  2. Les grands axes du système juridictionnel français 272
  3. Notions sur les normes juridiques et leur hiérarchie 276
  4. La responsabilité administrative 278
  5. Les principales compétences et attributions des collectivités territoriales 280
  6. Les réformes territoriales 294

7. Les principaux modes d'élection locale et leurs conséquences 304
8. Les modes de fonctionnement des collectivités territoriales et de leurs établissements publics 313
9. Les principaux modes de recrutement des agents publics fonctionnaires et contractuels 329
10. Les finances publiques locales et les budgets locaux 332
11. Notions sur la commande publique 348
12. Le contrôle des actes des collectivités territoriales 353
13. Les modes d'information des administrés et des élus 355
14. Notions sur la démocratie consultative et participative 359
15. Éléments de management 362

PARTIE 3 Réussir l'épreuve d'admission

Planning de révisions 370

Méthodologie et conseils 371

1. Un entretien avec un jury 373
2. Un exposé sur la formation, l'expérience, le projet 375
3. Une aide à la préparation de l'exposé 377
4. L'aptitude à exercer les missions 380
5. Le rôle essentiel du comportement 384

Simulations d'entretien 388

Simulation n° 1 : Rédacteur 388

Simulation n° 2 : Rédacteur principal 393

Introduction

Le recrutement par concours a longtemps constitué la voie royale d'accès aux fonctions publiques, au premier rang desquelles la fonction publique territoriale. L'article L. 320-1 du Code général de la fonction publique dispose que « **les fonctionnaires sont recrutés par concours**, sauf dérogation prévue par le présent livre (livre III) ». Cependant, le recrutement d'agents dits « non statutaires », assez récemment rebaptisés « agents contractuels » (décret du 29 décembre 2015), permet également de pourvoir des emplois de manière pérenne, et tend à se développer. On estime qu'environ 20 % des agents publics sont aujourd'hui contractuels. Ce phénomène tend à s'accentuer, la loi du 6 août 2019 de transformation de la fonction publique élargissant les possibilités de recours au contrat.
Le concours n'en a pas moins fait ses preuves comme mode de recrutement d'agents publics « selon leur capacité, et sans autre distinction que celle de leurs vertus et de leurs talents », pour reprendre les termes de la Déclaration des droits de l'homme et du citoyen de 1789, d'autant que la **professionnalisation** assez récente de nombreux concours et examens, dont les épreuves actuelles des concours de rédacteur et rédacteur principal de 2e classe rendent bien compte, fait largement tomber les critiques de ceux qui leur reprochaient leur caractère académique, excessivement décalé par rapport aux réalités institutionnelles et professionnelles.

1. Une fonction publique qui devait rester attractive

Longtemps considérée comme une fonction publique mineure au regard de la fonction publique d'État, la fonction publique territoriale, dont on fêtera bientôt les 40 ans, a aujourd'hui atteint l'âge de la pleine maturité : elle peut s'enorgueillir de ses 1 800 000 agents, de l'intelligence de sa construction autour d'une cinquantaine de cadres d'emplois (l'équivalent des corps de la fonction publique d'État) qui permettent l'exercice de 250 métiers différents, accessibles par concours, dans près de 40 000 collectivités territoriales et 20 000 établissements publics locaux.

Au lendemain des derniers transferts de compétences de l'État vers les collectivités territoriales et des collectivités territoriales vers les intercommunalités, la **fonction publique territoriale** devrait rester d'autant plus **attractive** que, conciliant la logique du recrutement par concours et de la carrière avec le principe de libre administration des collectivités territoriales, elle permet aux lauréats de concours devenus titulaires après leur nomination par une autorité exécutive locale (maire, président de conseil départemental, président de conseil régional ou président d'établissement public local) de gérer librement leur carrière en changeant, par mutation, d'employeur, sans rien perdre de l'ancienneté acquise.

Ces grands principes paraissent conserver aujourd'hui leur pertinence, en permettant aux responsables locaux de s'entourer de fonctionnaires dont la réussite d'un concours garantit les aptitudes et de s'attacher leurs services pour une durée permettant une montée en compétences précieuse. En outre, le « papy-boom » rendra inévitable le recrutement de nouveaux agents dont, certainement, des fonctionnaires sélectionnés par concours. Un contexte d'inflation des normes, source d'insécurité juridique, qui requiert des experts, et de recrutement de jeunes agents, qui impose un management intelligent, paraît ainsi requérir la nomination, notamment, de rédacteurs et de rédacteurs principaux de 2e classe de qualité parmi les lauréats du concours.

2. Des concours fortement professionnalisés

Depuis qu'un candidat à l'élection présidentielle, président de la République française de 2007 à 2012, avait déclaré : « Dans la fonction publique, il faut en finir avec la pression des concours et des examens. L'autre jour, je m'amusais, on s'amuse comme on peut, à regarder le programme du concours d'attaché d'administration. Un sadique ou un imbécile, choisissez, avait mis dans le programme d'interroger les concurrents sur *La Princesse de Clèves*. Je ne sais pas si cela vous est souvent arrivé de demander à la guichetière ce qu'elle pensait de *La Princesse de Clèves*… Imaginez un peu le spectacle ! En tout cas, je l'ai lu il y a tellement longtemps qu'il y a de fortes chances que j'aie raté l'examen ! », les concours avaient fait l'objet de nombreuses critiques, si répandues que nombreux étaient ceux qui étaient allés jusqu'à pronostiquer leur disparition.

Qu'en est-il réellement ? À y regarder de plus près, une vaste réforme a été engagée qui, sans remettre en cause le principe même du concours, s'est attachée à simplifier et à professionnaliser les épreuves. On ne peut nier en effet que nombreux étaient les concours dont les épreuves ou les sujets demeuraient très éloignés des missions exercées par les membres des corps ou des cadres d'emplois auxquels ces concours permettaient l'accès.

Le **Livre blanc sur l'avenir de la fonction publique**, remis par Jean-Ludovic Silicani, conseiller d'État, aux ministres chargés de la fonction publique le 18 avril 2008, préconisait la **professionnalisation des modes de recrutement** en donnant plus de place aux compétences qu'aux connaissances trop académiques et en ouvrant les concours aux professionnels du recrutement. Pour autant, le Livre blanc soulignait que « le concours externe est perçu comme une garantie de recrutement impartial et juste : les agents et les citoyens sont attachés à ce que le concours reste la voie de droit commun pour accéder à la fonction publique. Le concours est également le moyen de remettre à égalité des individus dont les cursus de formation n'ont pas la même valeur symbolique : le fait que tous les candidats puissent passer des épreuves identiques constitue en quelque sorte une nouvelle chance pour ceux d'entre eux qui n'ont pas pu accéder aux écoles et aux universités les plus prestigieuses ».

Le rapport de la Mission préparatoire au réexamen général du contenu du concours d'accès à la fonction publique de l'État, dit « **rapport Deforges** » (janvier 2008), établi par Corinne Deforges et Jean-Guy de Chalvron, inspecteurs généraux de l'administration centrale, a marqué également une étape importante dans le processus de modernisation des concours : dédié non sans humour « à Marie-Madeleine Pioche de La Vergne, Comtesse de La Fayette (1634-1693), et à la Princesse de Clèves (1678) sans lesquelles ce rapport n'aurait jamais pu voir le jour », le rapport s'est attaché à analyser « des concours où les savoirs académiques sont trop exclusivement valorisés » et a recommandé de « **professionnaliser les épreuves** » et de « mieux greffer leur contenu sur les compétences attendues ».

Notons toutefois que la professionnalisation des concours ne date pas d'aujourd'hui : engagée voici une quinzaine d'années, elle a par exemple fait disparaître l'épreuve de dictée des concours d'adjoint administratif territorial et d'adjoint technique territorial, aboli l'épreuve de résumé de texte des anciens concours de rédacteur territorial. Ce mouvement s'est ensuite accéléré, avec la réforme, par exemple, des concours d'attaché territorial ou de l'examen d'attaché principal, puis la refonte totale des épreuves des concours d'accès aux cadres d'emplois de catégorie B, dont les concours de rédacteur territorial, dans le cadre du « nouvel espace statutaire ».

NOTE DU FORMATEUR

Les concours de rédacteur territorial et de rédacteur territorial principal de 2e classe bénéficient ainsi depuis 2013 de ce mouvement de professionnalisation et de simplification.

Les épreuves écrites d'admissibilité qui permettent de devenir rédacteur ou rédacteur principal de 2e classe n'appartiennent plus, selon les concours, qu'à trois familles d'épreuves :

– la **note sur dossier** ;
– le **rapport sur dossier avec propositions** ;
– la **série de questions spécialisées**.

Ainsi ont disparu les épreuves de composition et de trois à cinq questions de culture générale.

Pour tous ces concours, les épreuves orales d'admission qui consistaient en des conversations à partir de textes de culture générale et en des interrogations spécialisées ont été remplacées par une unique épreuve d'**entretien avec le jury**.

3. Des concours « plus faciles » ?

Les candidats potentiels qui envisagent de se présenter aux concours de rédacteur et de rédacteur principal de 2e classe en 2023 ou 2025 estiment souvent que ceux-ci sont devenus « plus faciles » qu'ils ne l'étaient auparavant.

Rien n'est moins sûr : si ont disparu les épreuves redoutées dites « de culture générale » tant à l'écrit qu'à l'oral, remarquons que les concours internes et de 3e voie de rédacteur ne comportent plus qu'une seule épreuve écrite d'admissibilité, ce qui signifie que le candidat « joue » son admissibilité sur une seule épreuve sans qu'une éventuelle défaillance puisse être compensée par une autre épreuve.

En outre, la disparition des épreuves spécialisées à l'oral peut paraître rendre l'admission plus aisée, mais l'épreuve d'entretien mérite une très sérieuse préparation.

4. Se préparer

Pour vous permettre de **vous préparer au mieux à ces épreuves**, cet ouvrage présente à la fois des conseils méthodologiques pour chaque épreuve écrite d'admissibilité ainsi que des **sujets d'annales des sessions 2019 et 2021** des concours de rédacteur et rédacteur principal de 2e classe. Il comporte également un rappel des connaissances essentielles à maîtriser. Il contient enfin des conseils méthodologiques pour l'épreuve orale d'entretien.

Extrait du rapport du président du jury de la session 2019 du concours de rédacteur territorial organisé par le Centre de gestion du Rhône et de la Métropole de Lyon (CDG 69)

- **Questions par domaine (concours externe)**

« De manière transversale aux quatre domaines, la plupart des candidats semblent mal ou peu préparés à l'épreuve. Les réponses apportées sont trop superficielles ou insignifiantes. Dans le cas des questions à 4 points, de nombreux candidats ne contextualisent pas les réponses et répondent par des connaissances approximatives et peu structurées.

Dans certains cas, des candidats déjà en poste dans des collectivités déclinent les procédures internes en vigueur dans leur collectivité sans les inscrire dans un cadre plus global.

La rédaction pose souvent problème. L'orthographe, la grammaire et la syntaxe constituent un point faible pour de nombreux candidats. *A contrario*, de bonnes copies témoignent de solides connaissances appuyées par des réponses structurées, de la maîtrise des questions et du vocabulaire technique, d'une préparation sérieuse et rigoureuse, en s'appuyant sur des outils comme les annales, les rapports de jury. »

- **Note sur les collectivités territoriales (concours externe)**

« Plusieurs difficultés sont relevées. La mauvaise gestion du temps prive les candidats d'un précieux temps de relecture qui leur servirait à achever leur copie, repérer et corriger des fautes d'orthographe et de syntaxe. La capacité à synthétiser et à transmettre une information structurée et utile fait défaut à bon nombre de candidats. D'un point de vue formel, la note administrative n'est pas maîtrisée (absence d'en-tête, de références juridiques, de plan matérialisé et mauvaise maîtrise des règles de l'introduction). L'expression écrite est parfois insatisfaisante. 70 % des candidats ont une note inférieure à 10/20. Le niveau est donc globalement faible.

Certaines copies recueillent de bonnes notes en respectant notamment le formalisme de la note, en proposant une introduction contextualisant le sujet et offrant une problématique à laquelle le plan répond, ainsi qu'un développement correspondant au plan annoncé. Ces copies réussissent à restituer les informations au destinataire sous une forme structurée, utile à la décision et achevée. La maîtrise du temps est un point fort également. »

Extrait du rapport de la présidente du jury de la session 2021 du concours de rédacteur principal de 2e classe organisé par le Centre de gestion de Loire-Atlantique (CDG 44)

• **Réponse à des questions de droit public et de finances publiques (concours externe)**

– « Notions trop souvent survolées et peu approfondies.

– Les questions appelant des réponses développées manquent de structuration (problématique, plan).

– Hors sujets relativement fréquents. Nécessité de bien lire les questions.

– Méconnaissance du cycle budgétaire d'une collectivité. »

• **Rapport avec propositions opérationnelles (concours externe)**

– « Vigilance quant au style utilisé (éviter la première personne du singulier par exemple).

– Le formalisme de cette épreuve n'est pas toujours respecté. Attention à la méthodologie, à la structuration du devoir.

– La partie sur les propositions opérationnelles est souvent un peu sommaire et peu développée (parties en réel déséquilibre).

– Ne pas occulter le cadre juridique et ses évolutions.

– Peu de connaissances personnelles (hors fonds documentaire) sur la partie propositions. »

• **Conseils pour les futurs candidats**

« À chaque session, le jury regrette un manque significatif de préparation des candidats et constate un niveau très disparate. Nombre de candidats font preuve d'une difficulté générale d'analyse et de synthèse dans les réponses apportées aux questions.

Passer un concours exige une préparation sérieuse et un réel investissement de la part du candidat.

Il est donc indispensable de s'informer sur la nature des épreuves, le programme, le cadrage des épreuves, etc. [...] Une attention et un effort particulier doivent être portés à l'écrit. Maîtriser la syntaxe et l'orthographe est indispensable.

Par ailleurs, l'**épreuve de questions** est bien trop souvent négligée (que ce soit en interne, externe ou 3e concours). Il est recommandé de s'informer notamment sur l'actualité territoriale, et de s'approprier les règles de fonctionnement des collectivités territoriales.

Pour ce qui est de l'épreuve de **rapport avec propositions**, les correcteurs conseillent aux candidats d'apporter autant d'attention à la forme qu'au fond et de travailler la gestion du temps, de nombreux devoirs étant "bâclés" voire inachevés. »

Olivier Bellégo
Ancien directeur des concours du Centre interdépartemental de gestion (CIG)
de la petite couronne et du Centre de gestion de la fonction publique territoriale
du Rhône et de la Métropole de Lyon,
membre de jurys de concours et d'examens,
élu local

Votre concours, votre métier en 10 questions-réponses

1. Quelles sont les missions des rédacteurs territoriaux ?

Parmi les différents cadres d'emplois, celui de rédacteur territorial apparaît comme un cadre d'emplois particulièrement attractif dans la mesure où il donne vocation à occuper **un très grand nombre d'emplois caractérisés à la fois par leur expertise et par leur niveau de responsabilité.**

> **NOTE DU FORMATEUR**
>
> Depuis la réforme de 2012, le cadre d'emplois des rédacteurs territoriaux comprend deux grades accessibles par concours, le grade de **rédacteur**, dont le concours externe est ouvert aux titulaires du **baccalauréat** (ou de diplômes reconnus comme équivalents) et le grade de **rédacteur principal de 2e classe**, dont le concours externe requiert un diplôme de niveau **bac + 2**.

La définition réglementaire (décret nº 2012-924 du 30 juillet 2012 modifié portant statut particulier du cadre d'emplois des rédacteurs territoriaux) des **fonctions et missions** est très éclairante :

> « **Les rédacteurs territoriaux** sont chargés de fonctions administratives d'application. Ils assurent en particulier des tâches de **gestion administrative, budgétaire et comptable**, et participent à la **rédaction des actes juridiques**. Ils contribuent à **l'élaboration et à la réalisation des actions de communication, d'animation et de développement économique, social, culturel et sportif de la collectivité.**
>
> Les rédacteurs peuvent se voir confier des fonctions d'**encadrement** des agents d'exécution.
>
> Ils peuvent être chargés des fonctions d'assistant de direction ainsi que de celles de secrétaire de mairie d'une commune de moins de 2 000 habitants.
>
> **Les rédacteurs principaux de 2e classe et les rédacteurs principaux de 1re classe** ont vocation à occuper les emplois qui, relevant des domaines d'activité mentionnés ci-dessus, correspondent à un **niveau d'expertise** acquis par la formation

initiale, par l'expérience professionnelle ou par la formation professionnelle tout au long de la vie.
Ils peuvent à ce titre réaliser certaines **tâches complexes de gestion administrative, budgétaire et comptable**, être chargés de l'analyse, du suivi ou du contrôle de dispositifs ou assurer la coordination de projets.
Ils peuvent également se voir confier la **coordination d'une ou de plusieurs équipes**, et la **gestion ou l'animation d'un ou de plusieurs services**. »

2. Comment s'inscrire aux concours de rédacteur et de rédacteur principal de 2e classe ?

Leur organisation étant bisannuelle, **les prochaines sessions sont programmées en 2023** (épreuves écrites le 19 octobre 2023) puis, sauf changement de périodicité, **2025**.

Pour connaître les dates des différentes étapes des concours, c'est-à-dire, très précisément, la **date limite de retrait de dossier** (généralement possible par téléchargement), la **date limite de dépôt de dossier** (également appelée clôture des inscriptions) ainsi que la **date des épreuves écrites**, rien de plus simple : il vous suffit de vous connecter sur les sites des centres de gestion de la fonction publique territoriale. Il existe un centre de gestion par département, dont les sites sont très souvent accessibles à partir de « cdg » suivi du numéro de département (exemple : www.cdg69.fr).

En Île-de-France, deux centres de gestion sont interdépartementaux et organisent, avec le centre de gestion de Seine-et-Marne, un très grand nombre de concours :

- le centre interdépartemental de gestion de la grande couronne (www.cigversailles.fr), qui exerce ses compétences sur les territoires des départements des Yvelines (78), de l'Essonne (91) et du Val-d'Oise (95) ;
- le centre interdépartemental de gestion de la petite couronne (www.cig929394.fr), pour les Hauts-de-Seine (92), la Seine-Saint-Denis (93) et le Val-de-Marne (94).

Vous pouvez également trouver sur les sites de centres de gestion les **cadrages indicatifs** des épreuves sur la base desquels les concours sont organisés. Sur le site www.cig929394.fr, ces cadrages sont accessibles à la rubrique Accès à la fonction publique territoriale/Tout sur les concours et examens/S'informer et se préparer/Rechercher un concours ou examen professionnel. Ils donnent des précisions très utiles pour se préparer efficacement aux concours. On les trouve notamment, par exemple, sur le site du centre de gestion du Rhône et de la métropole de Lyon (www.cdg69.fr).

Précisons enfin que nombreux sont les centres de gestion qui organisent les concours de rédacteur et de rédacteur principal de 2e classe. Soulignons que tous ont décidé d'organiser ces concours le même jour et aux mêmes heures sur la base de sujets nationaux, ce qui signifie que vous ne pourrez subir les épreuves que dans un seul centre de gestion et que les sujets des épreuves écrites seront, sauf à de très rares exceptions, les mêmes où que vous passiez le concours.

LES NOUVELLES MODALITÉS D'INSCRIPTION

La loi de transformation de la fonction publique du 6 août 2019, et plus particulièrement son article 89, interdit les multi-inscriptions aux concours afin de réduire l'absentéisme et de faciliter la mise en relation des candidats avec les autorités organisatrices. Pour garantir l'effectivité de cette nouvelle disposition, un site unique d'inscription au niveau national a été développé par le groupement d'intérêt public (GIP) informatique des centres de gestion.

Le décret n° 2021-376 du 31 mars 2021, paru au *Journal officiel* du 2 avril 2021, est venu préciser les modalités de mise en œuvre de ce dispositif visant à limiter l'inscription d'un candidat à un même concours organisé simultanément par plusieurs centres de gestion, quelles que soient les modalités d'accès (externe, interne ou 3e concours).

Le candidat allant directement sur le site d'un CDG est automatiquement **redirigé vers le portail national**, qui lui permettra ensuite de se connecter à l'organisateur de son choix afin d'effectuer sa préinscription.

Via ce portail national, le candidat doit sélectionner le concours qui l'intéresse puis le CDG organisateur, la voie d'accès retenue (externe, interne ou 3e concours) et, le cas échéant, la spécialité, option et/ou discipline. Après avoir effectué ces choix, il sera invité à créer un compte d'accès pour se préinscrire.

Une fois connecté, le candidat aura accès au formulaire de préinscription du CDG organisateur choisi. Durant la période d'inscription, il aura toujours la possibilité de changer de CDG ; **cependant, toute nouvelle inscription supprimera automatiquement l'inscription effectuée préalablement auprès d'un autre CDG.**

Enfin, il est important de souligner que cette plateforme d'inscription ne se substitue pas aux sites des autorités organisatrices et sert uniquement à la préinscription des candidats. **La gestion et le suivi des dossiers** (recevabilité ou non du dossier d'inscription, convocations, résultats d'admissibilité, d'admission, etc.) ne sont accessibles que sur le site internet du CDG retenu.

3. Quelles sont les conditions d'accès aux concours ?

Elles sont très clairement rappelées dans les notices (ou brochures) de présentation des concours réalisées par les centres de gestion.

Il convient d'abord de satisfaire aux conditions générales pour devenir fonctionnaire, à savoir :

- posséder la nationalité française ou celle de l'un des autres États membres de la Communauté européenne ou d'un État partie à l'accord sur l'Espace économique européen ;
- jouir de ses droits civiques dans l'État dont on est ressortissant ;
- ne pas avoir subi une condamnation incompatible avec l'exercice des fonctions ;
- être en position régulière au regard des obligations de service national de l'État dont on est ressortissant ;
- remplir les conditions d'aptitude physique exigées pour l'exercice des fonctions.

A. Les concours externes

Le **concours externe** de **rédacteur** est ouvert aux candidats titulaires d'un baccalauréat de l'enseignement secondaire ou d'un diplôme homologué au **niveau 4** (anciennement niveau IV), ou d'une qualification reconnue comme équivalente.

Le **concours externe** de **rédacteur principal de 2e classe** est ouvert aux candidats titulaires d'un diplôme sanctionnant deux années de formation homologué au **niveau 5** (anciennement niveau III), ou d'une qualification reconnue comme équivalente.

■ **Peut-on se présenter aux concours externes sans détenir les diplômes requis ?**

Les **mères et pères élevant ou ayant effectivement élevé au moins trois enfants** sont dispensés de toute condition de diplôme, de même que les **sportifs de haut niveau** (figurant sur la liste des sportifs de haut niveau fixée chaque année par le ministre chargé de la jeunesse et des sports).

Ces concours sont également accessibles au titre des **équivalences de diplômes** et de la **reconnaissance de l'expérience professionnelle** instruits par les centres de gestion en leur qualité d'autorités organisatrices de ces concours, s'agissant de concours à conditions de diplômes « généralistes ».

Peuvent se présenter aux concours externes, sous réserve de remplir les conditions générales de recrutement, les candidats qui justifient de **qualifications au moins équivalentes**.

Ainsi, les candidats aux concours bénéficient d'une équivalence de plein droit dès lors qu'ils satisfont à l'une au moins des conditions suivantes :

- être titulaire d'un diplôme, d'un titre de formation ou d'une attestation établie par une autorité compétente prouvant que le candidat a accompli avec succès un cycle de formation au moins de mêmes niveau et durée que ceux sanctionnés par les diplômes ou titres requis;
- justifier d'une attestation d'inscription dans un cycle de formation dont la condition normale d'accès est d'être titulaire d'un diplôme ou d'un titre de formation au moins de même niveau que celui des diplômes ou titres requis;
- être titulaire d'un diplôme ou d'un titre homologué ou d'un diplôme ou titre à finalité professionnelle enregistré au répertoire national des certifications professionnelles, classé au moins au même niveau que le diplôme ou titre requis;
- être titulaire d'un diplôme ou titre de formation au moins équivalent, figurant sur une liste fixée, pour chaque niveau de diplôme, par un arrêté conjoint du ministre intéressé, du ministre chargé de l'Éducation et du ministre chargé de la Fonction publique.

Le candidat est tenu de fournir, à l'appui de sa demande, une copie du diplôme ou titre, le cas échéant, dans une traduction en français établie par un traducteur assermenté.

Par ailleurs, les candidats qui justifient de **l'exercice d'une activité professionnelle, salariée ou non, exercée de façon continue ou non, équivalente à une durée totale cumulée d'au moins trois ans à temps plein et relevant de la même catégorie socioprofessionnelle** que celle de la profession à laquelle la réussite au concours permet l'accès, peuvent également faire acte de candidature à ce concours.

La durée totale cumulée d'expérience exigée est réduite à deux ans lorsque le candidat justifie d'un titre ou d'un diplôme de niveau immédiatement inférieur à celui requis. Les périodes de formation initiale ou continue, quel que soit le statut de la personne, ainsi que les stages et les périodes de formation en milieu professionnel accomplis pour la préparation d'un diplôme ou d'un titre ne sont pas pris en compte pour le calcul de la durée d'expérience requise.

B. Les concours internes

Les **concours internes** de **rédacteur** et de **rédacteur principal de 2e classe** sont ouverts aux fonctionnaires et agents des collectivités territoriales, de l'État et des établissements publics qui en dépendent, de la fonction publique hospitalière ainsi qu'aux agents en fonction dans une organisation internationale intergouvernementale.

Les concours internes sont également ouverts aux candidats qui justifient d'une durée de services accomplis dans une administration, un organisme ou un établissement d'un État membre de la Communauté européenne ou d'un État partie à l'accord sur l'Espace économique européen autre que la France dont les missions sont comparables à celles des administrations et des établissements publics dans lesquels les fonctionnaires civils mentionnés à l'article 2 de la loi n° 83-634 du 13 juillet 1983 précitée exercent leurs fonctions, et qui ont, le cas échéant, reçu dans l'un de ces États une formation équivalente à celle requise par les statuts particuliers pour l'accès aux cadres d'emplois considérés.

Les candidats doivent justifier, au 1er janvier de l'année du concours, de quatre ans au moins de service public et doivent être en activité à la clôture des inscriptions.

Ainsi, pour se présenter à la session 2023 (épreuves écrites le 19 octobre 2023) du concours interne de rédacteur ou de rédacteur principal de 2e classe, il faut justifier de quatre ans au moins de service public au 1er janvier 2023.

C. Les troisièmes concours

Enfin, les **troisièmes concours** (ou concours de troisième voie) de **rédacteur** et de **rédacteur principal de 2e classe** sont ouverts aux candidats justifiant, au 1er janvier de l'année au titre de laquelle est ouvert le concours, de l'exercice, pendant une durée de quatre ans au moins, d'une ou de plusieurs activités professionnelles, quelle qu'en soit la nature, d'un ou de plusieurs mandats de membre d'une assemblée élue d'une collectivité territoriale ou d'une ou plusieurs activités accomplies en qualité de responsable, y compris bénévole, d'une association.

La durée des activités professionnelles, associatives, ou des mandats électifs ne peut être prise en compte que si les intéressés n'avaient pas, au moment où ils les exerçaient, la qualité de fonctionnaire, de magistrat, de militaire ou d'agent public.

Toutefois, cette règle ne fait pas obstacle à ce que les activités syndicales des candidats soumis à l'article 23 *bis* de la loi n° 83-634 du 13 juillet 1983 portant droits et obligations des fonctionnaires soient prises en compte pour l'accès à ces concours.

4. Quelles sont les épreuves des concours ?

Soulignons tout d'abord qu'aucune des épreuves ne comporte de programme réglementaire.

A. Les concours de rédacteur

a. Le concours externe

Ce concours comporte **deux épreuves écrites d'admissibilité** :

- **Première épreuve (durée : 3 heures; coefficient 1)**
  La rédaction d'une note à partir des éléments d'un dossier portant sur des notions générales relatives aux missions, compétences et moyens d'action des collectivités territoriales.
- **Deuxième épreuve (durée : 3 heures; coefficient 1)**
  Des réponses à une série de questions portant au choix du candidat lors de son inscription, sur l'un des domaines suivants :
  - les finances, les budgets et l'intervention économique des collectivités territoriales;
  - le droit public en relation avec les missions des collectivités territoriales;
  - l'action sanitaire et sociale des collectivités territoriales;
  - le droit civil en relation avec les missions des collectivités territoriales.

Toute note inférieure à 5,00 à l'une des épreuves écrites d'admissibilité entraîne l'élimination du candidat, quelle que soit la moyenne générale qu'il obtient à ces deux épreuves.

Peuvent seuls être autorisés à se présenter à l'épreuve d'admission les candidats déclarés admissibles par le jury.

- **L'unique épreuve orale d'admission :**

Elle consiste en un entretien ayant pour point de départ un exposé du candidat sur sa formation et son projet professionnel et permettant au jury d'apprécier sa capacité à s'intégrer dans l'environnement professionnel au sein duquel il est appelé à exercer ses fonctions, sa motivation et son aptitude à assurer les missions dévolues au cadre d'emplois (durée totale de l'entretien : 20 min, dont 5 au plus d'exposé; coefficient 1).

Depuis l'entrée en vigueur du décret n° 2013-593 du 5 juillet 2013, cette épreuve d'admission est également dotée d'une note éliminatoire, toute note inférieure à 5 sur 20 entraînant l'élimination du candidat, quelle que soit la moyenne des notes obtenues.

De plus, aucun candidat ne peut être admis si la moyenne de ses notes aux épreuves est inférieure à 10 sur 20 après application des coefficients correspondants.

b. Le concours interne

Ce concours ne comporte qu'**une seule épreuve écrite d'admissibilité (durée : 3 heures; coefficient 1)**.

Elle consiste en la rédaction d'une note à partir des éléments d'un dossier portant sur l'un des domaines suivants, au choix du candidat lors de son inscription :

- les finances, les budgets et l'intervention économique des collectivités territoriales ;
- le droit public en relation avec les missions des collectivités territoriales ;
- l'action sanitaire et sociale des collectivités territoriales ;
- le droit civil en relation avec les missions des collectivités territoriales.

Toute note inférieure à 5,00 à cette épreuve entraîne l'élimination du candidat.

Peuvent seuls être autorisés à se présenter à l'épreuve d'admission les candidats déclarés admissibles par le jury.

■ **L'unique épreuve orale d'admission :**

Elle consiste en un entretien ayant pour point de départ un exposé du candidat sur les acquis de son expérience et permettant au jury d'apprécier ses motivations et son aptitude à exercer les missions dévolues au cadre d'emplois (durée totale de l'entretien : 20 min dont 5 au plus d'exposé ; coefficient 1).

Depuis l'entrée en vigueur du décret n° 2013-593 du 5 juillet 2013, cette épreuve d'admission est également dotée d'une note éliminatoire, toute note inférieure à 5 sur 20 entraînant l'élimination du candidat, quelle que soit la moyenne des notes obtenues.

De plus, aucun candidat ne peut être admis si la moyenne de ses notes aux épreuves est inférieure à 10 sur 20 après application des coefficients correspondants.

c. Le troisième concours

Ce concours ne comporte qu'**une seule épreuve écrite d'admissibilité (durée : 3 heures ; coefficient 1)**, identique à celle du concours interne.

Elle consiste en la rédaction d'une note à partir des éléments d'un dossier portant sur l'un des domaines suivants, au choix du candidat lors de son inscription :

- les finances, les budgets et l'intervention économique des collectivités territoriales ;
- le droit public en relation avec les missions des collectivités territoriales ;
- l'action sanitaire et sociale des collectivités territoriales ;
- le droit civil en relation avec les missions des collectivités territoriales.

Toute note inférieure à 5,00 à cette épreuve entraîne l'élimination du candidat.

Peuvent seuls être autorisés à se présenter à l'épreuve d'admission les candidats déclarés admissibles par le jury.

■ **L'unique épreuve orale d'admission :**

Elle consiste en un entretien ayant pour point de départ un exposé du candidat sur les acquis de son expérience, permettant au jury d'apprécier ses motivations et son aptitude à exercer les missions dévolues au cadre d'emplois ainsi que sa capacité à s'intégrer dans l'environnement professionnel (durée totale de l'entretien : 20 min dont 5 au plus d'exposé ; coefficient 1).

Depuis l'entrée en vigueur du décret n° 2013-593 du 5 juillet 2013, cette épreuve d'admission est également dotée d'une note éliminatoire, toute note inférieure à 5 sur 20 entraînant l'élimination du candidat, quelle que soit la moyenne des notes obtenues.

De plus, aucun candidat ne peut être admis si la moyenne de ses notes aux épreuves est inférieure à 10 sur 20 après application des coefficients correspondants.

B. Les concours de rédacteur principal de 2e classe

a. Le concours externe

Ce concours comporte **deux épreuves écrites d'admissibilité** :

- **Première épreuve (durée : 3 heures; coefficient 1)**

  Des réponses à des questions de droit public et de finances publiques portant notamment sur le fonctionnement des collectivités territoriales.

- **Deuxième épreuve (durée : 3 heures; coefficient 1)**

  La rédaction d'un rapport à partir des éléments d'un dossier portant sur les missions, compétences et moyens d'action des collectivités territoriales, assorti de propositions opérationnelles.

Toute note inférieure à 5,00 à l'une des épreuves écrites d'admissibilité entraîne l'élimination du candidat, quelle que soit la moyenne générale qu'il obtient à ces deux épreuves.

Peuvent seuls être autorisés à se présenter à l'épreuve d'admission les candidats déclarés admissibles par le jury.

■ **L'unique épreuve orale d'admission :**

Elle consiste en un entretien, ayant pour point de départ un exposé du candidat sur sa formation et son projet professionnel, permettant au jury d'apprécier ses connaissances, sa motivation et son aptitude à exercer les missions dévolues aux membres du cadre d'emplois et à encadrer une équipe (durée totale de l'entretien : 20 min, dont 5 min au plus d'exposé; coefficient 1).

Depuis l'entrée en vigueur du décret n° 2013-593 du 5 juillet 2013, cette épreuve d'admission est également dotée d'une note éliminatoire, toute note inférieure à 5 sur 20 entraînant l'élimination du candidat, quelle que soit la moyenne des notes obtenues.

De plus, aucun candidat ne peut être admis si la moyenne de ses notes aux épreuves est inférieure à 10 sur 20 après application des coefficients correspondants.

b. Le concours interne

Ce concours comporte **deux épreuves écrites d'admissibilité** :

- **Première épreuve (durée : 3 heures; coefficient 1)**

  La rédaction d'un rapport à partir des éléments d'un dossier portant sur les missions, compétences et moyens d'action des collectivités territoriales, assorti de propositions opérationnelles.

- **Deuxième épreuve (durée : 3 heures ; coefficient 1)**
  Des réponses à une série de questions portant sur les missions, compétences et moyens d'action des collectivités territoriales permettant d'apprécier les connaissances professionnelles du candidat.

Toute note inférieure à 5,00 à l'une des épreuves écrites d'admissibilité entraîne l'élimination du candidat, quelle que soit la moyenne générale qu'il obtient à ces deux épreuves.

Peuvent seuls être autorisés à se présenter à l'épreuve d'admission les candidats déclarés admissibles par le jury.

L'unique épreuve orale d'admission :

L'épreuve d'admission consiste en un entretien, ayant pour point de départ un exposé du candidat sur les acquis de son expérience, permettant au jury d'apprécier ses connaissances, sa motivation, son aptitude à exercer les missions dévolues aux membres du cadre d'emplois et à encadrer une équipe (durée totale de l'entretien : 20 min, dont 5 min au plus d'exposé ; coefficient 1).

Depuis l'entrée en vigueur du décret n° 2013-593 du 5 juillet 2013, cette épreuve d'admission est également dotée d'une note éliminatoire, toute note inférieure à 5 sur 20 entraînant l'élimination du candidat, quelle que soit la moyenne des notes obtenues.

De plus, aucun candidat ne peut être admis si la moyenne de ses notes aux épreuves est inférieure à 10 sur 20 après application des coefficients correspondants.

c. Le troisième concours

Ce concours comporte **deux épreuves écrites d'admissibilité**, identiques à celles du concours interne :

- **Première épreuve (durée : 3 heures ; coefficient 1)**
  La rédaction d'un rapport à partir des éléments d'un dossier portant sur les missions, compétences et moyens d'action des collectivités territoriales, assorti de propositions opérationnelles.
- **Deuxième épreuve (durée : 3 heures ; coefficient 1)**
  Des réponses à une série de questions portant sur les missions, compétences et moyens d'action des collectivités territoriales permettant d'apprécier les connaissances professionnelles du candidat.

Toute note inférieure à 5,00 à l'une des épreuves écrites d'admissibilité entraîne l'élimination du candidat, quelle que soit la moyenne générale qu'il obtient à ces deux épreuves.

Peuvent seuls être autorisés à se présenter à l'épreuve d'admission les candidats déclarés admissibles par le jury.

L'unique épreuve orale d'admission :

L'épreuve d'admission consiste en un entretien, ayant pour point de départ un exposé du candidat sur les acquis de son expérience, permettant au jury d'apprécier ses connaissances, sa motivation, son aptitude à exercer les missions dévolues aux membres du cadre d'emplois et sa capacité à s'intégrer dans l'environnement professionnel et à encadrer une équipe (durée totale de l'entretien : 20 min, dont 5 min au plus d'exposé ; coefficient 1).

Depuis l'entrée en vigueur du décret n° 2013-593 du 5 juillet 2013, cette épreuve d'admission est également dotée d'une note éliminatoire, toute note inférieure à 5 sur 20 entraînant l'élimination du candidat quelle que soit la moyenne des notes obtenues.

De plus, aucun candidat ne peut être admis si la moyenne de ses notes aux épreuves est inférieure à 10 sur 20 après application des coefficients correspondants.

5. Quelles sont les règles générales d'organisation du concours ?

Les règles d'organisation des concours résultent tant des décrets fixant les modalités d'organisation des concours que de la jurisprudence. Elles sont souvent mal connues des candidats qui ont parfois en tête des scénarii très différents de la réalité :

- **un candidat absent à une épreuve obligatoire est définitivement éliminé**, quelles que soient les notes qu'il a obtenues aux autres épreuves ;
- **le choix d'une option ou domaine**, pour les épreuves qui en comportent, **est définitif à la clôture des inscriptions** : ainsi, pour l'épreuve de « réponses à une série de questions portant, au choix du candidat lors de son inscription, sur l'un des domaines suivants » : finances/droit public/action sanitaire et sociale/droit civil, le choix du domaine ne peut plus être modifié une fois les inscriptions terminées ;
- **les épreuves écrites font l'objet d'une double correction** : constitués en binômes, les correcteurs corrigent chacun la moitié des copies qui leur sont confiées, échangent au terme de leur correction les copies qu'ils ont corrigées, vierges de toute annotation, en conservant leurs fiches de correction ; ils se retrouvent ensuite pour harmoniser leurs corrections respectives et décider de la note attribuée à chaque copie. **Une garantie essentielle** pour les candidats dont les copies sont évaluées par deux personnes différentes qui ignorent tout, lorsqu'elles corrigent la copie, de l'appréciation et de la note arrêtées par l'autre correcteur. De plus en plus souvent pratiquée, la correction dématérialisée des copies assure également le respect de cette règle ;
- **le jury fixe souverainement les seuils d'admissibilité puis d'admission.** Il se prononce sur la base de cahiers de notes anonymes (ne comportant pas les noms des candidats), l'anonymat des épreuves étant garanti tant pendant la correction des épreuves écrites que pendant les délibérations du jury ;
- lorsqu'un concours comporte plusieurs épreuves écrites, l'obtention d'une note inférieure à 5 sur 20 à l'une de ces épreuves vous élimine même si vous avez obtenu d'excellentes notes à l'autre ou aux autres épreuves écrites. Par exemple, au concours externe de rédacteur, si vous obtenez la note de 16 sur 20 à l'épreuve de note sur dossier et de 4 sur 20 à celle de réponses à une série de questions, vous ne pouvez être déclaré admissible bien que la moyenne de vos notes (10 sur 20) soit éventuellement égale voire supérieure au seuil d'admissibilité fixé par le jury ;

- lorsque vous êtes admissible, vous recevez une convocation à l'oral d'admission, mais vous n'avez pas connaissance de la note ou des notes d'écrit, afin que tous les candidats admissibles soient égaux devant l'épreuve orale;
- **les jurys d'oral n'ont pas connaissance des notes obtenues à l'écrit par les candidats admissibles.** Ils savent simplement que chaque candidat qui se présente devant eux a au moins obtenu une note égale au seuil d'admissibilité (note ou moyenne des notes minimale requise pour être déclaré admissible) que le jury a souverainement fixé;
- la note finale qui va vous permettre d'être le cas échéant déclaré admis par le jury est la moyenne des notes obtenues à chacune des épreuves après application de leurs coefficients respectifs;
- désormais, toute note inférieure à 5 sur 20 à l'épreuve orale d'admission est également éliminatoire;
- un candidat ne peut être admis si la moyenne de ses notes est inférieure à 10 sur 20;
- **le jury n'a pas l'obligation de pourvoir tous les postes** : la fixation, par exemple, à 10 sur 20 du seuil d'admission (c'est-à-dire de la moyenne requise d'un candidat pour être admis) peut avoir pour effet que des postes demeurent non pourvus, soit lorsque le nombre de candidats est peu élevé au regard du nombre de postes ouverts au concours, soit lorsque le niveau des candidats est insuffisant.

LES CONSEILS PRATIQUES À RETENIR

Vous préparez un concours et vous êtes bien décidé à le réussir. Quelques conseils pratiques pour ne pas tout gâcher le jour J :

– Avant le concours, n'hésitez jamais à joindre l'autorité organisatrice du concours par téléphone ou par courriel pour toute précision.

– Vous recevez généralement votre convocation une quinzaine de jours avant les épreuves écrites puis, lorsque vous êtes admissible, orales. Lisez-la très attentivement, elle contient des informations essentielles (date, heure, lieu des épreuves, matériel autorisé, etc.).

– La veille de l'épreuve, **préparez votre convocation et une pièce d'identité** qui vous seront demandées avant ou pendant l'épreuve. N'ajoutez pas du stress au stress en les cherchant au dernier moment.

– Repérez votre itinéraire et prenez vos précautions afin de limiter les risques de retard. Les règles sont extrêmement strictes et ne laissent place à aucune négociation : **si vous vous présentez sur le lieu de l'épreuve écrite après la distribution des sujets et le démarrage de l'épreuve, vous ne serez pas autorisé à entrer dans la salle d'examen.**

– Avant le démarrage de l'épreuve écrite, **écoutez attentivement les consignes** qui vous sont données, et tout particulièrement celles qui ont trait à l'anonymat de votre copie : toute anomalie dans la présentation de votre copie (couleur d'encre non autorisée, nom réel ou fictif ne figurant pas dans le sujet, paraphe lisible ou illisible, etc.) est constitutive d'un signe distinctif pouvant entraîner l'annulation de votre copie par le jury pour rupture d'anonymat.

– En fin d'épreuve écrite, respectez les consignes : ne cherchez pas à continuer à écrire une fois l'épreuve terminée, vous risqueriez l'annulation de votre copie par le jury.

6. Quelles sont vos chances de réussite ?

En l'absence de compilation nationale récente des données des centres de gestion organisateurs, les données 2021 du CIG de la Petite Couronne, qui organise le concours de rédacteur pour le plus grand nombre de candidats, sont éclairantes :

	Total	Concours externe	Concours interne	3e concours
Postes ouverts	**800**	107	593	100
Admis à concourir	**7 055**	1 936	4 582	537
Présents à l'écrit	**4 426**	876	3 135	415
% absents à l'écrit	**37,26 %**	54,75 %	31,58 %	22,72 %
Admissibles	**1 155**	154	856	145
Présents à l'oral	**1 129**	149	840	140
% absents à l'oral	**2,25 %**	3,25 %	1,87 %	3,45 %
Admis	**791**	107	593	91

Au concours externe, on observe que le ratio est d'environ 8 candidats présents à l'écrit pour 1 poste, à comparer au ratio de 5 candidats présents à l'écrit pour 1 poste au concours interne, ce qui offre de sérieuses chances de réussite aux candidats bien préparés.

7. Que devez-vous faire après la réussite au concours ?

Une précision qui a son importance : aux concours d'accès à la fonction publique territoriale, les candidats lauréats de concours ne se voient pas affectés à un poste en fonction de leur rang de classement.

Ils sont **inscrits par ordre alphabétique sur une liste d'aptitude** qui leur donne vocation, après s'être librement portés candidats à un poste proposé par une collectivité territoriale ou un établissement public local, à être recrutés à l'issue d'entretiens d'embauche. Une fois titularisés après un stage qui dure généralement un an, ils pourront librement changer d'employeur par mutation ou par détachement, en conservant l'ancienneté acquise : intelligence d'un statut qui laisse les employeurs locaux libres de recruter qui ils veulent, dès lors que cette personne est lauréate d'un concours, et garantit aux fonctionnaires territoriaux **les mêmes droits qu'aux autres fonctionnaires**.

Il convient en outre de préciser que les listes d'aptitude établies à l'issue d'un concours sont valables **quatre ans** (inscription initiale pour une durée de deux années, renouvelable deux fois pour un an à chaque renouvellement) et que **cette validité est nationale**, ce qui signifie que le lauréat d'un concours peut être nommé par tout employeur local (commune, département, région, établissement public local), quel que soit le centre de gestion qui l'a porté sur liste d'aptitude après sa réussite au concours organisé par ce centre.

8. Quels sont les emplois proposés ?

La consultation de revues spécialisées permet de prendre la pleine mesure des différents « métiers » exercés par les rédacteurs et rédacteurs principaux de 2e classe.

Sur le site www.emploi.lagazettedescommunes.com, vous trouvez par exemple à l'instant T des offres d'emploi de rédacteur proposées par différentes collectivités territoriales qui cherchent à pourvoir les postes de :

- secrétaire de mairie ;
- responsable du service financier ;
- gestionnaire de la commande publique et des achats ;
- chef de service ressources humaines et moyens généraux ;
- assistant(e) de direction du service des sports ;
- coordinateur social ;
- responsable du pôle associations ;
- chef de projet politique de la ville ;
- webmaster éditorial, animateur.trice internet ;
- chargé de formation junior ;
- chargé d'administration de projet européen ;
- etc.

Si vous souhaitez postuler dans votre département ou votre région et bénéficier d'un accompagnement à la recherche d'emploi, rendez-vous sur le site du centre de gestion de la fonction publique territoriale de votre département qui gère une « bourse de l'emploi » alimentée par les offres d'emploi des collectivités territoriales de son ressort.

9. Quelles sont les évolutions de carrière possibles ?

Le cadre d'emplois des rédacteurs territoriaux compte trois grades :

- premier grade : rédacteur ;
- deuxième grade : rédacteur principal de 2e classe ;
- troisième grade : rédacteur principal de 1re classe.

Le grade de **rédacteur principal de 2e classe** est accessible :

- par **concours** ;
- par la voie d'un **examen professionnel de promotion interne** ouvert aux fonctionnaires relevant du cadre d'emplois des adjoints administratifs territoriaux, titulaires du grade d'adjoint administratif principal de 1re classe ou du grade d'adjoint administratif principal de 2e classe comptant :
  - soit au moins 12 ans de services publics effectifs, dont 5 ans dans le cadre d'emplois des adjoints administratifs en position d'activité ou de détachement,
  - soit au moins 10 ans de services publics effectifs, lorsqu'ils exercent les fonctions de secrétaire de mairie d'une commune de moins de 2 000 habitants depuis au moins 4 ans ;

- par la voie d'un **examen professionnel d'avancement de grade** ouvert aux fonctionnaires ayant au moins atteint le 4e échelon du premier grade et justifiant d'au moins trois années de services effectifs dans un corps, cadre d'emplois ou emploi de catégorie B ou de même niveau ;
- par la voie du **choix**, après inscription sur un tableau d'avancement établi après avis de la commission administrative paritaire, ouverte aux fonctionnaires justifiant d'au moins un an dans le 6e échelon du premier grade et d'au moins cinq années de services effectifs dans un corps, cadre d'emplois ou emploi de catégorie B ou de même niveau.

Le grade de **rédacteur principal de 1re classe** est accessible :
- par la voie d'un **examen professionnel** ouvert aux fonctionnaires justifiant d'au moins un an dans le 5e échelon du deuxième grade et d'au moins trois années de services effectifs dans un corps, cadre d'emplois ou emploi de catégorie B ou de même niveau ;
- par la voie du choix, après inscription sur un tableau d'avancement établi après avis de la commission administrative paritaire, ouverte aux fonctionnaires justifiant d'au moins un an dans le 6e échelon du deuxième grade et d'au moins cinq années de services effectifs dans un corps, cadre d'emplois ou emploi de catégorie B ou de même niveau.

10. Quelles rémunération en début et en fin de carrière ?

Rémunération au 1er janvier 2022.

Rédacteur

Échelon	Indice brut	Indice majoré	Salaire brut
1	372	343	1 607,31 €
13	597	503	2 357,07 €

Rédacteur principal de 2e classe

Échelon	Indice brut	Indice majoré	Salaire brut
1	389	356	1 668,22 €
13	638	534	2 502,34 €

Rédacteur principal de 1re classe

Échelon	Indice brut	Indice majoré	Salaire brut
1	446	392	1 836,92 €
11	707	587	2 750,70 €

Auto-évaluation

Avant de commencer votre préparation au concours, évaluez-vous en répondant aux questions de **culture territoriale** ci-dessous, suivies d'un corrigé et d'un bilan.

Questions

1. **La France compte au 1er janvier 2022 environ :**
   a. 25 000 communes
   b. 35 000 communes
   c. 45 000 communes
   d. 55 000 communes

2. **L'autorité exécutive de la région est :**
   a. Le président du conseil économique et social régional
   b. Le préfet
   c. Le président de l'association des maires de la région
   d. Le président du conseil régional

3. **Le maire est :**
   a. Élu au suffrage universel direct par les électeurs de la commune
   b. Élu par les conseillers municipaux de la commune
   c. Désigné par le préfet
   d. Sous la tutelle du président du conseil départemental

4. **S'agissant des durées de mandats électifs :**
   a. La durée du mandat des sénateurs (9 ans) est plus longue que celle des élus des assemblées délibérantes locales (6 ans)
   b. La durée du mandat des conseillers départementaux (3 ans) est plus courte que celle des élus des autres assemblées délibérantes locales (6 ans)
   c. La durée du mandat des conseillers municipaux, des conseillers départementaux, des conseillers régionaux est la même que celle des députés (5 ans)
   d. Les députés sont élus pour 5 ans, les sénateurs pour 6 ans comme les élus des assemblées délibérantes locales

5. **La compétence en matière de construction et d'entretien des lycées est exercée par :**
   a. La commune
   b. La communauté de communes
   c. La région
   d. Le département

6 Le président du conseil régional :

a. Exerce au niveau régional les missions que le préfet exerce au niveau départemental

b. Est l'organe exécutif de la région

c. Exerce une tutelle sur les départements et les communes, collectivités de rang inférieur

d. Est élu pour 5 ans

7 Les trois principales fonctions publiques sont :

a. La fonction publique d'État, la fonction publique territoriale, la fonction publique hospitalière

b. La fonction publique d'État, la fonction publique communale, la fonction publique départementale

c. La fonction publique d'État, la fonction publique territoriale, la fonction publique parlementaire

d. La fonction publique d'État, la fonction publique territoriale, la fonction publique régionale

8 La nomination au grade de rédacteur territorial (stagiaire puis titulaire) s'opère :

a. Par recrutement direct sans concours

b. Uniquement par la voie de la promotion interne

c. Par la voie de l'avancement de grade

d. Par la voie du concours et par la voie de la promotion interne

9 Bénéficie(nt) de la clause générale de compétence :

a. Le département, la région, les établissements publics de coopération intercommunale

b. La commune

c. La commune et le département

d. La commune et les établissements publics de coopération intercommunale

10 Le préfet dispose du pouvoir :

a. D'annuler les actes inopportuns des collectivités territoriales

b. D'annuler les actes illégaux des collectivités territoriales

c. De déférer au juge administratif les actes des collectivités territoriales qu'il estime illégaux

d. De rendre exécutoires les actes des collectivités territoriales annulés par le juge administratif

11 Le principe de libre administration des collectivités territoriales signifie que :

a. Les collectivités territoriales déterminent librement le nombre d'élus qui les administrent

b. Les actes des collectivités territoriales ne sont soumis à aucun contrôle

c. Les collectivités décident librement du montant des impôts locaux

d. Les collectivités territoriales s'administrent librement par des conseils élus

12 Trouvez la ou les réponses exactes :

a. En 2023, le budget primitif 2023 d'une collectivité territoriale doit être voté avant le 31 mars 2023

b. L'excédent de la section de fonctionnement du budget des collectivités territoriales contribue au financement des dépenses d'investissement

c. Depuis la crise liée aux « emprunts toxiques », les collectivités territoriales ne peuvent plus recourir à l'emprunt

d. On peut parler indifféremment de compte administratif et de compte de gestion, qui sont synonymes

⑬ **Pour vous nommer rédacteur territorial principal de 2e classe stagiaire après votre réussite au concours, le maire prend :**

a. Une délibération
b. Un arrêté
c. Une motion
d. Une décision

⑭ **La séance d'une assemblée délibérante :**

a. Se déroule à huis clos, sauf si le conseil décide que la séance est publique
b. Est publique, sauf si l'assemblée délibérante décide le huis clos
c. Se déroule toujours à huis clos
d. Est toujours publique

⑮ **Le lauréat d'un concours de la fonction publique territoriale :**

a. Ne peut être nommé que dans le ressort géographique du centre de gestion de la fonction publique territoriale de l'organisateur du concours dont il est lauréat
b. Est automatiquement nommé dès sa réussite au concours
c. Peut être nommé par tout employeur territorial, quel que soit le centre de gestion de la fonction publique territoriale organisateur du concours dont il est lauréat
d. Est, après sa réussite au concours, inscrit sur une liste d'aptitude dont la durée de validité est illimitée

⑯ **La loi du 27 janvier 2014 de modernisation de l'action publique territoriale et d'affirmation des métropoles (MAPTAM) désigne comme « chef de file » en matière, notamment, de mobilité durable :**

a. La commune
b. Le département
c. La région
d. L'État

⑰ **Dans l'intitulé de la loi du 21 février 2022 dite 3DS, les 3 D désignent :**

a. le droit, la directive, le décret
b. la différenciation, la décentralisation, la déconcentration
c. le débat, la délibération, la décision
d. le devoir, la détermination, la discrimination

⑱ **La modulation de la tarification de certains services selon les revenus des familles est fondée sur le principe :**

a. d'équité
b. d'égalité
c. d'universalité
d. d'irréversibilité

⑲ **La parité femmes-hommes en politique est :**

a. Impossible dans les conseils départementaux compte tenu de leur mode d'élection
b. Facultative dans toutes les collectivités territoriales
c. Assurée dans les conseils municipaux des communes de 1 000 habitants et plus grâce au scrutin de liste
d. Assurée dans les conseils municipaux des communes de 3 500 habitants et plus grâce au scrutin de liste

⑳ **Dans les concours de la fonction publique territoriale :**

a. La réussite vaut nomination

b. Toutes les épreuves obligatoires comportent une note éliminatoire

c. L'inscription sur liste d'aptitude est valable un an

d. Un candidat absent à une épreuve peut être admis si la moyenne de ses notes est suffisante

Corrigé

1 b	6 b	11 d	16 a
2 d	7 a	12 b	17 b
3 b	8 d	13 b	18 a
4 d	9 b	14 b	19 c
5 c	10 c	15 c	20 b

Reportez votre score dans le tableau ci-dessous.

Culture territoriale	
Réponses justes	....../20
Vous avez entre 0 et 7 réponses justes	Votre résultat montre que vous devez travailler à fond votre culture territoriale. Les fiches de cours et d'autres informations contenues dans l'ouvrage vous aideront à mettre toutes les chances de votre côté pour maîtriser les questions de culture territoriale.
Vous avez entre 8 et 13 réponses justes	Prenez connaissance des fiches de cours et des autres informations contenues dans l'ouvrage. Vous pourrez ainsi combler la distance qui vous sépare aujourd'hui d'une parfaite maîtrise des questions de culture territoriale.
Vous avez entre 14 et 20 réponses justes	Bravo ! Il vous reste à consolider vos connaissances pour réaliser un « sans-faute » en matière de culture territoriale.

PARTIE 1

Réussir les **épreuves d'admissibilité**

- **Note sur dossier** (rédacteur externe, interne et 3e voie) 33
- **Rapport sur dossier avec propositions opérationnelles** (rédacteur principal de 2e classe externe, interne et 3e voie) 135
- **Série de questions** (rédacteur externe, rédacteur principal de 2e classe externe, interne et 3e voie) 239

Note sur dossier

(rédacteur externe, interne et 3e voie)

DURÉE

3 HEURES

1. Planning de révisions 35

2. Méthodologie et conseils 36

3. Annales corrigées 74

COEFFICIENT

1

INTITULÉ RÉGLEMENTAIRE DES ÉPREUVES

• **Concours externe**

La rédaction d'une note à partir des éléments d'un dossier portant sur des notions générales relatives aux missions, compétences et moyens d'action des collectivités territoriales.

• **Concours interne, troisième concours**

La rédaction d'une note à partir des éléments d'un dossier portant sur l'un des domaines suivants, au choix du candidat lors de son inscription :

– les finances, les budgets et l'intervention économique des collectivités territoriales ;
– le droit public en relation avec les missions des collectivités territoriales ;
– l'action sanitaire et sociale des collectivités territoriales ;
– le droit civil en relation avec les missions des collectivités territoriales.

(durée : 3 heures ; coefficient 1)

Planning de révisions

Le **planning** ci-après entend vous proposer un **mode d'acquisition méthodique des savoir-faire et des connaissances indispensables** à la réussite de l'épreuve de note sur dossier.

La date à laquelle vous commencez à utiliser cet ouvrage pour vous préparer déterminera évidemment la durée de chaque période : si, par exemple, vous entamez votre préparation personnelle six mois avant le concours, les huit périodes d'appropriation compteront chacune de l'ordre de deux semaines. Il en ira tout différemment si vous pensez pouvoir préparer le concours en un mois : deux à trois jours seront alors consacrés à chaque période.

Soyez également attentif au fait que cette épreuve requiert non seulement une **maîtrise de la technique de la synthèse** des éléments d'un dossier, mais aussi celle des **connaissances en administration des collectivités territoriales** abordées dans la partie 2, afin de bien comprendre les données du sujet, qu'il s'agisse de la commande ou des éléments du dossier.

PÉRIODES	CONTENU DES RÉVISIONS	NOS OUTILS
1	Comprendre les exigences de l'épreuve, savoir présenter clairement une note	**Méthodologie et conseils :** pp. 36-58
2	Exploiter méthodiquement un sujet, savoir gérer le temps de l'épreuve	**Méthodologie et conseils :** pp. 59-73
3	Lire intégralement le dossier d'un sujet d'une vingtaine de pages (sujet d'annales)	**Entraînement :** sujet 1, pp. 74-105
4	Identifier les éléments à valoriser, décider d'un plan	
5	Rédiger intégralement la note demandée sans limite de temps	
6	Lire et analyser le corrigé type, mesurer et analyser les écarts de sa propre production avec le corrigé type	
7	Relire l'ensemble des conseils méthodologiques	**Méthodologie et conseils :** pp. 36-73
8	S'entraîner sur les sujets d'annales, rédiger intégralement la note demandée en se limitant au temps réglementaire de l'épreuve	**Entraînement :** sujet 2, p. 106-133

Cette approche méthodologique est fondée sur le **cadrage national** élaboré par les centres de gestion de la fonction publique territoriale, autorités organisatrices des concours.

Ce cadrage national est notamment consultable en ligne sur les sites www.cig929394.fr et www.cdg69.fr

1. Comprendre les exigences de l'épreuve

1. Rédiger

A. Une rédaction intégrale

La concision et l'efficacité requises nécessitent que la note soit parfaitement lisible : cette lisibilité requiert une écriture simple, précise, une orthographe et une syntaxe les plus irréprochables possible. Même si l'on peut légitimement juger efficace un style télégraphique, une **rédaction intégrale** (pas de phrases sans verbe, pas d'accumulation de tirets, etc.) est ici exigée.

Cadrage national

La note doit être intégralement rédigée (pas de style télégraphique ou « prise de notes »).

Le niveau attendu en matière de maîtrise de la langue (orthographe, syntaxe) est le même que dans les épreuves de composition ou de dissertation.

Une note ne devrait pas obtenir la moyenne lorsqu'elle témoigne d'une maîtrise linguistique insuffisante (trop nombreuses erreurs d'orthographe, de syntaxe, de ponctuation, de vocabulaire).

B. Sans « langue de bois »

Mettons en garde le candidat contre **l'abus de la langue de bois** : jargons, formules creuses, que l'écrivain et académicien Bertrand Poirot-Delpech qualifiait, dans un article du *Monde*, de « RAS », « **remplissage** n'ayant rigoureusement aucun sens » :

> La parole publique – écrivait Bertrand Poirot-Delpech – est confisquée par quelques centaines d'hommes politiques, patrons, experts variés, publicitaires et communicants qui manient langue de bois, euphémismes, jargons technocratiques, métaphores passe-partout et formules faussement savantes, pour capter nos suffrages, masquer la vérité, endormir nos vigilances, nous imposer « idées », images, camelote.
>
> Les victimes de ces tromperies les recopiant par contagion, c'est tout le langage qui risque d'être bientôt perverti en machine à vendre, vidé de sens, suspect, ridiculisé [...].
>
> Pour résister à ces manipulations, beaucoup suggèrent un lexique français-français de dessillement, de désintoxication. Voici quelques pistes :
>
> ABSOLU (impératif, nécessité...) : RAS.
>
> ALLÉGER (les procédures administratives, les charges sociales, les programmes scolaires...) : les remplacer par d'autres.
>
> ANNONCE (effet d') : blabla, laïus, baratin, rideau de fumée, pour faire patienter.
>
> CENTRAL : important (voir fondamental, majeur).
>
> CLAIR, CLAIREMENT (« il a été tout à fait clair », « il a indiqué clairement ») : RAS.
>
> CONCERTATION (ouvrir, mener, conduire, une grande, une large...) : noyer le poisson (à remplacer par créer une commission).
>
> CONFIDENCE (je vais vous faire une confidence...) : annoncer sur les ondes, comme si personne n'était au courant, quelque chose que tout le monde sait déjà.
>
> CONJONCTUREL : on n'y peut rien, mais ça peut encore s'arranger (voir structurel).
>
> DÉFICIT D'EXPLOITATION : quand l'opinion renâcle, la faute aux porte-parole, aux médias.
>
> DYSFONCTIONNEMENT : erreur sans cause, la faute à personne, aux autres, à pas de chance.
>
> FAUT (il faut que...) : nous ne l'avons pas fait, nous y pensons sérieusement.
>
> FONDAMENTAL : important (voir central)
>
> LARGE (tour d'horizon, débat, négociation...) : RAS. Voir vaste.
>
> LOURD (tendances...) : on n'y peut pas grand-chose. Voir structurel.
>
> MAJEUR : important. Voir central, fondamental.
>
> MOMENT (quand le... sera venu) : quand cela nous arrangera.
>
> NATURELLEMENT : ne me demandez pas pourquoi.
>
> NÉCESSITÉ : toujours absolue. Voir ce mot.
>
> PERSPECTIVES (ouvrir, tracer...) : parler un peu de l'avenir.
>
> PEU (« J'ai un ... le sentiment que) : je trouve que.
>
> SIGNIFICATIF (augmentation, mesure) : engagement faisant impression, mais non chiffré.
>
> STRUCTUREL : on n'y peut vraiment rien (voir conjoncturel)
>
> SYNERGIE : copinage moderniste
>
> TERME (à plus ou moins long...) : bientôt, ou peut-être avant.
>
> TOUT À FAIT : oui (synonymes : absolument, complètement, totalement).

Dans la même veine, Max Dorra, écrivain et professeur de médecine, se livrait dans *Le Monde* (13 et 14 juillet 2008) à « la chasse aux perroquets : ébauche d'un dictionnaire des idées reçues et formules absurdes employées dans les médias » :

FORT [signal –] : ultime recours des pensées flasques.

INDIQUE [je vous –] : se dit sur un ton neutre, objectif, discrètement protecteur, pour vous refiler à l'esbroufe des informations habituellement inexactes.

MENTALITÉ D'ASSISTÉ : se dit avec une moue réprobatrice, en général au volant d'une Mercedes.

MODERNITÉ : confond « actuel, à la mode » et « universel, éternel » par la vertu de l'art. Stendhal et Rimbaud sont modernes. X, Y, Z (suivez mon regard) sont actuels.

POLITOLOGUE [on va demander l'avis d'un –] : croyance médiatique (faussement) naïve en l'« objectivité scientifique » d'un « expert ». On apprend d'ailleurs toujours, incidemment, que le « politologue » en question est « proche » de tel ou tel homme politique.

QUELQUE PART : évocation de ce qui n'est ni dans le temps ni dans l'espace mais dans une autre dimension. Utilisé en général pour se donner un air vaguement analytique. Permet de jouer à l'initié. (Il est recommandé de prendre un air mystérieux.)

TRANSPARENCE [souci de –] : prétexte pris par les administrations et les grandes entreprises pour publier régulièrement une masse de chiffres inutilisables sortis d'un ordinateur. Rideau de fumée qui permet de mettre soigneusement de côté les vrais problèmes, ceux qu'on se gardera bien d'aborder. Les chiffres vraiment gênants, par exemple.

TROP DÉPENSIER [l'État est –] : artifice de présentation culpabilisant destiné à faire accepter, dans un collectif budgétaire, la réduction des crédits alloués à la santé, l'Éducation nationale, la culture, la recherche…

Et que dire de :

« INITIER » voire « INITIALISER », pour : commencer, débuter, mettre en chantier, entamer, engager.

« FINALISER », pour : achever, parachever, terminer, mener à bien, mener à terme, conclure.

« IMPULSER », pour : encourager, favoriser.

« IMPACTER », pour : peser sur, avoir des conséquences sur.

… sans oublier qu'en cours de route on va viser la facilitation, pour une bonne continuation, qui nécessite peut-être une procéduralisation, voire une juridicisation…

Un relevé dans des copies d'examen et de concours des mots et expressions favorites des candidats illustre une tendance à écrire comme tout le monde écrit, qui devrait pousser les candidats à se distinguer par la qualité de leur style.

Citons, dans le désordre :

SE DOIT DE, qui peut souvent être avantageusement remplacé par « doit ».

PALLIER, la plupart du temps fautif : on ne pallie pas à une difficulté, on pallie une difficulté. (Ce verbe est un verbe transitif direct.)

Mettre en exergue

Par le biais, confusion entre biais et moyen.

Notre société d'aujourd'hui, ou notre société contemporaine, ce qui constitue un pléonasme.

De tous temps, alors que bien rares sont les phénomènes qui remontent aux origines de l'humanité !

De par, du fait de

En quelque sorte, pour ainsi dire

Gérer un problème, à remplacer souvent par : résoudre.

Engendrer, générer

Participer d'un

Force est de constater que, pour on observe, il est indéniable que, incontestablement.

Les tenants et les aboutissants, pour les causes et les conséquences.

Chacun est à même de juger les raisons de l'emploi de ces mots : intoxication par le jargon véhiculé par la presse et la télévision, séduction de formulations « ronflantes »…

C. Sans « jargon administratif »

Soyons conscients de la tendance de l'administration à utiliser un langage qui lui est propre et que certains candidats ont tendance, inconsciemment ou non, à imiter : l'administration affectionne en effet particulièrement les expressions « bavardes » et lénifiantes, dans le but, conscient ou inconscient, d'atténuer le caractère impératif de l'ordre ou absolu du refus, de valoriser ses actions, de masquer ses insuffisances.

Quelques exemples de ce « **style administratif** » dont le candidat doit se méfier :

Style administratif	Peut être remplacé par
– Votre correspondance en date du … (date)	– Votre lettre du … (date)
– Je porte à votre connaissance	– Je vous informe
– Je vous fais connaître	– Je vous informe
– Votre autorisation vient à expiration	– Vous n'êtes plus autorisé
– Un refus a été opposé à votre demande	– Votre demande a été refusée
– Il ne nous a malheureusement pas été possible de réserver une suite favorable à votre demande	– Votre demande a été refusée
– Vous voudrez bien nous faire retour du document	– Restituez le document
– Vous faites l'objet d'une mesure de suspension	– Vous êtes suspendu
– Ces dispositions se proposent de réglementer, s'attachent à réglementer	– Ces dispositions réglementent
– Ce rapport se plaît à signaler	– Ce rapport signale
– Une erreur s'est malencontreusement glissée dans ce document	– Ce document est erroné

Ainsi, le candidat devra éviter de jargonner tout en sachant utiliser **des formulations qui évitent le « je » et l'abus du « nous »** en ayant recours à des formulations comme « il convient d'être attentif à », « on s'attachera à », « on veillera particulièrement à » ; « des expériences méritent attention », etc.

D. Sans faute d'orthographe

La liste inépuisable des **fautes d'orthographe** et des impropriétés est également éclairante : trop de candidats doutent trop peu d'eux-mêmes… Sans nul doute, les listes d'erreurs font sourire plus d'un candidat qui serait prêt à jurer : « Moi, ça, jamais » ; pourtant…

ÉMERGEANCE : pour émergence.

EXIGEANCES : pour exigences.

ÊTRE EN BUT À : pour être en butte à.

BOULVERSEMENT : pour bouleversement.

REPAIRE alors qu'il s'agit de repère : le repaire, c'est le lieu de refuge de bêtes sauvages ou des individus dangereux ; notre besoin de repères ne serait-il que la recherche d'un repaire ?

PALIER À : pour : pallier, verbe transitif direct : on pallie un problème, c'est-à-dire qu'on trouve une solution provisoire.

DE PART LA LOI, LE MAIRE… : pour de par.

QUELQUES SOIENT LES DIFFICULTÉS : pour quelles que soient les difficultés…

ENCRÉ DANS LES ESPRITS : pour ancré. Sans doute s'agit-il d'encre indélébile…

BASÉ SUR : incorrect, on doit écrire : fondé sur.

VOIR : à la place de voire : un acte, voire deux, doivent être pris…

TOUT À CHACUN : pour tout un chacun.

ÊTRE JUGE ET PARTI : pour juge et partie : n'allons pas soupçonner tous les juges de partis pris idéologiques.

ILETTRÉ, ILLÉTRÉ : pour illettré !

STIPULER : confondu avec fixer, disposer que : un contrat stipule, une loi, un décret fixent que, disposent que…

Pour faire sourire, terminons par (cherchez l'erreur !) :

- Un pied d'estale
- Une vie descente
- Les enjeux sont différends
- Le bas blesse
- Hardue
- Les soubresaults
- Le partenaria
- Des cours d'analphabétisation

E. Sans « copier-coller »

Un travail de reformulation synthétique de l'information est attendu du candidat qui ne saurait valablement se contenter d'un montage d'extraits des documents copiés-collés.

Cadrage national

Le candidat doit restituer les informations par un travail de reformulation. Il ne peut se contenter de recopier intégralement des parties de textes. Les citations directes doivent être réservées aux seuls extraits succincts de textes juridiques, documents officiels, prises de position éclairantes de personnalités qualifiées ou réflexions d'auteurs faisant autorité.

2. Rédiger à partir d'un dossier

Cadrage national

Le sujet indique au candidat un contexte dans lequel il devra s'inscrire. Le candidat doit y être attentif afin de valoriser au mieux les informations du dossier qui répondent précisément à la commande.
Cette mise en situation sera également exploitée pour satisfaire aux exigences formelles de présentation de la note (timbre, destinataire, objet, etc.).
La commande passée par le destinataire de la note porte sur une thématique large sans fournir d'indication de plan.
La commande est suivie d'une liste signalétique des documents, mentionnant le titre, l'auteur, la source, la date et le nombre de pages de chaque document.

A. Une commande précisant le contexte

La mise en situation est synthétique et sert à compléter le timbre et à comprendre l'objet de la note (exemple : « Le directeur général des services de la commune de X vous demande de rédiger à son attention une note sur… »).

Plus fondamentalement, cette mise en situation peut contenir des éléments de contexte (nombre d'habitants par exemple, attente précise du destinataire, etc.) destinés à guider dans la sélection des informations.

Il convient à cet égard d'être attentif aux précisions sur le nombre d'habitants de la commune qui peuvent être fournies pour indiquer que la commune de X relève bien d'un dispositif comportant un seuil démographique.

Autre exemple : si la commande indique que le maire souhaite une note sur… dans la perspective d'une rencontre avec toutes les associations de la ville, vous serez attentif à repérer dans le dossier ce qui a trait au rôle des associations afin de valoriser celui-ci dans votre note.

B. Un dossier : quelle longueur, combien de documents ?

Cadrage national

Le dossier rassemble au plus une dizaine de documents et compte de l'ordre d'une vingtaine de pages.
Il peut comporter des documents de nature (documents juridiques, documents officiels, articles de presse spécialisée ou non, etc.) et de forme (textes, documents graphiques ou visuels, etc.) variées dont le candidat doit mesurer l'importance relative.
Si les informations peuvent être redondantes d'un document à l'autre, aucun document n'est jamais totalement inutile, le dossier ne comprenant pas de « document piège ».

C. Le dossier, rien que le dossier

Cadrage national

Le candidat n'a pas, pour traiter le sujet, à faire appel à des données (connaissances, expériences, opinions) extérieures au dossier : toutes les informations dont il a besoin sont contenues dans celui-ci. L'utilisation d'informations qui ne figurent pas dans le dossier est pénalisable. L'expression fréquemment utilisée dans la commande de la note : « à l'aide des seuls documents joints », souligne cette exigence.

3. Rédiger une note

A. Une note pleinement compréhensible sans recourir au dossier

La note est destinée à un responsable – administratif ou élu – le plus souvent situé plus haut dans la « hiérarchie » que le rédacteur du document. Il peut s'agir d'un directeur général des services, d'un adjoint au maire, d'un président de conseil départemental, régional, etc.
Le **cadrage national** situe clairement le candidat dans la hiérarchie administrative.

Cadrage national

La note vise à informer rapidement et efficacement un destinataire - en général en position d'autorité hiérarchique :

– sur un sujet relevant du champ d'action des collectivités territoriales (concours externe) ;

– sur une question spécialisée, dont le candidat choisit le domaine lors de son inscription, entrant dans le champ de compétence des collectivités territoriales (concours interne et de troisième voie).

Elle peut s'inscrire dans un processus de prise de décision.

Le destinataire doit « tout comprendre » à la seule lecture de la note : les correcteurs pénaliseront donc toujours une restitution imprécise et confuse des informations qui les rendrait incompréhensibles de qui ne connaîtrait pas le sujet.

Cadrage national

Le destinataire est supposé ne pas connaître le sujet ni disposer du dossier : il n'a que la note pour s'informer et étayer sa réflexion, voire sa décision.

Aussi, il est exclu de restituer les informations de manière allusive ou de faire référence aux textes pour se dispenser d'en exprimer le contenu. Il est donc malvenu de mentionner les références aux documents dans la note (document 1, document 2, etc.). On considère que le dossier disparaît en tant que tel lors de la rédaction de la note : le candidat n'en conserve que les informations essentielles. La note n'est pas un résumé des textes, il ne s'agit pas de présenter succinctement et successivement les documents du dossier.

B. Une note concise

L'information transmise doit donc être efficace, concise, organisée, la présentation matérielle de la note (voir ci-dessous) devant contribuer à cette efficacité. La note ne doit être ni trop courte, ni trop longue : **environ 6 pages** (une copie double plus une feuille intercalaire) sont attendues.

Cadrage national

La note doit être concise : de l'ordre de 5 à 6 pages sont nécessaires et suffisantes.

C. Une note impartiale

Les informations ne doivent être **ni partielles, ni partiales** : l'approche exagérément optimiste d'un dispositif, d'un phénomène, de problèmes et de difficultés, induisant des solutions excessivement simples…, alors que le dossier comporterait des éléments problématiques, serait à la fois partielle et partiale et donc récusée.

D. Une note portant sur des notions générales territoriales (concours externe)

Cet intitulé rend possible un très grand nombre de sujets qui s'inscrivent nécessairement dans le champ territorial, puisqu'ils portent réglementairement sur « des notions générales relatives aux missions, compétences et moyens d'action des collectivités territoriales ».

Cadrage national

En l'absence de programme réglementaire, l'intitulé officiel de l'épreuve ainsi que les missions du cadre d'emplois permettent de prendre la mesure des thématiques possibles.
Le décret n° 2012-924 du 30 juillet 2012 portant statut particulier du cadre d'emplois des rédacteurs territoriaux fixe, en son article 3-I, que « les rédacteurs territoriaux sont chargés de fonctions administratives d'application. Ils assurent en particulier des tâches de gestion administrative, budgétaire et comptable, en participant à la rédaction des actes juridiques. Ils contribuent à l'élaboration et à la réalisation des actions de communication, d'animation et de développement économique, social, culturel et sportif de la collectivité.
Les rédacteurs peuvent se voir confier des fonctions d'encadrement des agents d'exécution.
Ils peuvent être chargés des fonctions d'assistant de direction ainsi que de celles de secrétaire de mairie d'une commune de moins de 2 000 habitants ».

Les **sujets nationaux** des précédentes sessions du concours externe de rédacteur étaient les suivants :

- **2013**

Vous êtes rédacteur territorial au sein du service juridique de la commune de X. Votre chef de service vous demande de rédiger à son attention, exclusivement à l'aide des documents joints, une note sur **les pouvoirs du maire pour lutter contre la délinquance**.

- **2015**

Vous êtes rédacteur territorial au service communication de la commune d'Admiville, commune de 7 500 habitants.

La directrice générale des services de votre collectivité vous demande de rédiger à son attention, exclusivement à l'aide des documents joints, une note sur **l'ouverture des données publiques**.

■ **2017**

Vous êtes rédacteur territorial au sein du pôle santé et sécurité au travail de la direction des ressources humaines de la commune d'Admiville, qui compte 2 500 agents. Les syndicats ont souhaité mettre à l'ordre du jour d'un prochain comité d'hygiène, de sécurité et des conditions de travail (CHSCT) la question des conséquences d'une utilisation accrue des outils numériques sur la santé et les conditions de travail des agents afin de dégager des pistes de travail.

Afin de préparer cette réunion, la directrice des ressources humaines vous demande de rédiger à son attention, exclusivement à l'aide des documents joints, une note sur **l'utilisation des outils numériques par les services.**

■ **2019**

Vous êtes rédacteur territorial à la ville d'Admiville, qui compte 22 000 habitants.

Interpellés par des administrés sur la question du prix pour l'usager de certains services publics communaux, les élus souhaitent remettre à plat la politique tarifaire de la collectivité.

Dans cette perspective, la directrice des services à la population vous demande de rédiger à son attention, exclusivement à l'aide des documents joints, une note sur **la tarification des services publics locaux.**

■ **2021**

Vous êtes rédacteur territorial au sein de la direction des ressources humaines de la ville d'Admiville (32 000 habitants, 600 agents).

Face au constat d'un absentéisme et d'un « turnover » en hausse, le maire de la commune souhaite engager une politique volontariste de renforcement du bien-être au travail au sein des services municipaux.

Dans cette perspective, la directrice des ressources humaines vous demande de rédiger à son attention, exclusivement à l'aide des documents joints, une note sur **la qualité de vie au travail dans la fonction publique territoriale**.

E. Une note portant sur des domaines spécialisés (concours interne et de troisième voie)

Rappelons que, au moment de son inscription, le candidat choisit de subir l'épreuve dans l'un des quatre domaines suivants :

- finances, budget et interventions économiques des collectivités territoriales ;
- droit public en relation avec les missions des collectivités territoriales ;
- action sanitaire et sociale des collectivités territoriales ;
- droit civil en relation avec les missions des collectivités territoriales.

Cet intitulé réglementaire permet de percevoir que, quel que soit le domaine spécialisé choisi par le candidat, le sujet sera toujours en lien avec les collectivités territoriales.

Cadrage national

Cette épreuve ne comporte pas de programme réglementairement fixé.

Cependant, les missions dévolues aux membres du cadre d'emplois permettent de mesurer le niveau attendu.

Le décret n° 2012-924 du 30 juillet 2012 portant statut particulier du cadre d'emplois des rédacteurs territoriaux fixe, en son article 3-I, que « les rédacteurs territoriaux sont chargés de fonctions administratives d'application. Ils assurent en particulier des tâches de gestion administrative, budgétaire et comptable, en participant à la rédaction des actes juridiques. Ils contribuent à l'élaboration et à la réalisation des actions de communication, d'animation et de développement économique, social, culturel et sportif de la collectivité.

Les rédacteurs peuvent se voir confier des fonctions d'encadrement des agents d'exécution.

Ils peuvent être chargés des fonctions d'assistant de direction ainsi que de celles de secrétaire de mairie d'une commune de moins de 2 000 habitants ».

Si le candidat trouve dans le dossier tous les éléments nécessaires à la rédaction de la note, leur pleine compréhension et la pertinence de leur exploitation requièrent des connaissances dans le domaine choisi qui vont déterminer son choix de ce domaine.

À titre purement indicatif et sans qu'il constitue un programme réglementaire dont le candidat pourrait se prévaloir, celui-ci peut très utilement se référer au programme des anciennes épreuves des concours de rédacteur (ci-dessous).

a. Finances, budget et intervention économique des collectivités territoriales

a) Notions budgétaires :

- les principes budgétaires ;
- les budgets locaux : élaboration, exécution et contrôles ;
- notions sur les instructions budgétaires et comptables applicables aux collectivités locales ;
- la séparation de l'ordonnateur et du comptable.

b) Les ressources des collectivités locales :

- les recettes fiscales ;
- les dotations et subventions de l'État ;
- les emprunts ;
- les ressources domaniales.

c) Les dépenses des collectivités locales :

- dépenses obligatoires et dépenses facultatives ;
- les différentes phases de la dépense.

d) L'intervention économique des collectivités locales :

- les compétences des collectivités territoriales et de leurs groupements dans le domaine économique ;
- l'aspect économique des finances locales.

b. Droit public en relation avec les missions des collectivités territoriales

a) L'organisation administrative :
- l'administration de l'État, les collectivités décentralisées et leurs groupements, les établissements publics ;
- l'organisation juridictionnelle.

b) L'action administrative :
- la règle de droit et le principe de légalité ;
- le pouvoir réglementaire, les actes unilatéraux ;
- les contrats administratifs ;
- la police administrative ;
- le service public et ses modes de gestion ;
- la responsabilité de l'administration ;
- le contrôle de l'action administrative.

c) La fonction publique :
- principes généraux : statut, recrutement, obligations et droits des fonctionnaires ;
- la fonction publique territoriale : principales règles relatives au recrutement et à la carrière des fonctionnaires territoriaux ; les acteurs de la fonction publique territoriale.

c. Le secteur sanitaire et social, et notamment les politiques de santé, la protection sociale et l'action sociale ainsi que les domaines d'intervention des collectivités territoriales dans ce secteur

a) La protection sociale :
- l'organisation de la protection sociale : les différents acteurs ;
- la Sécurité sociale : les principaux régimes (régime général, régimes spéciaux et autonomes) ; principes essentiels, évolution, principaux types de prestations, financement.

b) L'action sociale :
- aide sociale légale, aide sociale complémentaire ou facultative ; le rôle de l'État, des collectivités territoriales et de leurs établissements publics ;
- les structures de l'aide et de l'action sociale dans les collectivités territoriales.

c) Les institutions sanitaires et les politiques de la santé :
- l'organisation de la santé : les différents acteurs ; le rôle respectif de l'État et des collectivités territoriales ;
- le système hospitalier : service public hospitalier, établissements d'hospitalisation publics et privés ;
- les principales politiques de protection et de prévention dans le domaine de la santé : protection maternelle et infantile, protection de l'enfant, lutte contre les dépendances.

d) Les politiques sociales et de solidarité : le rôle respectif de l'État et des collectivités territoriales :
- la politique de la famille ;
- la politique en faveur des personnes âgées ;
- la lutte contre la pauvreté et l'exclusion ;

- la politique du logement ;
- la politique de la ville.

d. Le droit civil en relation avec les missions des collectivités territoriales

a) Les personnes physiques : nom, domicile, état, capacité et incapacité.
b) Le droit de la famille : le mariage et sa dissolution, les différents modes de filiation, l'autorité parentale.
Le concubinage, le pacte civil de solidarité et sa dissolution.
c) La propriété et la possession : le droit de propriété et ses démembrements.
d) Les contrats conclus par les collectivités territoriales : bail, bail rural, bail commercial, acceptation des dons et legs, contrats de cession du domaine privé.

e. Des exemples de sujets

Les thèmes des **sujets nationaux** des précédentes sessions des concours interne et de troisième voie de rédacteur étaient les suivants :

■ **Option Finances, budget et intervention économique des collectivités territoriales**
2013 : Les différents moyens d'accroître les marges de manœuvre financières de la commune.
2015 : Le financement participatif.
2017 : La gestion du patrimoine immobilier des collectivités territoriales.
2019 : La maîtrise des dépenses de fonctionnement des collectivités territoriales.
2021 : La place des régions en matière de financements européens.

■ **Option Droit public en relation avec les missions des collectivités territoriales**
2013 : La mutualisation des services.
2015 : Les relations entre l'administration et les citoyens.
2017 : Les apports de la loi du 20 avril 2016 en matière de déontologie.
2019 : La rémunération au mérite.
2021 : Le dialogue social dans la fonction publique territoriale.

■ **Option Action sociale des collectivités territoriales**
2013 : Le rôle des collectivités territoriales en matière d'offre de soins.
2015 : Le dispositif d'accueil et d'accompagnement des mineurs étrangers isolés.
2017 : La mobilité comme levier d'insertion sociale.
2019 : La préservation de l'autonomie des personnes âgées à travers la question du logement.
2021 : L'inclusion bancaire.

■ **Option Droit civil en relation avec les missions des collectivités territoriales**
2013 : Les obligations du maire en matière de mariage.
2015 : La situation administrative des enfants issus d'une gestation pour autrui (GPA) à l'étranger.
2017 : L'autorité parentale.
2019 : Les mariages de complaisance.
2021 : L'évolution de la filiation en France.

F. Une note démontrant une aptitude à l'analyse et à la synthèse

a. L'analyse

Elle est évidemment requise pour :

- comprendre la commande (que me demande-t-on exactement ?) et le contexte précis dans lequel cette demande est formulée ;
- repérer dans la liste des documents joints, tant par les sources, les dates et les titres, les principaux thèmes qui vont permettre de structurer la note ;
- distinguer, pendant la « lecture de survol » du dossier, en s'aidant de la « titraille », les informations les plus importantes et les informations secondaires.

b. La synthèse

Elle est ensuite nécessaire pour organiser en un ensemble cohérent, bâti à partir d'un plan clair, les éléments dont on dispose.

Cadrage national

La note n'est pas un résumé des textes, il ne s'agit pas de présenter succinctement et successivement les documents du dossier.
Le candidat élabore, après avoir repéré les informations essentielles apportées par le dossier, un plan qui reflète l'importance relative qu'il donne aux différents aspects de ce qu'il doit transmettre.

4. En bref : les exigences de fond de la note

Cadrage national

La note vise à évaluer les capacités du candidat à :
- analyser une commande et un dossier afin d'en identifier les éléments utiles au traitement du sujet ;
- organiser méthodiquement les informations nécessaires à la rédaction d'une note ;
- produire en temps limité, à l'aide des seuls éléments du dossier, un document synthétique parfaitement compréhensible ;
- maîtriser les connaissances nécessaires à l'exploitation du dossier (concours interne, troisième concours).

À l'aune de cet objectif, le cadrage national précise que :

- Une note devrait obtenir la moyenne ou plus lorsqu'elle :
  - constitue pour son destinataire un moyen d'information – et, le cas échéant, d'aide à la décision – fiable, valorisant de manière objective les données centrales du sujet ;

  et
  - reprend les informations essentielles des documents en les ordonnant autour d'un plan clair, structuré et équilibré (introduction comprenant une annonce de plan, matérialisation des parties et sous-parties) ;

  et
  - est rédigée dans un style correct, s'appliquant à reformuler et non à recopier les informations ;

  et
  - fait preuve d'une maîtrise correcte de la langue (orthographe, syntaxe, ponctuation, vocabulaire).

- Une note ne devrait pas obtenir la moyenne lorsqu'elle :
  - expose de manière désordonnée et imprécise quelques éléments tirés du dossier, laissant apparaître une incapacité à discerner et valoriser l'essentiel ;

  ou
  - s'avère impropre à valoriser les informations utiles ;

  ou
  - ne constitue qu'une juxtaposition de résumés des documents du dossier ;

  ou
  - est fondée sur des informations qui ne figurent pas dans le dossier ;

  ou
  - est rédigée dans un style particulièrement incorrect, ou à partir de passages entièrement recopiés ;

  ou
  - témoigne d'une maîtrise linguistique insuffisante (trop nombreuses erreurs d'orthographe, de syntaxe, de ponctuation, de vocabulaire) ;

  ou
  - présente un caractère inachevé [sous-partie(s) très insuffisamment développée(s) ou manquante(s)].

2. Présenter clairement une note

1. Un certain formalisme respectant l'anonymat

A. Une présentation formalisée

La note obéit à un formalisme dont la transgression, parfois sanctionnée par un barème précis (– 0,5 point ou – 1 point selon les concours), est toujours pénalisante au moins en ce qu'elle risque d'indisposer les correcteurs attachés à ces règles.

Une excellente copie qui ne respecterait pas ces règles n'en demeurerait pas moins excellente, une copie très mauvaise qui les respecterait n'en serait pas meilleure, mais ce défaut mineur s'ajoutant à d'autres dans une copie moyenne peut coûter le demi-point fatidique qui sépare le candidat admissible du non admissible.

Le **cadrage national** de l'épreuve contient un « modèle » de présentation :

Collectivité émettrice (Ville de … Service … *Remarque : aucun nom de collectivité ni de service, existant ou fictif, autre que celui indiqué dans le sujet ne doit être utilisé sous peine d'annulation de la copie.*	Le (date de l'épreuve) *Remarque : la mention du lieu (déjà dans le timbre) n'est pas ici nécessaire. Un nom de lieu existant ou fictif non précisé dans le sujet pourrait constituer un motif d'annulation*

NOTE

à l'attention de Monsieur (ou Madame) le (la) … (destinataire)

Exemple : à l'attention de Monsieur le Directeur général des services

Objet (thème de la note)

Références : uniquement celles des principaux textes juridiques ou officiels fondant la note
Remarque : la prudence impose l'abandon de toute mention de signature afin d'éviter une rupture d'anonymat entraînant l'annulation de la copie. De même, aucun paraphe ne devra apparaître sur la copie.

Il est donc vivement conseillé de se plier à ces règles aisées à respecter :

- **L'objet** vise simplement à décrire **le thème (le sujet) de la note** : il ne s'agit en aucun cas de la thèse (ce que la note va dire sur ce sujet) : l'objet doit être concis et précis.
- L'utilisation de la zone des **références**, qui ne doit pas être confondue avec une liste bibliographique présente l'avantage, dès lors qu'un texte est précisément référencé (exemple : loi n° 2022-217 du 21 février 2022 relative à la différenciation, la décentralisation, la déconcentration et portant diverses mesures de simplification de l'action publique locale, dite loi 3DS), de permettre d'y faire référence dans le développement sans s'embarrasser de précisions déjà apportées (une fois la loi du 21 février 2022 clairement référencée dans la zone *ad hoc*, on pourra écrire dans le corps de la note : « la loi 3DS… »).

L'attention doit toutefois être attirée sur la nécessité de respecter la hiérarchie des normes (Constitution, traité et droit communautaire dérivé – règlement et directive –, loi organique, loi ordinaire, décret, arrêté, circulaire, etc.) et de discerner les textes principaux afin de ne pas « encombrer » en vain cette zone ni de perdre un temps inutile à la remplir.

Précisons enfin que peut être « référencé » aussi bien un texte présent dans le dossier qu'un texte cité par des documents au dossier.

B. Une présentation qui respecte l'anonymat de la copie

Les candidats sont invités à se méfier, particulièrement dans ce type d'épreuve, de tout ce qui pourrait être interprété par le jury comme un **signe distinctif**.

Les sujets de concours et examens organisés par les centres de gestion comportent fréquemment des mentions du type :

> – Vous ne devez faire apparaître aucun signe distinctif dans votre copie, ni votre nom ou un nom fictif, ni signature ou paraphe.
> – Aucune référence (nom de collectivité, nom de personne, etc.) **autre que celle figurant le cas échéant sur le sujet ou dans le dossier** ne doit apparaître dans votre copie.
> – Seul l'usage d'un stylo soit noir, soit bleu, est autorisé (bille, plume ou feutre). L'utilisation d'une autre couleur, pour écrire ou souligner, sera considérée comme un signe distinctif, de même que l'utilisation d'un surligneur.
>
> Le non-respect des règles ci-dessus peut entraîner l'annulation de la copie par le jury.
> Les feuilles de brouillon ne seront en aucun cas prises en compte.

> Les causes d'annulation des copies par le jury pour rupture d'anonymat sont nombreuses :
>
> ■ Dans le timbre :
> – Nom et prénom du candidat
> – Nom et prénom fictif
> – Nom de la collectivité du candidat
> – Nom d'une autre collectivité existante

▷

– Nom d'une collectivité fictive (autre que celle éventuellement mentionnée dans la commande)
– Référencement fictif (par exemple : initiales du rédacteur/date de rédaction/ nº d'ordre)

- En signature :
  – Nom et prénom du candidat
  – Paraphe lisible du candidat
  – Nom et prénom fictifs
  – Paraphe illisible
- Encres « distinctives ».

2. Une organisation visible

A. Une introduction

Cadrage national

La note doit comporter une introduction d'une vingtaine de lignes, qui s'apparente à celle d'une composition ou dissertation (entrée en matière, reformulation du sujet, présentation de la problématique dans son contexte) et doit impérativement comprendre une annonce de plan.

L'introduction peut ainsi comporter plusieurs étapes.

a. Une entrée en matière (ou « accroche », en une ou deux phrases)

Suivant le sujet, cette entrée en matière pourra consister par exemple en :
- l'approche historique ou géographique d'un phénomène;
- des données chiffrées significatives;
- une expérience récente particulièrement éclairante, etc.

b. Une définition (si nécessaire)

On veillera évidemment à ce que cette définition soit brève mais il est souvent bienvenu de définir ce dont on va parler (la périurbanisation, les établissements publics de coopération culturelle, etc.) avant d'en parler.

c. (et/ou) Un bref rappel du contexte juridique

Les sujets à forte tonalité juridique se prêtent fréquemment à un bref rappel des textes intervenus antérieurement aux nouvelles dispositions qui font l'objet de la note.

d. Une reformulation de la commande (ou problématique)

Toute commande pose question, plus ou moins explicitement. Il convient de reformuler cette commande dans les termes posés par le dossier.

Cette reformulation est généralement présentée sous une forme affirmative, mais il est également envisageable de la rédiger sous une forme interrogative.

L'attention des candidats doit être cependant attirée sur la nécessité de bien ajuster la reformulation de la commande aux enjeux du dossier et de se méfier de problématiques trop formelles (rhétoriques) et trop imprécises sur le fond.

Cette rédaction peut être aisément mise en œuvre une fois l'annonce de plan rédigée, celle-ci étant l'annonce des réponses que la note va apporter à la commande.

e. L'annonce de plan

Alors que la problématique peut être exprimée de manière interrogative, **l'annonce de plan sera toujours rédigée sous forme affirmative**.

Cette annonce est incontestablement **le passage stratégique de la note.**

Le **cadrage national** précise que « la commande passée par le destinataire de la note porte sur une thématique large sans fournir d'indication de plan ».

Une annonce de plan réussie est un laissez-passer vers une bonne note (au double sens du mot « note »). Séduisante, pertinente, elle prédispose favorablement le destinataire/correcteur.

À l'inverse, des informations pertinentes dont l'organisation serait mal présentée risquent de n'être pas perçues comme telles.

L'annonce de plan doit non seulement permettre le repérage le plus facile possible de la structure du développement, mais aussi donner des indications précises sur son contenu : il s'agit d'aller au-delà d'une simple annonce de « boîtes » (exemple : la boîte « problèmes » et la boîte « solutions ») pour préciser ce que l'on va trouver dans ces boîtes.

Cette annonce peut ainsi constituer une indexation de la note qui permet au correcteur d'aller droit à l'information à laquelle il souhaite accéder.

Comment annoncer le plan en fin d'introduction ?

L'introduction se termine par l'annonce de plan. On passe ensuite au développement.

Deux techniques d'annonce sont praticables :

■ **L'annonce des parties (la plus orthodoxe)**

Cette présentation offre l'avantage de la clarté et de la concision. Elle se prête bien à la mise en valeur de plans organisés autour de grands axes clairement identifiés, comme :

I. Questions (problèmes, problématiques, difficultés à résoudre, cas à résoudre, diagnostic, enjeux, etc.)
II. Réponses (solutions, préconisations, propositions, remèdes, moyens, etc.)

Elle impose la rédaction de titres des parties et sous-parties clairs et suffisamment **informatifs.**

Exemple :

(Dernier paragraphe de l'introduction, annonce de plan)
Après l'examen des problèmes essentiels posés par l'accueil des gens du voyage (I) seront présentés les moyens d'y répondre dans la communauté de communes de X (II).

(Début du développement)
I. La double dimension sociale et urbaine de l'accueil des gens du voyage
(Bref chapeau introductif :)
L'accueil des gens du voyage pose à la fois des problèmes humains (A) et d'aménagement urbain (B).

A. Des aspects humains conflictuels
....
....

B. Une organisation spatiale inadaptée
....
....

(Phrase de transition : ainsi..., mais...)

II. La nécessité pour la communauté de communes de X d'agir légalement et d'accompagner socialement
(Bref chapeau introductif :)
La résolution de ces problèmes impose de satisfaire aux obligations légales (A) tout en organisant un accompagnement social (B).

A. Une réponse aux obligations légales dans un cadre concerté
....
....

B. Un accompagnement social individualisé des personnes accueillies
....
....

■ **L'annonce des parties et des sous-parties**
L'annonce des sous-parties est dans ce cas mise en œuvre dès l'introduction, au moyen de l'annonce de plan.

Exemple :

(Dernier paragraphe de l'introduction)
L'accueil des gens du voyage (I) pose à la fois des problèmes humains (A) et d'aménagement urbain (B), dont la résolution impose à la communauté de communes de X (II) de satisfaire aux obligations légales dans un cadre concerté (A) et d'organiser l'accompagnement social des personnes accueillies (B).
(Début du développement)

▷

I. La double dimension sociale et urbaine de l'accueil des gens du voyage

A. Des aspects humains conflictuels

....

....

B. Une organisation spatiale inadaptée

....

....

(Phrase de transition : ainsi..., mais...)

II. La nécessité pour la communauté de communes de X d'agir légalement et d'accompagner socialement

A. Une réponse aux obligations légales dans un cadre concerté

....

....

B. Un accompagnement social individualisé des personnes accueillies

....

....

B. Un développement visiblement organisé

Cadrage national

Le développement est organisé en parties et en sous-parties. Le plan est impérativement matérialisé par des titres comportant des numérotations en début des parties et sous-parties.

On conseille donc vivement aux candidats de **matérialiser le plan suivi** en titrant les parties et les sous-parties : ceci permet non seulement de vérifier si le plan annoncé « fonctionne » réellement mais aussi de repérer très facilement l'information à laquelle on veut accéder. La numérotation des parties et sous-parties au niveau de l'annonce des plans est, on l'a vu, possible, même si certains correcteurs jugent parfois qu'elle alourdit inutilement la présentation : mieux vaut être un peu lourd et clair qu'élégant et confus.

Le défaut de coïncidence entre le plan annoncé et les titres choisis pour les parties et les sous-parties est assez fréquent chez les candidats : on peut l'expliquer par une crainte de la répétition qui conduit à reformuler. Ce souci est louable, mais une reformulation ratée conduit souvent à « dire » autre chose dans les titres que ce qui a été annoncé dans l'annonce de plan. On ne court pas ce risque si l'on rédige une annonce de plan qui peut se découper en autant de « tranches » que de titres de parties et sous-parties.

CONSEIL DU FORMATEUR

L'obligation de proposer un plan matérialisé n'implique en aucun cas que le candidat puisse se passer de rédiger annonce de plan, chapeaux introductifs et transitions. La copie doit pouvoir parfaitement se lire sans les intitulés.

La **présentation de la copie** est également un outil essentiel dont le candidat doit se servir pour améliorer la lisibilité de sa copie en rendant sa structure la plus évidente possible. Le destinataire/correcteur pourrait « passer à côté » d'une organisation qui ne serait pas suffisamment apparente.

Au-delà des titrages, il faut aussi utiliser de façon logique les sauts de ligne(s), les retraits par rapport à la marge :

Exemples :

- On saute 3 lignes entre l'introduction et le développement comme entre le développement et la conclusion.
- On saute 2 lignes entre la première partie et la deuxième partie.
- On saute 1 ligne entre chaque sous-partie.
- On ne saute pas de ligne entre les paragraphes de chaque sous-partie mais on marque un retrait (toujours le même) par rapport à la marge pour la première ligne de chaque paragraphe.
- Une phrase de transition est bienvenue entre chacune des parties.

C. Un développement réellement organisé

Une note organisée n'est pas seulement une note clairement structurée en parties et en sous-parties : encore faut-il que les sous-parties ne soient ni le lieu d'un déversement d'informations « en vrac » ni une juxtaposition d'informations : il est indispensable que les informations soient elles-mêmes organisées et que cette organisation soit rendue évidente par des **mots de liaison** (articulations logiques, connecteurs argumentatifs) sans lesquels ces informations apparaissent juxtaposées.

La juxtaposition d'informations procède souvent d'une synthèse insuffisante qui conduit les candidats à « coller » de façon parfois hasardeuse des informations diverses recueillies dans le dossier.

D. Une conclusion facultative mais bienvenue

Cadrage national

La conclusion est facultative. Elle peut toutefois utilement souligner l'essentiel, sans jamais valoriser des informations oubliées dans le développement.

Au vu de ce cadrage, l'absence de conclusion ne saurait en aucun cas être pénalisée.

Ne sera évidemment pas pénalisé non plus un candidat qui fera l'effort de conclure sa note.

La pratique de la correction montre cependant qu'**une conclusion présente le double avantage de rendre évidents le caractère achevé de la copie, signe d'une bonne maîtrise du temps, ainsi que la capacité du candidat à reformuler l'essentiel en quelques mots**.

Si conclusion il y a, elle doit être facilement identifiable : les règles de présentation adoptées (par exemple 3 lignes sautées entre la fin du développement et le début de la conclusion), une formulation nettement conclusive (ainsi, pour en terminer, au total, finalement, etc.) évitent toute ambiguïté.

Mieux vaut rédiger la conclusion tôt dans l'épreuve (rien, logiquement, ne devrait empêcher qu'elle le soit juste après la mise au point définitive de l'introduction) : trop de conclusions trahissent la fatigue et le manque de temps.

Sur le fond, la conclusion n'est pas un résumé de la note mais une reformulation rapide (quelques lignes suffisent) de l'essentiel du message qu'elle contient : le candidat dispose ici d'un espace de liberté pour apporter sur le sujet l'éclairage qui, tout bien considéré, lui paraît le plus pertinent, dans la logique des réflexions préalablement conduites.

ATTENTION

La conclusion ne sera jamais le lieu du « repentir » où placer des éléments importants oubliés dans le développement : si l'on omet une information, laissons croire qu'on l'a fait en toute connaissance de cause et n'allons pas pointer du doigt notre propre erreur. Il n'est pas rare que des candidats démarrent ce type de conclusion par un « sans oublier... », particulièrement révélateur et pénalisant en ce qu'il souligne précisément ce qui a été oublié !

3. Exploiter méthodiquement le sujet

La difficulté majeure que les candidats disent rencontrer est celle de la longueur du dossier (une vingtaine de pages) et, en conséquence, un manque de temps. Comment s'en sortir ?

1. Analyser finement la commande

Les candidats consacrent généralement trop peu de temps à cette analyse qui détermine pourtant les informations à trouver dans les « documents joints ».

En effet :

- L'analyse de la commande permet d'abord de déterminer l'auteur supposé de la note et, surtout, son destinataire.
- Elle permet d'identifier précisément l'objet de la note : il ne sera pas inutile, pendant la phase d'exploitation des documents du dossier, de revenir régulièrement au sujet pour vérifier que l'on ne s'éloigne pas du « cahier des charges ».
- Elle peut contenir des éléments de contexte permettant de circonscrire le champ de la note attendue.

Avant même d'aborder le dossier, on pourra se demander à partir de la commande quels **éléments incontournables** devrait (sous réserve que le contenu du dossier valide cette analyse) comprendre la note :

- **moyens** : humains, techniques, financiers, économiques ;
- **risques** : juridiques, politiques, économiques, sociaux ;
- **avantages** politiques, économiques, sociaux/**inconvénients** ;
- **modes d'organisation** (partenariat) ;
- **résultats attendus** ;
- **précautions indispensables**, etc.

D'autres listes préconçues de mots peuvent aussi aider à prédéterminer quelles informations rechercher dans le dossier.

C'est le fameux **QQOQC**, auquel on peut adjoindre quelques mots clés :

- **Qui** ? (Quels sont les principaux acteurs ?)
- **Quoi** ? (De quoi s'agit-il précisément ? Peut par exemple conduire à rechercher des définitions afin que l'objet même de la note soit précis.)
- **Où** ? (Quelles expériences déjà réalisées ? Renvoie souvent aux expériences locales.)
- **Quand** ? (La question a-t-elle une histoire ? Que s'est-il passé avant ? Cela explique-t-il maintenant ?)

- **Comment** ? (Quels moyens mis en œuvre ? Quelle logique de l'action : créer puis gérer, ou expérimenter puis évaluer, etc. ?)

On peut ajouter le **PDA** :
- **Pourquoi** ? (Quelles sont les causes du phénomène ? Pourquoi ces acteurs, ces objectifs, ces moyens ?…)
- **Dans quel but** ? (Quels sont les objectifs ?)
- **Avec quels effets** ? (Quel bilan ? Quelles incertitudes demeurent ?)

2. Analyser la liste des « documents joints » et leurs titres

Les documents peuvent être de nature diverse :
- **documents juridiques** : loi, décret, arrêté, circulaire, décision jurisprudentielle (tribunal administratif, Conseil d'État, etc.) ;
- **documents officiels** : rapports ;
- **articles de presse spécialisée** : doctrine juridique, presse spécialisée « collectivités territoriales » ;
- **articles de presse d'information générale** ;
- **extraits d'ouvrages** ;
- **documentation professionnelle sous d'autres formes** : fiches techniques, documents graphiques et visuels, plans, cartes, etc.

L'analyse de la composition du dossier vous permet d'adopter une stratégie (par quel document commencer ?) que la lecture de survol du dossier vous permettra de valider ou d'invalider.

Si le dossier comporte des **documents juridiques**, on aura généralement intérêt à commencer par la circulaire qui précise les modalités d'application de la loi : dans la plupart des cas, les informations de la circulaire dispenseront d'utiliser celles de la loi qui seraient redondantes (ce qu'il faudra tout de même vérifier !).

C'est souvent, lorsque le dossier a une forte tonalité juridique, dans les documents commentant les documents juridiques que l'on trouvera le « **document pivot** », celui qui fournit le maximum d'informations sur le sujet.

C'est généralement dans la presse, spécialisée ou non, que l'on trouve des approches problématiques de la question faisant l'objet de la note.

Les **titres** et les **dates** des documents peuvent par ailleurs permettre une première approche problématique du sujet :
- Il n'est pas rare que les seuls titres des documents vous donnent déjà une idée de sous-parties, voire plus.
- Les dates peuvent être également très éclairantes : si des articles sont antérieurs à la création d'une institution, à l'instauration d'un dispositif, il y a tout lieu de penser qu'on va y trouver une analyse des causes de la réforme.

3. Parcourir le dossier

Ce parcours va vous permettre de hiérarchiser les différents articles :

- celui qui semble directement permettre de répondre à la demande ou à une partie importante de la demande : on parle alors de « **document pivot** » ;
- celui qui n'en aborde qu'un aspect : il apporte un complément d'information sur un aspect particulier : c'est le document complémentaire ;
- celui qui illustre le sujet : article ou reportage sur telle ou telle réalisation ou mise œuvre ;
- celui qui est périphérique : il ne concerne pas directement la demande, mais est un élément de compréhension du sujet, il sert souvent pour l'introduction ;
- celui qui est hors sujet : c'est exceptionnel, mais des parties d'un article peuvent très bien être hors sujet.

Plusieurs articles peuvent remplir la même fonction : on parlera d'articles redondants. Après s'en être assuré, on sélectionnera celui qui se prête le mieux à la synthèse et on parcourra très rapidement les autres sans s'y attarder.

D'une manière générale, il est rare qu'il faille lire l'intégralité du dossier remis. Par exemple, les textes juridiques sont la plupart du temps « doublés » par des articles parus dans des périodiques qui les présentent, en font l'analyse. Cela vous dispensera alors de leur lecture.

Trop souvent négligée par le candidat qui craint d'y perdre du temps, cette **lecture de survol** est utile si elle permet de valider l'analyse de la commande et de la liste des documents joints et, surtout, de déterminer le **document pivot** : ce document est celui dont l'exploitation va permettre d'identifier le plus grand nombre possible d'arguments permettant de traiter le sujet. Plus ce document permet d'alimenter des fiches par thèses (correspondant chacune à l'un des aspects du sujet), plus l'exploitation des autres documents sera rapide et facile.

Remarquons qu'une erreur sur le caractère « pivot » d'un document ne serait pas dramatique : si l'on n'y trouve que peu d'informations utilisables pour traiter le sujet, il faudra rapidement passer à un autre document pour tenter d'en extraire la « substantifique moelle ».

Soulignons enfin qu'on ne lit pas un dossier de synthèse comme on lit habituellement : celle lecture doit être rapide et utile. Le but : **repérer l'essentiel** (on peut se servir des titres et sous-titres, des intertitres, des chapeaux introductifs, des conclusions), **éliminer l'inutile**, le redondant ou le hors-sujet.

4. Exploiter le dossier

Plusieurs méthodes sont enseignées. Elles ont toutes leur pertinence et, de même qu'un formateur pourra en privilégier une, de même les candidats qui se préparent à l'épreuve pourront être plus à l'aise avec telle méthode plutôt que telle autre.

Pour autant, la nécessité de construire en trois heures une note synthétisant les informations essentielles à partir d'un dossier dense rend de loin la technique de rédaction à partir d'un plan préconçu la plus pertinente.

L'analyse du contexte et de la commande me donne des premières indications sur des axes importants de la note et me mettent ainsi en quête d'informations que j'espère trouver dans le dossier.

Quelle que soit la technique utilisée, une **analyse fine de la commande et des titres** des documents au dossier puis une « **lecture de survol** » **de l'ensemble du dossier** sont vivement conseillées puisqu'elles vont permettre à la fois :

- de **construire un ordre d'exploitation du dossier** : la première lecture permet de hiérarchiser les textes en fonction de leur nature (texte juridique, presse spécialisée, presse généraliste, etc.), de leur date, de leur longueur, de leur pertinence pour honorer la commande. Elle va déterminer le document par lequel je commencerai l'exploitation du dossier parce qu'il me paraît contenir le plus d'informations utiles à la rédaction de la note ;
- de **distinguer des thèses** :
  - qui peuvent parfois permettre de préconcevoir le plan de la note (**méthode 1**), technique idéale, mais que des dossiers touffus rendent parfois difficilement praticable ;
  - qui permettent de préconcevoir des fiches synthétiques (**méthode 2**) ;
  - qui aident à discerner les points à mettre en valeur lorsqu'on rédige une fiche par document (**méthode 3**).

Si on peut les distinguer par commodité d'exposition, ces **trois méthodes** ne sont pas totalement « étanches » les unes par rapport aux autres, et le traitement d'un sujet donné pourra requérir par exemple de passer à la fois par la méthode 1 et par la méthode 2.

A. Méthode 1 : la rédaction de fiches synthétiques à partir d'un plan préconçu

Vous rédigez une fiche par sous-partie, voire par partie. Deux approches sont possibles, l'approche thématique ou l'approche binaire.

a. L'approche thématique

L'analyse de la commande et des titres, puis une lecture de survol du dossier, particulièrement attentive aux **titres, chapeaux introductifs, sous-titres, intertitres, encadrés, légendes**, etc., vous ont permis d'identifier les thèmes principaux à mettre en valeur, si possible au nombre de quatre, ou à ramener rapidement à quatre.

Pourquoi quatre ? Parce vous visez en priorité une note organisée en deux parties comprenant chacune deux sous-parties, même si d'autres plans sont possibles.

Il vous reste à aller chercher dans le dossier les éléments nécessaires pour remplir ces futures sous-parties.

Vous devrez ensuite les articuler au sein de parties cohérentes.

b. L'approche binaire

Autre manière de travailler à partir d'un plan préconçu : le travail préliminaire d'analyse de la commande et des titres vous permet d'opter pour un plan binaire classique, du type : **Problèmes/Solutions :**

Problèmes	Solutions
– politiques, – économiques, – financiers, – juridiques, – sociaux, – culturels, – environnementaux, – d'organisation, – de fonctionnement, – anciens, – nouveaux, – chance de gain, – risque de perte, – etc.	– politiques, – économiques, – financières, – juridiques, – sociales, – culturelles, – environnementales, – organisationnelles (choix de gestion, etc.), – méthodologiques (méthodologie de projet, – etc.

Pour mémoire, on peut identifier de nombreux plans binaires :
- Dangers/Remèdes
- Bilan/Perspectives
- Constat/Préconisations
- Causes/Conséquences
- Aspects positifs/Aspects négatifs
- Avantages/Inconvénients
- Avantages/Limites
- Vertus/Défauts
- Dispositif/Conditions de bon fonctionnement
- Cela permet/À condition que
- Organisation/Fonctionnement
- Aspects internes/Aspects externes
- Les faits/Le droit

ou, plus finement :
- Un dispositif/mais des difficultés dans son application
- Des objectifs/une mise en œuvre
- Des avancées/mais des insuffisances
- De nouvelles missions/avec de nouveaux moyens
- etc.

Il s'agira ensuite de trouver les intitulés des sous-parties en adéquation avec les deux thèmes annoncés dans les intitulés des grandes parties.

En effet, des plans binaires peuvent ensuite se décliner encore plus finement.

Ceci peut par exemple se faire en classant au fur et à mesure de l'exploitation du dossier les informations dans les grandes parties, puis en subdivisant chaque partie en deux sous-parties (praticable par simple indexation par A ou par B des informations de chaque partie) :

- Les faits/Des réponses insuffisantes//Une nouvelle réponse/Les conditions de réussite
- Un bilan positif/non sans insuffisances//Une politique nouvelle/qui laisse des questions en suspens
- Un bilan négatif/des réponses//Des problèmes non traités/qui imposeront d'autres réponses
- Un bilan positif/et négatif//Des propositions nouvelles/qui soulèvent des inquiétudes à dépasser
- Un problème ancien/qui évolue//L'organisation actuelle est dépassée/et doit évoluer
- Un problème ancien/mal résolu//Des solutions nouvelles/encore incertaines
- Des principes nouveaux/qui fondent un nouveau dispositif//Des expériences éclairantes/les conditions de réussite
- etc.

Exemple :

Si on reprend le plan binaire constat/remèdes, on peut ensuite affiner de la sorte les sous-parties :

I. Un bilan décevant
A. Les faits/B. Des réponses insuffisantes
II. Des perspectives conditionnées
A. Une nouvelle réponse/B. Les conditions de réussite
ou :
I. Un problème récurrent
A. Le phénomène/B. Des remèdes inadaptés
II. Des solutions incertaines
A. Un nouveau dispositif/B. Des insuffisances

Il s'agit bien sûr d'une **étape** dans la rédaction finale du plan, qui devra être le **plus informatif possible.**

CONSEILS DU FORMATEUR

Les avantages de cette méthode : l'exploitation du dossier est aisée, efficace et rapide. Vous ne retenez que ce qui sert chacune des sous-parties ou parties.
Ses inconvénients : une erreur initiale de plan va fausser toute la note. Si on ne « tient » d'entrée de jeu que les deux grandes parties, un travail important de classement (A et B de chaque partie, puis hiérarchisation à l'intérieur de chaque A et chaque B) reste à accomplir avant la rédaction définitive. Si l'on « tient » trop de « sous-parties », un travail de réorganisation reste à accomplir pour parvenir à un plan satisfaisant.

Quelques exemples appliqués de plans préconçus

Une institution nouvelle
Exemple : *les maisons de services aux publics (MSAP)*

Un dispositif novateur/entend résoudre des problèmes anciens //
Des difficultés de fonctionnement/imposent des modifications

Une prise de conscience récente/induit de nouveaux principes //
Un fonctionnement innovant/mais des difficultés à surmonter

Une conception nouvelle/induit un fonctionnement novateur //
Des réussites/mais aussi des premiers échecs

De nouveaux principes ambitieux/en décalage avec l'organisation actuelle //
Un dispositif novateur/une réussite sous condition

Une situation préoccupante/conduit à une solution inédite //
Des bénéfices attendus/non sans incertitudes

Un dispositif juridique nouveau
Exemple : *le droit à la déconnexion*

Des principes novateurs/ouvrent de nouveaux droits //
Des insuffisances/requièrent une nouvelle évolution juridique

Des principes novateurs/imposent de nouvelles obligations //
Des conditions de réussite non remplies/des résultats décevants

Une situation préoccupante/impose la création de nouveaux droits //
Une mise en œuvre complexe/nécessite des moyens

Un contexte (politique, économique, social)/périme le droit en vigueur //
L'affirmation d'un nouveau principe juridique/fonde un dispositif inédit

Une législation inefficace/impose une réforme //
Des avancées/mais aussi des limites

Des expériences probantes à l'étranger/inspirent l'évolution du droit français //
Des effets positifs attendus/sous réserve que des conditions soient remplies

L'inefficacité des dispositifs précédents/a conduit à une évolution remarquable //
Les premiers retours d'expériences/font douter de la réussite

Des principes anciens périmés/de nouveaux principes //
Un fonctionnement nouveau/sans amélioration notable

Un mode d'organisation
Exemple : *l'intercommunalité*

Des avancées incontestables/des limites //
Des réformes annoncées/à la réussite incertaine

Une situation préoccupante/a conduit à des réformes successives //
Leurs limites/imposent de nouvelles réformes

Une volonté politique/un fonctionnement institutionnel nouveau //
Des réussites/des échecs

Une volonté politique/un fonctionnement institutionnel nouveau //
Un bilan décevant/induit une nouvelle politique

▷

Une politique publique
Exemple : *la politique culturelle de la commune*

Des besoins nouveaux/des acteurs //
De nouveaux outils/des limites

Des besoins nouveaux/des moyens limités //
De nouveaux acteurs/de nouveaux modes de travail

Des besoins nouveaux/de nouveaux outils juridiques //
Des contraintes/qui imposent de nouvelles méthodes

Des besoins nouveaux/un désengagement des acteurs traditionnels //
L'intervention de nouveaux acteurs/impose de nouveaux modes de conduite

Une volonté politique/en réponse à des demandes insatisfaites //
Des moyens inadaptés/de nouveaux moyens

Les modes d'action traditionnels/ne répondent plus aux besoins nouveaux //
Des expériences innovantes/requièrent des moyens

Les modes d'action traditionnels/ne répondent plus aux besoins nouveaux //
Des moyens nouveaux/une efficacité sous conditions

B. Méthode 2 : la rédaction de fiches synthétiques par thèse

NOTE DU FORMATEUR

Une technique proche de la première à ceci près que la prise de notes commence avant l'identification d'un plan.

Vous rédigez une fiche par thèse.

Il s'agit bien d'une rédaction par thèse et non par documents.

L'analyse de la commande et des titres, la lecture de survol du dossier (et notamment celle des **titres**, **sous-titres**, **chapeaux introductifs**, **intertitres, encadrés, légendes**, etc.) vous ont permis de repérer des thèses qui vous paraissent « incontournables » pour traiter le dossier, mais vous n'êtes pas encore en capacité de rédiger un plan, généralement parce que les thèses sont trop nombreuses.

À partir d'un document, vous ouvrez autant de fiches que ce document aborde de thèses (idées principales) différentes.

Bien sûr, vous n'ouvrez pas de fiches lorsqu'une thèse contenue dans le document est sans lien avec l'objet de la note.

Il peut arriver qu'un document ne contienne qu'une seule thèse et ne donne donc lieu qu'à la rédaction d'une seule fiche.

Si vous retrouvez cette même thèse (idée principale) dans un autre document, vous n'ouvrez pas une autre fiche mais vous complétez celle que vous avez déjà ouverte.

Pensez, à la fin de chaque information sur un thème donné, à noter le document d'où provient l'information. Cette mention ne sera évidemment pas reprise dans la rédaction finale, mais elle vous permet si nécessaire d'aller retrouver la source de l'information si, au moment de la rédaction définitive, celle-ci ne vous paraît plus suffisamment claire (ce qui n'est nullement souhaitable : perte de temps !)

CONSEILS DU FORMATEUR

Les avantages de cette méthode : vous n'écrirez jamais deux fois la même chose. La rédaction définitive est facilitée par le regroupement logique des informations.

Ses inconvénients : l'ouverture d'un nombre excessif de fiches peut retarder l'élaboration du plan définitif. Certaines fiches auront été ouvertes « pour rien » dans la mesure où le faible nombre d'informations qu'elles contiendront ne permettra pas de nourrir une sous-partie, quelle qu'en soit la pertinence sur le fond. Parfois, vous n'osez pas vous « risquer » à mettre en valeur des thèses, de crainte de faire fausse route.

C. Méthode 3 : la rédaction de fiches synthétiques par document

NOTE DU FORMATEUR

Une technique à manier avec la plus grande prudence compte tenu de la durée limitée de l'épreuve.

Vous rédigez une fiche par document.

L'analyse de la commande et des titres, la lecture de survol du dossier ne vous ont pas permis de mettre en valeur des thèses qui vous satisfassent. Vous avez tout de même repéré quelques « incontournables » qui vont vous aider.

Rien n'est donc perdu !

Pour que la méthode soit efficace, mettez en valeur l'essentiel dans la marge en vous aidant des titres, des chapeaux introductifs et des intertitres.

Vous pouvez utiliser des codes couleurs qui faciliteront le regroupement des informations au moment de la rédaction définitive, ou travailler par colonnes à partir de mots clés.

CONSEILS DU FORMATEUR

Les avantages de cette méthode : la méthode est rassurante, vous engrangez des informations au fur et à mesure de la lecture du dossier. C'est la méthode la moins risquée, la plus besogneuse.

Ses inconvénients : vous risquez d'écrire deux fois la même chose. Vous devez regrouper des informations éparses (éclatées sur plusieurs fiches) pour procéder à la rédaction définitive. Ceci requiert une indexation rigoureuse de l'information (des résumés des différents documents qui n'en mettraient pas en valeur les grands axes, les « arêtes », seraient très peu opérants). Vous risquez de vous trouver au terme du travail de prise de notes avec des fiches nombreuses qui ne vous permettent pas facilement d'élaborer un plan.

5. Arrêter définitivement le plan

À partir de là, il ne reste plus qu'à adopter un agencement cohérent des fiches pour construire le plan, ou affiner une intention de plan, ou valider un plan préconçu. En valorisant plus ou moins telle ou telle information (dans la limite de l'obligation d'objectivité), on peut bâtir à partir des fiches plusieurs plans entre lesquels il faudra choisir.

Notons également que les intitulés doivent être informatifs, clairs, les plus concis possible et faire apparaître très clairement le lien avec la commande.

Exemple :

Un plan trop peu informatif :

I. L'accueil des gens du voyage

A. L'aspect social

B. L'aspect urbain

II. Le cas de la communauté de communes de X

A. Les obligations légales

B. L'accompagnement social

Un plan plus informatif (voir *supra*) :

I. La double dimension sociale et urbaine de l'accueil des gens du voyage

A. Des aspects humains conflictuels

B. Une organisation spatiale inadaptée

II. La nécessité pour la communauté de communes de X d'agir légalement et d'accompagner socialement

A. Une réponse aux obligations légales dans un cadre concerté

B. Un accompagnement social individualisé des personnes accueillies

Mieux vaut cependant un titre un peu long s'inscrivant bien dans la progression adoptée qu'un titre tellement concis qu'il ne donne aucune explication. Il convient également de respecter le parallélisme des formes entre le (I) et le (II) : un intitulé long de trois mots en (II) ne peut répondre à un intitulé long d'une ligne et demie en (I).

Enfin, il faut proscrire les intitulés interrogatifs puisqu'ils doivent apporter une réponse à la question posée dans la problématique.

A. Deux ou trois parties ?

Cadrage national

Le développement est organisé en parties et en sous-parties.

Le cadrage n'impose pas le nombre des parties : même si le plan en deux parties comprenant chacune deux sous-parties s'est largement imposé dans ce type d'épreuve, un plan en trois parties est également possible.

Le nombre de sous-parties de chaque partie n'est pas non plus précisé. L'organisation binaire classique est possible (les deux parties comportent chacune deux sous-parties) mais non imposée.

En toute hypothèse, **on veillera à équilibrer les différentes parties**.

B. De nombreux plans possibles

Exemple :

Vous êtes secrétaire de mairie dans la commune de Grand-Loup du Lac, classée en zone de revitalisation rurale (ZRR) et en zone déficitaire en offre de soins. Deux des trois médecins installés sur la commune envisagent de prendre leur retraite dans les prochains mois.

Particulièrement préoccupé par cette situation, le maire vous demande de rédiger à son attention, exclusivement à l'aide du dossier ci-joint, une note sur les moyens d'améliorer l'offre de soins en zone déficitaire.

De nombreux plans sont possibles :

- **Plan 1**

(I) Nous présenterons d'abord les nombreuses solutions mises en place pour remédier au déficit d'offre de soins, à la fois financières (A) humaines et matérielles (B). (II) Ces dispositifs ont aussi montré leurs limites (A), ce qui amène les pouvoirs publics à se diriger vers une régionalisation des politiques de santé (B).

I. La désertification médicale : d'importants moyens pour y faire face

A. Une politique financière favorable aux médecins

B. Du cabinet clé en main à la télémédecine

II. Les limites des politiques des zones désertifiées amènent à la réflexion d'une régionalisation des politiques de santé

A. Des secteurs désertiques persistent

B. Vers une régionalisation des politiques de santé

- **Plan 2**

Nous verrons dans une première partie (I) que l'évolution de la société a entraîné une diversification médicale (A) qui a nécessité des dispositions financières mais qui demeurent insuffisantes (B). Puis nous verrons dans une deuxième partie (II) que des solutions de regroupements ont été trouvées (A) mais qu'elles requièrent pour réussir que de nombreuses conditions soient remplies (B).

I. La désertification médicale

A. L'évolution de la société

B. Les incitations financières rendues possibles par la loi relative au développement du territoire demeurent insuffisantes

II. La mise en place d'un dispositif de regroupement

A. Les maisons régionales de santé et les agences régionales de santé

B. Les conditions de réussite

Plan 3

Pour assurer un accès à la santé de qualité à leur population, les communes doivent faire de l'offre de soins un élément majeur de l'aménagement du territoire (I) et rendre ce dernier attractif aux professionnels de santé (II).

I. La santé, un élément majeur de l'aménagement du territoire

Pour améliorer son offre de soins, la commune sous-médicalisée doit établir un diagnostic des besoins sur son territoire (A) et mobiliser les professionnels de santé (B).

A. L'évaluation des besoins sanitaires

B. Une implication des professionnels de santé est indispensable

II. Un territoire attractif pour les professionnels de santé

La commune dispose de moyens financiers (A) pour inciter les médecins à s'installer sur son territoire et doit mettre en valeur le cadre de vie (B).

A. Des dispositifs d'incitation financière à disposition

B. Une mise en valeur du cadre de vie

Plan 4

Face à la persistance des inégalités dans l'aménagement des offres de soins sur le territoire (I), des dispositifs tels que les maisons de santé apparaissent comme des réponses encourageantes (II).

I. Les déserts médicaux : un problème d'aménagement du territoire persistant

Face à l'aggravation de l'inégalité d'accès aux soins entre les territoires (A), les mesures incitatives mises en place se sont révélées insuffisantes (B).

A. Vers une inégalité croissante d'accès aux soins

B. Des mesures incitatives insuffisantes

II. Les maisons de santé : des dispositifs encourageants qui doivent être mieux pilotés

Si les maisons de santé initient de manière probante le développement de l'exercice partagé (A), leur mise en œuvre nécessite des conditions particulières (B).

A. Les maisons de santé : des exemples probants d'exercice regroupé

B. Les clés pour réussir : un pilotage clarifié

Plan 5

Face à l'urgence de la situation, le rôle de l'État et des collectivités territoriales pour répondre à cette crise est primordial (I) afin de garantir la mise en œuvre d'actions locales dont la réussite est loin d'être acquise (II).

I. Le rôle de l'État et des collectivités territoriales pour répondre à une crise de la démographie médicale grandissante.

Les réalités constatées sur le terrain et l'aspiration des nouveaux médecins (A) imposent une action nécessaire et incitatrice des collectivités territoriales et de l'État (B).

A. Une dichotomie entre les souhaits des nouveaux médecins et la demande en soins sur les territoires

B. L'action nécessaire de l'État et incitatrice de l'État et des collectivités territoriales

II. Les exemples locaux et les limites à la mise en œuvre d'une politique d'offre en soins en zone déficitaire

Si l'essor des maisons de santé s'avère être une solution locale adéquate (A), les différents outils mis en place souffrent de certaines limites à considérer (B).

A. L'essor des maisons de santé : une expérience au niveau local

B. Les limites à la mise en œuvre d'une politique d'offre en soins en zone déficitaire

6. Rédiger la copie

Reste à rédiger au brouillon l'introduction : on dispose déjà du passage essentiel de l'introduction, l'annonce de plan. On a également repéré les éléments utiles à une entrée en matière en analysant les documents. Il reste à exprimer clairement la problématique.

Profitons-en pour rédiger également la conclusion qui, en quelques lignes, doit, si l'on choisit de conclure, souligner l'essentiel.

On peut alors procéder directement à la rédaction au propre en recopiant, avec quelques réécritures ponctuelles, dans les parties et sous-parties *ad hoc*, les informations contenues dans les fiches.

> **CONSEIL DU FORMATEUR**
>
> Pour éviter le piège du « copier-coller » et pour gagner du temps, adoptez un style « prise de notes » pour la rédaction de vos fiches (brouillon).

4. Gérer le temps de l'épreuve

La réussite au concours ne dépend pas de la seule capacité à rédiger une note, mais à le faire en **temps limité.** Cette contrainte de temps implique que **les feuilles de brouillon ne sont jamais corrigées**. Les prendre en compte équivaudrait de fait à accorder plus de temps à certains candidats qu'à d'autres.

1. La nécessité de s'entraîner en temps limité

C'est seulement en vous entraînant que vous mesurerez les difficultés que vous aurez à surmonter. Certains ont des difficultés dans la première partie du travail, celle qui permet d'accéder au plan, d'autres dans la prise de notes, d'autres enfin dans la rédaction. Il faut savoir situer ses faiblesses, et les travailler pour les atténuer.

Le travail de rédaction synthétique exige une capacité particulière à travailler vite, à ne pas « paniquer » devant la taille du dossier, les documents qui peuvent apparaître longs à lire, des textes peu lisibles pour qui n'a pas l'habitude d'en lire.

Souvent demandé par les candidats participant à des formations de préparation aux concours, le découpage du temps ci-après est purement indicatif et peut connaître de fortes variations d'un candidat l'autre. La qualité de la prise de notes à partir du dossier détermine en effet largement la durée de la rédaction définitive.

2. La gestion des trois heures de l'épreuve

A. 10 minutes d'exploitation de la commande et de la liste signalétique

10 minutes seront consacrées à travailler à l'identification des informations essentielles de la commande (que me demande-t-on précisément ? dans quel contexte ?) et des titres des documents. C'est un minimum pour percevoir quelles informations on devra trouver dans le dossier, où les trouver et comment les organiser. Les titres permettent souvent de repérer des « incontournables » du traitement du sujet.

Une ébauche de plan peut alors être posée comme hypothèse.

B. 10 minutes de parcours (survol méthodique) du dossier

Cette lecture très sélective ne s'intéresse qu'à ce qui se détache des documents, la titraille, leur introduction et leur conclusion s'ils en comportent. Elle doit néanmoins être très attentive et réflexive, interrogeant constamment ce qui est lu.

L'ébauche de plan faite précédemment doit pouvoir être remaniée et précisée en fonction de ce parcours. Il est particulièrement utile, même s'il n'est pas définitif, de disposer d'un plan qui va faciliter la prise de notes.

C. 1 h 30 de prise de notes à partir du dossier

C'est le travail le plus long, et si vous parvenez à le réaliser plus rapidement, c'est autant de temps supplémentaire dont vous disposerez pour rédiger définitivement votre copie.

Il vous faudra sans doute toujours plus d'une heure pour relever et compléter les points importants sur les feuilles que vous aurez préparées en fonction de votre plan.

D. 1 h de rédaction définitive sur la copie de concours

Rédigez intégralement au brouillon introduction et titres, très soigneusement, avant de les recopier. Pour le reste, la note sera rédigée directement, à partir de vos notes, feuille par feuille. Vous aurez regroupé sur chaque feuille les points qui doivent être évoqués ensemble, vous les aurez numérotés dans l'ordre où vous souhaitez les recopier.

E. 10 minutes de relecture

Il est essentiel de conserver un temps suffisant pour se relire sans complaisance, corriger les fautes mais aussi rajouter le mot qui manque, amender une phrase mal bâtie.

Le barème pénalisant l'orthographe rend ce temps particulièrement utile. Un nombre excessif de fautes entraînant l'attribution d'une note inférieure à 10 sur 20, une relecture attentive est indispensable.

SUJET N° 1 : Note sur dossier

Concours externe de rédacteur, session 2021

DURÉE : 3 HEURES

Énoncé

Vous êtes rédacteur territorial au sein de la direction des ressources humaines de la ville d'Admiville (32 000 habitants, 600 agents).
Face au constat d'un absentéisme et d'un turnover en hausse, le maire de la commune souhaite engager une politique volontariste de renforcement du bien-être au travail au sein des services municipaux.
Dans cette perspective, la Directrice des ressources humaines vous demande de rédiger à son attention, exclusivement à l'aide des documents joints, une note sur la qualité de vie au travail dans la fonction publique territoriale.

Liste des documents :

Document 1 : « Santé, sécurité, qualité de vie au travail dans la fonction publique : un devoir, une urgence, une chance » (extrait), rapport, Charlotte Lecocq, Pascale Coton, Jean-François Verdier, gouvernement.fr, 18 septembre 2019, 2 pages.

Document 2 : « Qualité de vie au travail : de quoi parle-t-on vraiment ? », Xavier Laisne, *La Gazette des communes*, 28 septembre 2020, 1 page.

Document 3 : Articles L. 4121-1 et L. 4121-2 du Code du travail, legifrance.fr, Consulté le 19 février 2021, 1 page.

Document 4 : « Guide de la qualité de vie au travail. Outils et méthodes pour conduire une démarche QVT » (extraits), Direction générale de l'Administration et de la Fonction publique, Anact, août 2019, 5 pages.

Document 5 : « État des lieux de la santé au travail des territoriaux », *Livre blanc santé et mieux être au travail des agents territoriaux* (extraits), Mutuelle nationale territoriale, janvier 2018, 4 pages.

Document 6 : « Comment redonner du sens au travail ? », *La Gazette des communes*, 11 février 2019, 3 pages.

Document 7 : « Télétravail : comment se prémunir d'éventuels risques ? », Direction de l'Information légale et administrative, service-public.fr, 10 avril 2020, 2 pages.

Document 8 : « Les sept piliers de la performance en collectivité locale : construire un management bien... veillant », Alain Porteils, Lettreducadre.fr, 30 mars 2018, 2 pages.

Document 9 : « Baromètre du bien-être au travail 2020 : les chiffres à retenir », Mutuelle nationale territoriale, 10 novembre 2020, 2 pages.

Document 10 : « Qualité de vie au travail : la ville de Suresnes double la mise », weka.fr, 18 juin 2019, 1 page.

Document 1

Santé, sécurité, qualité de vie au travail dans la fonction publique : un devoir, une urgence, une chance (extrait) - Rapport - Charlotte Lecocq, Pascale Coton, Jean-François Verdier - gouvernement.fr - 18 septembre 2019

(...)

Illustration des pratiques inspirantes dans la fonction publique territoriale

2.2.2.1 Le sport, vecteur de la qualité de vie au travail : Poissy Bien-Etre

2.2.2.1.1 Contexte et objectifs

La ville de Poissy a instauré en 2014 un vaste plan d'amélioration des conditions de travail pour lutter contre un absentéisme stagnant depuis quelques années. Plusieurs mesures ont été déployées : mise en place du télétravail pour mieux concilier vie professionnelle et vie personnelle, sensibilisation du management aux risques psychosociaux, procédure d'entretien de reprise d'activité, création d'un centre de formation interne. Mais la ville a souhaité aller plus loin, en mettant en place une initiative destinée à renforcer le bien-être des agents de la collectivité.

En 2017, pour optimiser le bien-être au travail des agents, « Poissy bien-être » est venu s'ajouter à ces différents outils en poursuivant l'idée que des agents qui pratiquent une activité sportive sont des agents qui seront mieux dans leur corps et dans leur esprit. L'initiative a été incluse dans le plan de formation interne mis en place par la collectivité.

2.2.2.1.2 Descriptif du projet

Concrètement, la ville propose aux agents de pratiquer des activités physiques et sportives **pendant le temps de travail** à raison de deux heures par semaine.

Les agents peuvent choisir parmi l'une des 6 activités réparties sur 12 créneaux pour une durée d'un trimestre. Les activités proposées sont des activités douces pour ne pas risquer un accident : marche, marche nordique, gymnastique d'entretien, natation, aquagym, aqua jogging. Elles sont encadrées par les éducateurs sportifs et les maitres-nageurs de la ville. Les agents bénéficient également chaque trimestre d'une conférence « Santé active » assurée par la CPAM sur les bonnes habitudes à prendre en termes de nutrition, de posture etc.

Tous les agents de la ville peuvent bénéficier du dispositif sur la base du volontariat.

Les ATSEM ont aussi accès à ce dispositif le samedi.

Parallèlement à ce dispositif, il a été créé un poste de médiateur (un agent de la mairie sur volontariat). Ses nombreuses années au sein de la mairie lui permettent de bien appréhender les situations et d'être sensibilisé à la prévention. Il fait le lien entre les agents, le niveau RH et les organisations syndicales. Il accueille les nouveaux agents afin que l'intégration se fasse le mieux possible. Il aide à un meilleur retour dans l'emploi. L'activité du médiateur permet de libérer du temps RH et d'avoir une meilleure écoute envers les agents sur le terrain.

2.2.2.1.3 Résultats obtenus

Une diminution de l'absentéisme de 4.8%, un état d'esprit positif pour les agents et une meilleure cohésion grâce au projet

Il ressort de cette initiative plusieurs améliorations, notamment une diminution des arrêts de courte durée de 750 jours, soit 4,8 % de l'absentéisme, soit une diminution de 100 000 euros, ou 3 ETP. Les agents expriment se sentir mieux dans leur corps et mieux dans leur vie professionnelle. Ils expriment également un meilleur relationnel entre collègues et avec leur hiérarchie.

Des questionnaires ont été créés afin de suivre le ressenti des agents.

2.2.2.2 Le maintien en emploi au sein du CDG 74 (Haute-Savoie)

2.2.2.2.1 Contexte et objectifs

Des dispositifs de maintien en emploi existent au sein des CDG, mais rencontrent des difficultés pour trouver des réponses adaptées pour les agents ne pouvant rester sur leur poste de travail pour des raisons de santé, bénéficier d'un changement d'affectation ou d'un reclassement interne. Des bilans de compétences sont également réalisés mais ne répondent qu'en partie aux besoins des CDG, des employeurs territoriaux et des agents concernés. Face au vieillissement des agents territoriaux des collectivités, qui occupent des postes plus physiques que dans la fonction publique d'Etat par exemple, qui connaissent une dégradation de leur état de santé, nous identifions un besoin croissant en matière d'accompagnement spécifique à la reconversion professionnelle avec une expertise spécifique handicap et fonction publique.

2.2.2.2.2 Descriptif du projet

Face à ce constat, dans le cadre d'un diagnostic réalisé en 2013/2014, le CDG 74 a mis en place des outils de GPEEC (gestion prévisionnelle des effectifs, des emplois et des compétences) et de prévention, destinés à accompagner les collectivités territoriales du département de la Haute-Savoie.
Ce dispositif s'est appuyé sur le FIPHFP (fonds pour l'insertion des personnes handicapées dans la fonction publique), dans le cadre d'une convention avec Agir H (association dont l'objet est d'apporter son soutien aux personnes en difficulté d'insertion professionnelle, notamment en situation d'handicap) et avec le CDG 73 (Savoie).
Le CDG 74 dispose d'un service de santé au travail équipé d'une équipe pluridisciplinaire, composée de préventeurs, d'un psychologue du travail, d'un chargé du handicap qui travaillent tous en lien avec les instances médicales et le service des carrières.
Le centre s'est également équipé d'une cellule de maintien dans l'emploi et d'un dispositif expérimental d'accompagnement à la reconversion professionnelle pour raison de santé des agents territoriaux de Savoie et de Haute-Savoie.
L'équipe pluridisciplinaire permet de mobiliser toutes les expertises requises. Le médecin de prévention du centre permet de valider l'adéquation des pistes de reconversion professionnelle avec l'état de santé de l'agent.

Le centre peut également mobiliser des expertises externes selon les besoins notamment concernant le suivi psychologique des agents ou d'un neuropsychologue.
Des stages d'immersion sont organisés pour confronter les agents au travail réel du potentiel futur poste, évaluer l'aptitude de l'agent et lui permettre de reprendre confiance en lui. Pour ce faire, le centre peut mobiliser un réseau d'employeurs privés et publics permettant de diversifier les lieux d'immersion. (...)

2.2.2.3 Résultats obtenus

Depuis 2017, 54 bilans ont été engagés, 76 % ont été finalisés. 69 stages en immersion ont été effectués. Une étude de satisfaction a permis de démontrer que 96 % des agents étaient satisfaits du dispositif.

Une évaluation en 2017 a confirmé la pertinence de la démarche et la nécessité de l'améliorer :

- En consolidant sa structuration notamment par la coopération entre les différents intervenants ;
- En harmonisant son financement ;
- En gérant la période transitoire par des bilans à destination des agents ;
- En intégrant une dimension recherche dans une perspective d'amélioration continue. (...)

Qualité de vie au travail : de quoi parle-t-on vraiment ?

Publié le 28/09/2020 | *lagazettedescommunes.com*

Améliorer la qualité de vie au travail ce n'est pas installer un babyfoot dans l'atelier ! Ce concept, apparu il y a quelques années, est bien plus complet, plus vaste et interroge nos modes de fonctionnement en profondeur.

Par Xavier Laisne, attaché principal

Il n'existe pas de définition juridique de la qualité de vie au travail (QVT), notion définie au sein de plusieurs accords interprofessionnels des secteurs privés et publics. La QVT touche les agents individuellement comme collectivement. L'idée première est que son amélioration permet d'agir sur le travail (contenu, organisation, environnement...) pour un meilleur service rendu. Très concrètement, il s'agit de s'intéresser aux conditions dans lesquelles le travail s'effectue mais également à la nature du management, à la communication interne, au contenu des missions et à leur sens... En réalité, un examen complet de ce qui fait réellement le travail ! L'enjeu est de concilier la performance attendue avec un certain équilibre personnel dans lequel chacun se sentira reconnu, soutenu et accompagné dans ses missions.

Améliorer la QVT

La démarche d'amélioration de la QVT concerne tous les acteurs de l'organisation. Impossible de copier/coller une démarche d'une structure à une autre car chaque environnement est différent. D'abord subjective, la perception de la QVT devient objective quand elle est partagée par plusieurs agents. Parler de la fréquence ou du contenu des réunions de service, de l'accès à l'information, des relations transversales, des conditions matérielles, du temps de travail ou encore du sens que l'on trouve dans nos missions sont autant de sujets qui constituent la QVT.

Ce qui est bien dans la démarche QVT c'est qu'elle porte en elle-même l'objectif et la méthode. En effet, afin que les individus se sentent bien dans leur travail, ils doivent se sentir autonomes et impliqués. Ainsi, pour mener une démarche d'amélioration de la QVT, il est nécessaire de permettre la concertation et d'associer les agents dans le partage du diagnostic et dans l'élaboration du plan d'action qui en découlera. En misant sur l'intelligence collective, la méthode favorise le travail transversal, la communication et le réalisme des actions proposées : ce sont ceux qui font qui savent ! Cela doit se faire avec neutralité et bienveillance, sans stigmatiser une personne ou un groupe de personnes, car il ne s'agit pas de régler des comptes mais d'avancer ensemble, dans la même direction en regardant quels sont les points forts et les points faibles. Parler de ses points forts et en prendre conscience est aussi important que de pointer ce qui ne fonctionne pas correctement !

Travailler mieux ensemble

Dans la phase « plan d'action », il s'agira de reprendre les points à améliorer et de s'intéresser au travail réel, essayer de chercher des solutions pour améliorer le quotidien et répondre aux questions qui se posent. Il faut rester concret et pragmatique et préférer la politique des « petits pas » : attention aux déclarations d'intentions (qui peuvent générer de la frustration) et aux actions en décalage avec les besoins. On peut tous avoir de superbes idées mais si elles ne répondent à aucun besoin ou si elles ne sont pas prioritaires, qui s'engagera pour les mettre en œuvre dans la durée ?

Au final, améliorer la QVT c'est faire en sorte que l'on travaille mieux ensemble, collectivement, et que l'on se sente bien au travail pour atteindre le meilleur résultat, le meilleur service possible. Une belle occasion de s'intéresser à ce que font réellement les agents et à comment ils le font... et pourquoi pas installer un babyfoot une fois que les vraies questions seront abordées et traitées !

Document 3

• Code du travail

- Quatrième partie, Titre II, Chapitre Ier : Obligations de l'employeur

○ Article L4121-1

Modifié par Ordonnance n°2017-1389 du 22 septembre 2017 - art. 2

L'employeur prend les mesures nécessaires pour assurer la sécurité et protéger la santé physique et mentale des travailleurs.

Ces mesures comprennent :

1° Des actions de prévention des risques professionnels, y compris ceux mentionnés à l'article L. 4161-1 ;

2° Des actions d'information et de formation ;

3° La mise en place d'une organisation et de moyens adaptés.

L'employeur veille à l'adaptation de ces mesures pour tenir compte du changement des circonstances et tendre à l'amélioration des situations existantes.

○ Article L4121-2

Modifié par LOI n°2016-1088 du 8 août 2016 - art. 5

L'employeur met en oeuvre les mesures prévues à l'article L. 4121-1 sur le fondement des principes généraux de prévention suivants :

1° Eviter les risques ;

2° Evaluer les risques qui ne peuvent pas être évités ;

3° Combattre les risques à la source ;

4° Adapter le travail à l'homme, en particulier en ce qui concerne la conception des postes de travail ainsi que le choix des équipements de travail et des méthodes de travail et de production, en vue notamment de limiter le travail monotone et le travail cadencé et de réduire les effets de ceux-ci sur la santé ; (...)

7° Planifier la prévention en y intégrant, dans un ensemble cohérent, la technique, l'organisation du travail, les conditions de travail, les relations sociales et l'influence des facteurs ambiants, notamment les risques liés au harcèlement moral et au harcèlement sexuel, tels qu'ils sont définis aux articles L. 1152-1 et L. 1153-1, ainsi que ceux liés aux agissements sexistes définis à l'article L. 1142-2-1 ;

(...)

Document 4

Guide de la qualité de vie au travail
Outils et méthodes pour conduire une démarche QVT (extraits)

1. Qu'est-ce qu'une démarche QVT ?

En juin 2013, l'Accord National Interprofessionnel sur l'égalité professionnelle et la qualité de vie au travail (ANI) a précisé que « la qualité de vie au travail désigne et regroupe sous un même intitulé les actions qui permettent de concilier à la fois l'amélioration des conditions de travail pour les salariés et la performance globale des entreprises » (...) « La notion de qualité de vie au travail renvoie à des éléments multiples, relatifs en partie à chacun des salariés mais également étroitement liés à des éléments objectifs qui structurent l'entreprise. Elle peut se concevoir comme un sentiment de bien - être au travail perçu collectivement et individuellement qui englobe l'ambiance, la culture de l'entreprise, l'intérêt du travail, les conditions de travail, le sentiment d'implication, le degré d'autonomie et de responsabilisation, l'égalité, un droit à l'erreur accordé à chacun, une reconnaissance et une valorisation du travail effectué. Ainsi conçue, la qualité de vie au travail désigne et regroupe les dispositions récurrentes abordant notamment les modalités de mises en œuvre de l'organisation du travail permettant de concilier les modalités de l'amélioration des conditions de travail et de vie pour les salariés et la performance collective de l'entreprise. » (...) « Sa définition, sa conduite et son évaluation sont des enjeux qui doivent être placés au cœur du développement du dialogue social. Les conditions dans lesquelles les salariés exercent leur travail et leur capacité à s'exprimer et à agir sur le contenu de celui-ci déterminent la perception de la qualité de vie au travail qui en résulte ».

Dans le secteur public, l'amélioration de la qualité de vie au travail est donc une démarche qui regroupe toutes les actions qui permettent de combiner qualité des conditions de vie et de travail des agents et qualité du service public. Elle s'appuie fortement sur l'expression et la participation des agents. Il s'agit d'un processus social concerté, centré sur l'amélioration des conditions du travail (contenu, organisation...) à des fins de développement des personnes et des services.

1.1. Une démarche et non une thématique

À la notion de QVT, est associée la notion de « démarche ». La QVT est d'abord une façon de construire et de conduire l'action collective qui permet d'articuler les objectifs d'amélioration des conditions de travail et ceux de qualité de service rendu aux usagers.

Il s'agit d'un cadre pour l'action qui permet de déterminer de façon collective et partagée des objets particuliers de travail et de s'engager sur des thématiques particulières comme, par exemple, le management, le télétravail, la prévention des risques professionnels, la prévention des risques psychosociaux (RPS), la gestion de l'absentéisme, les actions favorisant le maintien dans l'emploi, la conduite d'un projet de réorganisation.

La démarche QVT doit s'appuyer sur les situations concrètes de travail et la participation des agents. Elle a donc pour objet de produire des plans d'actions indépendamment des sujets particuliers traités mais en leur donnant une dimension spécifique.

Une démarche QVT n'est donc pas un nouveau sujet autonome à traiter, par exemple pour remplacer le sujet des RPS, ni une nouvelle thématique se surajoutant à celles déjà en cours de mise en œuvre.

La thématique de la QVT ouvre un nouveau cadre d'action collective pour piloter une organisation publique de façon plus cohérente et plus en lien avec le travail des agents et avec leur participation.

1.2. Une démarche qui permet une vision globale de l'activité dans l'administration

La démarche QVT ne peut pas être envisagée comme « isolée » des projets en cours ou à venir dans la structure : réorganisation, changement de logiciel, évolution des missions d'un service...

Par opposition à une vision en silo des problématiques des organisations, la mise en œuvre d'une démarche QVT a pour ambition de regrouper stratégies et actions pour traiter simultanément les enjeux du travail, sociétaux et de performance. Cette première phase d'analyse des enjeux doit être faite et partagée en recherchant bien à les caractériser pour la structure considérée.

- **Enjeux du travail** : besoin d'une plus grande autonomie et de sens au travail, souhait d'un management plus participatif et d'un collectif de travail de qualité, nécessité d'un soutien de l'encadrement, enjeux de mobilité professionnelle, évolution des métiers, élargissement des marges de manœuvre pour l'encadrement intermédiaire et pour les échelons déconcentrés, enjeux d'amélioration du dialogue social et professionnel...
- **Enjeux sociétaux** : diversité des populations d'agents et de leurs attentes (sexe, âge, groupes professionnels et sociologiques), équilibre des temps vie professionnelle/vie privée, nouvelles attentes de service des usagers, nouveaux types de relations aux usagers...
- **Enjeux de performance** : qualité de service rendu au public, capacités d'innovation, capacités d'intégration des moyens numériques, équilibre coût et qualité des prestations offertes au public...

Une fois les enjeux posés, il convient de s'intéresser aux déterminants de la QVT au sein de la structure, c'est-à-dire aux facteurs et leviers qui agissent positivement ou négativement sur la QVT des agents. On en distingue six :

- contenu du travail,
- santé au travail,
- compétences, parcours professionnels,
- égalité professionnelle,
- management, engagement,
- relations au travail, climat social.

Ces facteurs peuvent être interrogés dans les étapes de diagnostic QVT afin de définir les actions précises à conduire sur un ou plusieurs champs.

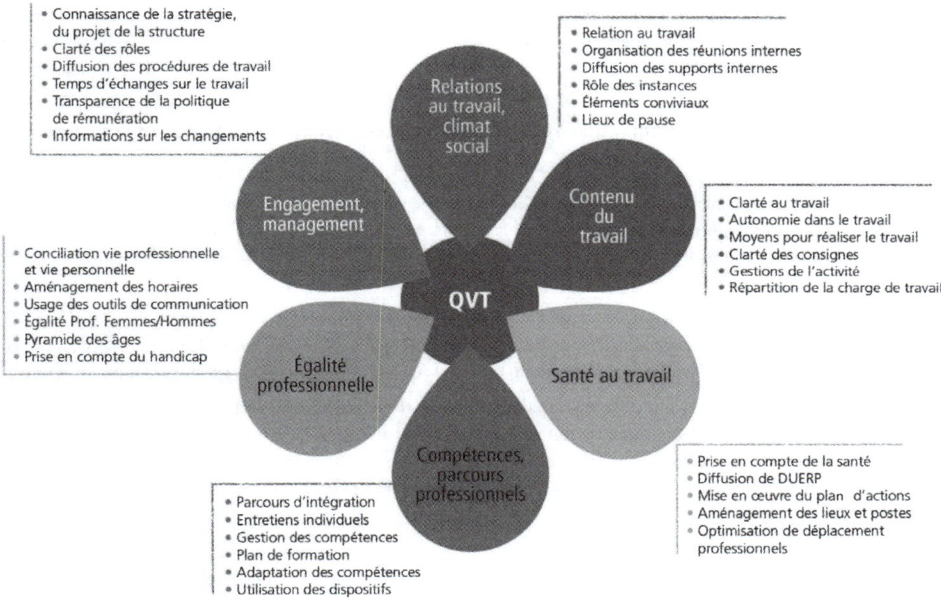

Source ARACT PACA

1.3. Une démarche intégrée à piloter à tous les échelons

1.3.1. Une démarche à soutenir et à piloter au niveau stratégique

Il ne s'agit pas de conduire des actions ponctuelles, limitées dans le temps mais bien d'élaborer une stratégie durable et explicite de pilotage des organisations, caractérisée par la participation des agents et la prise en compte de leur travail.

La conduite d'une démarche QVT nécessite un positionnement stratégique qui se traduit par :

- une volonté politique explicite ;
- un engagement de la direction sur un cadre d'action ;
- un soutien permanent au plus haut niveau des acteurs porteurs opérationnels de la démarche.

Mettre en œuvre une démarche QVT ne s'apparente donc pas à la mise en place de mesures ponctuelles (salle de sport, conciergerie...), mais bien à une modalité de conduite des projets et de management qu'il convient d'intégrer dans la pratique quotidienne des services.

1.3.2. Une démarche à conduire au niveau opérationnel

La démarche QVT se construit au plus près du terrain et des situations de travail qui font le service rendu aux usagers.

Des actions menées dans environ 180 établissements des secteurs sanitaires et médico-sociaux illustrent ce point de vigilance :

« La Qualité de vie au travail s'appréhende surtout au regard d'enjeux locaux et d'une situation concrète. Il appartient à chaque établissement de construire son propre chemin de qualité de vie au travail. Identifier quelques points de repère est cependant utile avant de passer à l'action »[1].

1.4. Une démarche collective pour améliorer conjointement les conditions de travail et la qualité du service public

La mise en œuvre d'une démarche QVT implique nécessairement la prise en compte simultanée de l'amélioration des conditions de travail des agents, de l'amélioration de la qualité de service rendu à l'usager et de la performance de l'organisation. Des critères permettant de mesurer ces améliorations sont construits collectivement et évalués par les acteurs concernés.

Le fondement de cette approche est le lien démontré entre qualité de service et qualité des conditions de travail des agents. En effet, la qualité de vie au travail des agents est largement déterminée par la possibilité pour eux de faire un travail de qualité et, à l'inverse, la qualité du service rendu est largement déterminée par la qualité des conditions de travail perçue par les agents.

Engager une démarche QVT nécessite une approche par les situations réelles de travail prenant en compte la multiplicité des professionnels impliqués, les compétences et gestes professionnels mis en œuvre ainsi que les régulations intra services et interservices. Cela facilite le décloisonnement des activités et le renforcement des collectifs de travail. Si le contenu du travail de chaque agent reste individuel, le service rendu aux usagers et la qualité de celui-ci relèvent en revanche de l'activité d'un collectif de travail.

La démarche QVT donne un cadre pour l'analyse des situations de travail. Le plan d'actions à construire au sein du service ou de l'établissement s'appuie sur les échanges entre professionnels d'origines diverses, portant chacun leur logique de travail.

Ce mode de coopération dans l'action et les projets est essentiel car le cloisonnement des services peut être un frein à la mise en œuvre d'actions et à la collaboration entre les agents.

La démarche QVT s'appuie fortement sur l'expression des agents à partir de leurs situations concrètes de travail.

Ainsi, des démarches QVT contribuent à enrichir les capacités d'analyse des acteurs et à favoriser un dialogue de qualité qui s'appuie sur le « dialogue professionnel[2] ».

> *Les effets d'une démarche participative dans une collectivité territoriale*
>
> *Dans une collectivité territoriale, un fort taux d'absentéisme était constaté au sein du service de restauration qui comportait 25 personnes. Après analyse, il s'est avéré que le système de rotation d'horaires – deux rotations à assurer 7h -14h ou 8 h 30-15 h 30- posait des difficultés à certains agents liées à l'insuffisance de transports en commun desservant le lieu de travail. Des actions ont été menées en direction du management pour chercher des solutions collectives à ce problème qui, jusque-là, n'avait pas été résolu et contribuait à tendre les relations individuelles et collectives. Ainsi, plusieurs réunions ont eu lieu avec l'équipe qui ont permis de mettre en place un planning de rotation intégrant toutes les contraintes de tous les agents. Cette procédure a résulté du collectif et de l'expression directe des agents qui ont apporté des idées sur l'organisation du travail. Avec cette nouvelle organisation, il a été constaté : une sérénité dans l'équipe et un plaisir retrouvé dans l'exercice des missions, des relations apaisées, une diminution de l'absentéisme et une qualité de la production assurée.*

[1] « *La qualité de vie au travail au service de la qualité des soins. Du constat à la mise en œuvre dans les établissements sanitaires, médico-sociaux et sociaux* ». HAS – ANACT, septembre 2017.

[2] Dialogue professionnel : échanges concrets à partir du travail réel entre les agents et les encadrants.

1.5. Une démarche qui s'appuie sur l'expérimentation et l'amélioration continue

Une démarche QVT porte tout particulièrement sur les projets en cours ou à venir de toute nature : organisation de l'accueil au public, modification de l'organisation liée à l'introduction d'un nouveau service ou d'une nouvelle technologie, modification de l'activité liée à une nouvelle règlementation...

Mener une démarche QVT signifie conduire chaque projet particulier en associant les agents, en tenant compte de leurs situations concrètes de travail et en organisant des échanges entre toutes les parties prenantes.

Cela signifie aussi s'engager dans un processus d'expérimentation de solutions qui s'appuie sur une posture bienveillante de l'ensemble des parties prenantes de l'organisation. Expérimenter, c'est mettre en œuvre des solutions innovantes issues d'un choix concerté avec les agents qui vont être touchés par les actions menées. **Expérimenter c'est aussi admettre la possibilité d'erreur. Le droit à l'erreur ne doit pas être vu comme un échec mais plutôt comme une source d'apprentissage, la possibilité d'apporter des améliorations de manière continue ou de revenir en arrière si nécessaire.** Dans le cadre de ces expérimentations, les agents vont évaluer tout au long du processus les actions mises en place de manière à les réajuster si nécessaire. Cette vision de l'expérimentation est donc un élément essentiel d'une démarche QVT.

1.6. Une démarche qui alimente et renouvelle le dialogue social

L'expérience montre que la mise en œuvre de certains principes qui fondent la démarche QVT contribue à renforcer le dialogue social.

Traiter les sujets en cherchant les liens entre les dimensions d'organisation, de RH et de santé au travail aide les acteurs à avoir une vue plus globale des thématiques travaillées et à chercher des solutions plus équilibrées.

Les dimensions d'expérimentation et d'innovation de la QVT conduisentles acteurs à s'impliquer dans des projets avec une pratique plus ouverte tout en gardant leur capacité d'évaluation.

Les projets accompagnés dans le cadre des démarches QVT s'appuient nécessairement sur les partenaires sociaux. Ils doivent toujours être définis et menés en concertation étroite avec les instances habituelles du dialogue social.

La QVT : ce qu'elle n'est pas !

La QVT n'est pas une manière « positive » de parler des RPS. Ceux-ci doivent continuer à faire l'objet de mesures de prévention comme tous les risques professionnels. La QVT n'est pas non plus l'addition d'actions ponctuelles tournées vers des dimensions périphériques au travail : relaxation, conciergerie, mesures en faveur d'une alimentation saine, etc... La démarche proposée dans ce guide a une ambition beaucoup plus vaste, celle d'agir en amont sur toutes les dimensions de l'organisation du travail dans le cadre de démarches participatives pour une qualité de vie au travail essentiellement fondée sur la qualité du travail des agents et du service rendu au public.

Parole d'agent

Un représentant du personnel d'un CHSCT

« ... c'est une méthode très intéressante car elle permet vraiment d'entendre toutes les parties, de prendre en compte les agents et leurs besoins... Il nous a paru important de trouver des axes de travail prenant en compte tous les changements pour aussi bien accompagner les agents et leur permettre de participer, de s'exprimer... »

À retenir

La démarche QVT nécessite une vision stratégique qui doit être portée au plus haut niveau puisqu'elle touche l'organisation et vise la performance du service public.
Elle est une démarche « systémique » du fait de son approche globale et des interactions permanentes entre toutes les parties prenantes. Elle est une démarche durable à décliner dans tous les projets. Elle s'appuie fortement sur l'expression et la participation des agents ainsi que sur l'expérimentation de solutions. C'est ce qui la distingue d'une démarche projet « classique ». C'est une démarche qui contribue à l'amélioration du service public. La QVT engage tous les niveaux de l'organisation : agents, managers, direction, acteurs RH, partenaires sociaux. Elle s'appuie sur l'expérimentation et le dialogue professionnel. Elle renforce le dialogue social. (...)

Document 5

1.1

ÉTAT DES LIEUX DE LA SANTÉ AU TRAVAIL DES TERRITORIAUX

On observe depuis plusieurs années une forte croissance de la fréquence et de la durée des arrêts de travail de plus de trois mois.

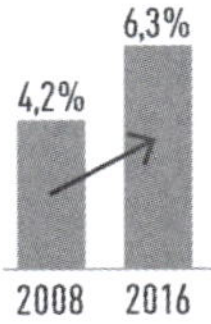

Cela révèle la très forte dégradation de l'état de santé des agents territoriaux. Ainsi, la part des agents territoriaux ayant connu un arrêt de travail de plus de 3 mois est passée de 4,2 % en 2008 à 6,3 % en 2016, soit une hausse de 50 %. Ces arrêts de travail sont également de plus en plus graves : la durée moyenne des arrêts de plus de 3 mois a augmenté de plus de 2 % par an en moyenne ces 5 dernières années[1].

La croissance des arrêts de travail se traduit par une augmentation de l'absentéisme dans les collectivités territoriales : + 26 % entre 2007 et 2015.

59%

Au-delà de ces indicateurs statistiques de maladie, **les agents ressentent une dégradation de leur bien-être au travail** : en 2017, 59 % des agents territoriaux déclarent que leur niveau de bien-être au travail s'est dégradé (baromètre Gazette-MNT)[2]. Pour autant, ils sont toujours aussi fiers de travailler au service des usagers : pour près de 8 sur 10 d'entre eux, exercer une mission de service public est une réelle satisfaction[3].

Pour les collectivités, cet absentéisme représente des coûts importants, qu'ils soient directs ou indirects.

À court terme, la prise en charge des **indemnités journalières** est la conséquence la plus perceptible pour les collectivités (21 428€ en moyenne pour une année d'arrêt[4]). Néanmoins, les **coûts indirects**, tels que la perte de productivité, les dépenses en ressources humaines, les suites légales, ou encore la nécessité de mettre en place un suivi particulier auprès des agents, peuvent représenter à moyen terme une somme encore plus importante. Cette situation pèse également sur les collègues en poste, qui doivent faire face à la fois à une surcharge de travail et à la désorganisation du service. *In fine*, le risque encouru est la dégradation du service rendu aux usagers.

Les agents territoriaux sont particulièrement exposés aux risques professionnels, cause d'absentéisme.

La question des chiffres de l'absentéisme dans le secteur public et de leur analyse fait l'objet de très nombreuses controverses. Nombreux sont les éléments qui **complexifient la comparaison entre secteur public et privé**, à l'instar des congés maternité, comptabilisés en arrêts maladie dans la fonction publique, mais pas dans le secteur privé.

En tout état de cause, les agents de la fonction publique territoriale sont particulièrement sujets aux arrêts de travail pour raison de santé, y compris en comparaison avec les autres versants de la fonction publique : la part des territoriaux ayant eu au moins un arrêt dans l'année est de 3 points supérieure à celle des autres versants de la fonction publique[5].

(1) Chiffres MNT.
(2) Baromètre MNT-IFOP de septembre 2017 : « Bien-être au travail dans les collectivités ».
(3) *Ibid.*
(4) « La gestion des RH dans les villes de France », novembre 2016, Sofaxis-La Poste-Villes de France.
(5) « Enquête conditions de travail 2013 », Dares, DGAFP.

Cette situation s'explique par des faits tout à fait objectifs :

- l'âge moyen élevé des agents territoriaux : près de 47 ans, soit 7 de plus que la moyenne d'âge des actifs en France[6]. Or, l'âge impacte fortement la survenance d'arrêts de travail supérieurs à trois mois[7] ;

- la pénibilité des métiers exercés : les agents territoriaux exercent des métiers plus pénibles que la moyenne de la population française. Près de 50 % des territoriaux exercent des emplois de la filière technique[8], qui sont les plus exposés à la pénibilité (exemple : espaces verts, collecte d'ordures, travaux publics). Les métiers des services à la population sont également nombreux dans la FPT (aides à domicile, agents des EHPAD, métiers de la petite enfance, etc.) ;

- les conditions de travail particulières liées à l'exercice du service public. Ainsi, le besoin d'immédiateté des usagers ou la nécessité d'assurer la continuité du service public ont des effets sur les conditions de travail des agents. À titre d'exemple, 16,1 % des agents de la fonction publique territoriale déclarent effectuer des astreintes, contre 8,4 % dans le privé[9].

47 ANS
C'est l'âge moyen des agents territoriaux

PRÈS DE 50 % DES TERRITORIAUX
exercent des emplois de la filière technique

L'augmentation de la fréquence et de la durée des arrêts de travail **pourrait s'amplifier dans les décennies à venir** du fait de l'évolution de la pyramide des âges et de l'entrée en vigueur progressive du recul de l'âge de départ à la retraite. Or, la sinistralité augmente avec l'âge...

3.1

LES ACTIONS DE PRÉVENTION ET DE MIEUX-ÊTRE AU TRAVAIL : DES MESURES EFFICACES ET DE PLUS EN PLUS RECONNUES

Les études montrent que les actions de prévention ont des bienfaits sur la qualité de vie et contribuent donc à réduire l'absentéisme.

La pénibilité des métiers et la difficulté des conditions de travail sont autant de sources de dégradation de l'état de santé ou de bien-être des individus. À titre d'exemple, les personnes exposées à des risques psychosociaux élevés dans le cadre de leur profession sont trois fois plus touchées par l'absentéisme que le reste de la population[1].

Des études engagées ces dernières années tendent à démontrer l'efficacité des actions de prévention, de mieux-être au travail et de retour à l'emploi. Leur bilan économique est largement positif : **les coûts évités à moyen terme sont bien supérieurs aux coûts engagés** à court terme. Ces actions, agissant sur les causes des arrêts, sont efficaces pour lutter contre l'absentéisme à long terme, et leur retour sur investissement se situe entre 1,2 et 2,5[2].

x1,2 à 2,5

Retour sur investissement des actions de prévention

À l'inverse, une étude de l'INSEE de novembre 2017[3] atteste le caractère contre-productif des mesures de carence sur les arrêts de longue durée.

La réintroduction du jour de carence début 2012 s'est traduite par une baisse des arrêts de très courte durée, mais elle a eu pour conséquence une augmentation des arrêts de longue durée (+ 25 %). En effet, un délai de carence incite l'agent soit à renoncer à s'arrêter, ce qui peut aggraver son état, soit à augmenter la durée de son arrêt pour être certain de sa guérison, face au coût fixe que représente le jour de carence.

La prise de conscience de l'importance des questions de prévention et du mieux-être au travail ainsi que la nécessité de renforcer le cadre juridique semblent désormais partagées par tous.

Les décideurs locaux jugent dans leur quasi-totalité (entre 96 et 99 %) les thématiques suivantes comme importantes dans leur collectivité : sécurité au travail, santé au travail, bien-être des agents, reclassement et maintien dans l'emploi[4]. Il en va de même des **agents territoriaux** : la promotion de la qualité de vie au travail est la préoccupation première des agents de catégories B et C, devant par exemple le maintien de leur pouvoir d'achat ou encore la stabilisation des effectifs[5].

Les pouvoirs publics se sont également saisis de la question : le cadre juridique de la prévention et de la santé au travail s'est progressivement renforcé. Spécifique dans la fonction publique, il s'inscrit néanmoins dans

(1) « Les absences au travail des salariés pour raison de santé », DARES, février 2013.
(2) « Prévenir les risques professionnels », Eurogip, février 2017 : rapport produit à partir de nombreuses études fondées sur différents pays, différents métiers et différents modes de calcul du retour sur investissement.
(3) INSEE, novembre 2017, « Le jour de carence dans la fonction publique de l'État : moins d'absences courtes, plus d'absences longues ».
(4) Enquête IFOP-MNT d'octobre 2017.
(5) Baromètre MNT-IFOP de septembre 2017 : « Bien-être au travail dans les collectivités », question : « Quelles sont d'après vous les actions que votre collectivité (ou établissement) doit privilégier sur 2017-2018 ? »

le même esprit que celui qui s'applique aux salariés du secteur privé : le statut de la fonction publique territoriale tel que rédigé en 1984 fait référence au Code du travail lorsqu'il fixe les obligations de l'employeur[6]. Les mesures devant être prises sont de trois ordres : diagnostic et plan d'action ; information et formation ; ainsi qu'adaptation des moyens et de l'organisation des services.

Progressivement, ce cadre juridique s'est renforcé et a épousé les évolutions de celui du secteur privé, soumettant les collectivités aux mêmes obligations que les employeurs privés.

3.2

UNE APPLICATION QUI DEMEURE INSUFFISANTE

La phase de diagnostic reste perfectible tant quantitativement que qualitativement.
Au fondement de l'ensemble de la « démarche » de santé au travail se situe le **document unique d'évaluation des risques**. Introduit en 2001[7], il vise à classer puis à regrouper au sein d'un support unique les risques professionnels identifiés dans chacune des unités de travail. Il s'agit d'un préalable indispensable à toute démarche de prévention et santé au travail afin de cibler les besoins et de mener des actions pertinentes.

Pourtant, un **nombre réduit de collectivités remplissent leurs obligations juridiques** en la matière (mise à jour annuelle du document unique) : seuls 37 % des décideurs déclarent que leur collectivité a réalisé et actualisé ce document en 2017[8]. On constate également que ces diagnostics sont d'une qualité variable selon les collectivités, et qu'ils ne se traduisent pas toujours par la mise en place d'actions.

37%
DES DÉCIDEURS
déclarent que leur collectivité a réalisé et mis à jour ce document en 2017

BONNE PRATIQUE : La réalisation du document unique d'évaluation des risques

La réalisation d'un document unique d'évaluation des risques en interne de la collectivité, ou avec l'accompagnement d'un partenaire, est beaucoup plus efficace que le fait d'externaliser entièrement cette production.

Selon une étude quantitative récente[9], on constate que la fréquence et la gravité des maladies professionnelles sont plus importantes dans les collectivités où ce document est réalisé par un cabinet externe. À l'inverse, elles baissent de manière substantielle lorsque les collectivités réalisent ce travail en interne en associant l'ensemble des acteurs, dont les instances paritaires, les agents et différents services de la collectivité. En réalisant un tel travail en interne, les collectivités disposent d'une **analyse davantage individualisée, et d'agents mieux sensibilisés et formés** à ces questions.

(6) Article 108-1 de la loi n° 84-53 du 26 janvier 1984 portant dispositions statutaires relatives à la fonction publique territoriale.
(7) Décret n° 2001-1016 du 5 novembre 2001.
(8) Enquête IFOP-MNT d'octobre 2017.
(9) IRIAF-Université de Poitiers, 2017, « Analyse quantitative de l'influence des mesures de prévention sur le risque de l'absentéisme au sein des collectivités », L. Anoue Kiki, J. Landreau, M.-H. Depret.

Document 6

CARRIÈRES

Management

Comment redonner du sens au travail

Mis à mal par les conditions dans lesquelles les agents exercent leurs activités, le sens du travail a tendance à se déliter. Mais des solutions existent pour tenter de le réactiver.

«Ça n'a pas de sens...» Quel manager ne s'est jamais vu opposer cette réponse alors qu'il passait des consignes à un collaborateur? Si les agents territoriaux ont toujours le service public chevillé au corps, ils sont nombreux à avoir perdu foi en ce qu'ils font au quotidien, à ne plus vraiment comprendre en quoi leur travail contribue à la mission de service public qui leur est confiée, à s'interroger sur ce qu'ils apportent aux usagers. Usagers qui constituent leur «carburant», à en croire l'étude sur le sens de l'action publique locale menée par le sociologue Jérôme Grolleau (*). «C'est le déséquilibre entre la baisse des moyens et le niveau de service attendu qui met à mal le sens», estime Jérôme Tourne, directeur des ressources humaines du pôle territorial sud de Bordeaux métropole chargé des ressources humaines de la ville de Pessac (1150 agents, 61800 hab., Gironde).

Pour Laurence Rosazza-Riz, chargée de la qualité des relations professionnelles à la ville et à la métropole de Bordeaux (28 communes, 9000 agents, 750000 hab.), le problème vient de «la parcellisation des tâches». Ce que le sociologue Georges Friedmann appelle le «travail en miettes». «Le sens est aussi relié à l'appartenance à une collectivité et à la proximité avec les décisionnaires», poursuit Laurence Rosazza-Riz. D'où la perte de sens observée chez de nombreux

La Gazette - 11 février 2019

agents suite aux fusions et mutualisations. Les réorganisations, la dégradation du lien à l'usager, l'urgence et le rapport au temps, les injonctions paradoxales, la qualité empêchée, l'atteinte du collectif, la multiplication des procédures, le manque de reconnaissance... tous ces facteurs ont un impact sur la capacité à octroyer un sens à son travail. Ce qui signifie aussi qu'il est possible d'agir sur ces facteurs pour changer la donne. Démarche d'autant plus urgente à engager que le sens peut être une formidable source de motivation, mais aussi avoir des effets néfastes sur la santé.

«La perte de sens traduit parfois de l'inquiétude mais peut également cacher une réelle souffrance. Il ne faut pas la laisser s'installer», prévient Pierrick Lozé, directeur général des services de la communauté d'agglomération du Mont-Saint-Michel-Normandie (97 communes, 450 agents, 88100 hab., Manche), issue de la fusion de cinq communautés de communes.

ASSOCIER AGENTS ET CITOYENS

Parmi les différentes pistes présentées dans son étude, Jérôme Grolleau propose de considérer l'usager comme «un objet de travail à part entière» et de le prendre «comme boussole collective» en renforçant sa place dans la conception, la production et l'évaluation de l'offre de service public.

«Le sens se trouve dans le triptyque agents, managers, citoyens», approuve Laurence Malherbe, directrice des affaires juridiques de la ville d'Antibes (2000 agents, 73800 hab., Alpes-Maritimes), vice-présidente de l'Association des dirigeants territoriaux et anciens de l'Inet (ADT-Inet), qui rappelle l'importance «d'associer les agents et les citoyens dans les mêmes instances» et de «redonner la main aux agents sur leurs relations aux citoyens», en leur permettant d'adapter les procédures pour répondre correctement aux demandes. Ce qu'elle a fait à l'accueil de l'hôtel de ville d'Antibes. «Il faut savoir arrêter des tâches et des procédures qui ne servent à rien», ajoute-t-elle.

Les collectivités seraient également inspirées de laisser davantage d'autonomie aux agents et de place à l'intelligence collective. Là encore, Jérôme Grolleau propose de «transformer les réunions d'équipe en lieu d'échanges, de coconstruction, d'autoanalyse», plaidant aussi pour la coconstruction d'un projet dans chaque équipe. «En tant que cadre, nous pouvons ouvrir des espaces de dialogue pour que les agents s'expriment sur leur travail», rappelle Laurence Malherbe. Selon Laurence Monnet-Vernier, coauteure de l'étude Deloitte-Viadeo (lire ci-dessus), les organisations doivent avant tout «laisser à chacun ⊃○●

À LIRE

«Donner un sens au travail, promouvoir le bien-être psychologique», rapport de recherche, Estelle Morin et Charles Gagné, Institut de recherche Robert-Sauvé en santé et en sécurité du travail, Montréal, Canada, 2009.
Disponible sur goo gl/CWJEkX

L'EXPERTE

CHARLOTTE BUISSON, psychosociologue du département «capital humain» du cabinet Deloitte

«Il faut s'intéresser au décalage entre le prescrit et le réel»

«L'étude que nous avons menée en 2017 (*) montre que, pour 29% des personnes interrogées, le sens au travail est relié principalement à l'activité réelle quotidienne, c'est-à-dire aux tâches concrètement effectuées dans le passage du travail prescrit au travail réalisé. Puis viennent le travail d'équipe et la coopération, à égalité avec les valeurs de l'organisation (26%). S'intéresser au décalage entre le prescrit et le réel est une piste majeure pour redonner du sens. Les équipes doivent pouvoir nommer ce qui empêche le travail et attaque la construction du sens. Certaines organisations planchent sur les "irritants". Les espaces de discussion pour analyser les pratiques sont l'occasion de les nommer, trouver des solutions, parler de qualité. L'essentiel n'est pas tant d'apporter des réponses à la question du sens au travail que de proposer des espaces où l'on puisse se poser la question, et ce avec d'autres. Pour les managers, ces espaces constituent une mise en danger. Ils doivent être formés à les réguler.»

(*) Etude Deloitte-Viadeo «Sens au travail ou sens interdit?», réalisée auprès d'un échantillon de 2329 personnes en décembre 2017.

Un peu de sémantique

Le mot «sens» fait l'objet de plusieurs interprétations. Pour certains, il correspond à une direction, une finalité, une vision. Il est alors possible de donner du sens par le projet, une pratique managériale. Pour d'autres, le sens serait un processus individuel, voire intime, auquel l'organisation n'a pas accès au-delà de l'organisation du travail, puisqu'il serait subjectivement associé à la trajectoire professionnelle, l'histoire familiale, l'environnement social... Pour la psychosociologue Jacqueline Barus-Michel («Souffrance, sens et croyance», Eres, 2014) «le sens peut être défini comme ce qui est, à un moment donné, éprouvé par un sujet individuel ou collectif, comme la cohérence unifiante d'une situation».

Source : étude Deloitte-Viadeo «Sens au travail ou sens interdit?», décembre 2017.

●○○ la liberté et les espaces qui lui permettent de construire et déterminer le sens qu'il donne à son travail». Des espaces où seront abordées les petites choses qui empoisonnent le quotidien et empêchent la qualité, mais où seront aussi expliqués les choix politiques. «Il nous appartient de mettre du sens là où les agents n'en trouvent pas forcément», estime Laurence Malherbe, citant Peter Drucker, le père du management: «le manager est celui qui réduit les contradictions de l'organisation...»

«En tant que cadre, nous pouvons ouvrir des espaces de dialogue pour que les agents s'expriment sur leur travail.»

Laurence Malherbe, directrice des affaires juridiques de la ville d'Antibes

SENSIBILITÉ PERSONNELLE

S'il existe des stimuli communs partagés par l'ensemble des agents sur lesquels il est possible d'agir, le sens qu'une personne attribue à son travail reste en grande partie subjectif. Il dépend fortement du rapport qu'elle développe à son activité, et donc de sa sensibilité personnelle, qui peut elle-même évoluer au cours de la carrière. «Pour le sociologue Vincent de Gaulejac, le travail rassemble trois registres: le faire, l'avoir et l'être. En fonction des individus et des âges, l'un ou l'autre des registres va davantage compter», souligne Charlotte Buisson, psychosociologue du cabinet Deloitte (lire p.23). Ce qui ne facilite pas la tâche des managers auxquels il appartient de «donner du sens».

On peut néanmoins constater que pour que le travail ait un sens, il doit correspondre aux appétences de la personne, faire appel à ses compétences, stimuler le développement de son potentiel et lui permettre d'atteindre ses objectifs. Sans perdre de vue que le sens se construit d'abord et avant tout au quotidien dans les activités concrètes. D'où l'importance de s'intéresser au travail réel, thème cher à l'Agence nationale pour l'amélioration des conditions de travail qui a lancé en septembre 2018, avec l'EM Lyon business school, un MOOC pour «manager par le travail réel».● **Maud Parnaudeau**

(*) «Réenchanter le quotidien, le sens de l'action publique locale», Jérôme Grolleau, pour l'Observatoire social territorial de la Mutuelle nationale territoriale en partenariat avec Régions de France, mai 2018.

Cornebarrieu (Haute-Garonne) 210 agents • 6 500 hab.

C. BELLAVIA/LA GAZETTE

JEAN-BAPTISTE CLERC, directeur général des services

Des groupes d'analyse de pratiques améliorent le dialogue

«Le mouvement est devenu perpétuel avec des injonctions contradictoires et des agents qui ne perçoivent plus l'utilité de ce qu'ils font», analyse Jean-Baptiste Clerc, directeur général des services de Cornebarrieu. C'est par «l'engagement managérial, beaucoup d'écoute, le partage du projet, la libération de la parole et la transparence» qu'il tente de redonner sens au travail au sein de la collectivité. «Il faut avoir les débats et les purger, remettre l'humain au centre», appuie-t-il. Concrètement, cela se traduit par un droit à l'expérimentation donné aux agents. Plusieurs groupes d'analyse de pratiques (Atsem, responsables de structures, direction générale...) ont par ailleurs été constitués. Ils se réunissent en moyenne tous les deux mois. «Ces espaces donnent à chacun la possibilité de s'exprimer et de retrouver le sens de l'action d'équipe. Ils améliorent le dialogue. La sensibilité de chacun est prise en compte», constate le DGS. Tous les mois, une réunion avec l'ensemble des managers est organisée pour présenter et exposer les projets de la collectivité. Le relevé de conclusion est accessible à tous les agents. Certains managers le distribuent, d'autres le présentent à leurs équipes.

«Une large majorité de nos agents habitent sur la commune. Le fait qu'ils soient bien informés et puissent renseigner leurs connaissances renforce leur sentiment d'utilité sociale et participe donc à la création de sens», estime Jean-Baptiste Clerc

Contact
Jean-Baptiste Clerc, jb.clerc@cornebarrieu.fr

Document 7

Télétravail : comment se prémunir d'éventuels risques ?

Publié le 10 avril 2020 - Direction de l'information légale et administrative - *service-public.fr*

Illustration 1Crédits : © Daniel - stock.adobe.com

Pour maintenir leur activité pendant la crise sanitaire, de nombreuses entreprises ont recours au télétravail. Ce dispositif peut générer des risques pour la santé et la sécurité des salariés. L'Institut national de recherche et de sécurité (INRS) appelle à une vigilance particulière.

Les risques

- **L'isolement :**

Le confinement anxiogène associé au fait de ne plus aller sur le lieu de travail et d'y retrouver les collègues, ainsi que d'éventuelles difficultés avec les technologies de la communication, aggravent les effets de l'isolement.

- **L'hyper-connexion au travail :**

La multiplication des sollicitations par mail ou audio et visioconférences, la création de nombreux groupes d'échanges, le souci de ne pas se faire oublier... peuvent compliquer le télétravail.

- **La difficulté à gérer son autonomie :**

Le fait de pratiquer un télétravail à temps complet risque d'aggraver les problèmes d'organisation personnelle que peuvent rencontrer certains salariés.

- **La difficulté à trouver l'équilibre entre vie professionnelle et vie personnelle :**

En situation de confinement, le salarié partage son espace avec sa famille, elle-même confinée, et supporte souvent des charges familiales supplémentaires (garde d'enfant, école à la maison...).

Les solutions

Afin d'éviter des atteintes à sa santé, **il est recommandé au télétravailleur de :**

- s'installer, dans la mesure du possible, dans un espace de travail dédié afin de ne pas être dérangé ;

- aménager le poste de travail de manière à pouvoir travailler dans de bonnes conditions et de façon à limiter les risques de troubles musculosquelettiques ;

Organiser le travail en :

- se fixant des horaires ;
- s'accordant des pauses régulières afin de permettre des phases de repos visuel et d'éviter de maintenir une posture assise trop longtemps ;
- anticipant et planifiant, quand c'est possible, la charge de travail pour organiser les tâches selon les priorités et le temps nécessaire ;
- renseignant les collaborateurs sur son statut (occupé pour une tâche qui nécessite de la concentration, absent en cas de pause, disponible si on peut être contacté) ;
- utilisant les outils de communication mis à disposition pour faciliter les échanges (mails, « *tchats* », documents partagés, visioconférence, outils de travail collaboratif, agenda partagé) ;
- gardant le contact avec les collègues et l'encadrement avec des points réguliers.

Pour les encadrants de proximité, il convient :

- de s'assurer d'un contact régulier avec chaque télétravailleur et d'organiser des rencontres virtuelles collectives ;
- de respecter le droit à la déconnexion, même si les modalités n'en ont pas encore été débattues au sein de l'entreprise (notamment en respectant des horaires décents pour les communications téléphoniques) ;
- d'adapter les objectifs et le suivi de l'activité aux conditions particulières.

A noter : Le télétravail mis en place dans le cadre de l'épidémie se différencie du télétravail régulier existant déjà dans certaines entreprises :

- il s'agit d'un télétravail imposé dont la décision de mise en place a souvent été rapide et sans préparation ;
- il est effectué à temps plein, sans période régulière de retour au bureau ;
- il se pratique à domicile, l'accès aux espaces de « *coworking* » n'étant plus possible ;
- il se pratique souvent dans un environnement familial contraignant (conjoint également en télétravail, enfants à la maison suivant leurs cours à distance).

Document 8

Les sept piliers de la performance en collectivité locale : construire un management bien… veillant

Lettreducadre.fr - 30/03/2018 | par Alain Porteils, directeur des associations au conseil départemental des Pyrénées-Orientales

Le management n'a pas pour objectif de rendre les agents heureux. Cette ambition, notamment parce qu'elle repose en partie sur la sphère privée, est très difficilement accessible. En revanche, le manager peut adopter des règles et favoriser des comportements facilitant une collaboration épanouie au sein des équipes. Et, ainsi, permettre aux agents de s'épanouir au travail. (…)

Afin d'accomplir leurs nombreuses missions, les collectivités ont constitué peu à peu leurs effectifs, construit ou défait leurs organigrammes au gré des très nombreuses évolutions imposées le plus souvent par les lois successives de décentralisation. Si les dirigeants territoriaux des années 1982/1985 avaient su ce qui attendait leurs collectivités dans les trente années suivantes, ils auraient probablement opté pour des organisations plus « agiles » et plus aisément modulables voire démontables…

Si l'on considère que le management est l'art de la mise en œuvre des moyens humains et matériels pour l'atteinte des objectifs d'une entité, on peut alors en souligner d'emblée l'extrême difficulté de celui-ci en collectivité puisque, justement, les objectifs ont été revus, modifiés, rectifiés voire supprimés tout au long de cette période !

Manager à l'origine peut être défini comme « régler avec soin » : tout est dit ou presque

En 2018, et plus que jamais, le management me paraît être le premier pilier de la performance pour nous, territoriaux. Mais pas n'importe quel management. De mon point de vue, nous pouvons écarter les comportements trop directifs, les bases hiérarchiques trop marquées mais aussi le paternalisme, l'affectif si souvent rencontré et même le « happy management ». Je défends l'idée d'un comportement bien…veillant qui, selon moi, est un vecteur de performance individuel et collectif bien adapté à la période actuelle et son contexte de changements permanents.

Le management « bon »

Manager, à l'origine, peut être défini comme « régler avec soin ». Pour moi, tout est dit ou presque. L'objectif du responsable est donc de régler et de mettre au point un fonctionnement optimisé, le soumettre à des règles et de le discipliner… mais celui-ci doit être poursuivi avec le soin nécessaire. Si le fond est important, la forme l'est donc tout autant ! Plusieurs sens du mot « soin » pourraient être retenus mais j'en retirerais deux grandes ambitions : consacrer le temps nécessaire à concevoir une organisation collective performante et consacrer le temps qu'il faut à placer les agents dans les meilleures conditions de performance individuelle. (…)

Devant la multiplication des burn-out, l'émergence de risques psychosociaux de plus en plus nombreux, de l'augmentation du taux d'absentéisme, un certain nombre de démarches, expériences et théories ont vu le jour. Un grand nombre d'entre elles se focalisent sur l'ambition de donner ou de redonner du bonheur au travail, de faire en sorte que les agents soient heureux de venir travailler entre 7 et 10 heures par jour… tel est le nouveau défi donné ou imposé aux managers !

Le bien-être, une ambition contre-productive ? (…)

Si je suis donc un fervent adepte de ce type de management, je ne suis pas pour autant favorable à des actions qui auraient pour seul but de rendre heureux les agents. Je considère que cette ambition doit être poursuivie par chacun à titre personnel, relève d'un équilibre réussi entre vies professionnelle, affective, familiale et sociale et n'est donc influencée que partiellement par mes efforts de manager bienveillant… Tout au long de ma carrière, j'ai pu constater que les agents eux-mêmes étaient demandeurs d'écoute, de considération et attendaient de moi que je sois garant d'une bonne entente collective et d'une ambiance la plus détendue possible. Je n'ai pas senti de leur part une attente forte que je sois actif avant et après leur temps de travail… Tout au contraire, je pense d'ailleurs qu'une des clés est de savoir bien compartimenter le professionnel et le privé !

J'ai donc adopté cette posture lors de mes diverses expériences et utilisé quelques outils en ce sens. Je suis très attentif à formaliser la « culture » de l'équipe que j'ai en charge et de communiquer largement et souvent sur le sens de cet écrit : je mets en avant le collectif, l'écoute et la bienveillance. Je proscris les reproches par mail par exemple et donne d'emblée les « règles » qui tournent autour de la planification et de la programmation, pour éviter les sources de stress, régler les problèmes éventuels à l'oral lors d'un entretien, de s'informer le plus possible, de bien ranger les fichiers dans le réseau (et pas dans le disque dur...) afin que tout le monde ait accès aux travaux. (...)

Je mets en place une vie d'équipe, des repères réguliers en temporalité mais aussi en qualité, des temps de convivialité autour d'un café et quelquefois d'un repas... Je fais en sorte également que les habitudes de temps de travail et de construction collective soient rapidement prises afin d'impliquer tous les agents dans la construction et l'amélioration du travail collectif. Ce n'est pas toujours facile et cela nécessite souvent du temps d'acculturation. Les agents habitués à des fonctionnements directifs mettent quelquefois un peu de temps à comprendre qu'ils peuvent donner leur avis... et qu'ils sont suivis s'ils sont pertinents !

Le management qui « veille »

Si la **performance** individuelle est importante, celle de l'équipe est primordiale. On peut être enthousiaste, souriant, à l'écoute en tant que cadre et les agents apprécieront ces comportements. On peut accorder de la liberté aux agents, leur permettre de s'exprimer, de les « libérer » et on obtiendra de bons résultats. Les organisations produisent souvent des procédures, des organigrammes, des « carcans » qui peuvent nuire aux initiatives personnelles et scléroser les individus. Tout cela est vrai mais une absence de structure peut être source de non-performance collective.

Il me semble que le manager de 2018 ne doit pas tomber dans le piège de vouloir rendre l'individu au travail heureux à tout prix... le rendement collectif peut en dépendre ! (...)

D'autre part, je ne pense pas que l'absence de structure de fonctionnement rende les agents heureux, je pense même tout le contraire. Lors de mes expériences passées en tant que cadre, mais aussi auditeur, j'ai pu constater que les organisations insuffisamment structurées généraient des conflits latents ou pas, des incompréhensions et doublons et, au final, étaient source de stress négatif.

Je considère que les individus peuvent être performants dans leur travail s'ils savent qui fait quoi, qui pilote, qui prend les décisions... tout en étant bien sûr certains de pouvoir donner leur avis, d'être écoutés et plus encore entendus ! Je suis persuadé que les règles, si elles sont communiquées, comprises et acceptés par tous, sont source de performance mais aussi de bien-être au travail... à condition bien sûr que le manager veille à ce qu'elles soient respectées et qu'elles puissent évoluer régulièrement en fonction des résultats qu'elles produisent. L'amélioration continue du fonctionnement doit être la base d'un management réussi à condition bien entendu de faire en sorte que tous les agents aient l'impression justifiée de pouvoir agir pour provoquer les changements nécessaires ! (...)

Une question de dosage en conclusion

Manager les agents et les équipes est sans conteste possible la source de performance numéro 1 mais elle est aussi la plus difficile... Rendre les individus heureux dans leur travail et privilégier le collectif, ne pas stresser les agents mais obtenir le meilleur d'eux-mêmes n'est pas chose aisée... À mon sens, la clé du succès possible est dans un dosage subtil entre leadership, décontraction, planification, écoute individuelle et vie collective. Cet équilibre complexe à établir doit en plus évoluer en fonction des cultures, des périodes et des individus. Dans ce contexte de fort changement, il faut privilégier à mon avis la recherche d'un sens à l'action individuelle et collective. Les agents en collectivité vivent une période de doutes : fusions, mutualisations, rumeurs de fin des départements, actions de métropolisations complexes sont générateurs d'un stress ambiant et de grandes inquiétudes.

Le manager territorial de 2018 doit donc veiller à construire un cadre de travail individuel dans une structure collective souple mais solide afin que les agents puissent y trouver du sens à leurs actions tout en intégrant une capacité d'adaptation et d'évolution rendue nécessaire par le contexte...(...)

Document 9

Baromètre du bien-être au travail 2020 : les chiffres à retenir

Tous les ans depuis 2009, la MNT et La Gazette des communes publient le baromètre du bien-être au travail dans les collectivités locales. Zoom sur les principaux chiffres à retenir de cette 11ème édition. ***- mnt.fr - 10 novembre 2020***

Des agents fiers d'être utiles

81 % des agents territoriaux se disent **satisfaits** de travailler dans la fonction publique territoriale, en particulier les agents de catégorie A (88 %). **83 %** sont satisfaits de réaliser une mission de **service public.**

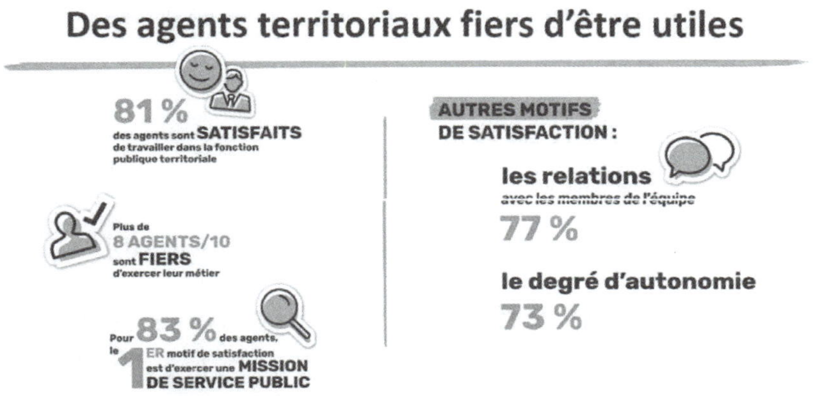

Les principaux motifs d'insatisfaction

55 % des agents estiment que leur niveau de **bien-être** s'est dégradé (+ 5 % par rapport à 2019).

72 % ne sont pas satisfaits de leur **rémunération** et **62 %** ne sont pas satisfaits non plus de la **reconnaissance** de leur travail dans la collectivité.

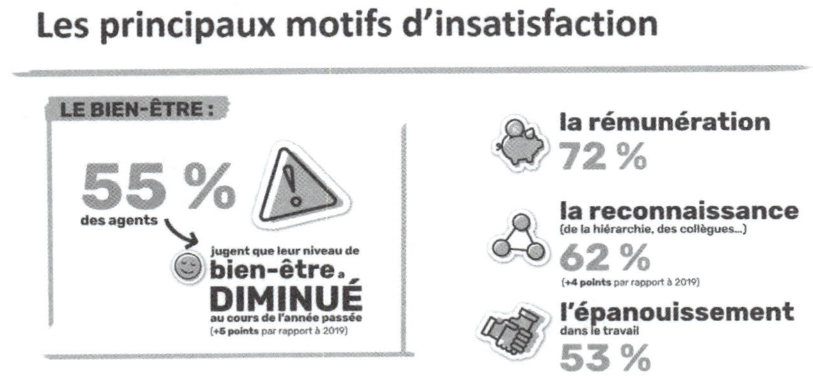

Des besoins en matière de prévention santé

80 % des agents territoriaux déclarent ressentir du **stress** lié à leur travail.
48 % affirment pourtant que leur collectivité ne propose pas d'actions de **prévention** santé ni de bien-être au travail et 70 % affirment que leur collectivité n'a mis en place aucune mesure incitant à la pratique d'une activité physique.

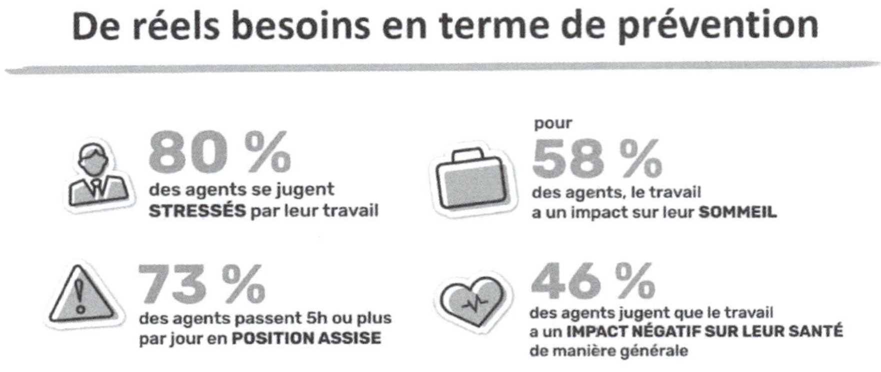

(...)

Le télétravail bien vécu pendant le 1er confinement

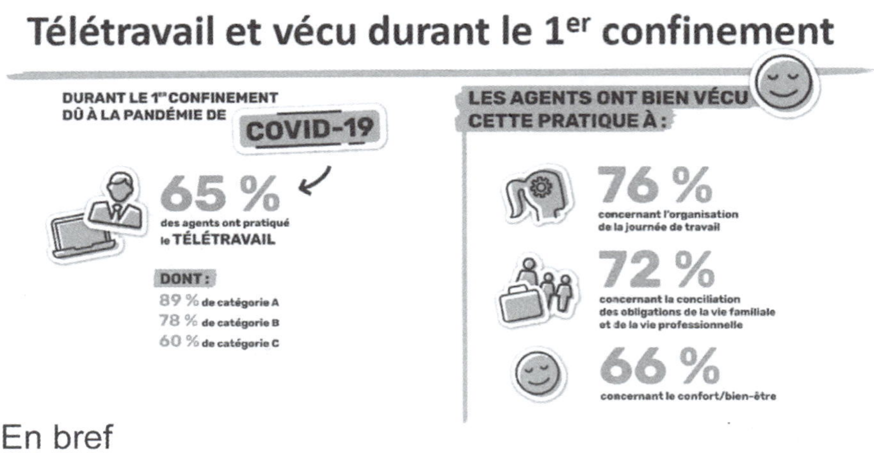

En bref

Cette nouvelle édition du **baromètre** bien-être au travail des collectivités locales démontre une fois de plus la **fierté** des agents à exercer leur métier. Mais ceux qui ont répondu à l'enquête déplorent néanmoins un manque de **reconnaissance** de leur travail et une **rémunération** trop faible. Par ailleurs, alors que leur niveau de **bien-être** tend à se dégrader, peu d'actions de **prévention** semblent être menées au sein des collectivités… Les agents espèrent donc davantage d'engagements en ce sens, ainsi qu'un certain **soutien financier**. (...)

Qualité de vie au travail : la ville de Suresnes double la mise

Posté le 18/06/19 par *weka.fr*

La ville de Suresnes organise une Quinzaine pour la qualité de vie et la performance au travail.

Créée par le réseau ANACT-ARACT, la 16e Semaine pour la qualité de vie au travail se tient du 17 au 21 juin 2019. « Consciente du lien existant entre qualité de vie au travail et performance », la ville de Suresnes (Hauts-de-Seine) a, à cette occasion, décidé d'aller plus loin. Réveil musculaire, initiation au yoga et à l'improvisation théâtrale, cuisine, massage, marche douce, conférence, depuis le 10 et jusqu'au 28 juin, la municipalité organise une Quinzaine pour la qualité de vie et la performance au travail. Au programme : une trentaine d'ateliers « afin de mettre en avant l'importance d'une bonne qualité de vie au travail pour un service public plus performant et efficace ».

Le 13 juin, comme chaque année, des « Olympiades des agents » ont vu neuf équipes d'agents volontaires de la ville s'affronter lors d'épreuves de badminton, d'activités aquatiques, de tir sur cible et quiz, dans le cadre d'un événement festif, « qui met en avant l'importance du « sport bien-être » comme levier essentiel de qualité de vie et de performance au travail ». Par ailleurs, une conférence SOLVE, inspirée des principes de l'Organisation internationale du travail (OIT), abordera des thématiques essentielles, comme le stress et la lutte contre toutes formes d'addiction (alcool, drogue, VIH-Sida et tabagisme).

Cette Quinzaine pour la qualité de vie et la performance au travail s'inscrit dans une politique de ressources humaines que le maire et son adjointe aux ressources humaines revendiquent comme « innovante et volontariste, placée sous le signe du dialogue social ». « Parce qu'il n'y a pas de travail de qualité sans qualité de vie au travail, nous avons fait du bien-être au travail un levier essentiel de performance pour un service public de qualité, à travers de nombreux dispositifs négociés et signés par les syndicats de la ville qui favorisent l'amélioration continue du service rendu aux habitants », insiste Béatrice de Lavalette.

Parmi ces accords, l'élue cite volontiers la « mutuelle pour tous », avec une prise en charge par la ville à hauteur de 42 euros maximum (soit bien plus que la moyenne francilienne qui est de 8 euros, selon la municipalité) ou l'organisation d'activités sportives en-dehors du temps de travail. Enfin, dernier accord en date : le dispositif « Sport pour tous », qui programme des activités sportives et culturelles… sur le temps de travail (marche douce, art du cirque, activités aquatiques, chant choral…). Objectifs affichés : « améliorer la performance des agents et diminuer l'absentéisme et les maladies professionnelles ».

Comment aborder le sujet ?

a. Analysez la mise en situation et la commande

Vous êtes rédacteur territorial de la ville d'Admiville, qui compte 32 000 habitants.
Le maire, confronté à un absentéisme et un turnover en hausse, souhaite renforcer le bien-être au travail des agents de la commune.
Comme vous travaillez au sein de la direction des ressources humaines, la directrice vous demande de rédiger à son attention une note sur la qualité de vie au travail dans la fonction publique territoriale.

Deux erreurs à ne pas commettre :

– Il ne s'agit pas d'une épreuve de cas pratique ni d'étude de cas : si la mise en situation vous inscrit dans la problématique de la commune d'Admiville, c'est une note généraliste sur la qualité de vie au travail dans la fonction publique territoriale que vous devez rédiger et non une étude du cas d'Admiville.

– Le destinataire de la note n'est pas le maire mais la directrice des ressources humaines.

Ainsi, la mise en situation vous permet essentiellement de satisfaire aux exigences formelles de présentation de la note en vous évitant d'introduire dans cette présentation des éléments personnels qui pourraient conduire le jury à annuler votre copie pour rupture d'anonymat.
Vous trouvez tout de même deux indications intéressantes dans la mise en situation : le nombre d'agents que compte la commune, 600, ce qui vous autorise à valoriser dans votre note les expériences de collectivités comptant un nombre important d'agents. De plus, deux symptômes du mal-être au travail sont soulignés : absentéisme et turnover.
S'agissant des règles formelles de présentation, le survol de la liste signalétique des documents vous permet de repérer deux articles du Code du travail à mettre en valeur dans la partie « Références » de votre note. L'exploitation du dossier met en lumière le décret n° 2001-1016 du 5 novembre 2001 *(document 5)* instituant le document unique d'évaluation des risques.
Grâce à ces différentes indications, l'en-tête de votre copie sera ainsi rédigé :

> Commune d'Admiville — Le *(date de l'épreuve)*
> Direction des ressources humaines
>
> **NOTE**
>
> à l'attention de Madame la Directrice des ressources humaines
>
> **Objet :** La qualité de vie au travail dans la fonction publique territoriale
>
> **Références :** Articles L. 4121-1 et L 4121-2 du Code du travail
> Décret n° 2001-1016 du 5 novembre 2001

b. Analysez la liste signalétique des documents

Les *documents 2* et *3* paraissent de nature à fournir une **définition**, juridiquement fondée, de la qualité de vie au travail, qui pourrait constituer la première sous-partie de la note.
Plusieurs titres semblent viser à établir d'un **constat** (*documents 5, 9...*) portant sur l'état du bien-être au travail.
Nombreux sont également les documents (*documents 4, 6, 8, 10*) proposant des **outils** pour garantir la qualité de vie au travail.
Enfin, le *document 7* suggère la **difficulté de la réussite**.

c. Élaborez un plan sommaire

L'analyse de la liste signalétique des documents permet une structuration sommaire qu'il faudra évidemment amender si nécessaire pendant la phase d'exploitation du dossier si le contenu réel des documents diffère de ce que leurs titres suggèrent.

I

A - La qualité de vie au travail, un concept (bien identifié ? complexe ?)

B - De nombreuses causes de mal-être au travail

II

A - Des outils pour améliorer la qualité de vie au travail

B - Un maniement parfois délicat (et exigeant ?)

d. Exploitez le dossier

Vous alimenterez méthodiquement chacune de vos quatre fiches à l'aide des différents documents. Notez la source des informations (document 1, document 2...) afin de pouvoir si nécessaire retrouver rapidement l'information au cas où, procédant à la rédaction de votre copie, telle ou telle information vous paraîtrait alors insuffisamment claire.

Si des informations importantes non perçues avant d'exploiter méthodiquement le dossier s'avèrent nécessiter l'ouverture de nouvelles fiches thématiques, vous les alimenterez sans hésiter et procéderez à une réorganisation de votre intention de plan afin de parvenir à une structuration de votre note en deux parties d'égale dimension, comportant chacune deux sous-parties également équilibrées.

Concevez également une fiche **introduction** que vous compléterez au fur et à mesure de l'exploitation du dossier à l'aide des informations requises (définition, contexte, problématique...).

NOTE DU FORMATEUR

La « prise de notes », pour des raisons pédagogiques, donne ici lieu à une rédaction intégrale. Dans la réalité de l'épreuve, compte tenu de sa durée très limitée (3 heures), votre prise de notes est nécessairement beaucoup plus sommaire. Veillez toutefois à ce qu'elle soit suffisamment lisible pour être facilement exploitable.

Certains candidats ne prennent que très peu de notes pendant la phase d'exploitation du dossier, préférant par exemple mettre en valeur au moyen de surligneurs les informations essentielles, avec une couleur par grande idée, favorisant leur organisation logique dans la phase rédactionnelle et/ou une numérotation des informations selon la partie et la sous-partie (IA, IB, IIA, IIC) qu'elles ont vocation à alimenter.

Il n'existe en l'espèce aucune obligation de moyens mais une obligation de résultat : **rédiger intégralement en 3 heures une note de 5 à 6 pages valorisant les informations essentielles en les organisant en parties et sous-parties équilibrées.**

À vous de choisir la technique qui, pour vous, fonctionne le mieux, ce qui impose de l'expérimenter à plusieurs reprises sur des sujets d'annales dans les conditions de l'épreuve.

Fiche introduction

En juin 2013, l'Accord national interprofessionnel (ANI) sur l'égalité professionnelle et la qualité de vie au travail a précisé que « la qualité de vie au travail désigne et regroupe sous un même intitulé les actions qui permettent de concilier à la fois l'amélioration des conditions de travail pour les salariés et la performance globale des entreprises [...] » *(document 4)*

On observe depuis plusieurs années une forte croissance de la fréquence et de la durée des arrêts de travail de plus de trois mois : alors qu'en 2008, 4,2 % des agents territoriaux avaient connu un arrêt de travail de plus de trois mois, ils étaient 6,3 % en 2016, soit une hausse de 50 % *(document 5)*. Une réalité également constatée dans la commune d'Admiville (*commande*).

L'absentéisme entraîne non seulement des coûts directs (indemnités journalières), mais aussi des coûts indirects importants, notamment en matière de gestion des ressources humaines et d'accompagnement des agents. Les décideurs locaux et les agents territoriaux s'accordent sur l'importance du mieux-être au travail. *(document 5)*

Fiche 1

La qualité de vie au travail, un concept complexe (multiforme)

- Il n'existe pas de définition juridique de la qualité de vie au travail (QVT), pourtant présente dans des accords interprofessionnels des secteurs privés et publics, qui repose sur l'idée que l'on peut améliorer le contenu, l'organisation, l'environnement du travail afin de mieux travailler collectivement, de se sentir bien au travail et de rendre un meilleur service. Les leviers sont donc multiples : conditions de travail, sens et contenu des missions, mode de management, communication interne... *(document 2)*
- Bien que sans définition juridique, la QVT découle des obligations des employeurs fixées par le Code du travail : son article L. 4121-1 dispose en effet que « l'employeur prend les mesures nécessaires pour assurer la sécurité et protéger la santé physique et mentale des travailleurs », notamment par « la mise en place d'une organisation et de moyens adaptés ». Ces mesures sont fondées sur les principes de prévention précisés par l'article L. 4121-2, parmi lesquels : « adapter le travail à l'homme, en particulier en ce qui concerne la conception des postes de travail ainsi que le choix des équipements de travail et des méthodes de travail et de production [...]. » *(document 3)*
- Bien que le décret instituant le document unique d'évaluation des risques, destiné à recenser l'ensemble des risques professionnels dans les différentes unités de travail, préalable à toute démarche de santé et de prévention au travail, date de 2001, ce document n'existerait, en 2017, que dans 37 % des collectivités, alors même que sa réalisation en interne, plutôt que par un prestataire, s'avère efficace pour réduire la fréquence et la gravité des maladies professionnelles. *(document 5)*

Fiche 2

De nombreuses causes au mal-être au travail

- Alors que la forte croissance des arrêts de travail observée dans les collectivités territoriales se traduit par une augmentation de l'absentéisme, les agents, pourtant très majoritairement satisfaits de travailler au service du public, déclarent en 2017 pour 59 % d'entre eux que le niveau de bien-être au travail s'est dégradé. Cet absentéisme a notamment pour effet d'entraîner une désorganisation des services et une surcharge de travail qui pèsent sur la QVT. Les agents territoriaux s'avèrent davantage sujets aux arrêts de travail que les agents des autres fonctions publiques, ce qui s'explique à la fois par leur âge moyen élevé, la pénibilité de leurs métiers, notamment dans la filière technique, et des conditions de travail particulières, avec des astreintes. La pénibilité des métiers et les conditions de travail difficiles expliquent absentéisme et mal être au travail : les personnes exposées dans leur travail à des risques psychosociaux élevés sont trois fois plus absentes que le reste de la population. À noter que la réintroduction du jour de carence en 2012 a eu pour conséquence une augmentation des arrêts de longue durée. *(document 5)*

- Plusieurs spécialistes des ressources humaines au sein d'importantes collectivités territoriales s'accordent sur la « perte de sens » fréquemment vécue par les agents, entendue à la fois comme perte de foi en ce qu'ils font et doute sur la qualité de leur contribution au service public : une crise notamment due à la contradiction entre baisse des moyens et qualité de service attendu, à la parcellisation des tâches, à l'urgence, aux injonctions paradoxales, à la multiplication des procédures, au manque de reconnaissance... Cette perte de sens peut engendrer de l'inquiétude, mais aussi de la souffrance. *(document 6)*
- Le développement du télétravail expose les agents à de nouveaux risques pour leur santé et leur sécurité : isolement, hyperconnexion au travail, difficulté à gérer son autonomie, difficulté à trouver un équilibre entre vie personnelle et vie professionnelle. *(document 7)*
- En 2020, le baromètre de la QVT publié annuellement par la Mutuelle nationale territoriale (MNT) et *La Gazette des communes* fait apparaître que 55 % des agents estiment que leur qualité de vie au travail s'est dégradée au cours de l'année passée, contre 50 % en 2019, 62 % n'étant pas satisfaits de la reconnaissance de leur travail par la collectivité et 53 % de l'épanouissement dans le travail ; 80 % déclarent ressentir du stress, et 48 % que leur collectivité ne propose pas d'actions de prévention « santé et bien-être au travail » *(document 9)*.

Fiche 3

Des outils pour améliorer la qualité de vie au travail

- Pour améliorer la QVT, la ville de Poissy a, dès 2014, mis en œuvre un vaste plan d'action : instauration du télétravail, sensibilisation du management aux risques psychosociaux, procédure d'entretien de reprise d'activité, création d'un centre de formation interne. Elle a ensuite, en 2017, proposé à tous ses agents de pratiquer des activités physiques et sportives deux heures par semaine pendant le temps de travail et créé un poste de médiateur proche du terrain. *(document 1)*
- Les dispositifs de maintien dans l'emploi et de bilan de compétences, notamment proposés par les centres de gestion (CDG) de la fonction publique territoriale peinent parfois à atteindre leurs objectifs. Face à ce constat, dans le cadre d'un diagnostic réalisé en 2013-2014, le CDG 74 a mis en place des outils de gestion prévisionnelle des effectifs, des emplois et des compétences (GPEEC) et de prévention, et s'est doté d'une cellule de maintien dans l'emploi et d'accompagnement à la reconversion professionnelle pour raison de santé des agents. Une équipe pluridisciplinaire (« préventeurs », psychologues du travail, chargés du handicap) travaille en lien avec les instances médicales et le service carrière pour mobiliser toutes les expertises. *(document 1)*
- Il ne serait pas pertinent de copier-coller une démarche mise en œuvre par une autre collectivité, tant les réalités diffèrent. La démarche doit impliquer individuellement tous les acteurs de l'organisation, car, pour se sentir bien dans son travail, un agent doit se sentir autonome et impliqué. *(document 2)*
- Le développement du télétravail impose aux encadrants, pour en limiter les risques sur la sécurité et la santé des agents, de planifier la charge de travail, d'utiliser les outils de communication pour assurer des contacts réguliers avec leurs agents et organiser des rencontres virtuelles collectives, de respecter le droit à la déconnexion. *(document 7)*
- La ville de Suresnes a organisé en 2019 une « Quinzaine pour la qualité de vie et la performance au travail », avec une trentaine d'ateliers « afin de mettre en avant l'importance d'une bonne qualité de vie au travail pour un service public plus performant et efficace ». Différentes épreuves étaient destinées à faire percevoir le sport-plaisir comme un élément essentiel pour la qualité de vie et la performance au travail, tandis que la collectivité propose « une mutuelle pour tous », des activités sportives hors travail, ou bien culturelles et sportives sur le temps de travail. *(document 10)*

Fiche 4

L'amélioration de la qualité de vie au travail : une démarche exigeante
– On ne peut réussir une démarche d'amélioration de la QVT sans que les agents concernés soient associés au diagnostic puis au plan d'action : c'est aux conditions de travail réelles qu'il faut s'intéresser, en restant concret et attentif aux besoins exprimés. *(document 2)* – Il s'agit bien d'une démarche globale de la collectivité qui permet de piloter cette dernière en lien avec le travail des agents et avec leur participation, et non d'une simple thématique qui viendrait s'ajouter à d'autres, comme les risques psychosociaux. Il s'agit de traiter en même temps les enjeux de travail, par exemple le besoin de sens au travail et celui d'une plus grande autonomie, les enjeux sociétaux, comme l'équilibre des temps de vie professionnelle et de vie privée, et enfin les enjeux de performance, dont la qualité du service rendu au public. Il faut ensuite s'intéresser aux différents facteurs qui agissent positivement ou négativement sur la QVT : contenu du travail, santé au travail, compétences et parcours professionnels, égalité professionnelle, management et engagement, relations au travail et climat social. Sur ces bases, une stratégie durable doit être élaborée, portée politiquement, avec un engagement de la direction générale, en soutien de tous les acteurs de la démarche, sur le cadre d'action. Pour améliorer à la fois les conditions de travail des agents, la qualité du service rendu et la performance de l'organisation, il faut partir d'une analyse des conditions réelles de travail et de ce que les agents eux-mêmes en disent. Il convient également de savoir expérimenter, c'est-à-dire accepter de se tromper et de réajuster les actions si nécessaire. *(document 4)* – Il est essentiel d'associer non seulement les agents, mais aussi les usagers eux-mêmes à la réflexion afin de supprimer les tâches et les procédures qui ne servent à rien. *(document 6)* – Il appartient aujourd'hui plus que jamais aux managers, comme le souligne Alain Porteils, directeur des associations au conseil départemental des Pyrénées orientales, de « concevoir une organisation collective pertinente » et de « consacrer le temps qu'il faut à placer les agents dans les meilleures conditions de performance individuelle », en fixant comme règles la mise en avant du collectif, l'écoute et la bienveillance. Cela requiert un « dosage subtil entre leadership, décontraction, planification, écoute individuelle et vie collective ». *(document 8)*

Au terme de ce travail d'exploitation du dossier à partir d'un plan préconçu, on remarque que ce dernier a bien fonctionné en permettant d'alimenter des **sous-parties correctement construites et équilibrées**. Il reste, pour aboutir à une rédaction définitive, à peaufiner parfois l'agencement des arguments au sein des sous-parties, à en affiner les titres et à rédiger une annonce de plan ainsi qu'une conclusion, facultative mais bienvenue, sans négliger d'améliorer ponctuellement le style si nécessaire, notamment en soignant les **articulations logiques** entre les arguments de chaque sous-partie.

Attention : Les mentions en italique (introduction, entrée en matière...) dans le corrigé n'apparaissent que dans un but pédagogique et ne doivent pas figurer dans la copie.

Corrigé

Commune d'Admiville
Direction des ressources humaines

Le *(date de l'épreuve)*

NOTE

à l'attention de Madame la Directrice des ressources humaines

Objet : La qualité de vie au travail dans la fonction publique territoriale

Références : Articles L. 4121-1 et L 4121-2 du Code du travail
Décret n° 2001-1016 du 5 novembre 2001

(Introduction)

Entrée en matière, contexte

On observe depuis plusieurs années une forte croissance de la fréquence et de la durée des arrêts de travail de plus de trois mois des agents des collectivités territoriales : alors qu'en 2008, 4,2 % des agents territoriaux avaient connu un arrêt de travail de plus de trois mois, ils étaient 6,3 % en 2016, soit une hausse de 50 %. Une réalité également constatée dans la commune d'Admiville.

L'absentéisme entraîne non seulement des coûts directs (indemnités journalières), mais aussi des coûts indirects importants, notamment matière de gestion des ressources humaines et d'accompagnement des agents. Dans ce contexte, les décideurs locaux et les agents territoriaux s'accordent sur l'importance du mieux-être au travail.

Définition

En juin 2013, l'Accord national interprofessionnel (ANI) sur l'égalité professionnelle et la qualité de vie au travail a précisé que « la qualité de vie au travail désigne et regroupe sous un même intitulé les actions qui permettent de concilier à la fois l'amélioration des conditions de travail pour les salariés et la performance globale des entreprises ».

Problématique

Comment analyser le mal-être au travail et ses causes ? Quels outils utiliser pour améliorer la qualité de vie au travail ? Comment accroître les chances de réussite ?

Annonce du plan

(I) Alors qu'on observe un mal-être au travail multifactoriel (A), le concept de qualité de vie au travail souffre encore d'imprécisions (B). (II) Des outils pour améliorer cette qualité n'en sont pas moins proposés aux collectivités (A), qui doivent pour réussir s'inscrire dans une démarche exigeante (B).

I - La qualité de vie au travail, un concept un peu flou face à un mal bien réel

A - Un mal-être au travail multifactoriel

Alors que la forte croissance des arrêts de travail observée dans les collectivités territoriales se traduit par une augmentation de l'absentéisme, les agents, pourtant très majoritairement satisfaits de travailler au service du public, déclarent en 2017 pour 59 % d'entre eux que le niveau de bien-être au travail s'est dégradé. Cet absentéisme a notamment pour effet d'entraîner une désorganisation des services et une surcharge de travail qui pèsent sur la qualité de vie au travail. En 2020, le baromètre de la qualité de vie publié annuellement par la MNT et *La Gazette des communes* fait apparaître que 55 % des agents estiment que leur qualité de vie au travail s'est dégradée au cours de l'année passée, contre 50 % en 2019, 62 % n'étant pas satisfaits de la reconnaissance de leur travail par la collectivité et 53 % de l'épanouissement dans le travail. De plus, 80 % déclarent ressentir du stress, et 48 % estiment que leur collectivité ne propose pas d'actions de prévention santé et bien-être au travail.

En outre, les agents territoriaux s'avèrent davantage sujets aux arrêts de travail que les agents des autres fonctions publiques, ce qui s'explique à la fois par leur âge moyen élevé, la pénibilité de leurs métiers, notamment dans la filière technique, et des conditions de travail particulières, avec des astreintes. La pénibilité des métiers et les conditions de travail difficiles expliquent absentéisme et mal être au travail : les personnes exposées dans leur travail à des risques psychosociaux élevés sont trois fois plus absentes que le reste de la population. À noter que la réintroduction du jour de carence en 2012 a eu pour conséquence une augmentation des arrêts de longue durée.

Dans ce contexte, plusieurs spécialistes des ressources humaines au sein d'importantes collectivités territoriales s'accordent sur la « perte de sens » fréquemment vécue par les agents, entendue à la fois comme perte de foi en ce qu'ils font et doute sur la qualité de leur contribution au service public : une crise notamment due à la contradiction entre baisse des moyens et

qualité de service attendu, à la parcellisation des tâches, à l'urgence, aux injonctions paradoxales, à la multiplication des procédures, au manque de reconnaissance... Cette perte de sens peut engendrer de l'inquiétude, mais aussi de la souffrance.
Enfin, le développement du télétravail expose les agents à de nouveaux risques pour leur santé et leur sécurité : isolement, hyperconnexion au travail, difficulté à générer son autonomie, difficulté à trouver un équilibre entre vie personnelle et vie professionnelle.

B - Une qualité de vie au travail encore insuffisamment définie

Il n'existe pas de définition juridique précise de la qualité de vie au travail (QVT), pourtant présente dans de nombreux accords interprofessionnels des secteurs tant privés que publics.
La QVT repose cependant sur l'idée que l'on peut améliorer le contenu, l'organisation, l'environnement du travail afin de mieux travailler collectivement, de se sentir bien au travail et de rendre un meilleur service. Les leviers en sont donc multiples : conditions de travail, sens et contenu des missions, mode de management, communication interne...
Bien que sans définition juridique stricte, la QVT découle directement des obligations fixées aux employeurs par le Code du travail : son article L. 4121-1 dispose en effet que « l'employeur prend les mesures nécessaires pour assurer la sécurité et protéger la santé physique et mentale des travailleurs », notamment par « la mise en place d'une organisation et de moyens adaptés ».
Ces mesures sont fondées sur les principes de prévention précisés par l'article L. 4121-2, parmi lesquels il est préconisé d'« adapter le travail à l'homme, en particulier en ce qui concerne la conception des postes de travail ainsi que le choix des équipements de travail et des méthodes de travail et de production [...] ».
Enfin, bien que le décret instituant le document unique d'évaluation des risques, destiné à recenser l'ensemble des risques professionnels dans les différentes unités de travail, préalable à toute démarche de santé et prévention au travail, date de 2001, ce document n'existerait, en 2017, que dans 37 % des collectivités, alors même que sa réalisation en interne, plutôt que par un prestataire, s'avère efficace pour réduire la fréquence et la gravité des maladies professionnelles.
Il apparaît ainsi préoccupant que des collectivités envisagent d'améliorer la QVT sans avoir pris le soin d'identifier préalablement tous les risques auxquels leurs agents sont exposés dans l'exercice quotidien de leurs missions.
La progression du mal-être au travail, lourde de conséquences, impose donc aux collectivités territoriales des plans d'actions ambitieux pour y remédier.

II - Améliorer la qualité de vie au travail, une démarche particulièrement exigeante

A - Des outils disponibles

Pour améliorer la QVT, la ville de Poissy a, dès 2014, mis en œuvre un vaste plan d'action : instauration du télétravail, sensibilisation du management aux risques psychosociaux, procédure d'entretien de reprise d'activité, création d'un centre de formation interne. Elle a ensuite, en 2017, proposé à tous ses agents de pratiquer des activités physiques et sportives deux heures par semaine pendant le temps de travail et créé un poste de médiateur proche du terrain.
La ville de Suresnes, pour sa part, a organisé en 2019 une « Quinzaine pour la qualité de vie et la performance au travail », avec une trentaine d'ateliers « afin de mettre en avant l'importance d'une bonne QVT pour un service public plus performant et efficace ». Différentes épreuves étaient destinées à faire percevoir le sport-plaisir comme un élément essentiel pour la qualité de vie et la performance au travail, tandis que la collectivité propose « une mutuelle pour tous », des activités sportives hors travail, ou bien culturelles et sportives sur le temps de travail.
Bien d'autres outils sont utilisables par les collectivités, mais on observe que les dispositifs de maintien dans l'emploi et de bilan de compétences, notamment proposés par les centres de gestion (CDG) de la fonction publique territoriale, peinent parfois à atteindre leurs objectifs.

Face à ce constat, dans le cadre d'un diagnostic réalisé en 2013-2014, le CDG 74 a mis en place des outils de gestion prévisionnelle des effectifs, des emplois et des compétences (GPEEC) et de prévention et s'est doté d'une cellule de maintien dans l'emploi et d'accompagnement à la reconversion professionnelle pour raison de santé des agents. Une équipe pluridisciplinaire (« préventeurs », psychologues du travail, chargés du handicap) travaille en lien avec les instances médicales et le service carrière pour mobiliser toutes les expertises.
De plus, le développement du télétravail impose aux encadrants, pour en limiter les risques sur la sécurité et la santé des agents, de planifier la charge de travail, d'utiliser les outils de communication, pour assurer des contacts réguliers avec leurs agents et organiser des rencontres virtuelles collectives, et de respecter le droit à la déconnexion.
Il ne serait cependant pas pertinent de copier-coller une démarche mise en œuvre par une autre collectivité, tant les réalités diffèrent. La démarche doit impliquer individuellement tous les acteurs de l'organisation, car, pour se sentir bien dans son travail, un agent doit se sentir autonome et impliqué.

B - Un maniement complexe

On ne peut réussir une démarche d'amélioration de la QVT sans que les agents concernés soient associés au diagnostic, puis au plan d'action : c'est aux conditions de travail réelles qu'il faut s'intéresser, en restant concret et attentif aux besoins exprimés. De plus, il est essentiel d'associer non seulement les agents, mais aussi les usagers eux-mêmes à la réflexion afin de supprimer les tâches et les procédures qui ne servent à rien.
Il s'agit bien d'une démarche globale de la collectivité, pilotée en lien avec le travail des agents et avec leur participation, et non d'une simple thématique qui viendrait s'ajouter à d'autres, comme les risques psychosociaux. Il convient de traiter en même temps les enjeux de travail, par exemple le besoin de sens au travail et celui d'une plus grande autonomie, les enjeux sociétaux, comme l'équilibre des temps de vie professionnelle et de vie privée et les enjeux de performance, dont la qualité du service rendu au public. Il faut ensuite s'intéresser aux différents facteurs qui agissent positivement ou négativement sur la QVT : contenu du travail, santé au travail, compétences et parcours professionnels, égalité professionnelle, management et engagement, relations au travail et climat social.
Sur ces bases, une stratégie durable doit être élaborée, portée politiquement, avec un engagement de la direction générale, en soutien de tous les acteurs de la démarche, sur un cadre d'action. Pour améliorer à la fois les conditions de travail des agents, la qualité du service rendu et la performance de l'organisation, il faut non seulement partir d'une analyse des conditions réelles de travail et de ce que les agents eux-mêmes en disent, mais aussi savoir expérimenter, c'est-à-dire accepter de se tromper et de réajuster les actions si nécessaire.
Cette démarche impose aujourd'hui plus que jamais aux managers, comme le souligne Alain Porteils, directeur des associations au conseil départemental des Pyrénées orientales, de « concevoir une organisation collective pertinente » et de « consacrer le temps qu'il faut à placer les agents dans les meilleures conditions de performance individuelle. », en fixant comme règles la mise en avant du collectif, l'écoute et la bienveillance. Cela requiert un « dosage subtil entre leadership, décontraction, planification, écoute individuelle et vie collective ».

Conclusion

Ainsi, l'amélioration de la QVT ne saurait se réduire à une juxtaposition d'actions « ressources humaines » parmi d'autres : le constat largement partagé d'un mal-être croissant au travail impose aux collectivités un chantier partagé porté par les élus et les managers, en associant tant les agents que les usagers à un diagnostic et à un plan d'action ambitieux.

SUJET N° 2 : Note sur dossier

Concours externe de rédacteur, session 2019

DURÉE : 3 HEURES

Énoncé

Vous êtes rédacteur territorial à la ville d'Admiville, qui compte 22 000 habitants.
Interpellés par des administrés sur la question du prix pour l'usager de certains services publics communaux, les élus souhaitent remettre à plat la politique tarifaire de la collectivité.
Dans cette perspective, la directrice des services à la population vous demande de rédiger à son attention, exclusivement à l'aide des documents joints, une note sur la tarification des services publics locaux.

Liste des documents :

Document 1 : « Tarification des services publics locaux » - Collectivites-locales.fr - 29 mars 2018 - 1 page

Document 2 : « Quels financements pour les services publics locaux » (extraits) - *Intercommunalités* n° 233 - Octobre 2018 - 6 pages

Document 3 : « Les enjeux de la tarification des services publics locaux » - *Les cahiers juridiques de la Gazette* n° 203 - Août-septembre 2017 - 3 pages

Document 4 : « La tarification, un outil de solidarité ? » - Martine Long - *Grand Lyon vision solidaire* - Mars 2014 - 4 pages

Document 5 : « Tarification des services publics... le coût d'après », *LaGazette.fr* - 1er juin 2018 - 2 pages

Document 6 : « Les repas à 1 € dans les cantines annoncés dans le plan pauvreté sont-ils vraiment nouveaux ? » - *Liberation.fr* - 21 septembre 2018 - 2 pages

Document 7 : « Êtes-vous pour la gratuité dans tous les services publics locaux ? » - *LaGazette.fr* - 25 février 2019 - 1 page

Document 8 : « Guide des tarifs municipaux 2018 » (extraits) - *Ville de Chelles* - 2018 - 4 pages

Document 9 : « Tarifs distincts selon le lieu de résidence » - *LaGazette.fr* - 25 avril 2010 - 1 page

Certains documents peuvent comporter des renvois à des notes ou à des documents volontairement non fournis, car non indispensables à la compréhension du sujet.

Document 1

Tarification des services publics locaux

Collectivites-locales.fr

Si les communes fixent librement les tarifs de leurs services publics, les différentes possibilités de tarification restent toutefois soumises à quelques principes fondamentaux.

Tout d'abord, le pouvoir de fixer les tarifs revient au conseil municipal. Il peut cependant déléguer ce pouvoir au maire concernant la fixation des tarifs des droits de voirie, de stationnement, de dépôt temporaire sur les voies et autres lieux publics, des droits prévus au profit de la commune qui n'ont pas un caractère fiscal (article L. 2122-22 CGCT).

Dans le cas d'un EPCI, la compétence de l'assemblée communautaire est exclusive (avis CE, 1er décembre 2003, n° 258616).

Le principe de non rétroactivité s'applique ; même si une commune décide d'adapter un tarif en cours d'année pour le mettre en conformité avec la loi, celui ci ne saurait s'appliquer rétroactivement à compter du 1er janvier de l'année en cours (CE, 25 juin 2003, Commune des Contamines-Montjoie).

Un tarif ne saurait être supérieur au coût de revient du service. En effet, un service public n'a pas vocation à dégager des bénéfices.

Il est possible de moduler les tarifs suivant les usagers. Cette possibilité doit être appréciée au regard du principe d'égalité des usagers, c'est-à-dire qu'il faut des différences de situations objectives entres les usagers ou qu'une nécessité d'intérêt général le justifie.

La reconnaissance d'une nécessité d'intérêt général permet d'accorder des tarifs préférentiels aux familles à revenus modestes, en vue de permettre le plus large accès aux services publics.

► La base de la tarification

En matière de fixation et de gestion des tarifs communaux, plusieurs paramètres doivent être pris en compte.

En 1983, au moment où entraient en vigueur les lois de décentralisation, une étude sur la tarification des services publics locaux indiquait les principaux objectifs que pouvait rechercher une politique de tarification. On retiendra de la démarche cinq objectifs :

- l'allocation optimale des ressources (effectuer des dépenses et en retour prélever des impôts par exemple) ;
- l'équilibre financier et la recherche d'une vérité des prix (recherche d'un véritable équilibre avec le prix du service) ;
- le contrôle du mode de financement des services (contrôle du préfet et des services fiscaux opérés sur les collectivités locales) ;
- la réalisation d'objectifs sociaux (recherche d'une tarification à caractère social) ;
- un rôle incitatif, ou pédagogique (rôle incitatif destiné à faire consommer les services publics locaux (services culturels ou sportifs, par exemple).

► Le champ de la tarification des services publics locaux

Il existe des services publics dits obligatoires (le service des pompes funèbres, l'assainissement, la lutte contre l'incendie et la gestion des déchets des ménages), pour lesquels les dépenses sont obligatoires.

Tous les autres services publics sont facultatifs. Ils ne peuvent être créés que s'ils ne portent pas atteinte au principe de la liberté du commerce et de l'industrie, sauf carence de l'initiative privée.

Dernière modification : 29/03/2018

Document 2

Quels financements pour les services publics locaux ?

Entre choix politiques et solutions techniques

Les collectivités françaises disposent de nombreuses options pour assurer le financement des services et équipements publics. La suppression de la taxe d'habitation va certes profondément perturber les équilibres locaux. Mais les débats sur le « qui doit payer et combien ? » vont s'amplifier.

Les débats sur les modes de financement des services publics locaux sont au cœur des enjeux de décentralisation.

Il ne saurait y avoir d'autonomie effective pour une collectivité sans une marge de manœuvre réelle au sein d'une compétence qui lui est dévolue. Cela présuppose notamment des capacités d'arbitrage sur le bouquet de services à proposer au regard d'un niveau donné de contribution financière des usagers. Les options laissées aux autorités locales pour privilégier soit le financement par l'impôt, soit la redevance, soit les tarifs sont également des indicateurs-clés de leur degré d'autonomie.

Les trajectoires des différents niveaux de collectivités françaises ont quelque peu divergé depuis le début des années 2000.

Les départements ont préservé un pouvoir fiscal autonome mais ont vu se réduire, avec l'acte II de la décentralisation, la part de leurs dépenses localement « arbitrables ».

" Les politiques tarifaires ont donné lieu à des équations protéiformes"

Les régions ont vu s'éteindre leur autonomie fiscale mais ont préservé davantage de flexibilité dans leurs structures de dépenses. Le bloc communal est resté jusqu'à aujourd'hui l'échelle de décision marquée par la plus grande autonomie, tant sur ses dépenses que ses recettes. Outre la gamme d'impôts directs sur lesquels communes et intercommunalités préservent un pouvoir fiscal, d'autres recettes fiscales, affectées ou non, concrétisent cette autonomie : versement transport, TEOM ou REOM, taxes de séjour, d'aménagement, sur les surfaces commerciales... Certains services publics locaux, à l'instar de l'eau et de l'assainissement, sont autofinancés par des redevances dédiées. La gamme des recettes sur lesquelles peut jouer le bloc local s'avère ainsi extrêmement variée, ouvrant droit à de nombreuses combinaisons possibles.

Éminemment politique

Même si les règles se durcissent, les flux financiers entre budgets principal et annexes, les équilibres entre fiscalités générale et affectées ont suscité des pratiques très différentes d'un territoire à l'autre depuis 1980. Les politiques tarifaires ont également donné lieu à des équations protéiformes, pour financer les transports urbains, l'accès aux crèches, les cantines scolaires, les piscines et autres équipements sportifs ou culturels. Les débats s'avivent même de plus en plus sur les questions de gratuité, de tarification sociale, de barèmes, de populations de référence. Les modes de financement des services et équipements publics locaux deviennent un sujet éminemment politique : qui doit payer ? Sous quelle forme ? À quel degré ? Ces questions s'invitent de plus en plus dans les territoires, tout en réinterrogeant les notions de solidarité et de capacité contributive.

Ne faut-il faire contribuer au financement des services que leurs seuls usagers effectifs ? Ou préserver un principe de contribution de tous aux charges communes ? La disparition programmée de la taxe d'habitation remet en cause notre modèle de financement, en risquant d'exonérer nombre de résidents de contribution aux charges communes.

"La disparition programmée de la taxe d'habitation remet en cause notre modèle de financement"

Le dossier qui suit revient sur ces grandes questions tout en les éclairant à la fois de témoignages et de pratiques concrètes.

Lesquels démontrent la vitalité du débat démocratique local et la sensibilité des élus aux enjeux d'équité, de transparence et de cohérence.

Nicolas Portier

Services publics locaux : vers un nouveau modèle de financement ?

En charge de services publics locaux de plus en plus divers et nombreux, les collectivités, en particulier les communautés et les métropoles, font face à des problématiques de financement qui, dans le contexte actuel, appellent de nouvelles solutions. Celles-ci nécessitent de redéfinir les objectifs, l'organisation, le dimensionnement, la répartition entre contribuable et usager ou encore la tarification des services, en vue de parvenir à un équilibre synonyme de pérennité et de sécurité.

Déchets, eau, assainissement, transport, énergie, logement, services à la population... En l'espace de quelques années, le périmètre d'intervention des collectivités du bloc local, et parmi elles les communautés et les métropoles, s'est fortement enrichi et diversifié, les portant au premier rang de la gestion des services publics locaux. En tant qu'autorités organisatrices, elles en assurent la gestion, l'organisation et le financement, ce dernier étant une question centrale.

Selon la nature du service concerné, les modes de financement divergent. Certains services disposent d'une fiscalité affectée (eau, déchets, transport...). D'autres (cantines, centres de loisirs, offre culturelle et sportive...) sont financés notamment par l'apport des usagers au travers de politiques tarifaires développées par les collectivités.

Il est rare, cependant, que ces financements couvrent la totalité de la charge du service. Bien souvent, les dotations versées par l'État et le produit de la fiscalité locale viennent compléter le financement des services mis à la disposition des habitants. **Le contribuable local est ainsi appelé à jouer un rôle majeur pour parvenir à l'équilibre financier.**

Impératifs de maîtrise et d'optimisation

Cette pluralité des financements a permis d'adapter l'offre de service public à la diversité des profils économiques et sociaux des territoires, les dotations de l'État ayant vocation à compenser les collectivités moins bien dotées fiscalement ou accueillant des ménages à faibles ressources. En outre, la montée en charge de l'intercommunalité a été l'occasion d'accroître, à l'échelle des bassins de vie et d'emploi, la diffusion de l'offre de services publics et de mieux répartir entre les usagers et les contribuables du territoire leur financement, bien souvent à la charge de la seule ville centre.

Aujourd'hui, les impératifs de maîtrise de la dépense publique et d'optimisation, les perspectives de disparition de la fiscalité résidentielle et de réforme des assiettes fiscales, mais aussi l'évolution des modes de consommation orientée à la baisse - **soit constatée depuis les trois dernières années (c'est le cas pour l'eau), soit recherchée activement (avec la tarification incitative sur les déchets par exemple) - poussent inéluctablement les services publics locaux vers un changement de modèle concernant leur financement et leur organisation.**

Financements alternatifs

De nouvelles questions se posent : comment rééquilibrer la charge du service entre le contribuable et l'usager parfois trop faiblement sollicité ? Ce rééquilibrage, qui devra croiser coût élevé de certains services (piscines, écoles de musique...) et capacités contributives des ménages, peut s'avérer délicat et réinterroge les politiques de solidarité ou encore de gratuité développées par de nombreux territoires. Quelle place donner aux financements alternatifs dont la potentialité semble importante, mais avec quelle régularité dans le temps ? Peuvent-ils contribuer durablement au financement des services publics et à quelle hauteur ?

Comment donner à la tarification des services publics un rôle plus actif, visant à réguler et orienter les consommations? Ces questions dépassent la simple interrogation sur l'équilibre financier du service mais invitent les collectivités à repenser les objectifs, l'organisation et le dimensionnement des services publics locaux dont elles ont la charge.

La tragédie survenue récemment en Italie montre combien l'exercice sera difficile.

Le service public local, c'est quoi ?

Il n'existe pas de définition légale des services publics. Toutefois, deux critères doivent être remplis pour qu'une activité soit qualifiée de service public : elle doit être assurée par une personne publique et poursuivre un but d'intérêt général. C'est le code général des collectivités territoriales (CGCT) qui fixe, par catégorie de collectivités, leur mission en matière de service public, très large pour les communes qui disposent de la clause de compétence générale.

Cependant, dès lors qu'il n'est pas porté atteinte à la liberté du commerce, les collectivités ont, dans le cadre des compétences qui leur sont attribuées par la loi, carte blanche pour créer les activités qu'elles considèrent comme répondant aux attentes des populations de leur territoire. Parmi ces services publics locaux, on peut ainsi citer la distribution de l'eau potable, l'assainissement, la collecte et le traitement des déchets, l'entretien des bâtiments publics et de la voirie, la tenue de l'état civil, les affaires scolaires... D'autres correspondent à un choix de politiques locales allant des opérations de développement social et urbain à l'offre en matière culturelle et de loisirs.

Renaud Averly et Charles-Éric Lemaignen
respectivement président de la communauté du Pays rethélois (Ardennes) et conseiller métropolitain d'Orléans Métropole (Loiret)

« Nous misons beaucoup sur la communication »

La contrainte budgétaire qui se durcit progressivement et la perte progressive de la taxe d'habitation interrogent le modèle de financement des services publics locaux. Renaud Averly, président de la communauté du Pays rethélois (Ardennes), et Charles-Éric Lemaignen, conseiller métropolitain d'Orléans Métropole (Loiret), insistent sur la nécessité de repenser l'offre et la tarification, puis de les expliquer aux citoyens-usagers.

Trouver l'adéquation entre le niveau de service et les moyens financiers disponibles requiert une bonne connaissance de la politique et de ses coûts. / © iStock/Getty Images

Comment les intercommunalités, dans le contexte financier actuel, peuvent-elles repenser leur offre ?

Renaud Averly : Le développement des services publics locaux fait partie des leviers pour rendre un territoire attractif. Non seulement pour les habitants mais aussi pour les entreprises qui s'y installent et y embauchent. C'est donc avant tout un enjeu d'aménagement et de dynamisme économique local. Bien sûr, il faut penser simultanément l'offre de service public et son financement, tant en investissement qu'en fonctionnement à moyen terme. J'ai la chance d'avoir une communauté à forte croissance démographique, à proximité de la métropole de Reims. Si demain la contrainte budgétaire est encore plus dure, nous aurons à faire des choix. A priori, nous sommes plutôt dans la perspective d'un maintien de la qualité de l'offre de service, en la finançant par un accroissement des bases fiscales. Peut-être faudra-t-il également ajuster nos grilles tarifaires. Dans tous les cas, il s'agit d'un acte politique fort, directement lié à notre projet de territoire. Derrière, il faut être capable d'expliquer aux citoyens-usagers nos décisions en matière de tarification, leur démontrer qu'ils payent une part relativement faible du service. Prenons l'exemple des cantines scolaires. Le coût complet d'un repas, incluant les repas, le personnel, le chauffage du bâtiment, etc., s'élève à 7,50 euros. Nos tarifs varient entre 3,80 euros (tarif solidaire en fonction du coefficient familial) et 4,20 euros le repas. Nous avons travaillé sur les repas, réalisés localement avec des produits d'élevage et de cultures locaux.

L'offre est ainsi de meilleure qualité sans être plus chère que l'offre de groupes nationaux. Nous communiquons à la fois sur le coût global et la qualité des repas. Les parents comprennent ce que recouvre le tarif qu'ils payent et nous équilibrons le budget du service. En revanche, si la tarification solidaire passe à 1 euro le repas, comme le prévoit le plan Pauvreté présenté récemment, notre budget sera complètement déséquilibré. (...)

Comment faire évoluer les tarifs tout en permettant un accès aux services publics locaux ?

Renaud Averly : Nous misons beaucoup sur l'explication et la communication. En matière de déchets, le Pays rethélois finançait le service par une redevance d'enlèvement des ordures ménagères (Reom) classique. Elle dépendait du nombre de personnes par foyer, que les ménages produisent peu ou beaucoup de déchets. Cela nous a paru injuste. De même que chacun paye une facture d'eau au prorata du volume consommé, nous souhaitions relier le prix payé par l'usager au service rendu. Nous avons donc décidé de mettre en place une redevance incitative, effective en 2020. Nous définissons actuellement notre ligne de communication pour expliquer la politique de tri et de tarification aux habitants en logement individuel. Nous allons aussi travailler avec les bailleurs pour le petit collectif social.

(...)

Charles-Éric Lemaignen : La tarification est souvent perçue comme injuste dans la mesure où chacun est logé à la même enseigne et paye le service quelle que soit sa capacité contributive. Cela pose la question d'une tarification sociale.

Certains territoires, comme l'Eurométropole de Strasbourg, ont mis en place une tarification solidaire pour les transports publics, qui supprime la gratuité, mais crée un tarif préférentiel d'abonnement, calculé en fonction de l'âge et du coefficient familial. On pourrait aller encore plus loin et mettre en place une tarification progressive en fonction d'un critère de revenu disponible des familles qu'il nous faudrait définir collectivement.

À cette réserve près qu'une partie de notre fiscalité étant progressive, si la tarification le devient également, ce sont les classes moyennes qui vont contribuer le plus. Les outils numériques peuvent aussi nous aider à améliorer le service public et à développer l'offre sans que cela s'accompagne d'une hausse des coûts. C'est le cas par exemple du transport à la demande que nous avons mis en place avec une start-up sur la métropole d'Orléans. Dans tous les cas, une réflexion globale sur la définition du périmètre du service public, sa mise en œuvre et son financement est indispensable. Dans l'idéal, il faudrait une transparence sur le prix des services publics locaux, en alimentant une base de données dédiée. Dans les pactes financiers et fiscaux, la question des tarifs pourrait être traitée. Sans s'imposer nécessairement de converger, il faudrait *a minima* s'entendre pour ne pas avoir des politiques tarifaires divergentes au sein d'un même territoire intercommunal, y compris lorsque le service est rendu par les communes.

Propos recueillis par Camille Allé

« *Il faudrait* a minima *ne pas avoir des politiques tarifaires divergentes au sein d'un même territoire intercommunal* »

www.adcf.org • N° 233 • OCTOBRE 2018

La tarification des services publics locaux

Les services publics locaux (SPL) sont le plus souvent financés par l'impôt local et le principe d'universalité budgétaire. Les collectivités ont pourtant la possibilité juridique de demander aux usagers de participer à leur financement via la mise en place d'un tarif, dit aussi redevance, qui peut être perçu soit directement, soit indirectement par un concessionnaire chargé de la production et de la délivrance du service.

L'usage de la tarification en France ? Les collectivités locales n'en ont fait jusqu'à présent qu'un usage modéré et sélectif. En effet, selon les données disponibles, les recettes tarifaires ne représentent qu'entre 5 et 10 % de l'ensemble des recettes budgétaires du secteur communal. La tarification concerne surtout les secteurs de la distribution de l'eau, de l'énergie, de l'assainissement, des transports urbains et de la restauration collective. Elle semble aussi progressivement prendre de l'importance pour le stationnement ou les équipements culturels et sportifs. En revanche, elle reste encore controversée pour d'autres SPL tels que les ordures ménagères ou la circulation sur les routes non concédées, et se heurte dans bien des cas à la complexité de l'établissement d'une tarification.

Quand celle-ci existe, elle ne couvre jamais (ou rarement) les coûts de production d'un SPL.

Aussi la partie non couverte doit-elle être prise en charge par les budgets publics et donc par l'impôt. Par ailleurs, la mise en place d'une tarification n'implique pas que le service soit complètement marchandisé, le financement complémentaire de la collectivité locale étant justifié par des objectifs sociaux, pour assurer la continuité du service ou satisfaire à des normes, environnementales notamment.

Comportements plus vertueux

La tarification peut répondre à d'autres objectifs que celui du financement des SPL. Elle peut ainsi être un outil de régulation et d'incitation à des comportements plus vertueux pour la collectivité. Le tarif peut par exemple être établi pour chercher à limiter les externalités négatives, comme la pollution ou la congestion dans certains services.

Sa deuxième fonction possible concerne la redistribution des revenus : une différenciation par les tarifs peut permettre de favoriser certaines populations, via des tarifs sociaux par exemple. Enfin, le tarif est parfois considéré comme la reconnaissance du service fourni par la collectivité locale et ses travailleurs. Un argument souvent évoqué, par exemple contre la gratuité des transports collectifs urbains, mais encore controversé. La tarification impose également un certain nombre de contraintes. Sa mise en place, son suivi et son coût sont par exemple souvent sous-évalués. Le refus du paiement pour un SPL auparavant gratuit pour les usagers peut ensuite limiter les hausses de recettes anticipées. Le tarif peut enfin banaliser certaines conditions du service public, alors perçues comme un dû (je paye donc j'ai), et inciter à des comportements inattendus pouvant impliquer des surcoûts pour la collectivité locale.

(...)

Sonia Guelton et Philippe Poinsot,
chercheurs, université Paris-Est Créteil

Camille Allé

Les effets de la tarification incitative sur les déchets

La prévention et la gestion des déchets ménagers font partie des rares services locaux pour lesquels la tarification incitative est possible. Même si celle-ci est encore loin d'être généralisée et plus répandue dans les territoires ruraux que dans les espaces urbains, comment impacte-t-elle le volume des déchets et les coûts ?

La loi relative à la transition énergétique pour la croissance verte fixe un **objectif de 25 %** de territoires en tarification incitative en 2025. Deux voies s'offrent aujourd'hui aux collectivités : la **redevance** incitative (Reomi) ou la **taxe** incitative (Teomi). Au 1er janvier 2018, 177 communautés et syndicats avaient fait le choix de la Reomi et 16 de la Teomi. Sur ces 193 territoires, un peu moins d'un tiers sont couverts partiellement par une tarification incitative, du fait du délai de cinq ans laissé aux collectivités, après fusion ou évolution de périmètre, pour choisir leur mode de financement du service public de gestion des déchets ménagers. Les résultats semblent au rendez-vous lorsque la tarification incitative s'accompagne d'une politique de prévention (lutte contre le gaspillage alimentaire, pédagogie sur les choix de consommation...), d'une stratégie de communication multicanale régulière et réitérée sur les gestes de tri et d'une réflexion d'ensemble sur la politique de collecte (points d'apport volontaire ou porte-à-porte, fréquences, etc.). Sa mise en place implique par ailleurs un investissement politique fort au plus haut niveau.

Des baisses plus ou moins fortes

Difficile pour autant d'isoler l'effet propre de la tarification incitative. Difficile également d'avoir des chiffres moyens standard pour estimer l'impact du passage en tarification incitative, taxe ou redevance, sur les volumes de déchets collectés. Dans tous les cas, le **volume** des ordures ménagères résiduelles diminue, avec des baisses plus ou moins fortes d'un territoire à l'autre, selon la grille tarifaire adoptée et son caractère incitatif, l'évolution des modes de collecte, les politiques de prévention, etc. On observe le même résultat chez nos voisins européens ayant mis en place la tarification incitative, d'après une étude comparative de l'Ademe (2018). Parallèlement, le volume d'emballages et papiers collectés séparément augmente en moyenne, de même que les apports en déchetterie. Les impacts sur la collecte du verre sont moins marqués. Le point noir reste les milieux urbains où l'habitat collectif domine. Compliqué, en effet, d'introduire une part incitative quand chaque ménage ne paye pas au prorata des efforts qu'il fournit mais des efforts collectifs à l'échelle de l'immeuble.

Une expérimentation a été lancée par l'Ademe sur une dizaine de territoires urbains pour apporter des réponses à ces difficultés.

Les choix de la collectivité

Quant aux coûts et aux gains budgétaires du passage en tarification incitative, ils dépendent fortement des choix de la collectivité en matière de gestion des déchets, y compris de ses choix historiques. Par exemple, une communauté en Reom passant en Reomi dispose déjà d'un fichier de redevables, contrairement à une communauté en Teom. Selon une étude de l'Ademe portant sur quinze collectivités, les dépenses (investissement et fonctionne-ment) varient de 4 à 49 €/habitant, avec une moyenne de 28,50 €/habitant (médiane : 27 €/habitant).

(...)

Les enjeux de la tarification des services publics locaux

Par **Jean-Louis Vasseur**, avocat associé chez Seban et associés

Les enjeux de la tarification des services publics locaux sont considérables en cette période de profonde crise économique. La tarification des services publics, est, en effet, l'un des instruments dont les collectivités peuvent faire usage pour poursuivre leur action en direction de leurs administrés, en dépit de la baisse des financements dont elles disposent, sans avoir à faire peser un poids trop lourd sur les contribuables locaux.

La tarification est un système relativement souple dans la mesure où il rend possible de moduler les tarifs selon les usagers, selon les besoins qui s'expriment, selon les moyens dont ils disposent. Certaines collectivités ont été jusqu'à instaurer une « tarification solidaire », pour certains services, c'est-à-dire la gratuité ou, tout au moins, des tarifs qui rapprochent du service public local gratuit. Elle est un moyen particulièrement efficace pour la réalisation d'objectifs sociaux. Elle joue, ainsi, un rôle fondamental en matière de restauration scolaire, compétence dont les collectivités ont hérité en application de la loi du 13 août 2004. Elle joue, également, un rôle incitatif en facilitant, au travers d'une politique adaptée, une consommation de services publics spécifiques, tels les services sportifs ou culturels.On notera que c'est à l'occasion d'une procédure dans le domaine culturel, que la jurisprudence a permis l'introduction de critères sociaux dans la tarification des écoles de musique (CE, 29 décembre 1997, n° 157500, commune de Nanterre), avec le succès que ces écoles ont connu depuis lors..

Financement du service public local

Le financement de nombreux services publics locaux relève d'une logique fiscale. C'est le cas, par exemple, de la taxe d'enlèvement des ordures ménagères. Le service est financé par l'impôt, et le montant payé est totalement indépendant de l'utilisation du service. Mais le financement du service public local peut aussi relever d'une autre logique.

L'usager paie, alors, en fonction de son utilisation du service

C'est ce que permet la tarification des services publics locaux, dont le support juridique est la redevance pour service rendu. Aucun texte, ni aucun principe, n'interdit à une collectivité locale de mettre en place une redevance en contrepartie des services publics locaux qu'elle décide de proposer à sa population. S'agissant des services publics à caractère industriel et commercial, la mise en place d'une telle redevance est même obligatoire puisque la loi impose que les services concernés soient financés dans le cadre d'un budget annexe ; par les redevances perçues sur l'usager et non par le contribuable depuis le budget général de la collectivité. Mais cette exigence est parfois écartée.

L'interdiction du recours au budget de la collectivité n'est pas applicable à tous les Spic

C'est le cas des services de distribution d'eau et d'assainissement dans les com-

[redacted]

© SolStock istock

munes de moins de 3 000 habitants ou les EPCI dont aucune commune membre n'a plus de 3 000 habitants, où l'équilibre par l'usager est rendu difficile compte tenu de l'importance des coûts fixes.
Le budget de la collectivité intervient alors, en complément des redevances réunies auprès des usagers.
L'interdiction ne s'applique pas non plus aux services publics d'assainissement non collectif lors de leur création et cela durant au maximum cinq ans et, enfin, aux services publics de gestion des déchets ménagers et assimilés, lors de leur création et pour leurs quatre premiers exercices.
En principe, seul l'usager doit contribuer au financement du service et assurer l'équilibre économique de son activité. Mais lorsqu'il s'agit de services administratifs, ils peuvent parfaitement aussi être financés par le contribuable.
Les enjeux du choix de la tarification dans ces circonstances apparaissent fondamentaux dans la mesure où il n'est pas possible aux collectivités d'espérer voir leurs ressources et leurs dotations s'élever dans la période actuelle ou bien même dans un futur proche. Ne payer que ce qu'ils utilisent ou consomment est, en revanche, favorable pour la plupart des administrés, sauf, naturellement, dans les domaines où les besoins doivent être satisfaits à l'échelle trop vaste.

Tarification : respect de certaines règles

Ainsi qu'il a été exposé plus haut, la gratuité ne fait pas partie des principes du service public local. Elle n'en a jamais fait partie, même si les habitudes, les traditions et les conditions locales ont pu longtemps le laisser penser. Le tarif fixé par la collectivité territoriale est donc un prix. Ce dernier doit être établi selon des critères objectifs et rationnels (CE, 16 juillet 2007, n° 293229), et doit respecter les règles de la concurrence. Depuis 1986, la liberté des prix est de rigueur. Mais cette liberté ne pourra s'exercer que dans des limites assez étroites
Le tarif « doit être établi selon des critères objectifs et rationnels » (CE, 16 juillet 2007, n° 293229). En l'occurrence, le prix doit correspondre au service rendu, c'est-à-dire qu'il ne peut comprendre des éléments non rattachables à l'exécution du service effectivement délivré à l'usager.
Il doit respecter les règles de la concurrence, la redevance doit correspondre au service rendu (ce qui interdit d'intégrer dans le calcul de la redevance des éléments qui ne se rattachent pas à l'exécution du service effectivement délivré à l'usager).
Le tarif ne peut pas dépasser le prix de revient du service, il doit correspondre très exactement à ce prix de revient. C'est souligner encore que la collectivité ne peut dégager de profit de son exploitation.
Enfin, la règle la plus importante : le tarif fixé doit respecter le principe d'égalité entre les usagers du service public local.
Toutes les personnes se trouvant placées, dont les enfants, dans une situation identique à l'égard du service rendu doivent être régies par les mêmes règles.
Il s'agit d'un principe constitutionnel (Cons. Cons., décision du 27 juin 2001-446 C, loi relative à l'interruption volontaire de grossesse).
La discrimination, par exemple, au regard de la nationalité, dans la fixation du tarif, est illégale (code général de la propriété des personnes publiques, art. L.2122-1).
Le juge administratif a ainsi annulé la délibération d'un CCAS décidant de refuser l'octroi d'une allocation de congé parental d'éducation, il n'existait aucune différence de situation objective, non plus qu'aucun motif d'intérêt général justifiant une telle discrimination (CE, 30 juin 1989, commune de Paris, n° 78113).
L'égalité des usagers se traduit par l'obligation d'une égalité de traitement, incluant la question du tarif d'accès applicable (CE, 28 mars 1997, n°s 179049, 179050, 179054, Société Baxter).
Cela ne veut pas dire, naturellement que les administrés devront se voir obligatoirement appliquer un même tarif. .../...

.../... Le principe d'égalité n'interdit pas un traitement différent.
Mais à la condition que la fixation de tarifs différents applicables à diverses catégories d'usagers se justifie par l'existence entre les usagers de différences de situation appréciable, ou bien s'impose en raison de la loi ou encore que la différence de tarif soit justifiée par une nécessité d'intérêt général en rapport avec les conditions de l'exploitation du service public (CE, 26 avril 1985, n° 41169).
Toutes les différenciations de tarifs ne sont pas nécessairement illégales, comme on vient de le voir. Le juge administratif a admis que le lieu de domiciliation pouvait être considéré comme une différence appréciable justifiant une différenciation tarifaire (CE, 2 décembre 1987, commune de Romainville, n° 71028).
Hors de ces conditions, finalement assez nombreuses, les modulations de tarifs qui seraient pratiquées, seraient analysées comme discriminatoires et donc prohibées. On ne saurait, par exemple, fixer un tarif réduit en faveur des agents municipaux pour l'accès à une crèche municipale. Ces agents ne sont pas dans une situation différente de celle des autres usagers (TA Marseille, 15 février 1991, rec. 620).
En revanche, le juge administratif a admis que le lieu de domiciliation peut être considéré comme une différence appréciable justifiant une différenciation tarifaire (CE, 2 décembre 1987, commune de Romainville, n° 71028) ;
Le juge administratif s'assure, lorsqu'il est saisi, que le tarif le plus élevé n'excède pas le coût réel du service rendu aux usagers (CE, 5 octobre 1984, n° 47875).
Le service public est, il convient de le rappeler, fondé sur ce principe selon lequel le coût réel du service est observé.
La loi du 5 octobre 1998 de lutte contre l'exclusion admet, toutefois, que les tarifs des services publics à caractère facultatif peuvent être fixés en fonction du niveau du revenu des usagers et du nombre de personnes vivant au foyer et que les droits les plus élevés ainsi fixés ne peuvent être supérieurs au coût par usager et au nombre de personnes vivant au foyer.
La loi n'exclut également pas toute possibilité de forfaitiser et le juge admet par exemple la fixation d'une participation mensuelle forfaitaire, il l'admet, ainsi, pour l'accès à un service d'études surveillées. Il admet aussi la légalité de l'accès au service des seules personnes habitant la commune.

Fixation des tarifs

La compétence revient à des autorités différentes, selon le mode de gestion retenu par la collectivité territoriale.
Celle-ci peut gérer directement le service public par le biais d'une régie, dotée de la seule autonomie financière.
Dans ces conditions, c'est le conseil municipal, après avis du conseil d'exploitation, qui fixe la tarification des prestations et produits de la régie, lorsqu'il s'agit d'un service public administratif (code général des collectivités territoriales (CGCT), art. R.2221-97) ou des redevances dues par les usagers lorsqu'il s'agit d'un service public industriel et commercial (art. R.2221-72 paragraphe 6).
La collectivité territoriale peut confier à une régie autonome dotée de la personnalité morale, le soin de la gestion du service.
Dans ce cas, la tarification des prestations et produits de la régie (CGCT, art. R.2221-61) ou des redevances dues par les usagers (art. R.2221-38) est fixée par le conseil d'administration de la régie.
La collectivité peut également décider de déléguer la gestion du service public à une personne privée.
Dans ce cas, l'alinéa 4 de l'article L.1411-1 du CGCT prévoit que « la collectivité adresse à chacun des candidats un document définissant les caractéristiques quantitatives et qualitatives des prestations ainsi que, s'il y a lieu, les conditions de tarification du service rendu à l'usager ».
L'avant-dernier alinéa de l'article L.1411-2 du code précité précise également que la convention de délégation de service public « stipule les tarifs à la charge des usagers et précise l'incidence sur ces tarifs des paramètres ou indices qui déterminent leur évolution ».
La fixation du niveau et de la structure tarifaire constitue une prérogative de l'autorité délégante, qui ne peut « être laissée à la discrétion du concessionnaire » (cour administrative d'appel de Lyon, 20 mai 1999, SA Comalait industries, req. n° 95LY00795), même si le tarif du service public fait souvent l'objet dans les faits d'une négociation entre les parties.
Les secteurs de l'électricité et du gaz dérogent néanmoins aux règles applicables aux contrats de concessions classiques, dans la mesure où, en vertu des articles L.341-3 et L.452-3 du code de l'énergie, les tarifs d'utilisation des réseaux publics d'électricité et de gaz sont fixés par une autorité administrative indépendante, la commission de régulation de l'énergie (CRE).
Celle-ci élabore les tarifs d'accès aux réseaux en veillant à donner aux gestionnaires de réseaux les moyens d'accomplir au mieux leurs missions de service public et de s'assurer d'une maîtrise raisonnable des coûts pour ne pas alourdir excessivement les charges pesant sur les consommateurs.

Normes européennes

La Cour de Justice de l'Union européenne pourrait, éventuellement, soulever à l'avenir des questions délicates dans ce domaine de la tarification des services publics locaux.
La Cour de Justice a déjà eu l'occasion de préciser que, selon elle, la discrimination tarifaire fondée sur le critère de la résidence que le Conseil d'État admet pour des tarifs différenciés d'une école de musique en fonction du domicile de ses élèves (CE, 2 décembre 1987, commune de Romainville, n° 71028), ne devrait être admise que si elle était justifiée par « des raisons impérieuses d'intérêt général » (CJCE, 16 janvier 2003, Commission/Italie C- 388/01).
La CJCE a considéré que cette pratique était contraire à l'article 49 du traité de Rome qui « prohibe non seulement les discriminations ostensibles, fondées sur la nationalité, mais encore toute forme dissimulée de discrimination qui, par application d'autres critères de distinction, aboutissent en fait au même résultat ».

Une question de budget aussi

Dans le contexte actuel, marqué par de fortes contraintes budgétaires, les problèmes liés à l'équilibre financier des services publics locaux, à la tarification des services publics locaux, prennent une dimension nouvelle. Avec les restrictions financières, les collectivités cherchent les moyens d'atteindre l'équilibre financier des services ou tout au moins, la limitation des déficits enregistrés. La tarification, qui permet de réguler les effets de ces restrictions, occupe, dans ce débat, une place essentielle et cette place promet de se développer encore.

Document 4

LA TARIFICATION, UN OUTIL DE SOLIDARITÉ ?

MARTINE LONG,

Maître de conférences en droit public (HDR) Université d'Angers ;
Co-directrice du Master Droit des Interventions Publiques.

Alors même que le chantier de la réforme fiscale vient d'être si ce n'est ouvert du moins annoncé, il n'est pas inintéressant de questionner les recettes tarifaires des collectivités territoriales. Un grand nombre de ces dernières s'est effectivement lancé dans la refonte de leur politique tarifaire en réaction à la crise économique. L'objectif est ici variable : rendre plus solidaire leur système de tarification (Angers), trouver de nouvelles ressources (Bergerac, Eybens), réfléchir à une gratuité ciblée (Rennes en matière culturelle) ou encore revenir sur cette dernière (Strasbourg en matière de transports publics). Pour les départements et les régions il peut s'agir d'harmoniser, par exemple, les tarifications applicables en matière de restauration scolaire (Région Île de France), compétence dont ils ont héritée en application de la loi du 13 août 2004.

La construction des politiques tarifaires des collectivités territoriales s'est le plus souvent faite de façon empirique, service par service. Chaque service a son histoire, bien souvent son quotient et sa grille associée.

Jusqu'à une époque récente il n'existait pas de vision transversale des différentes politiques, chaque élu référent imposant sa vision, sa logique gestionnaire. Dans les petites communes, bien souvent le tarif unique est de mise à des fins de simplification notamment en matière de restauration scolaire. Des sensibilités demeurent, la culture par exemple est plus ouverte, la tarification en fonction du domicile a tendance à être questionnée. Les politiques enfance/jeunesse sont dominées par les contrats passés avec la CAF qui limitent les possibilités de modulations tarifaires aux exigences imposées par cette dernière. Les CCAS sont également tenus par les décisions qui émanent des autorités de tarification que sont le Président du conseil départemental et l'Agence Régionale de Santé.

Les choix tarifaires en matière de transport varient d'une volonté de préserver un certain volant de ressources (20 à 30 % du budget) à une ambition plus globale, certaines villes ayant fait le choix de la gratuité et donc d'une mobilité ouverte (Châteauroux).

Méconnue dans ses fondements, la tarification des services publics locaux fait l'objet d'une attention pratique certaine. Le tarif est en effet un levier important et un élément déterminant d'ac-cès au service. Le choix du tarif n'est pas anodin. Hormis les secteurs pour lesquels la gratuité est imposée par un texte (Éducation, SDISS), les collectivités ont le choix de faire peser la charge d'un service public sur le contribuable ou sur l'usager. Traditionnellement en France le principe de solidarité est incarné par l'impôt et par l'État qui demeure la figure de la solidarité. Pour autant, face à la montée des individualismes, à l'inéquité des impôts locaux et aux nécessités de trouver de nouvelles ressources, les logiques marchandes tendent à se généraliser. La figure de l'utilisateur / payeur se substitue à celle du contribuable/ financeur.

Cette évolution n'est pas linéaire et s'accompagne d'une redéfinition des enjeux sociaux de la tarification. Ainsi, si jusqu'à une époque récente les modulations tarifaires ont été bâties autour de statuts spécifiques, le fait de bénéficier de certains minima sociaux donnant un droit d'accès à un tarif privilégié, les références aujourd'hui se sont affinées. La volonté est ici de garantir l'accès de tous aux services publics locaux tout en mettant en place des grilles tarifaires plus justes. L'ambition sociale est présente même si les enjeux demeurent appréhendés dans une sphère donnée et ne font pas l'objet d'une analyse concentrique.

Direction de la prospective et du dialogue public
20 rue du Lac - BP 3103 - 69399 LYON CEDEX 03
www.millenaire3.com
GRANDLYON communauté urbaine

I - LE TARIF, UN CORRECTIF À L'INÉQUITÉ DE LA FISCALITÉ LOCALE

Le transfert du financement d'un service public du contribuable vers l'usager n'est pas neutre, il présuppose un changement de logique et part du principe que certains besoins et infrastructures ne doivent pas être essentiellement financés par la solidarité au travers de l'impôt mais par les catégories d'usagers concernés. Cette évolution n'est pas neutre au regard des enjeux de solidarité.

A – Un marqueur politique fort

D'un point de vue conceptuel les fondements de la tarification des services publics locaux se sont construits dans une stricte opposition avec ceux des services publics nationaux. Alors même qu'au niveau national le caractère unitaire de la notion de service public, alliant une conception organique et matérielle, a fondé une gestion en monopole, la gestion locale est quant à elle par définition plus morcelée. Ainsi, si le principe d'égalité a légitimé à l'échelon national l'adoption d'un prix uniforme au nom du principe d'égalité, le prix du timbre en étant une belle illustration, ce même principe d'égalité a amené à un positionnement strictement inverse en matière de services publics locaux.

Très rapidement en effet au lendemain de la décentralisation les élus locaux ont manifesté leur volonté de mettre en place un accès différencié aux services publics locaux. Cette politique a pris deux voies : une volonté de garantir un accès privilégié pour les résidents, avec une tarification en fonction du domicile. Un souci de prendre en compte les revenus des familles afin de mettre en place des grilles tarifaires adaptées et de garantir l'accès de tous au service.

(...)

La mise en place d'une tarification sociale s'est ainsi généralisée dans les collectivités d'une certaine taille, le référentiel pris en compte étant généralement le seuil de revenus matérialisé par la feuille d'imposition ou encore le statut de l'usager. La mise en place d'une tarification sociale a été alors présentée comme un correctif de l'inéquité des impôts locaux qui ne prennent en compte qu'à la marge les revenus des familles.

B - Une symbolique politique forte

Si le tarif se présente comme une ressource résiduelle dans les budgets locaux, il constitue pour autant un marqueur fort pour les familles.

Les enjeux sont ici multiples : développer une politique vérité des prix, responsabiliser l'usager, garantir l'accès de tous au service, orienter les comportements vers un usage éco-responsable. Ils se doublent d'une volonté de garantir l'accès à certains droits et biens fondamentaux, derrière chaque service public se trouve en effet une logique de droits et libertés : liberté d'aller et venir, droit à l'eau, droit à des conditions de vie décente...

La réflexion engagée depuis quelques années sur les politiques tarifaires manifeste bien la volonté de préserver la cohésion sociale au travers d'un panier de droits accessibles à tous, appelé dans certaines collectivités bouclier familial.

Les politiques tarifaires récentes se caractérisent ainsi à la fois par leur diversité et la complexité des enjeux.

Le marqueur politique est également présent entre une logique de préservation de nouvelles ressources et une vision plus sociale en termes d'accès.

De nouveaux impératifs ont ainsi vu le jour avec l'intégration dans les grilles tarifaires d'une prise en compte des revenus réels qui transcende l'appartenance catégorielle. La volonté a été de développer une logique égalitaire au travers d'un précepte « à revenu égal, droits égaux », d'intégrer des situations nouvelles comme celles les travailleurs pauvres, des familles monoparentales, ou des personnes nouvellement touchées par le chômage en raison de la crise. De la même façon si pendant longtemps les grilles tarifaires ont favorisé mécaniquement uniquement les bas revenus, la refonte opérée amène à intégrer dans la problématique les classes moyennes.

La construction de grilles tarifaires n'est plus ainsi essentiellement mécanique mais participe d'une réflexion globale sur le vivre ensemble, la signification du tarif et la place du service public dans la cité.

II - LA REFONTE DES GRILLES TARIFAIRES, UN OUTIL DE POLITIQUE PUBLIQUE

Le passage d'une tarification sociale à une tarification solidaire manifeste la volonté des élus locaux de mener une analyse fine autour de leur système de tarification. Si pendant longtemps les différenciations tarifaires ont obéi à des enjeux quasi mécaniques, les collectivités sont aujourd'hui attentives aux référentiels retenus.

A - À la recherche du juste prix

Dans la pensée économique le juste prix est le prix du marché. Cette conception ne peut être appliquée pour les activités de service public. Si l'ère du tarif réglementé est révolue, la fixation de la grille tarifaire d'un service public obéit davantage à une logique administrative qu'à des considérations purement économiques. (...) L'élément coût de revient permet cependant d'analyser l'impact financier d'une décision politique. (...)

Ainsi si personne ne remet en question la quasi gratuité des bibliothèques, la gratuité des musées pose davantage question. (...)

La recherche du juste prix demande ainsi une analyse approfondie à la fois du contexte local, des capacités contributives de la population locale et des enjeux en termes de cohésion sociale.

La volonté de mettre en place des grilles tarifaires davantage solidaires a amené à l'apparition de nouveaux référentiels. (...)

Si pendant longtemps l'élément pris en compte en terme de justificatif de ressources a été la feuille d'imposition, force est de constater que cette dernière ne traduit qu'imparfaitement la situation financière du bénéficiaire. (...)

Face à cette critique beaucoup de collectivités travaillent aujourd'hui sur le quotient familial CAF qui présente l'avantage de tenir compte de l'ensemble des revenus de la personne et de la composition familiale, quelle que soit la provenance des ressources.

(...)

Le taux d'effort est également un concept intéressant, il permet en effet, dans la limite d'un certain plafond, d'affecter d'un coefficient le coût d'un service public dans le budget familial. Plus les revenus sont élevés, plus le tarif le sera également avec un élément d'égalité qui est le pourcentage prélevé sur les ressources globales.

Ce mécanisme du taux d'effort est d'ailleurs bien souvent couplé à une approche par quotient. La ville d'Angers par exemple à l'occasion de la refonte de ses tarifs a mis en place un Quotient de Tarification Solidaire calculé sur les mêmes bases que le quotient familial de la CAF.

La logique du reste à vivre est également utilisée. Les logiques tarifaires ont été construites uniquement par référence aux revenus et non aux charges des familles. Il est cependant patent que le prix des loyers ou le coût de la vie n'est pas similaire en région parisienne et dans certains départements ruraux. Dans cette optique le reste à vivre vise à mettre en parallèle ressources et charges incompressibles d'une famille. Le bénéfice d'une tarification sociale sera ensuite appliqué au regard de ce reste à vivre. La reconstruction des politiques tarifaires de la cité est une opération de longue haleine. Elle fait intervenir différentes variables qui ne sont pas toujours faciles à analyser. La variable sociale est un élément d'entrée qui ne doit pas occulter les autres dimensions de la politique tarifaire.

B - Une volonté de simplification des procédures

La refonte des grilles tarifaires s'accompagne dans beaucoup de collectivités d'une recherche de simplification pour les usagers. (...)

La création de cartes vie quotidienne ou citoyenne participe de cette évolution. L'intérêt est ici que les identifiants de l'usager et ses caractéristiques sont inscrits une seule fois, ce qui lui donne accès à tout un panier de services sans devoir à chaque fois prouver son identité ou son revenu de référence. Les formalités nécessaires peuvent se faire directement sur internet avec achat d'un certain nombre de points qui serviront ensuite à accéder aux différents services.

La ville de Vendôme a mis en place, par exemple, un tel système ainsi qu'un site internet de simulation tarifaire qui permet à chaque famille de connaître en temps réel le montant qui lui sera appliqué.

La communauté des usagers n'est plus ainsi appréhendée catégorie par catégorie ou service par service mais bien dans son ensemble dans une logique de service au public. Pour autant cette communauté est réduite ici aux habitants, dans la mesure où le bénéfice d'une telle carte est conditionné à la résidence sur le territoire de la collectivité. La solidarité s'exerce ainsi entre les habitants au nom des charges de centralité que sont amenées à assumer certaines villes. Les non résidents devront ainsi payer plus cher pour une même prestation.

Des efforts demeurent à faire, les files d'attente au moment des inscriptions, les frustrations d'une inscription pour les premiers arrivés ou encore la difficulté à traiter les situations des familles séparées à qui l'on va demander de faire deux fois les formalités pour avoir accès à une même prestation sont des choses sur lesquelles ils convient de travailler.

Pour autant, la ville de demain accessible, ouverte et soucieuse de ses habitants se dessine avec une carte qui permettra de payer l'ensemble des services et qui ne sera pas différenciée selon son statut social.

Conclusion :

la politique tarifaire des collectivités territoriales fait l'objet aujourd'hui d'une réflexion stratégique. Il s'agit pour autant d'une réflexion spécifique à la France, une telle différenciation tarifaire étant inimaginable dans un grand nombre de pays de l'Union Européenne. Si la finalité sociale est certaine il est cependant dommage que cette ambition ne soit pas couplée avec une réflexion globale sur la pression fiscale exercée sur les classes moyennes.

La question du juste prix ou du prix acceptable sera très certainement la prochaine étape des travaux menés (...).

Document 5

la gazette·fr

COÛT DES SERVICES PUBLICS

Tarification des services publics... le coût d'après

Gaëlle Ginibrière | A la Une finances | Actu experts finances | France | Publié le 29/05/2018 | Mis à jour le 01/06/2018

Le début des mandats municipaux en 2014 s'était accompagné de hausses des tarifs périscolaires. Quatre ans plus tard, la refonte de la tarification reste d'actualité et touche une large variété de services publics.

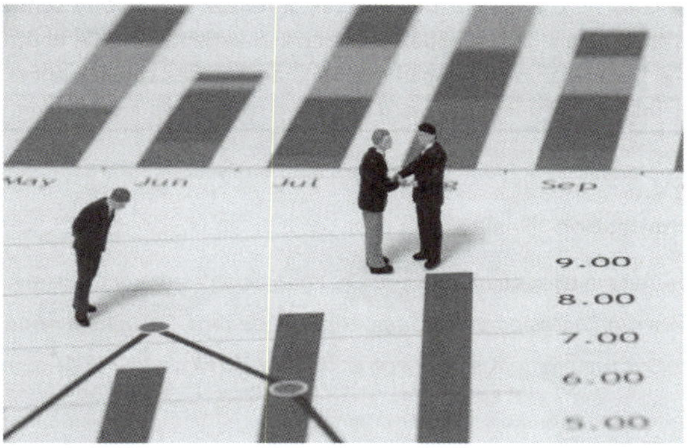

« Nombre de nos tarifs ont été votés il y a longtemps, sans que l'on sache toujours comment ils ont été fixés à l'origine. Or, un tarif doit être explicable à quiconque le demande », note Isabelle Bertone-Bahier, directrice du contrôle de gestion de la ville de Versailles (lire ci-dessous). C'est pourquoi la commune s'est attaquée, depuis quelques années, à la tarification de ses services scolaires, périscolaires et sportifs, ainsi qu'à la mise à disposition de matériel et de locaux. Avec un impératif : « le tarif opposé à l'usager ne peut dépasser le coût du service... ce qui suppose de le connaître ».

Cet obstacle technique franchi, plusieurs questions restent à trancher. Parmi celles-ci, la répartition de la charge entre usagers et contribuables. « Selon qu'il s'agit d'un service de confort ou de première nécessité, il peut être demandé à l'usager de payer une part plus importante. Si le tarif demandé aux usagers est faible et le taux de recouvrement élevé, il peut ne pas être plus cher pour la collectivité d'offrir un service gratuit, comme nous l'avons fait par exemple pour les médiathèques » indique Isabelle Villeroux, contrôleuse de gestion interne à Bordeaux métropole (28 communes, 750 000 hab.) et copilote du groupe de travail « tarification et études de coûts » destiné aux services publics, à l'Afigese.

Tarif personnalisé

La question de tarifs différenciés entre habitants et usagers extérieurs est aussi de plus en plus prégnante.

« Appliquer des tarifs plus élevés peut dissuader les usagers extérieurs d'utiliser les équipements principalement financés par les impôts locaux. Mais c'est un outil à manier avec précaution en tenant compte de la part des usagers extérieurs dans la fréquentation des lieux. Et c'est un sujet éminemment politique », poursuit Isabelle Villeroux. Autre question : celle de la répartition de la charge entre les usagers. Pour les services culturels, des tarifs réduits ou une gratuité sont parfois accordés à certaines catégories de population – jeunes, demandeurs d'emploi.

La ville de Versailles a refondu les grilles tarifaires des services périscolaires. Le système de tranche a été écarté au profit d'un taux d'effort appliqué aux rémunérations de chacun, ce qui implique un tarif personnalisé et qui évolue avec le revenu. Et la base de ressources retenue est celle de la CAF qui prend en compte les prestations familiales.

Dernier enjeu, qui s'esquisse à peine : celui de l'impact potentiel de l'analyse des données dans une démarche de smart city. « Il sera possible d'hypersegmenter les moments d'usage et donc de mettre en place une nouvelle tarification liée à l'utilisation en temps réel de l'espace public. Grâce à la blockchain, il sera aussi possible d'échanger des entrées gratuites à la piscine contre des économies d'eau réalisées dans un foyer. Mais gare aux dérives : techniquement, rien n'empêcherait de facturer l'individu qui a déclenché l'allumage d'un lampadaire. Cela a donc des conséquences sur la définition des biens communs », explique Matthieu Galaup, directeur « ressources » du cabinet Espelia.

Un enjeu de communication

Les élus ont besoin de rendre compte aux usagers et contribuables et communiquent de plus en plus sur la tarification. A l'occasion d'une augmentation de tarif, certains n'hésitent en effet plus à se comparer à d'autres territoires ou à entrer dans le détail de leur coût de revient.

« Nous sommes partis de l'inventaire patrimonial »

Isabelle Bertone-Bahier, directrice du contrôle de gestion de Versailles (85 700 hab., Yvelines)

« Nous avons refondé nos tarifs pour la mise à disposition des locaux, pour les associations essentiellement, mais aussi pour des tournages de films ou l'organisation de soirées dans des lieux de prestige.

Nous sommes partis de l'inventaire patrimonial, ainsi que du programme de travaux engagés, des charges supportées, du taux d'usure (par exemple, en calculant pour un terrain de foot le temps de régénération de la pelouse) ou encore d'un coefficient de prestige pour certains locaux. Cela nous a permis de proposer des tarifs par catégorie de lieux. Et nous avons rediscuté avec les élus du maintien de la gratuité pour les associations. Par exemple, à la Maison des associations, les adhérents ont droit à une grande salle gratuite une fois par an pour leur assemblée générale et à des réductions pour les autres réunions. Les clubs sportifs ont droit à la gratuité des locaux s'ils sont affiliés à une fédération reconnue. »

Document 6

Les repas à 1€ dans les cantines annoncés dans le plan pauvreté sont-ils vraiment nouveaux ?

Liberation.fr Service Checknews 21 septembre 2018 à 12:08

De tels tarifs existent déjà depuis plusieurs années dans de nombreuses communes. Le gouvernement veut les encourager dans les petites villes par une incitation financière.

Question posée le 19/09/2018

(...)

Nous avons reformulé votre question. La voici en intégralité : «*Pourquoi ne dites-vous pas que les repas à 1 euro dans les cantines proposées par le président sont déjà depuis longtemps appliqués dans de nombreuses agglomérations ?*»

Vous faites référence au discours d'Emmanuel Macron du 13 septembre 2018, dans lequel il présente les principales mesures du Plan Pauvreté, notamment sur la réforme de la cantine scolaire dans les écoles primaires : «*L'accès à la cantine sera rendu plus universel en développant les repas à un euro pour les personnes les plus pauvres. De nombreux maires ont déjà pris des initiatives fortes en la matière, que je salue. Je souhaite que nous puissions accompagner les communes dans ce juste combat. Aussi, une incitation financière sera mise en place dans les communes les plus pauvres.*»

On retrouve cette proposition dans le dossier presse du ministère des Solidarités et de la Santé : «*Un mécanisme d'incitation sera par ailleurs mis en place en direction des communes les plus fragiles de moins de 10 000 habitants pour appliquer une tarification sociale de la restauration scolaire avec un plafond du barème le plus bas à 1€ le repas.*» Contacté par *CheckNews*, l'Elysée ne précise pour le moment ni le montant ni les modalités de cette aide.

La mesure est directement inspirée d'une proposition de loi de février 2018, concernant le tarif des cantines scolaires, qui n'avait pas été soumise au vote de l'Assemblée. Elle portait sur la gratuité des repas dans les écoles, collèges et lycées pour les familles les plus pauvres dans toute la France. «La mesure du Plan Pauvreté d'Emmanuel Macron reprend les trois quarts de notre proposition», explique à Check News le député LREM Gael Le Bohec, à l'origine de la proposition de loi et qui a travaillé sur le projet annoncé par Emmanuel Macron.
Le périmètre de la réforme annoncée par le Président est toutefois beaucoup plus restreint : il ne concerne plus que les écoles primaires des communes les plus pauvres, et prévoit de faire payer ce repas un euro.

Paris, Lyon ou Aix-en-Provence

(...) De fait, certains maires ont ironisé sur le fait que la mesure s'applique déjà largement.

De nombreuses communes proposent effectivement des repas à ce prix, voire moins. Comme le mentionne l'article R531-52 du Code de l'éducation, c'est à la mairie de fixer les prix de la restauration scolaire dans les écoles primaires. Et celle-ci peut choisir des prix différents en fonction des revenus des familles.

Par exemple, la ville de Paris a établi depuis 2015 un système de dix tarifs possibles. Selon votre quotient familial, calculé grâce à votre avis d'imposition, le tarif de la cantine scolaire change. Ainsi, les plus faibles revenus déboursent uniquement 0,13 centime d'euros par repas, quand une famille très aisée dépensera 7 euros pour le même déjeuner.

Ce système de quotients familiaux est largement utilisé dans les grandes villes. C'est le cas de Lille qui propose une grille de 15 tarifs allant de 0,50 centime à 5,62 euros. On retrouve le même type de grille à Lyon, Bordeaux, Chambéry, Metz, Toulon, Avignon, Aix-en-Provence ou encore à Grenoble. Tous proposent des plateaux-repas à un euro ou moins pour les familles les plus pauvres.

Tarif fixe

Certaines petites et moyennes communes se tournent également vers un tarif fixe, et bas. C'est le cas de la ville de Montereau (19 000 habitants, Seine-et-Marne), où tout le monde paye le même prix depuis 2015 pour un plateau-repas : 1 euro. Le prix de revient pour chaque repas est d'environ 6 euros, et c'est la municipalité qui prend elle-même en charge la différence. *«Nous avons fait le choix de ne pas augmenter les impôts. Pour financer la baisse du prix des repas, nous avons dû repenser et rationaliser la gestion interne de la mairie»*, précise le maire Yves Jégo.

D'autres villes vont même plus loin. Depuis 2007, les villes du Bourget et de Drancy (Seine-Saint-Denis), par exemple, ont instauré la gratuité totale de leurs cantines scolaires. À l'époque, c'était une première en France, possible grâce à des économies budgétaires et à la prime versée par l'Etat aux deux communes après leur agglomération. (...)

Oriane Alcarini

Document 7

lagazette.fr

BAROMÈTRE DES TERRITORIAUX

Etes-vous pour la gratuité dans tous les services publics locaux ?

Brigitte Menguy | France | Publié le 25/02/2019 | Mis à jour le 19/02/2019

Parce que votre opinion nous intéresse, La Gazette a constitué un panel de fonctionnaires territoriaux que nous interrogeons sur l'actualité des politiques publiques et du statut de la fonction publique. Cette semaine : êtes-vous pour la gratuité dans tous les services publics locaux ?

Choisis comme l'un des quatre thèmes du grand débat national par le président de la République, les services publics sont au cœur des revendications du mouvement des « gilets jaunes ». Pour autant, celles relatives à la gratuité de l'ensemble des services publics sont rares. A l'image des réponses apportées par notre échantillon d'agents territoriaux qui sont seulement 41 % à être favorables à la gratuité de l'ensemble des services publics locaux. Il faut dire qu'en France le débat n'est pas réglé : par exemple, seule une trentaine de collectivités se sont engagées dans la gratuité des transports publics urbains. Car à la question de savoir si c'est au contribuable ou à l'usager qu'il revient de payer la facture des services publics, la réponse est aujourd'hui plutôt normande !

Etes-vous pour la gratuité dans tous les services publics locaux ?

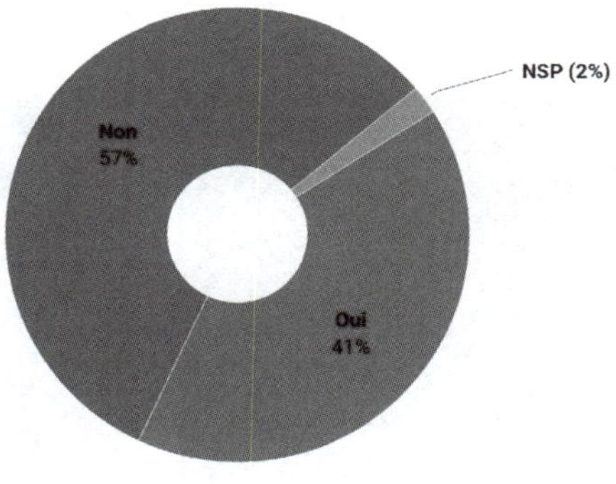

Source: La Gazette du 25 février 2019 - Infographie: P. distel

REFERENCES

- Etude réalisée par Infopro Digital études auprès d'un échantillon représentatif de notre lectorat, composé de 1 651 agents de la FPT, sur internet du 17 décembre 2018 au 2 janvier 2019 (228 répondants).

Document 8

Guide des tarifs municipaux 2018

Crèches, accueils périscolaires et de loisirs (matin, soir, mercredi), restauration scolaire, activités sportives et culturelles, espaces de Proximité et de Citoyenneté…

VILLE DE CHELLES

1 • Principes généraux de la politique tarifaire et mode de calcul

1.1 PRINCIPES GÉNÉRAUX

Pour rendre accessible les services municipaux au plus grand nombre, la Municipalité, selon le type de prestation, a adapté ses modalités de tarification en plusieurs groupes, à savoir :

Tarifs uniques

Tarifs en fonction des ressources du foyer :

- Quotient familial (14 tranches)
- Quotient dit « CAF » (34 tranches)
- Taux d'effort (réglementé par la Caisse d'Allocations Familiales pour la Petite Enfance)

- Principe de non rétroactivité des quotients (délibération du Conseil Municipal du 2 juin 2015) en cas de non calcul ou de calcul tardif (postérieur à la première inscription à une activité).

- Principe de paiement au moment de l'inscription des activités non soumises à tarification a posteriori (délibération du Conseil Municipal du 2 juin 2015).

- Principe de non inscription à une activité en cas d'incident de paiement jusqu'à la présentation d'un justificatif de régularisation de la situation (délibération du Conseil Municipal du 2 juin 2015).

- Principe du prépaiement pour les accueils de loisirs vacances (délibération du Conseil Municipal du 5 juillet 2016).

- Principes dérogatoires à l'application du tarif chellois pour les usagers non chellois. Les seuls cas ou un usager peut bénéficier du tarif chellois alors qu'il n'habite pas Chelles sont les suivants :
    - son enfant est scolarisé en ULIS ou en UPE2A ;
    - en cas de séparation ou de divorce, le second parent est domicilié à Chelles ;
    - il travaille pour la Ville de Chelles.

(...)

1.2 LES GRILLES DE QUOTIENT ET LEUR MODE DE CALCUL

1.2.1 Tranche QF Ville (14 TRANCHES)

MODE DE CALCUL

$$\text{TRANCHE QF VILLE (14 TRANCHES)} = \frac{\text{RESSOURCES MENSUELLES}}{\text{NOMBRE DE PARTS}}$$

❶ Les ressources mensuelles sont établies en cumulant les revenus du ou des parents, sur la base de l'avis d'imposition ou de non-imposition de l'année précédente auxquelles sont ajoutés les autres revenus éventuels, les pensions alimentaires reçues, les allocations familiales et en déduisant les éventuelles pensions alimentaires versées ainsi qu'un montant correspondant au coût mensuel du logement, selon un plafond de déduction « loyer » établi comme suit :

14 Tranches	de	à
A	-	191,50 €
B	191,51 €	242,50 €
C	242,51 €	293,50 €
D	293,51 €	391,00 €
E	391,01 €	489,00 €
F	489,01 €	586,50 €
G	586,51 €	684,50 €
H	684,51 €	779,00 €
I	779,01 €	900,00 €
J	900,01 €	980,00 €
K	980,01 €	1 100,00 €
L	1 100,01 €	1 250,00 €
M	1 250,01 €	1 600,00 €
N	1 600,01 €	+

Composition familiale	Montant
1 enfant	240,00 €
2 enfants	260,00 €
3 enfants	280,00 €
4 enfants	300,00 €
5 enfants	320,00 €
6 enfants	340,00 €
7 enfants	360,00 €
8 enfants	380,00 €

❷ Le nombre de parts correspond aux nombres de personnes présentes au foyer, les personnes élevant seules un ou plusieurs enfants bénéficient d'une part supplémentaire.

(...)

3 • Les tarifs en année scolaire

Les tarifs 2017 sont prorogés jusqu'à la fin des vacances scolaires d'été 2018.

Les tarifs pour l'année scolaire 2018/2019 sont applicables du premier jour de la rentrée scolaire jusqu'au dernier jour des vacances d'été 2019.

3.1 ÉDUCATION

3.1.1 Restauration scolaire

Tranches	Restaurants scolaires (lundi, mardi, jeudi et vendredi)
A	1,19 €
B	1,69 €
C	2,06 €
D	2,61 €
E	3,26 €
F	3,72 €
G	3,96 €
H	4,13 €
I	4,37 €
J	4,57 €
K	4,75 €
L	4,96 €
M	5,13 €
N	5,31 €
Hors commune	6,94 €

Document 9

Tarifs distincts selon le lieu de résidence

La Gazette.fr - 25/04/2010

Les discriminations tarifaires fondées sur le lieu de résidence ne sont légales que pour des services publics facultatifs, comme la cantine scolaire.

La jurisprudence du Conseil d'État a admis que l'application du principe d'égalité restait compatible avec des différences de traitement entre les usagers, lorsque celles-ci sont justifiées par une différence de situation ou par un intérêt général.

Ainsi, il est possible, selon la Haute Assemblée, de pratiquer des discriminations tarifaires fondées sur le lieu de résidence pour les services publics locaux non obligatoires comme les cantines scolaires (Conseil d'État, 5 octobre 1984, commissaire de la République de l'Ariège) et les écoles de musique (Conseil d'État, 13 mai 1994, commune de Dreux).

Toutefois, seules les discriminations, qui répondent à la situation différente des usagers vis-à-vis du service ou qui sont fondées sur des considérations d'intérêt général liées au fonctionnement même du service public, sont légales (CE, section, 10 mai 1974, Denoyez et Chorques).

En revanche, il n'est pas possible d'établir des discriminations tarifaires pour des activités de services publics obligatoires exercées dans le cadre du service public de l'enseignement, comme les classes vertes.

Par ailleurs, la Cour de justice de l'Union européenne a quant à elle, dans un arrêt du 16 janvier 2003, également interprété le principe d'égalité en condamnant la République italienne pour avoir conservé un avantage tarifaire discriminatoire dans certains monuments publics gérés par les collectivités locales aux résidents de la commune âgés de plus de 60 ans. La Cour de justice a considéré que cette pratique était contraire à l'article 49 du traité de Rome. Seules deux raisons peuvent permettre de faire exception à ce principe de non-discrimination :

1. l'ordre public, la sécurité publique
2. la santé publique ou une raison impérieuse d'intérêt général (définie comme la protection de l'ordre public, de la sécurité publique, de la sûreté publique, de la santé publique…).

Ainsi, une discrimination tarifaire fondée sur des différences de situation objectives et rationnelles et suffisamment nettes, directement en rapport avec l'objet ou le but de la décision qui l'établit, comme l'exige le juge national, ne serait pas contestée par le juge communautaire. Les collectivités territoriales peuvent pratiquer des discriminations tarifaires fondées sur le lieu de résidence uniquement pour des services publics facultatifs comme les cantines scolaires.

Références

QE de Jean – Louis Masson, JO du Sénat du 8 avril 2010, n° 10284

Corrigé

Commune d'Admiville — Le *(date de l'épreuve)*

NOTE

à l'attention de Madame la Directrice des services à la population

Objet : La tarification des services publics locaux

Nombreuses sont aujourd'hui en France les communes qui s'interrogent sur la pérennité des services qu'elles offrent à leurs habitants. Si certains services publics locaux sont obligatoires, d'autres sont facultatifs et pourraient disparaître si les communes ne trouvaient plus les moyens de les financer. La disparition programmée de la taxe d'habitation risque en effet d'exonérer de nombreux habitants de leur contribution aux dépenses communes, et le niveau de compensation par des dotations de l'État n'est pas aujourd'hui connu.

Dans ce contexte, la tarification, qui permet de faire payer les usagers, apparaît comme un instrument laissant aux collectivités la possibilité de continuer à faire bénéficier leurs administrés de services sans trop peser sur leurs contribuables. Des marges de manœuvre existent, puisqu'on estime que les recettes tarifaires ne représenteraient aujourd'hui qu'entre 5 % et 10 % des recettes budgétaires du secteur communal.

Cependant, les élus de la commune d'Admiville ont été interpellés par des administrés sur la question du prix pour l'usager de certains services publics communaux.

Quelles possibilités s'ouvrent alors à la commune ? Peut-elle mettre en œuvre une politique tarifaire plus solidaire ? Sous quelles conditions ?

(I) Constituant l'un des modes de financement possibles des services publics locaux (A), la tarification s'inscrit dans un cadre juridique qui laisse à la collectivité des marges de manœuvre (B).

(II) Il est ainsi possible d'opter pour une tarification fondée sur la solidarité (A), sous réserve de prendre quelques précautions (B).

I - Des options ouvertes dans un cadre légal favorable

A - La commune peut opter entre différents modes de financement de ses services publics locaux

Alors que les marges de manœuvre des départements et des régions ont été considérablement réduites, le bloc communal conservait jusqu'à présent toute latitude d'arbitrer entre différents modes de financement de ses services publics, pouvant privilégier le financement par l'impôt, ou par des redevances, ou encore par différents tarifs. S'agissant de l'impôt, s'ajoutent aux impôts directs d'autres recettes fiscales, comme le versement transport, la taxe ou la redevance d'enlèvement des ordures ménagères, les taxes de séjour, d'aménagement, sur les surfaces commerciales. Des services publics locaux (eau, assainissement) sont en outre autofinancés par des redevances dédiées. Les politiques tarifaires, pour leur part, connaissant une infinité de variations selon les collectivités, illustrent la complexité de la réponse à la question de savoir qui doit payer nombre de services publics locaux : les seuls usagers ? tous les contribuables ?

À l'heure de la disparition programmée de la taxe d'habitation se pose la question d'un rééquilibrage entre le financement des services publics par le contribuable et le financement par l'usager.

Mais quels critères adopter pour arbitrer ? Pour décider d'une politique de tarification, on peut prendre en compte par exemple l'allocation optimale des ressources, l'équilibre financier et la recherche d'une vérité des prix, le contrôle du mode de financement des services, la réalisation d'objectifs sociaux, un rôle incitatif en termes de consommation des services publics locaux. S'y ajoute également l'attractivité du territoire.

On peut être porté aujourd'hui, dans un contexte de montée des individualismes, de perception de l'inéquité des impôts locaux, de nécessité de trouver de nouvelles ressources, à préférer le paiement par l'utilisateur au financement par le contribuable.

B - Le cadre juridique de la tarification laisse de nombreuses possibilités

Rappelons tout d'abord que, pour qu'une activité soit qualifiée de service public, il faut qu'elle soit assurée par une personne publique et poursuive un but d'intérêt général. La clause générale de compétence dont bénéficient les communes leur ouvre de très nombreuses possibilités en matière de services publics destinés à répondre aux besoins de leurs populations, dès lors qu'elles ne portent pas atteinte à la liberté du commerce et de l'industrie, sauf carence de l'initiative privée. Certains services publics, comme l'assainissement et l'enlèvement des ordures ménagères, sont obligatoires, d'autres sont facultatifs.

Les collectivités territoriales peuvent fixer librement les tarifs de leurs services publics, sous réserve de respecter quelques grands principes : cette compétence est exercée par leurs assemblées délibérantes. Le service public n'ayant pas vocation à dégager des bénéfices, le tarif d'un service public local ne peut pas être supérieur au coût de revient de ce service. Le principe d'égalité des usagers devant le service public ne fait pas obstacle à une modulation des tarifs selon les usagers dès lors que cette dernière est motivée par des différences objectives de situation ou par une nécessité d'intérêt général. C'est cette nécessité qui permet d'accorder des tarifs préférentiels aux usagers à faibles revenus, afin d'ouvrir le plus large accès possible aux services publics.

Le Conseil d'État a été amené à préciser que sont légales des discriminations tarifaires fondées sur le lieu de résidence pour les services publics locaux non obligatoires comme les cantines scolaires (5 octobre 1984, commissaire de la République de l'Ariège) et les écoles de musique (13 mai 1994, commune de Dreux). Pour la Cour de justice des communautés européennes, seules deux raisons permettent de faire exception au principe de non-discrimination : l'ordre public et la sécurité publique d'une part, la santé publique ou une raison impérieuse d'intérêt général d'autre part.

Dans ces limites, aucun principe ni aucun texte ne fait obstacle à ce qu'une collectivité mette en place une redevance pour financer un service public local. Une telle redevance est même obligatoire pour les services publics industriels et commerciaux qui doivent être financés dans le cadre d'un budget annexe. La gratuité ne fait en effet pas partie des principes du service public local. Il convient toutefois que le tarif « soit établi selon des critères objectifs et rationnels » (Conseil d'État, 16 juillet 2007), c'est-à-dire ne comprenne pas des éléments non rattachables à l'exécution du service effectivement délivré à l'usager.

La commune dispose ainsi de marges de manœuvre importantes qui lui permettent de décider de sa politique de tarification. Elle peut faire, non sans discernement, le choix d'une tarification solidaire.

II - Une tarification solidaire bien conduite

A - La commune peut opter pour une politique tarifaire résolument solidaire

De nombreuses politiques tarifaires locales ont jusqu'à présent été bâties autour de tarifs privilégiés pour les résidents de la commune, tarification prenant en compte les revenus des familles, afin de compenser une fiscalité locale inéquitable. Si la feuille d'imposition a longtemps été utilisée pour justifier les revenus des bénéficiaires, elle ne traduit qu'imparfaitement leur situation financière. Aussi, les collectivités ont peu à peu pris en compte d'autres critères, comme le quotient familial ou le taux d'effort, qui permet d'appliquer un tarif plus élevé aux bénéficiaires de hauts revenus. La ville d'Angers a ainsi institué un « quotient de tarification solidaire » calculé sur les mêmes bases que le quotient familial de la caisse d'allocations familiales (CAF). Un autre critère, le « reste à vivre », entend mettre en parallèle les ressources et les charges incompressibles d'une famille. À Versailles également, au système de tranche

tarifaire a été préféré le taux d'effort appliqué aux rémunérations de chacun, impliquant un tarif personnalisé évoluant avec le revenu.
En matière de restauration scolaire, nombreuses sont les collectivités qui n'ont pas attendu sa réforme dans le cadre du Plan pauvreté présenté par le président de la République le 13 septembre 2018, avec « les repas à un euro pour les personnes les plus pauvres ». La ville de Paris, par exemple, a instauré depuis 2015 un système de dix tarifs fondé sur le quotient familial, allant de 0,13 centime d'euros à 7 euros le repas. Lille propose pour sa part une grille de 15 tarifs allant de 0,50 centime à 5,62 euros. Lyon, Bordeaux, Chambéry, Metz, Toulon, Avignon, Aix-en-Provence, Grenoble offrent des tarifs similaires. D'autres encore, comme Le Bourget et Drancy (Seine-Saint-Denis) sont allées plus loin et ont instauré la gratuité totale de leurs cantines scolaires.
Toutefois, 41 % seulement des 1 651 agents territoriaux interrogés fin 2018-début 2019 par *La Gazette des communes* se sont déclarés favorables à la gratuité de l'ensemble des services publics locaux. Seule une trentaine de collectivités s'est engagée dans la gratuité totale des transports publics. La question du paiement par le contribuable ou par l'usager est loin d'être tranchée.

B - Cette politique nécessite quelques précautions

Dans un contexte où il peut devenir nécessaire d'augmenter les tarifs pour compenser la perte de ressources fiscales, il est particulièrement nécessaire d'expliquer aux citoyens les décisions prises en matière de tarification, en faisant valoir qu'ils payent une part relativement faible du coût du service. C'est notamment le cas en matière de restauration scolaire. Une politique de transparence sur le prix des services publics locaux constitue un outil essentiel pour faire adhérer aux tarifs retenus. Pour être acceptés, il est essentiel que tous les tarifs, sans exception, soient explicables à quiconque le demande.
La tarification impose également un certain nombre de contraintes. Sa mise en place, son suivi et son coût sont par exemple souvent sous-évalués. Une politique tarifaire peut en outre s'avérer contre-productive : un service public local gratuit qui devient payant peut donner naissance à une « fuite » des usagers pesant fortement sur les recettes. À l'inverse, la gratuité d'un service jusqu'alors payant peut entraîner une dévalorisation allant jusqu'à des dégradations.
Il convient également de veiller, lorsque l'on fait évoluer la politique tarifaire, à ce que cette refonte s'accompagne d'une recherche de simplification pour les usagers. La ville de Vendôme, par exemple, a mis en place un système de « carte vie quotidienne » donnant accès à un panier de services ainsi qu'un site internet de simulation tarifaire qui permet à chaque famille de connaître en temps réel le montant qui lui sera appliqué.

Ainsi, en réponse aux doléances de nombre d'administrés au sujet des tarifs de certains services publics locaux, la commune a la possibilité légale de réviser sa politique tarifaire pour la rendre plus solidaire, opération qui ne réussira pleinement que si elle sait faire comprendre à chacun le mode d'établissement du moindre de ses tarifs.

Rapport sur dossier avec propositions opérationnelles

(rédacteur principal de 2e classe externe, interne et 3e voie)

DURÉE

3 HEURES

1. Planning de révisions 137

2. Méthodologie et conseils 139

3. Annales corrigées 167

COEFFICIENT

1

INTITULÉ RÉGLEMENTAIRE DE L'ÉPREUVE

Concours externe, interne et troisième concours

La rédaction d'un rapport à partir des éléments d'un dossier portant sur les missions, compétences et moyens d'action des collectivités territoriales, assorti de propositions opérationnelles.

(durée : 3 heures ; coefficient 1)

Le **planning** ci-après entend vous proposer un **mode d'acquisition méthodique des savoir-faire et des connaissances indispensables** à la réussite de l'épreuve de rapport avec propositions opérationnelles.

La date à laquelle vous commencez à utiliser cet ouvrage pour vous préparer déterminera évidemment la durée de chaque période : si, par exemple, vous entamez votre préparation personnelle six mois avant le concours, chacune des périodes d'appropriation comptera de l'ordre de deux semaines. Il en ira tout différemment si vous pensez pouvoir préparer le concours en un mois : deux à trois jours seront alors consacrés à chaque période.

Soyez également attentif au fait que cette épreuve requiert non seulement une maîtrise de la **technique de la synthèse** des éléments d'un dossier, mais aussi celle des **connaissances sur les missions, compétences et moyens d'action des collectivités territoriales**.

Cadrage national

En l'absence de programme réglementaire, l'intitulé officiel de l'épreuve ainsi que les missions du cadre d'emplois permettent de prendre la mesure des thématiques possibles.

Le décret n° 2012-924 du 30 juillet 2012 portant statut particulier du cadre d'emplois des rédacteurs territoriaux fixe, en son article 3-I, que :

« Les rédacteurs territoriaux sont chargés de fonctions administratives d'application. Ils assurent en particulier des tâches de gestion administrative, budgétaire et comptable, en participant à la rédaction des actes juridiques. Ils contribuent à l'élaboration et à la réalisation des actions de communication, d'animation et de développement économique, social, culturel et sportif de la collectivité.

Les rédacteurs peuvent se voir confier des fonctions d'encadrement des agents d'exécution.

Ils peuvent être chargés des fonctions d'assistant de direction ainsi que de celles de secrétaire de mairie d'une commune de moins de 2 000 habitants. »

L'article 3-II précise :

« Les rédacteurs principaux de 2e classe et les rédacteurs principaux de 1re classe ont vocation à occuper les emplois qui, relevant des domaines d'activités mentionnés au I, correspondent à un niveau d'expertise acquis par la formation initiale, par l'expérience professionnelle ou par la formation professionnelle tout au long de la vie.

Ils peuvent à ce titre réaliser certaines tâches complexes de gestion administrative, budgétaire et comptable, être chargés de l'analyse, du suivi ou du contrôle de dispositifs ou assurer la coordination de projets.
Ils peuvent également se voir confier la coordination d'une ou plusieurs équipes, et la gestion ou l'animation d'un ou de plusieurs services. »

PÉRIODES	CONTENU DES RÉVISIONS	NOS OUTILS
1	Prendre connaissance des conseils de méthode de la note sur dossier	**Méthodologie et conseils :** pp. 36-73
2	Comprendre les exigences de l'épreuve, savoir présenter clairement un rapport avec propositions opérationnelles	**Méthodologie et conseils :** pp. 139-155
3	Exploiter méthodiquement un sujet, savoir gérer le temps de l'épreuve	**Méthodologie et conseils :** pp. 156-161
4	Se préparer en amont de l'épreuve	**Méthodologie et conseils :** pp. 162-166
5	Lire intégralement les dossiers de sujets d'une trentaine de pages	**Entraînement :** annales corrigées, pp. 167-238
6	Identifier les éléments à valoriser, discerner les apports de connaissances nécessaires, décider d'un plan	
7	Rédiger intégralement un rapport sans limite de temps	
8	Lire et analyser les corrigés type, mesurer et analyser les écarts de sa propre production avec les corrigés type	
9	Maîtriser la conduite de projet	
10	Relire l'ensemble des conseils méthodologiques	**Méthodologie et conseils :** pp. 139-166
11	À titre d'entraînement complémentaire, traiter les sujets de note des concours interne et de troisième voie de rédacteur territorial	**En ligne**

NOTE DU FORMATEUR

Pour éviter des redondances excessives entre la méthodologie de la note sur dossier et celle du rapport assorti de propositions opérationnelles, nous ferons fréquemment des renvois vers la méthodologie de la note.

Cette approche méthodologique est fondée sur le cadrage national élaboré par les centres de gestion de la fonction publique territoriale.

Ce cadrage national est notamment consultable en ligne sur les sites www.cdg69.fr et www.cdg69.fr

1. Comprendre les exigences de l'épreuve

Cadrage national

L'épreuve vise à évaluer notamment les capacités du candidat à :
- analyser une commande et un dossier afin d'en identifier les éléments utiles au traitement du sujet ;
- mobiliser ses connaissances des missions, compétences et moyens d'action des collectivités territoriales pour élaborer des propositions réellement opérationnelles ;
- organiser méthodiquement les informations nécessaires à la rédaction d'un rapport ;
- produire en temps limité un document synthétique parfaitement compréhensible.

1. Produire un document synthétique

A. Rédiger intégralement

La concision et l'efficacité requises nécessitent que le rapport soit parfaitement lisible : cette lisibilité requiert une écriture simple, précise, une orthographe et une syntaxe les plus irréprochables possible. Même si l'on peut légitimement juger efficace un style télégraphique, une **rédaction intégrale** (pas de phrases sans verbe, pas d'accumulation de tirets, etc.) est ici exigée.

> **Cadrage national**
> Le rapport doit être correctement rédigé (pas de style télégraphique ou « prise de notes »).
> Le niveau attendu en matière de maîtrise de la langue (orthographe, syntaxe) est le même que dans les épreuves de composition ou de dissertation.
> Le style doit être neutre, précis et sobre. Le rapport a pour vocation première d'informer le destinataire avec efficacité.
> Un rapport ne devrait pas obtenir la moyenne lorsqu'il traduit une incapacité à rédiger clairement, ou témoigne d'une maîtrise linguistique insuffisante (trop nombreuses erreurs d'orthographe, de syntaxe, de ponctuation, de vocabulaire).

B. Éviter la « langue de bois »

Voir les conseils méthodologiques de la note sur dossier, page 37.

C. Se méfier du « jargon administratif »

Voir en page 39.

D. Traquer les fautes d'orthographe

Voir en page 40.

2. Produire un document parfaitement compréhensible

> **Cadrage national**
> Le rapport doit être concis : 5 à 6 pages sont nécessaires et suffisantes.

Le rapport est destiné à un responsable – administratif ou élu – le plus souvent situé plus haut dans la « hiérarchie » que le rédacteur du document. Il peut s'agir d'un directeur général des services, d'un adjoint au maire, d'un président de conseil départemental, régional, etc.

Cadrage national

Le rapport vise d'abord à informer rapidement et efficacement celui-ci, en général en position d'autorité hiérarchique, sur les problématiques essentielles du sujet ; de plus, s'inscrivant le plus souvent dans un processus de prise de décision, le rapport doit faire des propositions réellement opérationnelles adaptées au(x) problème(s) soulevé(s).

L'information transmise doit donc être efficace, concise, organisée, la présentation matérielle du rapport (voir ci-dessous) devant contribuer à cette efficacité. Le rapport ne doit être ni trop court, ni trop long : **de l'ordre de 5 à 6 pages** (une copie double plus un intercalaire recto verso sont nécessaires et suffisantes).

Le destinataire du rapport doit être à même de comprendre, sans avoir à recourir au dossier, les informations qui lui sont communiquées. Celles-ci ne doivent être **ni partielles, ni partiales** : l'approche exagérément optimiste d'un dispositif, d'un phénomène, de problèmes et de difficultés, induisant des propositions excessivement simples, etc., alors que le dossier comporte des éléments problématiques, serait à la fois partielle et partiale, donc récusée.

Cadrage national

Le destinataire est supposé ne pas connaître le sujet ni disposer du dossier, il n'a que le rapport pour s'informer et étayer sa réflexion, voire sa décision.
Aussi, il est exclu de restituer les informations de manière allusive ou de faire référence aux textes pour se dispenser d'en exprimer le contenu. Il est donc malvenu de faire apparaître des références aux documents dans le rapport (document 1, document 2, etc.). On considère que le dossier disparaît en tant que tel lors de la rédaction de ce rapport : le candidat n'en conserve que les informations essentielles.

Le rapport n'est donc pas écrit par un candidat anonyme rédigeant de manière peu convaincue un document sans enjeu : c'est un document écrit par **un professionnel en situation réelle**, répondant précisément à une commande, à une attente, qui entend informer et orienter l'action publique, avec la conscience de ses responsabilités, une compréhension du contexte général et des contraintes.

3. Analyser une commande et un dossier afin d'en identifier les éléments utiles au traitement du sujet

A. Une commande précisant le contexte

Dans de nombreuses épreuves de synthèse, la mise en situation est minimale et ne sert guère qu'à compléter le timbre et comprendre l'objet de la note (exemple : « Le maire de la commune de X vous demande de rédiger une note sur … »).

Ici, compte tenu de la nature de l'épreuve, qui requiert la mise en valeur de propositions opérationnelles, **les éléments de contexte sont également nécessaires à l'identification des propositions adaptées à ce contexte précis.**

La nature de la collectivité (commune, département ou région) ou de l'établissement public local concerné, la strate démographique à laquelle elle ou il appartient, la qualité du destinataire, celle de l'auteur du rapport, le contexte précis dans lequel le destinataire passe commande du rapport et tous les autres éléments éventuellement fournis (mode d'organisation de la collectivité, modes de gestion de ses services, mode de réalisation d'un projet, etc.) sont destinés à orienter tant la valorisation des informations utiles du dossier que la mobilisation de connaissances afin de dégager des propositions opérationnelles.

Cadrage national

Le sujet est présenté sous la forme d'une commande qui met précisément le candidat en situation, en lui donnant notamment des informations synthétiques sur la collectivité territoriale ou l'établissement concerné.

Elle indique précisément la ou les questions que le rapport devra traiter et invite le candidat, en fonction de la situation décrite, à dégager des solutions opérationnelles.

La commande est suivie d'une liste signalétique des documents, mentionnant le titre, l'auteur, la source, la date et le nombre de pages de chaque document.

La commande comporte une mise en situation qui, si elle doit être exploitée pour satisfaire aux exigences formelles de présentation du rapport (timbre, destinataire, objet, etc.) est essentiellement destinée à permettre au candidat une prise en compte précise des attentes du destinataire.

B. Un dossier

Cadrage national

Le dossier rassemble au plus une dizaine de documents et compte de l'ordre d'une vingtaine de pages.
Il peut comporter des documents de nature (documents juridiques, documents officiels, articles de presse spécialisée ou non, etc.) et de forme (textes, documents graphiques ou visuels, etc.) variées dont le candidat doit mesurer l'importance relative.
Si les informations peuvent être redondantes d'un document à l'autre, aucun document n'est jamais totalement inutile, le dossier ne contenant pas de « document piège ».
Le candidat devra donc être attentif à ne négliger aucun élément du dossier afin de ne pas omettre d'information essentielle.

4. Mobiliser des connaissances professionnelles pour élaborer des propositions réellement opérationnelles

Cadrage national

Le rapport comporte deux parties distinctes :
– une première partie, exclusivement rédigée à l'aide des éléments du dossier, qui informe le destinataire sur les problématiques essentielles du sujet (cadre juridique, contraintes techniques et financières, etc.);
– une deuxième partie qui présente des propositions opérationnelles. Cette partie peut valoriser des informations du dossier (par exemple des expériences éclairantes conduites par différents établissements et collectivités) mais fait également appel aux connaissances du candidat.
La première partie, informative, est notée sur 10 points, et la partie présentant des propositions opérationnelles sur 10 points.
Cette répartition des points est rappelée sur le sujet.

Vous devrez donc dépasser les informations du dossier pour dégager des solutions réalistes, adaptées au contexte, en précisant le cas échéant les conditions et les moyens de leur réalisation : mode de gestion, étapes du projet, moyens à mobiliser, contraintes, etc.

On attend ainsi de vous que vous produisiez le rapport demandé **à partir des éléments du dossier,** qui permettent d'en élaborer la première partie, **tout en sachant mobiliser des apports extérieurs**, reposant tant sur vos savoirs que sur vos savoir-faire, nécessaires à l'élaboration des propositions opérationnelles en seconde partie.

> **Cadrage national**
>
> L'exploitation du dossier et les connaissances du candidat doivent lui permettre de repérer dans le dossier les informations qui lui permettront de présenter des propositions réellement opérationnelles.
> Il devra également dépasser les informations du dossier pour dégager des solutions réalistes, adaptées au contexte, en précisant notamment le cas échéant les conditions et les moyens de leur réalisation : mode de gestion du projet, étapes du projet, moyens à mobiliser, contraintes, etc.

5. Organiser méthodiquement les informations nécessaires à la rédaction d'un rapport

A. Analyser les informations nécessaires

Cette démarche est évidemment requise pour :

- comprendre la commande (que vous demande-t-on exactement ?) et le contexte précis dans lequel cette demande est formulée ;
- repérer dans la liste des documents joints, tant par les sources, les dates et les titres, ceux qui vont vous permettre d'identifier des problèmes et ceux dans lesquels vous trouverez des solutions ;
- plus finement encore, repérer dans les titres des documents, dans la mesure où ils sont explicites, des problèmes ou des solutions précises ;
- distinguer, pendant la « lecture de survol » du dossier, en vous aidant de la « titraille », les informations pertinentes et les informations inutiles ;
- rattacher les informations pertinentes à la famille des problèmes ou à celle des solutions.

B. Synthétiser les informations

Les informations doivent être organisées en un ensemble cohérent, bâti à partir d'un plan clair, valorisant les éléments les plus pertinents.

> **Cadrage national**
>
> Le rapport n'est pas un résumé des textes, il ne s'agit pas de présenter succinctement et successivement les documents du dossier mais de structurer les informations essentielles du dossier par un plan qui reflète l'importance donnée aux différents aspects de ce qu'il convient de transmettre.

Le candidat doit restituer les informations par un travail de reformulation. Il ne peut se contenter de recopier intégralement des parties de textes. Les citations directes doivent être réservées aux seuls extraits succincts de textes juridiques, documents officiels, prises de position éclairantes de personnalités qualifiées.
Le candidat doit restituer les informations par un travail de reformulation. Il ne peut se contenter de recopier intégralement des parties de textes. Les citations directes doivent être réservées aux seuls extraits succincts de textes juridiques, documents officiels, prises de position éclairantes de personnalités qualifiées.

6. En bref : les exigences de fond du rapport assorti de propositions opérationnelles

Le rapport n'est pas la juxtaposition d'une synthèse du dossier et de propositions inventées par le candidat mais un document organisé dans lequel celui-ci présente les problèmes que la commande et les documents au dossier lui permettent d'identifier ainsi que les solutions opérationnelles appropriées à ce contexte, en puisant à la fois dans le dossier et dans ses propres connaissances.

En d'autres termes, il s'agit de **mettre au service de l'élaboration du rapport tous les éléments de la commande et du dossier utiles** tant à l'identification et la présentation des problèmes qu'à l'élaboration de solutions opérationnelles, tout en sachant mobiliser **les connaissances complémentaires indispensables :**

- à la compréhension et la présentation des problèmes;
- à l'élaboration de solutions opérationnelles adaptées au contexte.

Bien traiter un sujet de rapport avec solutions opérationnelles impose ainsi de :

- bien comprendre, en mobilisant ses connaissances, les attentes du destinataire, le contexte dans lequel des problèmes se posent et des solutions doivent être proposées;
- exploiter tous les éléments du dossier nécessaires à une présentation objective et cohérente de ces problèmes en première partie du rapport;
- proposer des solutions réalistes, applicables, adaptées au contexte, en prenant en compte les éléments utiles dans le dossier et en mobilisant les connaissances indispensables à leur pertinence.

Ne constitue pas un bon rapport celui qui :

- disserte sur le thème sans exploiter le dossier;
- réalise une synthèse du dossier éloignée du contexte, présentant par exemple des situations ou des problèmes qui figurent dans le dossier mais qui ne concernent pas la collectivité;
- valorise des propositions totalement inadaptées au contexte;
- escamote des problèmes qui concernent très directement la collectivité;
- valorise à l'excès une solution en escamotant d'autres solutions présentées ou suggérées par le dossier.

7. Des exemples de sujets

Les sujets nationaux utilisés pour organiser cette épreuve des **concours** de rédacteur principal de 2e classe depuis leur réforme en 2012 ont porté sur les thèmes ci-après.

Session 2015

Un rapport sur **les enjeux de la restauration scolaire dans les écoles primaires** (maternelles et élémentaires). Des propositions opérationnelles pour **mettre en place une restauration scolaire « bio », et privilégier les circuits courts avec des produits d'origine locale.**

Session 2017

Un rapport sur **les communes nouvelles.** Des propositions opérationnelles pour **créer une commune nouvelle.**

Session 2019

Un rapport sur **l'écoresponsabilité dans les administrations.** Des propositions opérationnelles pour **engager une démarche écoresponsable au sein des services.**

Session 2021

Un rapport sur les enseignements de **la mise en place du télétravail** dans les collectivités territoriales. Des propositions opérationnelles pour mettre en œuvre **une organisation du télétravail garante de la qualité de vie au travail.**

Les thèmes ci-après des sujets de l'épreuve similaire des **examens professionnels** de rédacteur principal de 2e et de 1re classe sont également éclairants.

Session 2016

Rédacteur principal de 2e classe

Un rapport sur **le rôle des communes face à la problématique des nuisances sonores.** Des propositions opérationnelles pour **limiter les bruits de voisinage en centre-ville.**

Rédacteur principal de 1re classe

Un rapport sur **les moyens d'action des communes en matière d'emploi.** Des propositions opérationnelles en vue de définir précisément **les objectifs et les modalités de fonctionnement d'une structure communale de type « Maison de l'emploi ».**

Session 2018

Rédacteur principal de 2e classe

Un rapport sur **le principe de laïcité dans la fonction publique territoriale.** Des propositions opérationnelles favorisant **l'adoption par l'ensemble des agents de bonnes pratiques** respectant le principe de laïcité.

Rédacteur principal de 1re classe

Un rapport sur **l'évolution des rythmes scolaires**. Des propositions opérationnelles permettant au maire de **mettre en œuvre le retour aux quatre jours d'école** pour la prochaine rentrée scolaire.

Session 2020

Rédacteur principal de 2e classe

Un rapport sur **l'intercommunalité et le tourisme**. Des propositions opérationnelles pour **structurer l'offre touristique intercommunale**.

Rédacteur principal de 1re classe

Un rapport sur **les enjeux de la dématérialisation des démarches administratives**. Des propositions opérationnelles pour mettre en œuvre l'accompagnement des publics dans le cadre de la dématérialisation des démarches administratives.

2. Présenter clairement un rapport

1. Un certain formalisme respectant l'anonymat

A. Une présentation formalisée

Le rapport obéit à un formalisme dont la transgression, parfois sanctionnée par un barème précis (– 0,5 point ou – 1 point), est toujours pénalisante au moins en ce qu'elle risque d'indisposer les correcteurs attachés à ces règles.

Une excellente copie qui ne respecterait pas ces règles n'en demeurerait pas moins excellente, une copie très mauvaise qui les respecterait n'en serait pas meilleure, mais ce défaut mineur s'ajoutant à d'autres dans une copie moyenne peut coûter le demi-point fatidique qui sépare le candidat admissible du non admissible.

Le **cadrage national** indique que le rapport doit adopter la forme suivante et reprendre les informations que le candidat trouve en première page du sujet dans la commande et la liste signalétique des documents au dossier.

Collectivité émettrice (Ville de … Service …) *Remarque : aucun nom de collectivité ni de service, existant ou fictif, autre que celui indiqué dans le sujet ne doit être utilisé sous peine d'annulation de la copie.*	Le (date de l'épreuve) *Remarque : la mention du lieu (déjà dans le timbre) n'est pas ici nécessaire. Un nom de lieu existant ou fictif non précisé dans le sujet pourrait constituer un motif d'annulation.*

RAPPORT

à l'attention de Monsieur (ou Madame) le (la), etc. (destinataire)
Exemple : à l'attention de Monsieur le Directeur général des services
Objet (thème du rapport)

Références : uniquement celles des principaux textes juridiques ou officiels fondant le rapport (cette mention est facultative)
Remarque : la prudence impose l'abandon de toute mention de signature afin d'éviter une rupture d'anonymat entraînant l'annulation de la copie. De même, aucun paraphe ne devra apparaître sur la copie.

Le barème de correction peut pénaliser faiblement le non-respect des règles formelles de présentation du rapport, de même qu'une présentation négligée.

Il est vivement conseillé de se plier à ces règles aisées à respecter :

- **L'objet** vise simplement à décrire **le thème (le sujet) du rapport :** il ne s'agit en aucun cas de la thèse (ce que le rapport ou la note va dire sur ce sujet) : l'objet doit être concis et précis.
- L'utilisation de la zone des **références**, qui ne doit pas être confondue avec une liste bibliographique, est facultative : elle présente l'avantage, dès lors qu'un texte est précisément référencé (exemple : loi n° 2019-828 du 6 août 2019 de transformation de la fonction publique), de permettre d'y faire référence dans le développement sans s'embarrasser de précisions déjà apportées (une fois la loi du 6 août 2019 clairement référencée dans la zone *ad hoc*, on pourra écrire dans le corps du rapport : « la loi transformation de 2019… »).

L'attention doit toutefois être attirée sur la nécessité de respecter la hiérarchie des normes (Constitution, traité et droit communautaire dérivé – règlement et directive –, loi organique, loi ordinaire, décret, arrêté, circulaire, etc.) et de discerner les textes principaux afin de ne pas « encombrer » en vain cette zone ni de perdre un temps inutile à la remplir.

Un texte référencé peut être présent dans le dossier ou cité par des documents au dossier.

B. Une présentation qui respecte l'anonymat de la copie

Les candidats sont invités à se méfier, particulièrement dans ce type d'épreuve, de tout ce qui pourrait être interprété par le jury comme un **signe distinctif**.

- Vous ne devez faire apparaître aucun signe distinctif dans votre copie, ni votre nom ou un nom fictif, ni signature ou paraphe.
- Aucune référence (nom de collectivité, nom de personne, etc.) autre que celle figurant le cas échéant sur le sujet ou dans le dossier ne doit apparaître dans votre copie.
- Seul l'usage d'un stylo soit noir, soit bleu est autorisé (bille, plume ou feutre). L'utilisation d'une autre couleur, pour écrire ou souligner, sera considérée comme un signe distinctif, de même que l'utilisation d'un surligneur.

Le non-respect des règles ci-dessus peut entraîner l'annulation de la copie par le jury.
Les feuilles de brouillon ne seront en aucun cas prises en compte.

Les causes d'annulation des copies pour rupture d'anonymat sont nombreuses :

■ Dans le timbre :
- Nom et prénom du candidat
- Nom et prénom fictifs
- Nom de la collectivité du candidat
- Nom d'une autre collectivité existante
- Nom d'une collectivité fictive (autre que celle éventuellement mentionnée dans la commande)
- Référencement fictif (par exemple : initiales du rédacteur/date de rédaction/ n° d'ordre)

▷

- En signature :
  - Nom et prénom du candidat
  - Paraphe lisible du candidat
  - Nom et prénom fictifs
  - Paraphe illisible
- Encres « distinctives ».

2. Une organisation visible

A. Une introduction

Cadrage national

Le rapport doit comporter une unique introduction d'une vingtaine de lignes rappelant le contexte et comprenant impérativement l'annonce de chacune des deux parties (partie informative/partie propositions). Les candidats doivent veiller à ce que l'annonce du plan aille au-delà d'une simple annonce de la structure de la copie et porte sur le contenu précis de chacune des parties.

L'introduction peut ainsi comporter plusieurs étapes.

a. Une entrée en matière (ou « accroche »)

Suivant le sujet, cette entrée en matière (une ou deux phrases) pourra consister par exemple en :

- l'approche historique ou géographique d'un phénomène ;
- des données chiffrées significatives ;
- une expérience récente particulièrement éclairante ;
- etc.

b. Une définition (si nécessaire)

On veillera évidemment à ce que cette définition soit brève mais il est souvent bienvenu de définir ce dont on va parler (la périurbanisation, les établissements publics de coopération culturelle…) avant d'en parler.

c. (et/ou) Un bref rappel du contexte juridique

Les sujets à forte tonalité juridique se prêtent fréquemment à un bref rappel des textes intervenus antérieurement aux nouvelles dispositions qui font l'objet du rapport.

d. Une reformulation de la commande (ou problématique)

Toute commande pose question, plus ou moins explicitement. Il convient de reformuler cette commande dans les termes posés par le dossier.

Cette reformulation est généralement présentée sous une forme affirmative, mais il est également envisageable de la rédiger sous une forme interrogative.

L'attention des candidats doit être cependant attirée sur la nécessité de bien ajuster la reformulation de la commande aux enjeux du dossier et de se méfier de problématiques trop formelles (rhétoriques) et trop imprécises sur le fond.

Cette rédaction peut être aisément mise en œuvre une fois l'annonce de plan rédigée, celle-ci étant l'annonce des réponses que le rapport va apporter à la commande.

e. L'annonce de plan

Alors que la problématique peut être exprimée de manière interrogative, **l'annonce de plan sera toujours rédigée sous forme affirmative**.

Cette annonce est incontestablement **un passage stratégique du rapport.**

Une annonce de plan réussie est un laissez-passer vers une bonne note. Séduisante, pertinente, elle prédispose favorablement le destinataire/correcteur.

À l'inverse, des informations pertinentes dont l'organisation serait mal présentée risquent de n'être pas perçues comme telles.

Soulignons cependant que l'annonce du plan est ici très guidée par la commande elle-même qui indique clairement les deux parties du rapport, **partie informative** d'une part, **partie proposant des solutions opérationnelles** d'autre part.

Comment annoncer le plan en fin d'introduction ?

L'introduction se termine par l'annonce de plan. On passe ensuite au développement.

Deux techniques d'annonce sont praticables :

■ **L'annonce des parties (la plus orthodoxe)**

Cette présentation offre l'avantage de la clarté et de la concision. Elle se prête bien à la mise en valeur de plans organisés autour de grands axes clairement identifiés, comme :

I. Questions (problèmes, problématiques, difficultés à résoudre, cas à résoudre, diagnostic, enjeux, *etc.*)

II. Réponses (solutions, préconisations, propositions, remèdes, moyens, plans d'actions, *etc.*)

Elle impose la rédaction de titres des parties et sous-parties clairs et suffisamment **informatifs.**

Exemple :

La commande

Vous exercez en qualité de rédacteur territorial dans la commune de X, qui compte 40 000 habitants. Le maire vient de vous nommer chargé(e) du projet de plan local de sécurité et de prévention de la délinquance.

À l'heure où de nombreuses collectivités se sont déjà engagées dans cette démarche, le maire souhaite que la commune de X « rattrape son retard », mais, pour l'heure, ni les

▷

élus, ni les services de la commune, ni a fortiori les habitants n'ont été impliqués dans un tel projet.
Aussi, le maire vous demande – à partir du dossier ci-joint – de rédiger à son attention, dans la perspective d'un prochain bureau municipal entièrement consacré à cette question, un rapport présentant en première partie les principales problématiques liées à un plan local de sécurité et de prévention de la délinquance (10 points).
Vous proposerez dans une seconde partie les modalités de mise en œuvre d'un plan local de sécurité et de prévention de la délinquance dans la commune de X (10 points).

L'annonce des parties en fin d'introduction
(Dernier paragraphe de l'introduction, annonce de plan)
Après avoir souligné les problématiques du plan local de sécurité et de prévention de la délinquance (I) nous proposerons les modalités de sa réalisation dans la commune de X. (II)
(Début du développement)

I. Le plan local de sécurité et de prévention de la délinquance, un projet confié par l'État aux collectivités territoriales
(Bref chapeau introductif :)
L'État encourage les collectivités à mettre en œuvre de tels projets (A), dont la responsabilité leur incombe (B).
A. Un programme ambitieux fortement encouragé par l'État
[…]
B. Une mise en œuvre entièrement confiée aux collectivités territoriales
[…]

(Phrase de transition)
II. Les modalités de réalisation d'un plan local de sécurité et de prévention de la délinquance
(Bref chapeau introductif :)
Réaliser un plan local de sécurité et de prévention de la délinquance impose à la fois d'impliquer les services (A) et de favoriser la participation (B), dans le cadre d'un calendrier précis (C).
A. Organiser méthodiquement l'implication de tous les services
[…]
B. Favoriser la participation de la cité tout entière
[…]
C. Adopter un calendrier rigoureux
[…]

L'annonce des parties et des sous-parties

L'annonce des sous-parties est dans ce cas mise en œuvre dès l'introduction, au moyen de l'annonce de plan.

Exemple :

(Dernier paragraphe de l'introduction, annonce de plan)
(I) Le plan local de sécurité et de prévention de la délinquance apparaît comme un programme ambitieux encouragé par l'État (A), mais entièrement confié aux collectivités territoriales (B).
(II) Sa réalisation dans la commune de X requiert l'implication des services (A) et la participation de la cité tout entière (B) dans le cadre d'un calendrier rigoureux (C).

(Début du développement)
I. Le plan local de sécurité et de prévention de la délinquance, un programme confié par l'État aux collectivités territoriales
(Aucun chapeau introductif n'est ici nécessaire, le plan précis du développement ayant déjà été annoncé en fin d'introduction.)
A. Un programme ambitieux fortement encouragé par l'État
[...]
B. Une mise en œuvre entièrement confiée aux collectivités territoriales
[...]

(Phrase de transition)
II. Une réalisation qui requiert l'implication des services et la participation de tous
A. Organiser méthodiquement l'implication de tous les services
[...]
B. Favoriser la participation de la cité tout entière
[...]
C. Adopter un calendrier rigoureux
[...]

B. Un développement visiblement organisé

Cadrage national

Chacune des deux parties (partie informative/partie propositions) est organisée en sous-parties. Le plan est impérativement matérialisé par des titres comportant des numérotations en début des parties et sous-parties.
Une transition est attendue entre la première et la deuxième partie.

On conseille donc vivement aux candidats de **matérialiser le plan suivi** en titrant les parties et les sous-parties : ceci permet non seulement de vérifier si le plan annoncé « fonctionne » réellement mais aussi de repérer très facilement l'information à laquelle on veut accéder. La numérotation des parties et sous-parties au niveau de l'annonce du plan est, on l'a vu, possible, même si certains correcteurs jugent parfois qu'elle alourdit inutilement la présentation : mieux vaut être un peu lourd et clair qu'élégant et confus.

La **présentation de la copie** est également un outil essentiel dont vous devez vous servir pour améliorer la lisibilité de votre copie en rendant sa structure la plus évidente possible. Le destinataire/correcteur pourrait « passer à côté » d'une organisation qui ne serait pas suffisamment apparente.

Au-delà des titrages, il faut aussi utiliser de façon logique les sauts de ligne(s), les retraits par rapport à la marge :

Exemples :

- Vous sautez 3 lignes entre l'introduction et le développement comme entre le développement et la conclusion.
- Vous sautez 2 lignes entre la première partie et la deuxième.
- Vous sautez 1 ligne entre chaque sous-partie.
- Vous ne sautez pas de ligne entre les paragraphes de chaque sous-partie mais vous marquez un retrait (toujours le même) par rapport à la marge pour la première ligne de chaque paragraphe.
- Une phrase de transition est bienvenue entre chacune des parties.

C. Un développement réellement organisé

Un rapport organisé n'est pas seulement un rapport clairement structuré en parties et en sous-parties : encore faut-il que les sous-parties ne soient ni le lieu d'un déversement d'informations en vrac ni une juxtaposition d'informations : il est indispensable que les informations soient elles-mêmes organisées et que cette organisation soit rendue évidente par des **mots de liaison** (articulations logiques, connecteurs argumentatifs) sans lesquels ces informations paraissent juxtaposées.

La juxtaposition d'informations procède souvent d'une synthèse insuffisante qui conduit les candidats à « coller » de façon parfois hasardeuse des informations diverses recueillies dans le dossier.

D. Une conclusion facultative mais bienvenue

Cadrage national

La conclusion est facultative. Elle peut brièvement souligner l'essentiel sans jamais valoriser des informations oubliées dans le développement.

Au vu de ce cadrage, l'absence de conclusion ne saurait en aucun cas être pénalisée.

Ne sera évidemment pas pénalisé non plus un candidat qui fera l'effort de conclure son rapport, bien au contraire.

La pratique de la correction montre cependant qu'**une conclusion présente le double avantage de rendre évidents le caractère achevé de la copie, signe d'une bonne maîtrise du temps, et la capacité du candidat à reformuler en quelques mots l'essentiel**.

Si conclusion il y a, elle doit être facilement identifiable : les règles de présentation adoptées (par exemple 3 lignes sautées entre la fin du développement et le début de la conclusion), une formulation nettement conclusive (ainsi, pour en terminer, au total, finalement, etc.) évitent toute ambiguïté.

Mieux vaut rédiger la conclusion tôt dans l'épreuve (rien, logiquement, ne devrait empêcher qu'elle le soit juste après la mise au point définitive de l'introduction) : trop de conclusions trahissent la fatigue et le manque de temps.

Sur le fond, la conclusion n'est pas un résumé du rapport mais une reformulation rapide (quelques lignes suffisent) de l'essentiel du message qu'elle contient : vous disposez ici d'un espace de liberté pour apporter sur le sujet l'éclairage qui, tout bien considéré, vous paraît le plus pertinent, dans la logique des réflexions préalablement conduites.

ATTENTION

La conclusion ne sera jamais le lieu du « repentir » où placer des éléments importants oubliés dans le développement : si l'on omet une information, laissons croire qu'on l'a fait en toute connaissance de cause et n'allons pas pointer du doigt notre propre erreur. Il n'est pas rare que des candidats démarrent ce type de conclusion par un « sans oublier... » particulièrement révélateur !

3. Exploiter méthodiquement le sujet

La difficulté majeure que les candidats disent rencontrer est celle de la longueur du dossier (une vingtaine de pages) et, en conséquence, un manque de temps. Comment s'en sortir ?

1. Analyser finement la commande

Les candidats consacrent généralement trop peu de temps à cette analyse qui détermine pourtant les informations à trouver dans les « documents joints ».

En effet :

- L'analyse de la commande permet d'abord de déterminer l'auteur supposé du rapport et, surtout, son destinataire.
- Elle permet de déterminer précisément l'objet du rapport : il ne sera pas inutile, pendant la phase d'exploitation des documents du dossier, de revenir régulièrement au sujet pour vérifier que l'on ne s'éloigne pas du « cahier des charges ».
- Elle contient des éléments de contexte précis permettant de mesurer l'utilité du rapport attendu.
- Elle est particulièrement utile à l'élaboration de propositions opérationnelles ajustées au contexte.

2. Analyser la liste des « documents joints » et leurs titres

Les documents peuvent être de nature diverse :

- **documents juridiques :** loi, décret, arrêté, circulaire, décision jurisprudentielle (tribunal administratif, Conseil d'État, etc.) ;
- **documents officiels :** rapports ;
- **articles de presse spécialisée :** doctrine juridique, presse spécialisée « collectivités territoriales » ;
- **articles de presse d'information générale** ;
- **extraits d'ouvrages** ;
- **documentation professionnelle sous d'autres formes** : fiches techniques, documents graphiques et visuels, plans, cartes, etc.

L'analyse de la composition du dossier vous permet d'adopter une stratégie (par quel document commencer ?) que la lecture de survol du dossier vous permettra de valider ou d'invalider.

Si le dossier comporte des **documents juridiques**, on aura généralement intérêt à commencer par la circulaire qui précise les modalités d'application de la loi : dans la plupart des cas, les informations de la circulaire dispenseront d'utiliser celles de la loi qui seraient redondantes (ce qu'il faudra tout de même vérifier !).

C'est souvent lorsque le dossier a une forte tonalité juridique, dans les documents commentant les documents juridiques, que l'on trouvera le « **document pivot** », celui qui fournit le maximum d'informations sur le sujet.

C'est généralement dans la presse, spécialisée ou non, que l'on trouve des approches problématiques de la question faisant l'objet du rapport.

Les **titres** et les **dates** des documents peuvent par ailleurs permettre une première approche problématique du sujet :

- Il n'est pas rare que les seuls titres des documents vous donnent déjà une idée de sous-partie, voire plus.
- Les dates peuvent être également très éclairantes : si des articles sont antérieurs à la création d'une institution, à l'instauration d'un dispositif, il y a tout lieu de penser qu'on va y trouver une analyse des causes de la réforme.

3. Parcourir le dossier

Ce parcours va vous permettre de hiérarchiser les différents articles :

- celui qui semble directement permettre de répondre à la demande ou à une partie importante de la demande : on parle alors de « **document pivot** » ;
- celui qui n'en aborde qu'un aspect ; il apporte un complément d'information sur un aspect particulier : c'est le document complémentaire ;
- celui qui illustre le sujet : article ou reportage sur telle ou telle réalisation ou mise œuvre ;
- celui qui est périphérique : il ne concerne pas directement la demande, mais est un élément de compréhension du sujet : il sert souvent pour l'introduction ;
- celui qui est hors sujet : c'est exceptionnel, mais des parties d'un article peuvent très bien être hors sujet ;

et, de manière essentielle, **d'identifier ceux des documents qui vont vous permettre d'alimenter votre première partie (partie informative valorisant les problématiques) et ceux qui vont pouvoir vous servir en deuxième partie (partie propositions opérationnelles).**

Plusieurs articles peuvent remplir la même fonction : on parlera d'articles redondants. Après s'en être assuré, on sélectionnera celui qui se prête le mieux à la synthèse et on ne lira pas les autres.

D'une manière générale, il est rare qu'il faille lire l'intégralité du dossier remis. Par exemple, les textes juridiques sont la plupart du temps « doublés » par des articles parus dans des périodiques qui les présentent, en font l'analyse. Cela vous dispensera alors de leur lecture.

Trop souvent négligée par le candidat qui craint d'y perdre du temps, cette première lecture est utile si elle permet de valider l'analyse de la commande et de la liste des documents joints et, surtout, de déterminer le **document pivot** : ce document est celui dont l'exploitation va permettre d'identifier le plus grand nombre possible d'arguments permettant de traiter le sujet. Plus ce document permet d'alimenter des fiches par thèses (correspondant chacune à l'un des aspects du sujet), plus l'exploitation des autres documents sera rapide et facile.

Remarquons qu'une erreur sur le caractère « pivot » d'un document ne serait pas dramatique : si l'on n'y trouve que peu d'informations utilisables pour traiter le sujet, il faudra rapidement passer à un autre document pour tenter d'en extraire la « substantifique moelle ».

Soulignons enfin qu'on ne lit pas un dossier de synthèse comme on lit habituellement : cette lecture doit être rapide et utile. Le but : **repérer l'essentiel** (on peut se servir des titres et sous-titres, des intertitres, des chapeaux introductifs, des conclusions), **éliminer l'inutile**, redondant ou hors sujet.

4. Exploiter le dossier et ses connaissances personnelles

Plusieurs méthodes sont enseignées. Elles ont toutes leur pertinence et, de même qu'un formateur pourra en privilégier une, de même les stagiaires pourront être plus à l'aise avec telle méthode plutôt que telle autre (voir les trois méthodes présentées dans la méthodologie de la note des concours de rédacteur, page 62 et suivantes).

La nécessité de construire en trois heures un rapport synthétisant des informations et mobilisant des connaissances personnelles rend de loin la technique de rédaction à partir d'un plan préconçu la plus pertinente, d'autant que les deux parties du rapport sont précisées dans la commande.

Une **analyse fine de la commande et des titres** des documents au dossier puis une **« lecture de survol » de l'ensemble du dossier** sont vivement conseillées puisqu'elles vont permettre à la fois :

- **de construire un ordre d'exploitation du dossier**. La première lecture permet de hiérarchiser les textes en fonction de leur nature (texte juridique, presse spécialisée, presse généraliste, etc.), de leur date, de leur longueur, de leur pertinence pour honorer la commande. Elle va déterminer le document par lequel on commencera l'exploitation du dossier parce qu'il paraît contenir le plus d'informations utiles à la rédaction du rapport ;
- **de distinguer rapidement les grands axes de la première partie, et d'ouvrir des fiches correspondant à ces axes ;**
- **de repérer les informations utiles à la construction de la deuxième partie, et d'ouvrir également des fiches structurant la prise de notes.**

On procède ensuite à une exploitation méthodique du dossier en alimentant les fiches ouvertes.

5. Arrêter définitivement le plan

Cadrage national

Le rapport comporte deux parties distinctes :
– une première partie, exclusivement rédigée à l'aide des éléments du dossier, qui informe le destinataire sur les problématiques essentielles du sujet (cadre juridique, contraintes techniques et financières, etc.) ;
– une deuxième partie qui présente des propositions opérationnelles. Cette partie peut valoriser des informations du dossier (par exemple des expériences éclairantes conduites par différents établissements et collectivités) mais fait également appel aux connaissances du candidat.
Chacune des deux parties est organisée en sous-parties.

Le cadrage impose ainsi le nombre des parties mais pas celui des sous-parties : même si le plan en deux parties comprenant chacune deux sous-parties s'est largement imposé dans ce type d'épreuve, un plan en deux parties dont la première contiendrait deux sous-parties et l'autre trois sous-parties, par exemple, est parfaitement possible.

En toute hypothèse, **on veillera à équilibrer les différentes sous-parties**.

Plus précisément, une sous-partie qui ne comporterait qu'une dizaine de lignes risquerait d'être perçue comme inachevée ou comme non fondée (l'information paraissant complète mais relevant d'un champ si étroit qu'une sous-partie digne de ce nom est inenvisageable, pouvant tout juste constituer un paragraphe au sein d'une sous-partie).

6. Rédiger la copie

Reste à rédiger au brouillon l'introduction : on dispose déjà du passage essentiel de l'introduction, l'annonce de plan. On a également repéré les éléments utiles à une entrée en matière en analysant les documents. Il reste à exprimer clairement la problématique.

Profitons-en pour rédiger également la conclusion, qui, en quelques lignes, doit, si l'on choisit de conclure, souligner l'essentiel.

On peut alors procéder directement à la rédaction au propre en recopiant, avec quelques réécritures ponctuelles, dans les parties et sous-parties *ad hoc*, les informations contenues dans les fiches.

CONSEIL DU FORMATEUR

Pour éviter le piège du « copier-coller » et pour gagner du temps, adoptez un style « prise de notes » pour la rédaction de vos fiches (brouillon).

4. Gérer le temps de l'épreuve

La réussite au concours ne dépend pas de la seule capacité à rédiger un rapport, mais à le faire en **temps limité.** Cette contrainte de temps implique que **les feuilles de brouillon ne sont jamais corrigées**. Les prendre en compte équivaudrait de fait à accorder plus de temps à certains candidats qu'à d'autres.

1. La nécessité de s'entraîner en temps limité

C'est seulement en vous entraînant que vous mesurerez les difficultés que vous aurez à surmonter. Certains ont des difficultés dans la première partie du travail, celle qui permet d'accéder au plan, d'autres dans la prise de notes, d'autres enfin dans la rédaction. Il faut savoir situer ses faiblesses, et les travailler pour les atténuer.

Le travail de rédaction synthétique exige une capacité particulière à travailler vite, à ne pas « paniquer » devant la taille du dossier, les documents qui peuvent apparaître longs à lire, des textes peu lisibles pour qui n'a pas l'habitude d'en lire.

Souvent demandé par les candidats en formation de préparation au concours, le découpage du temps ci-après est purement indicatif et peut connaître de fortes variations d'un candidat l'autre. La qualité de la prise de notes à partir du dossier détermine en effet largement la durée de la rédaction définitive.

2. La gestion des trois heures de l'épreuve

A. 15 minutes d'exploitation de la commande et de la liste signalétique

15 minutes seront consacrées à travailler à l'identification des informations essentielles de la commande (que me demande-t-on précisément ? dans quel contexte ?) et les titres des documents. C'est un minimum pour percevoir quelles informations on devra trouver dans le dossier, où les trouver et comment les organiser. Les titres permettent souvent de repérer des « incontournables » du traitement du sujet.

Une **ébauche de plan** peut alors être posée comme hypothèse.

B. 15 minutes de parcours (survol méthodique) du dossier

Cette lecture très sélective ne s'intéresse qu'à ce qui se détache des documents, la titraille, leur introduction et leur conclusion s'ils en comportent. Elle doit néanmoins être très attentive et réflexive, interrogeant constamment ce qui est lu.

L'ébauche de plan faite précédemment doit pouvoir être remaniée et précisée en fonction de ce parcours. Il est particulièrement utile, même s'il n'est pas encore définitif, de disposer d'un plan qui va faciliter la prise de notes.

C. 1 heure 20 de prise de notes à partir du dossier intégrant les connaissances personnelles

C'est le travail le plus long, et si vous arrivez à le réaliser plus rapidement, c'est autant de temps supplémentaire dont vous disposerez pour rédiger définitivement sur votre copie.

Il vous faudra pourtant sans doute toujours plus d'une heure pour relever et compléter les points importants sur les feuilles que vous aurez préparées en fonction de votre plan.

D. 60 minutes de rédaction définitive sur la copie de concours

Rédigez très soigneusement intégralement, au brouillon, introduction et titres avant de les recopier. Pour le reste, le rapport sera rédigé directement, à partir de vos notes, feuille par feuille. Vous aurez regroupé sur chaque feuille les points qui doivent être évoqués ensemble, vous les aurez numérotés dans l'ordre où vous souhaitez les recopier.

E. 10 minutes de relecture

Il est essentiel de conserver un temps suffisant pour se relire sans complaisance, corriger les fautes mais aussi rajouter le mot qui manque, amender une phrase mal bâtie.

Le barème pénalisant l'orthographe rend ce temps particulièrement utile. Un nombre excessif de fautes entraînant l'attribution d'une note inférieure à 10 sur 20, une relecture attentive est indispensable.

5. Se préparer en amont de l'épreuve

1. Connaître les compétences des collectivités territoriales

Outre un entraînement à la rédaction d'une synthèse organisée à partir d'un dossier, la préparation de l'épreuve requiert la maîtrise de connaissances nécessaires tant à la compréhension du contexte qu'à la formulation de propositions opérationnelles adaptées.

Malgré l'absence de programme réglementaire, l'épreuve exige que le candidat mobilise ses connaissances et son expérience. Il doit pouvoir disposer de **solides références sur le monde territorial** et d'une **bonne culture administrative**. Sa perception de l'environnement territorial, des missions, compétences et moyens d'action des collectivités territoriales sera nécessaire au traitement de l'épreuve.

2. Maîtriser la conduite de projet

Les épreuves de rapport avec solutions ou propositions opérationnelles requièrent souvent une maîtrise de **la conduite de projet**.

A. Connaître la méthodologie de projet

On appelle **projet** un ensemble finalisé d'activités et d'actions entreprises dans le but de répondre à un besoin défini dans des délais fixés et dans la limite de l'enveloppe budgétaire allouée.

Contrairement aux opérations, qui sont des processus répétitifs, l'essence d'un projet est d'être innovant et unique.

Un projet est une action temporaire avec un début et une fin, qui mobilise des ressources identifiées (humaines, matérielles, informationnelles, financières, etc.) durant sa réalisation, qui possède un coût et fait donc l'objet d'une budgétisation de moyens et d'un bilan indépendant de celui de l'entreprise ou de l'administration.

Les résultats attendus du projet sont parfois appelés « livrables ».

Le projet comporte toujours une notion de nouveauté et de changement.

Le projet cherche ainsi à atteindre un objectif « extraordinaire » (au sens littéral du mot) qui combine quatre aspects :

- fonctionnel : réponse à un besoin ;

- technique : respect des spécifications;
- délais : respect des échéances;
- coûts : respect du budget.

La **gestion de projet** ou **conduite de projet** est une démarche visant à structurer, assurer et optimiser le bon déroulement d'un projet dont la complexité requiert :
- une planification dans le temps;
- une budgétisation (étude préalable des coûts et avantages ou revenus attendus en contrepartie, des sources de financement, étude des risques opérationnels et financiers et des impacts divers, etc.);
- une maîtrise et un pilotage des risques;
- l'atteinte d'un niveau de qualité souhaité;
- l'intervention de nombreuses parties prenantes : c'est l'objet des organisations qui identifient maîtrise d'œuvre et maîtrise d'ouvrage;
- la responsabilisation d'un chef de projet ou d'un directeur de projet, la mise en place d'un comité de pilotage;
- le suivi des enjeux opérationnels et financiers importants.

L'objectif doit être précisé de façon claire, chiffrée et datée. Le résultat doit être conforme à des normes de qualité et de performance prédéfinies, pour le moindre coût et dans le meilleur délai possible.

Lorsque la gestion de projet porte sur un ensemble de projets concourant à un même objectif, on parle de **gestion de programme.**

En d'autres termes, cette démarche est délimitée par trois bornes :
- la contrainte coût;
- la contrainte délai;
- la contrainte qualité.

Ces contraintes requièrent des acteurs du projet :
- la définition de moyens;
- la définition d'un planning;
- la définition de réalisations.

B. Maîtriser les principales étapes de la démarche projet

a. Concevoir

■ **Identifier les objectifs en fonction du besoin :** identifier la raison d'être du projet, c'est-à-dire le besoin à satisfaire ou le problème à résoudre.

■ **Préciser le thème :** procéder à la définition du thème du projet.

■ **Valider le besoin par l'analyse de l'existant :** vérifier l'existence et la réalité du besoin en analysant le contexte de réalisation du projet.

■ **Repérer les contraintes :**
- Déterminer les contraintes organisationnelles, temporelles, matérielles, financières, juridiques, etc.
- Identifier les facteurs possibles de résistance.

■ **Programmer les actions :** lister les actions à mettre en œuvre, évaluer la durée de chacune d'elles, choisir les acteurs du projet.

■ **Identifier les solutions :** rechercher les solutions possibles.

■ **Choisir une solution :** opérer le choix le plus approprié en fonction de la définition des objectifs et des contraintes repérées.

b. Réaliser

■ **Mettre en œuvre la solution :**
- Constituer des groupes de travail et informer les différents acteurs du projet.
- Répartir les actions à mener.
- Consigner l'ensemble des actions dans un planning orienté vers les objectifs à atteindre.
- Mettre en œuvre le projet par la réalisation des différentes actions.

■ **Ajuster les actions :**
- Coordonner les tâches grâce à des reportings réguliers et des réunions intermédiaires menées par le comité de pilotage du projet.
- Gérer les écarts : comparer le prévisionnel avec le réalisé en termes de coût et de qualité.

c. Évaluer

■ **Évaluer le projet :** réaliser un bilan sur la conformité des résultats aux objectifs, sur le fonctionnement des groupes de travail et leur efficacité ; vérifier le respect des contraintes.

■ **Capitaliser l'expérience :**
- Acquisition de connaissances, retour et capitalisation d'expériences, apprentissage organisationnel.
- Possibilité d'archivage sur un espace collaboratif dédié aux projets et consultable par les initiateurs du projet.

Ce phasage est théoriquement rigoureux, le passage d'un point à un autre étant conditionné par le traitement complet du précédent. La conduite de projet est à la fois un outil rigoureux de pilotage et un moyen de savoir si on peut aboutir, compte tenu des contraintes résultant de l'environnement du projet.

Toutefois, il est parfois possible de n'utiliser qu'une partie de cette méthode. En toute hypothèse, la connaissance de ces différents modules permet de structurer de façon claire des solutions opérationnelles.

Il est également essentiel de bien définir les **acteurs du projet** :

1. Le **chef ou directeur de projet**, référent et animateur du projet

2. Le **comité de pilotage**
Structure décisionnelle qui veille au bon déroulement du projet, le comité de pilotage d'un projet mis en œuvre par une collectivité territoriale ou un établissement public local est fréquemment constitué du chef de projet, de l'exécutif (maire, président...) ou de l'élu référent porteur du projet (adjoint au maire, vice-président...),

du directeur général des services, et, selon la taille et l'organigramme de la collectivité ou de l'établissement, des directeurs généraux adjoints ou des directeurs des services concernés, des chefs de service à compétence particulière (communication, juridique, marchés publics, finances...).

Ce comité a notamment en charge les choix stratégiques, la validation des choix et des différentes étapes, l'information de l'assemblée délibérante, la communication sur le projet.

3. Le **comité de suivi**
Il peut être nécessaire pour des projets de grande envergure, quand il faut vérifier l'adéquation entre les différentes actions et le programme initial (outils de reporting, analyse des indicateurs et tableaux de bord, proposition d'actions correctives…).

4. Les **groupes de travail** (ou équipes projet)
Le chef de projet constitue et anime, en tant que de besoin, des groupes de travail entre lesquels il répartit les différents axes du projet (par exemple : diagnostic, parangonnage [*benchmarking*], communication…). Ces groupes sont constitués de représentants des différents services, d'experts, de partenaires…

C. Savoir opter pour une conduite de projet en « mode projet »

a. Le mode projet en entreprise

Il s'agit d'une organisation temporaire pour atteindre un objectif, menée par un leader qui ne travaille que sur ce projet. Les projets réussis réunissent en général des salariés à plein temps, ou au moins un noyau dur de salariés à plein temps. On peut regrouper plusieurs petits projets pour les confier à une équipe. Mais, dans tous les cas, il faut que quelqu'un porte le projet. Pour une entreprise, travailler en mode projet signifie constituer des organisations temporaires avec des chefs de projet, au lieu de répartir l'activité dans les services. Dans l'organisation traditionnelle du travail, on attribue les tâches par service et la direction générale assure la coordination.

Dans quels secteurs la gestion de projet est-elle née ?
Au début des années 1980, la gestion de projet a débuté dans l'armement, le pétrole et l'ingénierie, afin de concevoir et développer de nouveaux produits. Ensuite, elle a été utilisée pour les projets informatiques. Aujourd'hui, dès que l'on veut faire bouger quelque chose, on lance un projet. L'État et les collectivités territoriales adoptent depuis plusieurs années cette organisation.

b. Pourquoi le « mode projet » ?

L'organisation hiérarchique (pyramidale) s'avère inadaptée à la réalisation de certains projets.

Le fonctionnement en mode projet s'avère très efficace pour mener à bien des opérations nouvelles, limitées dans le temps, et exigeant la coopération de plusieurs départements (directions, services, etc.).

Pour réussir, ce mode de réalisation requiert évidemment **l'existence d'un projet**, c'est-à-dire :

- des performances attendues : un cahier des charges, un objectif à atteindre… (dans un domaine défini) ;
- des moyens à disposition : ressources humaines, financières, techniques, etc. ;
- un délai (du temps) sous la forme d'un début et d'une fin (annoncée).

c. Les acteurs du projet

Dans l'entreprise, la structure en mode projet requiert deux acteurs en relation :

- un maître d'œuvre, entouré d'une équipe projet : le **chef de projet** (ou directeur de projet) ;
- un **maître d'ouvrage**, entouré d'un comité de pilotage. C'est le « client » du projet, le donneur d'ordre, l'utilisateur.

L'**équipe projet** est un regroupement d'experts du projet, choisis pour leur variété (multidisciplinarité), en nombre limité (moins de 10, sinon découper en sous-projets)

Le **comité de pilotage** est également composé d'experts, hiérarchiquement supérieurs aux experts de l'équipe projet, en nombre suffisant pour « critiquer » le travail de l'équipe projet et aider le maître d'ouvrage à faire les choix, au fur et à mesure que le chef de projet lui présentera des options lors du déroulement…

Ce schéma connaît des variations lorsque les collectivités territoriales et leurs établissements publics les adoptent, mais la distinction entre équipe(s) projet, animée(s) par le chef de projet, et comité de pilotage est une constante.

Pour ce management hors hiérarchie qui traverse et réunit, sur un objectif précis, plusieurs fonctions de l'entreprise (de la collectivité), le responsable de projet doit acquérir de nouvelles pratiques de management, et en même temps connaître et comprendre l'organisation de son entreprise (de sa collectivité) pour faire vivre la structure temporaire qu'il met en place. Il doit créer une équipe et la faire travailler sans exercer de pouvoir hiérarchique sur ses membres.

De la même façon, ce responsable est amené à communiquer, à négocier avec différentes hiérarchies. Il doit tenir compte des enjeux de pouvoir s'il veut être efficace. Enfin, l'autonomie de l'équipe et les résultats obtenus sont des éléments gratifiants très importants.

SUJET N° 1 : Rapport avec propositions

Concours externe, interne et 3e voie de rédacteur principal de 2e classe, session 2021

DURÉE : 3 HEURES

Énoncé

Vous êtes rédacteur principal territorial de 2e classe au sein de la commune d'Alphaville qui compte 40 000 habitants et 600 agents. La collectivité, après avoir expérimenté le télétravail dans le contexte de la crise sanitaire liée à la Covid-19, souhaite à présent passer à un télétravail pérenne et conforme aux textes, qui préserve la dimension humaine dans un contexte postconfinement.

Dans un premier temps, la directrice générale des services vous demande de rédiger à son attention, exclusivement à l'aide des documents joints, un rapport sur les enseignements de la mise en place du télétravail dans les collectivités territoriales.

10 points

Dans un deuxième temps, elle vous demande d'établir un ensemble de propositions opérationnelles permettant à la commune d'Alphaville de mettre en œuvre une organisation du télétravail garante de la qualité de vie au travail.

Pour traiter cette seconde partie, vous mobiliserez également vos connaissances.

10 points

Liste des documents :

Document 1 : Code du travail, article L. 2242-17, sous-section 3 « Égalité professionnelle entre les femmes et les hommes et qualité de vie au travail », Légifrance; modifié par la loi n° 2019-1428 du 24 décembre 2019, 2 pages.

Document 2 : « Télétravail : des clés pour protéger la santé des agents », Émeline Le Naour, *La Gazette des Communes*, 9 octobre 2020, 2 pages.

Document 3 : « Quelles premières leçons de la crise ? », ANACT, 2 juillet 2020, 3 pages.

Document 4 : « Travail en présentiel et à distance : ma feuille de route », *in* « Télétravail et travail en présentiel » (extrait), modernisation.gouv.fr, décembre 2020, 1 page.

Document 5 : « Télétravail : renforcement dans les zones d'alerte et ouverture d'une négociation en 2021 », Claire Boulland, *La Gazette des Communes*, 7 octobre 2020, 2 pages.

Document 6 : « Télétravail : ces collectivités qui ont pris les devants », Stéphane Menu, lalettreducadre.fr, 17 mars 2020, 3 pages.

Document 7 : « Le télétravail dans la fonction publique territoriale : les apports du décret du 5 mai 2020 », Michaël Verne et Julie Creveaux, lalettreducadre.fr, 5 septembre 2020, 4 pages.

Document 8 : « Quels sont les avantages du télétravail (et ses inconvénients) ? » (extrait), Alexandre Diard, « Mon portail RH », blog, consulté le 3 mai 2021, 2 pages.

Document 9 : « Coronavirus et télétravail : 5 dimensions pour mieux s'organiser collectivement », ANACT, 24 novembre 2020, 5 pages.

Document 10 : « Risques psychosociaux (RPS) - Réglementation », INRS, mis à jour le 5 janvier 2017, 2 pages.

Certains documents peuvent comporter des renvois à des notes ou à des documents non fournis car non indispensables à la compréhension du sujet.

Document 1

RÉPUBLIQUE FRANÇAISE Légifrance

Le service public de la diffusion du droit

Liberté
Égalité
Fraternité

Code du travail

Article L2242-17

Version en vigueur au 26 mars 2021

Partie législative (Articles L1 à L8331-1)
Deuxième partie : Les relations collectives de travail (Articles L2111-1 à L2632-2)
Livre II : La négociation collective - Les conventions et accords collectifs de travail (Articles L2211-1 à L2283-2)
Titre IV : Domaines et périodicité de la négociation obligatoire (Articles L2241-1 à L2243-2)
Chapitre II : Négociation obligatoire en entreprise (Articles L2242-1 à L2242-21)
Section 3 : Dispositions supplétives (Articles L2242-13 à L2242-21)
Sous-section 3 : Egalité professionnelle entre les femmes et les hommes et qualité de vie au travail (Articles L2242-17 à L2242-19)

Article L2242-17 — **Modifié par LOI n°2019-1428 du 24 décembre 2019 - art. 82 (V)**

La négociation annuelle sur l'égalité professionnelle entre les femmes et les hommes et la qualité de vie au travail porte sur :

1° L'articulation entre la vie personnelle et la vie professionnelle pour les salariés ;

2° Les objectifs et les mesures permettant d'atteindre l'égalité professionnelle entre les femmes et les hommes, notamment en matière de suppression des écarts de rémunération, d'accès à l'emploi, de formation professionnelle, de déroulement de carrière et de promotion professionnelle, de conditions de travail et d'emploi, en particulier pour les salariés à temps partiel, et de mixité des emplois. Cette négociation s'appuie sur les données mentionnées au 2° de l'article L. 2312-36.

Cette négociation porte également sur l'application de l'article L. 241-3-1 du code de la sécurité sociale et sur les conditions dans lesquelles l'employeur peut prendre en charge tout ou partie du supplément de cotisations ;

3° Les mesures permettant de lutter contre toute discrimination en matière de recrutement, d'emploi et d'accès à la formation professionnelle, en favorisant notamment les conditions d'accès aux critères définis aux II et III de l'article L. 6315-1 ;

4° Les mesures relatives à l'insertion professionnelle et au maintien dans l'emploi des travailleurs handicapés, notamment les conditions d'accès à l'emploi, à la formation et à la promotion professionnelles, les conditions de travail et d'emploi et les actions de sensibilisation de l'ensemble du personnel au handicap ;

5° Les modalités de définition d'un régime de prévoyance et, dans des conditions au moins aussi favorables que celles prévues à l'article L. 911-7 du code de la sécurité sociale, d'un régime de remboursements complémentaires de frais occasionnés par une maladie, une maternité ou un accident, à défaut de couverture par un accord de branche ou un accord d'entreprise.

Dans les entreprises de travaux forestiers mentionnées au 3° de l'article L. 722-1 du code rural et de la pêche maritime, la négociation définie au premier alinéa du présent 5° porte sur l'accès aux garanties collectives mentionnées à l'article L. 911-2 du code de la sécurité sociale ;

6° L'exercice du droit d'expression directe et collective des salariés prévu au chapitre Ier du titre VIII du présent livre, notamment au moyen des outils numériques disponibles dans l'entreprise ;

7° Les modalités du plein exercice par le salarié de son droit à la déconnexion et la mise en place par l'entreprise de dispositifs de régulation de l'utilisation des outils numériques, en vue d'assurer le respect des temps de repos et de congé ainsi que de la vie personnelle et familiale. A défaut d'accord, l'employeur élabore une charte, après avis du comité social et économique. Cette charte définit ces modalités de l'exercice du droit à la déconnexion et prévoit en outre la mise en œuvre, à destination des salariés et du personnel d'encadrement et de direction, d'actions de formation et de sensibilisation à un usage raisonnable des outils numériques.

8° Dans les entreprises mentionnées à l'article L. 2143-3 du présent code et dont cinquante salariés au moins sont employés sur un même site, les mesures visant à améliorer la mobilité des salariés entre leur lieu de résidence habituelle et leur lieu de travail, notamment en réduisant le coût de la mobilité, en incitant à l'usage des modes de transport vertueux ainsi que par la prise en charge des frais mentionnés aux articles L. 3261-3 et L. 3261-3-1.

NOTA :
Conformément au VI de l'article 82 de la loi n° 2019-1428 du 24 décembre 2019, ces dispositions entrent en vigueur le 1er janvier 2020.

Document 2

WEBINAIRE

Télétravail : des clés pour protéger la santé des agents

Publié le 09/10/2020 • Par Emeline Le Naour • dans : France, Toute l'actu RH

Webinaire au 6 octobre sur le télétravail - DR

Quel bilan peut-on tirer de la mise en place du télétravail dans les collectivités ? Comment les employeurs se sont-ils adaptés pour garantir la santé des agents tout en maintenant la continuité du service public ? Aline Ridet, directrice générale ajointe RH de la Région Île-de-France et Perrine Bouchard, avocate chez Seban associés, livrent leurs analyses.

Contraintes par l'épidémie de coronavirus de se lancer dans la pratique du télétravail, parfois à marche forcée, les collectivités territoriales ont dû s'adapter au plus vite. Cinq mois après le déconfinement, le télétravail reste encore massivement pratiqué. Mais si sa pratique s'est accélérée où en est-on du cadre juridique à la lumière des évènements récents?

« Le décret de mars 2020 est venu préciser celui de 2016 en fixant les modalités de mise en œuvre du télétravail dans la fonction publique en y apportant quelques innovations comme la quotité de 3 jours ou les dérogations possibles à cette durée qui sont principalement pour des raisons de santé (handicap, grossesse...) ou une situation exceptionnelle perturbant l'organisation du travail sur le site comme l'a été le déclenchement du confinement » détaille Perrine Bouchard, avocate chez Seban associés qui précise que le texte laisse également la possibilité pour l'agent d'utiliser son équipement personnel.

Autre avancée, il instaure la possibilité pérenne d'un accès au télétravail pour les agents dont les missions sont télétravaillables, quand il fallait auparavant une autorisation de l'employeur. Désormais, c'est l'agent qui en fait la demande écrite en ayant, de plus, la possibilité de contester le refus de l'employeur si ce dernier s'oppose à la mise en œuvre du processus.

Pour mettre fin au télétravail, l'employeur doit désormais motiver son retrait d'autorisation. Un délai de prévenance de deux mois est par ailleurs nécessaire pour faire cesser l'activité en télétravail.

Le confinement ne doit pas servir de base à la pratique

Précurseur en la matière, la Région Ile-de-France n'a pas attendu ces dernières avancées juridiques pour se lancer dans l'aventure. « Nous pratiquons le télétravail depuis 3 ans, nous avons un recul sur la question », résume Aline Ridet, DGA en charge des ressources humaines à la Région Ile-de-France. Au siège de la Région, 65 % des agents sont en télétravail dont 70 % sur des fonctions télétravaillables. Parmi eux, 73 % sont des femmes (contre 62 % d'hommes).

Malgré cette période de recours massif, Aline Ridet met en garde : « Le confinement n'est pas une période sur laquelle on peut se baser. Ce n'était pas un choix mais une période imposée à tous avec son lot de stress et d'angoisse. En temps normal, le télétravail ne doit pas être subi, il doit être choisi par l'agent. »

Si la réduction du temps de trajet et la diminution de stress sont souvent citées comme des avantages non négligeables, les risques du télétravail sur la santé émergent peu à peu. Difficulté de se déconnecter, risques de pathologies en raison d'une trop grande immobilité, isolement... Alors, comment préserver la santé des télétravailleurs? « Il est impératif de rester vigilant. Dans notre collectivité, parmi les agents en télétravail, 20 % considèrent que cette pratique à un effet négatif sur les échanges collectifs, 25 % ont ressenti un isolement et 15 % considèrent avoir eu des difficultés pour gérer leur vie professionnelle et leur vie privée. Ce n'est pas une majorité, certes, mais il faut rester attentifs », souligne Aline Ridet.

Une responsabilité inchangée pour l'employeur

« La responsabilité de l'employeur reste la même en terme de santé, rappelle de son côté Perrine Bouchard. Parmi les points de vigilance, la collectivité à l'obligation d'adapter le poste de travail pour les agents en situation de handicap. De même que sa responsabilité reste engagée en cas d'accident de service ». Ce qui induit notamment pour la collectivité, la prise en charge des frais médicaux.

« La difficulté, c'est qu'il va falloir matérialiser les faits pour les agents victimes de ces accidents qui se sont déroulés à domicile. Cela se fera surement via une attestation sur l'honneur », anticipe Perrine Bouchard.

L'employeur doit également s'assurer de la conformité des lieux de travail de l'agent. Une prérogative assez compliquée à mettre en place quand le lieu de travail est également le domicile de l'agent. « Une délégation du comité médical pourrait très bien le faire après accord du fonctionnaire. Juridiquement, les textes sont tout à fait transposables », prévoit encore l'avocate qui conseille par ailleurs aux employeurs publics de s'appuyer sur les ressources de la médecine préventive.

Se former et accompagner

D'un point de vue managérial, il est indispensable pour Aline Ridet de fixer un cadre clair aux encadrants comme aux agents et d'y travailler en amont. » Il faut former les encadrants qui ont une lourde charge dans ce processus, à savoir, piloter à distance une équipe et être attentifs aux signaux faibles. Cela ne s'improvise pas. »

Avant de passer, comme la Région Ile-de-France, d'un encadrement classique à un management par objectif, il est d'abord nécessaire de responsabiliser et de faire confiance aux agents. « Nous avons voulu miser sur l'autonomisation. Cela signifie aussi que l'encadrant ne se formalise pas quand un agent doit aller chercher ses enfants à l'école et revient ensuite. De même, si l'agent dépasse son volume horaire de travail et se connecte à des heures tardives, l'encadrant doit intervenir », conclut Aline Ridet.

Document 3

Anact

L'AGENCE NATIONALE
POUR L'AMÉLIORATION
DES CONDITIONS DE TRAVAIL

Quelles premières leçons de la crise ?

Publié le 02/07/2020

« Premières leçons d'une crise », c'était le thème de la SQVT 2020 au cours de laquelle employeurs, élus de CSE, salariés, manageurs ont pris la parole pour raconter les pratiques mises en œuvre en matière d'organisation, de prévention et de relations sociales, et les enjeux à venir. Que faut-il en retenir ?

1. Le télétravail se déploie mais il demande à être régulé et structuré

Equipement, préparation des activités télétravaillables, appui aux manageurs pour réguler l'activité… Alors que le télétravail est appelé à se développer pour répondre à des usages réguliers, occasionnels et pour mieux faire face aux crises, il semble nécessaire de mieux l'organiser. Parmi les questions à travailler collectivement dans ce but en s'appuyant sur les enseignements de la période qui s'achève : quelles activités sont télétravaillables dans l'entreprise, à quelles conditions, combien de jours peuvent être télétravaillés, quel équipement, quels lieux de travail, quelle formation, quelles pratiques de management pour éviter les pièges de l'hyperconnexion ou l'isolement...?

Que faire dès maintenant ?

- **Un retour d'expérience** peut être organisé pour repérer avec les personnes concernées ce qui a facilité les coopérations à distance malgré l'éloignement ou, à l'inverse, ce qui a empêché de faire du télétravail de qualité les mois passés.
- Au cours d'un tel exercice, il convient d'être particulièrement **à l'écoute des personnes qui ont pratiqué le télétravail pour la première fois** pendant le confinement ou des représentants des métiers qui disposent habituellement de moins d'autonomie pour organiser leur activité.
- L'élaboration **d'une charte interne ou la négociation d'un accord télétravail** est, en complément, l'occasion d'organiser les conditions d'un télétravail de qualité dans la durée.

2. La prévention des risques de contamination au Covid-19 est devenue un sujet prioritaire, mais elle doit être prise en compte au plus près du terrain

Devenue une préoccupation centrale, la prévention du risque sanitaire a dû être mise en œuvre ces derniers mois en étroite articulation avec les contraintes de production. Au quotidien, de nombreux manageurs sont devenus de facto des préventeurs. Autant de fonctionnements qu'il serait utile de faire perdurer pour sortir des pratiques de cloisonnement classiques entre production d'un côté et prévention de l'autre. Dans la période, les mesures de prévention du risque de contamination sont cependant parfois restées très « descendantes ». Et la prévention du risque de contamination a pu occulter la prise en compte des risques liés aux évolutions des organisations de travail (risques psychosociaux notamment).

Que faire dès maintenant ?

- Certaines entreprises désignent actuellement des référents Covid. Un choix intéressant quand il n'existe pas de service prévention, si ce référent est chargé d'animer et co-construire la politique de prévention du risque de contamination. A envisager avec prudence cependant si ce poste est uniquement chargé de diffuser des procédures de protection et s'il conduit à décharger les manageurs de leur contribution à la politique de prévention.
- La période de reprise peut être l'occasion de **remettre à jour le PCA (Plan de continuité de l'activité) et le Document unique** avec l'objectif d'intégrer la prévention du risque de contamination dans une dynamique plus large de prévention des risques et de santé au travail.
- La possibilité pour chacun de pouvoir s'exprimer pour améliorer son travail et de disposer d'autonomie pour l'organiser contribue durablement, on le sait, à la santé au travail. Alors pourquoi ne pas mettre en place **des espaces de discussion sur le travail** post-reprise permettant de faire remonter les points d'amélioration ?

3. Face à la crise, certains CSE sont parvenus à aborder conjointement les enjeux économiques et sociaux, mais il convient de nourrir la dynamique dans la durée.

Si, pendant la crise, dans certaines organisations, le dialogue social a été négligé, voire contourné, dans d'autres - généralement là où un dialogue de qualité préexistait - il a constitué un levier essentiel pour faire face aux bouleversements vécus et réguler les tensions liées à la reconfiguration de l'activité. Dans l'urgence, certains CSE ont, à cette occasion, expérimenté de nouveaux modes d'échanges et de concertation. Sans doute, l'importance des enjeux de la période a-t-elle facilité ces pratiques. Il s'agit maintenant de préserver - ou relancer - cette dynamique afin de dialoguer, se concerter et négocier sur des sujets touchant à l'articulation entre prévention et production dans la durée, aux choix d'organisation, aux projets de l'entreprise...

Que faire dès maintenant ?

- Au sein du CSE aussi, **réaliser un retour d'expérience** sur ce qui a renforcé - ou à l'inverse distendu - les liens entre élus, salariés et direction, et ce qui a permis, ou pas, une bonne remontée d'information et des prises de décision adaptées est un exercice utile à faire pour accompagner la reprise.
- **Les cellules de crise** qui ont, dans certaines organisations, facilité les contacts rapprochés entre direction, manageurs, RH, et élus pendant le confinement peuvent être maintenues à un rythme adapté pour faciliter le dialogue dans les mois qui viennent.
- Certains sujets s'invitent à la table des négociations (télétravail, articulation des temps...). **Préparer ces négociations** en partageant les diagnostics et faire émerger des pistes de progrès avec les salariés est une bonne façon de les nourrir en prenant en compte les conditions de travail.

4. Tensions, sentiment d'inéquité, fatigue... apparaissent comme des sujets urgents à traiter. Ils impliquent un rapprochement entre manageur, RH et préventeur et un partage des travaux avec les représentants du personnel et le CSE

Pendant le confinement, les pratiques de management ont évolué pour intégrer la prévention du Covid, faciliter les ajustements de l'organisation et prendre en compte la grande diversité de situations individuelles. Les consultations réalisées par l'Anact auprès des personnes travaillant sur site ou en télétravail ont également fait apparaître, pour une partie notable des interrogés, des sentiment d'inefficacité et de fatigue accrus, des besoins de régulation de la charge de travail ou encore la perception de relations de travail dégradées. Autant de phénomènes qui demandent à être pris en compte sans tarder – en parallèle des actions visant à reconnaître les efforts réalisés par chacun.

Que faire dès maintenant ?

- Au niveau de l'équipe aussi, la pratique des **retours d'expérience** est à encourager (outillage des manageurs, choix d'une méthodologie de retour d'expérience adaptée, remontée des points d'amélioration à la direction et aux élus, suites à apporter...) afin d'identifier des façons de mieux travailler ensemble en période d'incertitude.
- Les managers ont été fortement sollicités dans la période de crise. Il est important de mettre en place les **ressources qui les aident à la fois à prendre en compte les situations individuelles dans leur équipe et à maintenir la dynamique collective**. Ils doivent également être soutenus pour pouvoir prévenir le plus tôt possibles les tensions qui peuvent faire suite au confinement (échanges de pratique entre manageurs, outillage en primo-médiation...).
- Les **rapprochements qui ont pu s'effectuer entre les manageurs - les service RH et prévention** sur ces différents sujets pendant le confinement sont à soutenir et organiser en faisant le lien avec les travaux menés au sein des Instances représentatives du personnel.

Document 4

GOUVERNEMENT
Liberté
Égalité
Fraternité

« Télétravail & travail en présentiel » (extrait) - *modernisation.gouv.fr* - décembre 2020

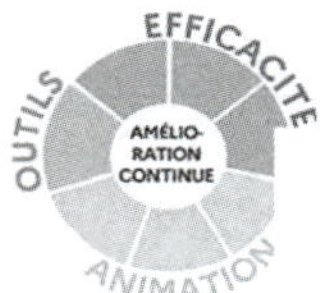

(...)

Travail en présentiel et à distance : ma feuille de route

Mémo pour évaluer mes pratiques du télétravail et trouver l'information pour aller plus loin

	Je suis manager...	Je suis agent...
Efficacité		
L'organisation du travail p. 6	❑ J'organise l'activité de mon équipe ❑ Je gère les urgences avec un souci d'équité ❑ J'instaure un management par objectifs et développe l'autonomie de mes collaborateurs	❑ Je partage avec mes collègues les informations nécessaires ❑ Je suis responsable de mes activités ❑ J'organise mon temps de télétravail
La facilitation du travail au quotidien p. 8	❑ Avec mes collaborateurs, j'identifie les processus qui doivent évoluer ❑ J'informe mes collaborateurs des nouveaux processus et je les accompagne sur leur montée en compétence	❑ Je contribue à l'amélioration des processus ❑ J'exerce mon activité dans le cadre des règles applicables ❑ Je me renseigne et je m'implique dans les évolutions potentielles des processus
Le suivi des activités p. 10	❑ J'impulse une dynamique de confiance et de responsabilisation ❑ Je repense mon mode de suivi ❑ J'encourage la pratique de retours réguliers	❑ Je rends compte de mon activité réalisée à distance
Animation du collectif		
Le vivre ensemble p. 12	❑ J'organise des réunions avec mon équipe ❑ Je veille à la cohésion de l'équipe ❑ Je me rends disponible ❑ J'organise des temps informels en bilatéral ❑ J'organise le dialogue social de proximité	❑ Je me rends disponible ❑ Je participe aux temps informels et j'en prends l'initiative ❑ Je fais appel à mes collègues
La communication p. 14	❑ Je définis les modalités de partage de l'information ❑ Je fluidifie la circulation de l'information ❑ Je transmets les informations nécessaires	❑ Je partage le bon niveau d'information ❑ Je vais moi-même à la recherche de l'information dont j'ai besoin
Le bien-être au travail p. 16	❑ Je suis exemplaire en matière de comportements à adopter en télétravail ❑ Je préviens les risques d'isolement ❑ Je veille au respect des temps de repose et de congé de mes collaborateurs	❑ Je mets en place de bonnes conditions de travail sur mon lieu de télétravail ❑ Je respecte mon temps de repos et de congés ❑ Je me sens concerné par le bien-être de mes collègues, je tiens mon manager informé de mon état d'esprit
Outils et équipements		
Outils et équipements p. 18	❑ J'identifie les outils qui peuvent faciliter le travail en mode mixte sans les multiplier ❑ Je contribue à la dématérialisation et j'organise la montée en compétence de mon équipe	❑ Je contribue à la dématérialisation ❑ J'utilise les outils numériques interministériels pour collaborer ❑ Je signale les formations dont j'ai besoin
Faire vivre une dynamique d'amélioration continue		
L'amélioration des pratiques p. 20	❑ Je réalise des points réguliers avec mon équipe et chacun de mes collaborateurs sur le télétravail	❑ Je suis force de proposition pour améliorer nos pratiques collectives ❑ Je questionne mes pratiques individuelles de travail en mode mixte

(...)

Document 5

Club RH

CONDITIONS DE TRAVAIL

Télétravail : renforcement dans les zones d'alerte et ouverture d'une négociation en 2021

Publié le 07/10/2020 • Par Claire Boulland • dans : A la Une RH, France, Toute l'actu RH

Les agents publics exerçant dans les zones d'alerte « renforcée » et « maximale » devraient voir la pratique du télétravail accentuée. C'est en tout cas la directive du ministère de la Transformation et de la fonction publiques. Au-delà de la crise, une négociation inter - fonction publique sera ouverte dès 2021 pour améliorer la qualité de vie au (télé)travail et la performance des services.

L'aggravation de la situation sanitaire implique de renforcer le télétravail dans le secteur public, mais aussi de mieux l'encadrer. Il est « plus que jamais » à privilégier dans les zones d'alerte « renforcée » et « maximale », dont font actuellement partie Paris et sa petite couronne (incluant les départements des Hauts-de-Seine, de la Seine-Saint-Denis et du Val-de-Marne), ainsi que Marseille et Aix-en-Provence.

C'est le message qu'Amélie de Montchalin, ministre de la Transformation et de la fonction publiques, a souhaité faire passer dans une circulaire adressée à tous les ministères, dans la soirée du mardi 6 octobre.

Lors d'un point presse téléphonique organisé dans le même temps, elle précise son contenu : « On incite très fortement les chefs de service et les employeurs, [...] à ce que deux à trois jours de télétravail par semaine soient intégrés dans les organisations de travail quand cela ne nuit pas à la continuité du service public. »

Le télétravail doit, insiste-t-elle, être renforcé « dans le cadre d'un dialogue social de qualité et suivi [...] également au niveau déconcentré » et « dans des conditions de mise en œuvre adéquates ». Et de rappeler qu'une enveloppe de 200 millions d'euros doit être consacrée au déploiement d'outils à distance via le plan de relance.

Cette circulaire « a vocation à être adaptée aux fonctions publiques territoriale et hospitalière », a-t-elle ajouté. La DGCL aura, cette fois encore, la tâche de la traduire pour les employeurs locaux.

Et au-delà de la crise ?

De manière plus générale, la ministre a fait savoir qu'une réflexion était en cours et que des réunions avec les organisations syndicales et les employeurs étaient programmées dans le but de « voir, au-delà de la crise, comment on organise les espaces de travail et comment on équipe les agents ».

En effet, nombreux sont les syndicats qui souhaitent voir les failles du télétravail disparaître. L'Unsa, par exemple, considère qu'il faut modifier l'accord national interprofessionnel sur le télétravail signé en juillet 2005 en tenant compte des enseignements de la crise sanitaire. « Le dialogue social et la négociation doivent permettre de clarifier les droits et les devoirs des employeurs et les conditions de mise en œuvre du télétravail, au-delà des textes publiés, dont l'application est par ailleurs très inégale. »

Le DGAFP Thierry Le Goff avait confirmé, lors du groupe de travail sur ce même sujet le 1er octobre dernier, qu'Amélie de Montchalin comptait ouvrir une négociation à partir de 2021, après des travaux de diagnostic et de définition du « champ » d'ici à la fin de l'année. Cette négociation doit aborder non seulement le télétravail, mais également l'organisation du travail, dans une perspective de qualité de vie au travail et de performance des services, rapportent plusieurs organisations syndicales. Elle devra aussi s'articuler avec la concertation sur le Plan Santé au travail.

Encadrement impératif dans la territoriale

Le télétravail doit « être impérativement encadré pour protéger les agents des maltraitances et de la télésouffrance vécues pendant le confinement et pour préserver la qualité du travail de développement des politiques et services publics », estimait l'Ufict-CGT, fin mai 2020.

Dans un tract, le syndicat qui représente les cadres territoriaux demandait l'ouverture de négociations avec les employeurs publics afin de réduire les risques pour la santé des agents.

RÉFÉRENCES

- Circulaire sur le renforcement du télétravail dans la FPE

Document 6

LA LETTRE DU CADRE.fr
TERRITORIAL

COVID 19

Télétravail : ces collectivités qui ont pris les devants

17/03/2020 | par Stéphane Menu | Toute l'actualité

©DigitalGenetics_Adobestock

Alors que le coronavirus place le pays sous cloche, les collectivités doivent s'adapter à cette nouvelle donne. Le télétravail est la seule alternative pour garantir la continuité du service public. Si les collectivités sont en retard sur le privé, certaines initiatives montrent comment accélérer…

Face à l'urgence de la situation sanitaire, le privé dispose donc d'un temps d'avance sur le public, même s'il est fort à parier que le gouvernement, pour être cohérent avec son discours, adaptera rapidement le cadre juridique à l'urgence. À ce jour, un employeur privé peut imposer le télétravail à ses salariés. Face à la croissance inévitable des cas de personnes affectées, les entreprises opteront, quand le profil de leurs activités le leur permet, à cette nouvelle donne. Certaines collectivités territoriales ont déjà pris les devants. En 2019, sur les 2 500 postes de la collectivité concernés par le télétravail au conseil départemental de la Loire, 45 agents ont franchi le pas. Depuis le début de l'année, et jusqu'à l'été prochain, le dispositif s'étendra progressivement à 330 agents, peut-on lire dans les colonnes de l'Essor Loire. Le journal révèle que cette expérience menée sur 38 semaines au cours de l'année 2019 a fait l'objet d'une évaluation grâce à un questionnaire auquel les agents concernés, ainsi que leurs cadres, ont répondu.

90 % des agents et des cadres concernés par ce dispositif ont été satisfaits au plan professionnel

Un bilan éloquent et positif puisque chaque agent en moyenne a « gagné » 66 heures de temps de transport et 317 € de carburant. Sur le plan environnemental, c'est bingo : 30,5 tonnes de CO_2 n'ont pas été émises dans l'atmosphère. « Le décret du 11 février 2016 propose un cadre juridique concernant le télétravail dans la fonction publique. Nous étions volontaires en tant qu'institution, puisque cela coïncidait parfaitement avec nos objectifs de développement durable et, de plan de modernisation de notre administration, inscrits dans notre agenda 21 », explique Michèle Maras, vice-présidente du département en charge de la jeunesse et des ressources humaines à l'Essor Loire. L'évaluation conclut que 90 % des agents et des cadres concernés par ce dispositif ont été satisfaits au plan professionnel.

« Nous avons deux axes de préoccupation majeurs : l'isolement des agents et l'impact sur le collectif. Nous essayons de trouver un équilibre entre ces deux biais. Mais, dans 90 % des cas, il n'y a pas de problématique particulière », constate Nicolas Boyer, directeur des ressources humaines du département de la Loire. En 2020, le cap des 330 agents volontaires sera franchi, une autre centaine pourra y recourir de façon exceptionnelle. On approchera progressivement des 500 agents qui ont déclaré être favorables au dispositif.

Évaluer la « télétravaillabilité » d'un poste

Autre collectivité fan du télétravail : la métropole de Lyon. Depuis le 1er janvier 2020, 700 agents métropolitains télétravaillent, sur les 9 200 que compte le Grand Lyon. Dans les colonnes de la Gazette des communes, Olivier Nys, DGS du Grand Lyon, explique que le télétravail permet de mieux concilier vies professionnelle et personnelle, les agents éprouvant « de plus en plus de difficultés à se loger en cœur de ville ». La CFDT émet cependant des réserves, toutes les fonctions n'étant pas « télétravaillables » dans le secteur public.

« Nous laissons à la hiérarchie le soin de décider si l'activité de l'agent est éligible », déclare Olivier Nys dans La Gazette des communes. Cette spécificité a été prise en compte, puisqu'un agent dont une partie des tâches seulement est éligible au télétravail n'en est pas pour autant exclu. « Il faut 20 % de tâches télétravaillables afin de parvenir à une journée complète », explique la secrétaire adjointe de la CFDT Agnès Brenaud. Mais l'expérience lyonnaise montre aussi que le télétravail à l'échelle d'une telle collectivité impose un travail en amont, ne serait-ce qu'en termes d'achat de portables pour permettre à tous les agents de travailler à distance.

« Il faut 20 % de tâches télétravaillables afin de parvenir à une journée complète »

À Lyon, des télétravailleurs heureux…

Comme dans le département de la Loire, l'évaluation valide grandement l'expérience : les 124 agents ayant testé la formule entre janvier et juin 2019 ont évité 204 700 km de trajet et gagné de 45 minutes à 1 h 30 pour 67 % d'entre eux, selon le bilan de l'administration. Leur productivité a épousé elle aussi une courbe ascendante : presque la moitié du temps de trajet économisé a été utilisé en totalité ou en partie pour travailler davantage. Et aucun impact négatif n'a pas été constaté sur le collectif : 69 % des encadrants assurent que le travail des télétravailleurs s'est bonifié ; quant à leurs collègues, ils n'ont pas été confrontés à des changements dans l'organisation du service.

Un emploi sur trois « télétravaillable » ?
C'est Muriel Pénicaud, ministre du Travail, qui l'affirme : « Tout ce qui peut se faire en télétravail doit être fait en télétravail », assure-t-elle. « À peu près un emploi sur trois peut être en télétravail. Pour tous les autres, je confirme qu'ils pourront être en arrêt maladie s'ils n'ont pas de solution (Ndlr, notamment pour garder les enfants) », a-t-elle expliqué, en précisant qu'il n'y aurait « pas de délai de carence ».

La crise sanitaire qui frappe le monde va pousser toujours plus les salariés du privé et les agents publics vers le télétravail. Côté privé, le télétravail fait de plus en plus d'adeptes, les 18,2 millions de salariés du secteur privé recensés en 2019 y ayant de plus en plus recours. C'est ce qu'indique la dernière étude publiée sur le sujet (20 février 2019) par Malakoff Médéric-Humanis [(1)]. Ces salariés représentent dorénavant 29 % de l'effectif des entreprises de plus de dix salariés, soit 5,2 millions de personnes. En un an, ce sont près de 700 000 adeptes de plus. Une évolution qui semble plus lente du côté de la fonction publique d'État, si l'on en croit le bilan du déploiement du télétravail publié par la Direction générale de l'administration et de la fonction publique (DGAFP) début 2019 et dont les données analysées concernent la période comprise entre février et octobre 2018.

Dans cette étude, seul le télétravail défini par le décret de février 2016 (encadré réglementairement et régulier, à distinguer du travail à distance, informel et occasionnel) a été pris en compte. Il appert que sa mise en œuvre reste très faible, puisque seulement 0,4 % des agents télétravaillaient à cette époque (on peut supposer que ce pourcentage a augmenté depuis). Côté fonction publique territoriale, le télétravail rencontrerait un accueil plus favorable mais les données analytiques font encore défaut.

Côté FPT, le télétravail rencontrerait un accueil plus favorable mais les données analytiques font encore défaut.

Toilettage juridique en cours ?

Avant même que la crise liée au coronavirus ne prenne l'ampleur que l'on sait, le décret de février 2016 devait être modifié pour prévoir la possibilité pour les agents de recourir à cette modalité de travail lors de périodes ponctuelles (sur accord de leur employeur). Ce toilettage, prévu par l'article 49 de la loi du 6 août 2019, dite de transformation de la fonction publique, était au centre de l'attention d'une réunion organisée le 9 décembre dernier par la DGAFP, à laquelle les syndicats avaient été conviés. Le secteur public entend s'aligner au plus vite sur la réglementation en vigueur dans le secteur public sur le code du travail.

Du côté des agents, l'attente est forte. Lors des débats sur le projet de loi réformant la fonction publique, au printemps dernier, le groupe socialiste avait insisté sur le fait que « les employeurs [étaient] dans l'incapacité juridique d'y répondre ». De leur côté, les syndicats ont fait savoir lors de cette réunion que les employeurs publics ne rechignaient pas à donner satisfaction aux requêtes des agents... en faisant fi du cadre juridique.

Les employeurs publics ne rechignent pas à donner satisfaction aux agents... en faisant fi du cadre juridique.

S'adapter aux crises

En cause, la loi « Sauvadet » de mars 2012 et, surtout, son décret d'application de février 2016 (concernant le télétravail), jugés trop restrictif. La modification du décret, toujours en cours, vise donc à son assouplissement. L'agent pourrait ainsi bénéficier d'une autorisation de télétravail pour une période courte, justifiée pour « répondre à une situation inhabituelle et temporaire qui perturbe l'accès au site de travail ou le travail sur site », précise la DGAFP dans le document remis aux syndicats. Une autre piste était aussi à l'étude, celle d'une autorisation accordée sur un temps long et dont la mise en œuvre serait plus souple. Les agents pourraient également bénéficier, s'ils le souhaitent, d'un forfait de jours de télétravail (par exemple un jour par mois, ou 15 jours par an).

Les deux « formules » seraient additionnables mais ne devraient pas dépasser les trois jours de télétravail par semaine. L'actualisation du décret prévoirait enfin un dispositif dérogatoire, « à l'initiative de l'employeur », lorsque le télétravail « est demandé lors d'événements temporaires qui perturbent l'accès au site de travail ou le travail sur site ». Lors de cette réunion de décembre 2019, les Français se colletaient à une autre difficulté : la grève dans les transports. Depuis, le coronavirus renforce la nécessité de cette alternative. Avant le confinement généralisé, le nouveau décret était attendu très rapidement. Reste à savoir s'il fait toujours partie des priorités, ou si devant l'urgence, la pratique prendra le pas sur le juridique.

Un dispositif dérogatoire lorsque le télétravail « est demandé lors d'événements temporaires qui perturbent l'accès au site de travail ou le travail sur site »

Note

(01) Enquête réalisée par l'Ifop pour le groupe Malakoff-Médéric-Humanis du 30 novembre au 11 décembre auprès d'un échantillon représentatif de 1604 salariés dont 581 dirigeants et managers d'entreprises privées de plus de 10 salariés.

LA LETTRE DU CADRE.fr
TERRITORIAL

NOUVEL ÉCLAIRAGE

Le télétravail dans la fonction publique territoriale : les apports du décret du 5 mai 2020

05/09/2020 | par Michaël Verne, Julie Creveaux | RH

Le télétravail s'est imposé durant cette période de confinement, conduisant le gouvernement à publier un nouveau décret le 5 mai dernier, pour assouplir les règles de sa mise en œuvre, le précédent décret n'étant plus adapté à la situation.

La période de confinement liée à l'état d'urgence sanitaire en lien avec l'épidémie de Covid-19 a contraint nombre de collectivités locales et établissements publics à placer certains de leurs agents en **télétravail**, même sans cadre préétabli. L'occasion pour le gouvernement de s'interroger sur les conditions et modalités de mise en œuvre du télétravail dans la fonction publique et de modifier, par un décret du 5 mai 2020, le décret du 11 février 2016 organisant le télétravail au sein de la fonction publique afin d'assouplir les règles de sa mise en œuvre.

Pour rappel, au sein de la fonction publique, la possibilité pour les agents de **télétravailler** a été créée par l'article 133 de la loi n° 2012-347 du 12 mars 2012 relative à l'accès à l'emploi titulaire et à l'amélioration des conditions d'emploi des agents contractuels dans la fonction publique, à la lutte contre les discriminations et portant diverses dispositions relatives à la fonction publique, dite loi Sauvadet.

La possibilité pour les agents de télétravailler a été créée par l'article 133 de la loi n° 2012-347 du 12 mars 2012

Et il a fallu attendre quatre années supplémentaires pour qu'entre en vigueur le décret n° 2016-151 du 11 février 2016 relatif aux conditions et modalités de mise en œuvre du télétravail dans la fonction publique et la magistrature.

Un télétravail quasi inexistant jusque-là

Dans ces conditions, il n'est guère surprenant de constater que le **télétravail** a, jusqu'à présent, été très peu instauré au sein de la fonction publique. La DGFAP relève ainsi, dans le cadre de son bilan du déploiement du télétravail dans les trois volets de la fonction publique, qu'au cours de l'année 2018, seulement 4 % des agents de la fonction publique de l'État télétravaillaient. En revanche, aucun chiffre n'était, pour cette année 2018, disponible pour les collectivités locales. L'état d'urgence sanitaire est cependant venu rebattre les cartes, imposant un télétravail « forcé » pour les collectivités et leurs agents. Cette circonstance va sans doute amener l'ensemble des administrations à s'interroger sur la mise en œuvre du télétravail, dans un cadre réglementé, mais a également poussé le gouvernement à s'interroger sur la pertinence des textes en vigueur.

C'est dans ce contexte qu'a été adopté le décret n° 2020-524 du 5 mai 2020 venu modifier le décret du 11 février 2016 pour élargir les conditions et les modalités de **mise en œuvre du télétravail**.

La modification de la définition du télétravail

> *Au cours de l'année 2018, seulement 4 % des agents de la fonction publique de l'État télétravaillaient.*

En premier lieu, le décret du 5 mai 2020 est venu modifier la définition même de la notion de **télétravail** qui reprenait auparavant la définition applicable dans le secteur privé et prévue à l'article L.1222-9 du code du travail, auquel renvoyait l'article 133 de la loi Sauvadet.

Le télétravail est désormais défini comme « toute forme d'organisation du travail dans laquelle les fonctions qui auraient pu être exercées par un agent dans les locaux où il est affecté sont réalisées hors de ces locaux en utilisant les technologies de l'information et de la communication ».

> *Le décret du 5 mai 2020 est venu supprimer la précision selon laquelle le télétravail est réalisé « de façon volontaire »*

Ainsi, le décret du 5 mai 2020 est venu supprimer, à l'article 2 du décret du 11 février 2016, la précision selon laquelle le **télétravail** est réalisé « de façon volontaire ». Cette modification, qui peut paraître anecdotique, fait écho à la période de confinement passée durant laquelle les agents dont les missions pouvaient être exercées à domicile, ont été placés en télétravail sans que leur volonté ait été recueillie au préalable (sauf, bien évidemment, dans l'hypothèse des agents devant garder leurs enfants) et permettra peut-être, à l'avenir, d'avoir un cadre réglementaire au placement d'un agent en télétravail dans des circonstances exceptionnelles.

Les lieux du télétravail

Le décret du 5 mai 2020 vient également compléter l'article 2 du décret du 11 février 2016 relatif aux lieux au sein desquels l'agent va pouvoir **télétravailler**.

Auparavant, ces dispositions ne renvoyaient qu'au domicile de l'agent et aux locaux professionnels mis à disposition par l'employeur public. L'agent était ainsi limité à ces deux choix pour exercer ses fonctions en télétravail, ce qui pouvait faire obstacle à des demandes de **télétravail** pour les agents ne souhaitant pas nécessairement télétravailler chez eux, étant rappelé que l'administration n'était quant à elle aucunement tenue de mettre à disposition des locaux professionnels pour les éventuels télétravailleurs.

Désormais, le télétravail peut être effectué au domicile de l'agent mais également dans un autre lieu privé ou dans tout lieu à usage professionnel. L'agent pourra donc désormais solliciter une autorisation pour télétravailler, par exemple, dans sa résidence secondaire, au domicile d'une autre personne ou dans un espace de coworking. Cependant, et pour rappel, si le choix du lieu de télétravail revient à l'agent, il doit être validé par l'autorité territoriale. L'agent pourra, ensuite, bénéficier d'une autorisation visant plusieurs lieux de télétravail.

La quotité de télétravail

L'apport principal du décret du 5 mai 2020 tient à la possibilité ouverte aux agents d'avoir recours au télétravail de manière ponctuelle et non plus uniquement régulière. Ainsi, le nouvel article 2-1 du décret du 11 février 2016 prévoit désormais que le télétravail peut être autorisé pour un nombre de jours fixes par semaine ou par mois mais également pour un volume de jours flottants attribués par semaine, mois ou année.

> *L'administration est tenue d'aménager le poste de télétravail pour les agents justifiant d'un handicap.*

Et l'agent peut bénéficier d'une autorisation visant les deux **modalités de télétravail**. Par exemple, un agent pourra ainsi être autorisé à télétravailler deux jours fixes par semaine et cinq jours flottants par mois.

Pour autant, les limites à la quotité de télétravail restent les mêmes, l'article 3 du décret du 11 février 2016 restant inchangé : l'agent ne peut pas télétravailler plus de trois jours par semaine et le temps de présence sur le lieu d'affectation ne peut être inférieur à deux jours ; l'appréciation du nombre de jours télétravaillés et effectués en présentiel peut cependant être réalisée sur le mois.

Une nouvelle exception à ces limites est néanmoins introduite par le décret du 5 mai 2020 : outre l'état de santé, le handicap et l'état de grossesse qui peuvent justifier une dérogation, une situation exceptionnelle perturbant l'accès au service ou le travail sur site peut également justifier que l'agent télétravaille plus de trois jours par semaine ou soit présent moins de deux jours par semaine sur son lieu d'affectation.

L'agent ne peut pas télétravailler plus de trois jours par semaine.

À RETENIR

- Un agent peut désormais être autorisé à télétravailler dans le cadre de jours fixes par semaine ou par mois mais également dans le cadre d'un volume de jours flottants.
- Un agent peut désormais télétravailler dans tout lieu privé ou professionnel, sous réserve que celui-ci soit accepté par l'autorité territoriale.
- L'administration doit prendre en charge les coûts afférents à l'aménagement du poste de télétravail de l'agent en situation de handicap.
- La CAP ou la CCP peuvent être saisies du refus d'autorisation ou de renouvellement de l'autorisation de télétravail et de la décision d'interruption du télétravail.

Le matériel pour télétravailler

Le décret du 5 mai 2020 impose désormais à l'agent, qui souhaite télétravailler dans un lieu privé, de joindre à sa demande de télétravail une attestation de conformité des installations aux spécifications techniques. Cette attestation devra être établie conformément aux règles prescrites par l'organe délibérant dans le cadre de sa délibération-cadre sur le télétravail. En effet, et pour rappel, l'organe délibérant doit fixer, par délibération :

- les activités exigibles au télétravail ;
- la liste et la localisation des locaux professionnels éventuellement mis à disposition par l'administration pour l'exercice des fonctions en télétravail, le nombre de postes de travail qui y sont disponibles et leurs équipements ;
- les règles à respecter en matière de sécurité des systèmes d'information et de protection des données ;
- les règles à respecter en matière de temps de travail, de sécurité et de protection de la santé ;
- les modalités d'accès des institutions compétentes sur le lieu d'exercice du télétravail afin de s'assurer de la bonne application des règles applicables en matière d'hygiène et de sécurité ;
- les modalités de contrôle et de comptabilisation du temps de travail ;
- les modalités de prise en charge, par l'employeur, des coûts découlant directement de l'exercice du télétravail ;
- les modalités de formation aux équipements et outils nécessaires à l'exercice du télétravail ;
- les conditions dans lesquelles l'attestation de conformité aux spécifications techniques doit être établie.

Le décret du 5 mai 2020 précise également que l'administration est tenue d'aménager le poste de télétravail pour les agents justifiant d'un handicap. Il devra donc bénéficier des mêmes aménagements que sur son lieu d'affectation. L'administration peut cependant refuser un tel aménagement si les coûts afférents sont disproportionnés, en tenant notamment compte des aides auxquelles l'administration a droit pour les dépenses de cette nature.

Lorsque l'agent est autorisé à télétravailler, au titre de jours flottants, le décret du 5 mai 2020 instaure la possibilité pour l'administration d'autoriser l'agent à utiliser son matériel informatique personnel.

Le rôle des commissions paritaires

Initialement prévu uniquement dans le cadre de la fonction publique de l'État, la commission administrative paritaire pour les agents titulaires et la commission consultative paritaire pour les agents contractuels peuvent être saisies du refus opposé par l'administration à une demande initiale ou de renouvellement d'autorisation de télétravail, mais également d'une décision d'interruption du télétravail.

À voir si ces assouplissements insérés par le décret du 5 mai 2020 conduiront les collectivités territoriales et leurs établissements publics à mettre en œuvre, pour leurs agents, le télétravail.

Ressources

Ces documents peuvent vous accompagner dans la démarche d'instauration de jours de télétravail.
À noter : si les conseils organisationnels sont toujours d'actualité, les parties juridiques de ces documents sont datées depuis la sortie du décret du 5 mai 2020.

- CNFPT, Les pratiques des collectivités territoriales en matière de développement du télétravail pour leurs agents. Avec 7 fiches pratiques de retour d'expérience : frama.link/Jq5y7g3K
- Centre de gestion de la Fonction publique territoriale CDG35, Mettre en place le télétravail Enjeux, cadre juridique, méthodologie et témoignages de collectivités : frama.link/2Ngcchun
- Ministère des Comptes et de l'action publique, Le télétravail dans les trois versants de la fonction publique, Bilan du déploiement : frama.link/0AB7HUW9

Document 8

Quels sont les avantages du télétravail (et ses inconvénients) ? (extrait) - Alexandre Diard - *Blog, mon portail RH* consulté le 3 mai 2021

Le **télétravail** consiste, pour un salarié, à effectuer son travail hors des locaux de l'entreprise.

Le salarié peut donc travailler de chez lui via les nouvelles technologies : un ordinateur ou une tablette par exemple.

Fin 2017, une enquête révèle que 17% des français ont aujourd'hui recourt au télétravail (source : travail-emploi.gouv). Que ce soit de manière occasionnelle ou régulièrement, seulement 6% effectue du télétravail de façon contractualisé, c'est-à-dire sous contrat qui stipule que le télétravail est possible. Cela peut paraitre complexe mais la **mise en place du télétravail** varie beaucoup selon les entreprises. Certaines entreprises sont assez souples dans la pratique du télétravail tandis que d'autres sont plus strictes.

Au-delà de la complexité administrative du télétravail, sa mise en place peut, elle aussi s'avérer difficile pour **les managers**. Ceux-ci doivent, en effet, avoir confiance en leurs employés et en leurs capacités à être autonome pour les laisser faire du télétravail. Ils ont donc tendance à voir les inconvénients du télétravail en occultant souvent les nombreux avantages de celui-ci. Nous vous récapitulons donc ici les **avantages du télétravail**.

LES AVANTAGES DU TÉLÉTRAVAIL

▷ FACILITER LE RECRUTEMENT

Le recrutement devient de plus en plus compliqué dans certains secteurs et il faut savoir se démarquer afin d'**attirer de nouveaux talents**. La marque employeur et les **réseaux sociaux** peuvent vous permettre de d'attirer ces nouveaux talents mais parfois ceux-ci recherchent d'autres avantages.

D'après un récent sondage (2017), 61% des Français aspirent au **télétravail**. En proposant le télétravail et en le mettant en avant dans votre communication marque employeur, vous pourrez donc attirer de nouveaux candidats. En étant flexible, vous devenez ainsi plus compétitif sur le marché du travail, ce qui n'est pas négligeable de nos jours.

Mais pourquoi les candidats sont-ils attirés par le télétravail ? Tout d'abord cela leur permet de mieux gérer leurs temps de travail, ils deviennent plus autonomes et sont moins stressés. Le télétravail ou le travail à distance est source de responsabilité et montre que la hiérarchie leur fait confiance.

Le télétravail fait, de nos jours, partie à part entière de la qualité de vie au travail (QVT). **Les nouvelles générations (Y et Z)** sont des générations nomades, qui aiment bouger. En leurs proposant le télétravail vous êtes plus à même de recruter ces nouvelles générations. Le télétravail est donc un avantage et pour les salariés et pour l'entreprise.

On n'y pense pas forcément mais le télétravail participe au développement durable : les salariés ne prennent plus leur voiture ou les transports en commun pour venir au travail puisqu'ils le font de chez eux. L'empreinte écologique est donc réduite. Une société peut donc mettre en avant le télétravail et l'avantage écologique de ce dernier pour attirer de nouveaux candidats soucieux de l'environnement. Une société investie dans le développement durable donnera une bonne image auprès de ses futurs candidats.

▷ RÉDUIRE L'ABSENTÉISME ET LES RETARDS

Vous souvenez-vous de l'hiver 2018 ? Quelques flocons et les grandes villes s'affolent, les transports en communs sont bloqués et tout le monde se retrouve cloitré chez soi. Les grandes villes sont vite paralysées par les intempéries : neige, tempêtes... Grâce au télétravail, vous n'aurez plus ce problème. Vos employés peuvent travailler de chez eux en toute tranquillité en cas d'intempérie. Un des **avantages du télétravail** est donc de réduire le taux d'absentéisme et de retard. Et oui en télétravail, on évite les embouteillages, les retards de transports en communs. Attention néanmoins à poser des limites claires : télétravail ne veut pas dire moins de travail.

Le salarié doit effectuer le même nombre d'heures que s'il avait été au bureau.

▷ Meilleures intégrations des salariés handicapés

Le télétravail peut également être intéressant pour l'intégration de salariés handicapés dans une entreprise. Il permet en effet à des personnes en situation de handicap de concilier travail et soins médicaux. Le salarié peut alors s'organiser en fonction de son état de santé : soins, visites médicales... Évidemment, cela ne convient pas à tous les types de handicap mais cela peut être intéressant pour les personnes handicapées moteurs par exemple. En effet, cela leur évite les déplacements.

Dans d'autres cas, cela peut faciliter l'adaptation et **l'intégration dans l'entreprise**. Il est préférable de commencer d'abord en mi-temps mais aussi en télétravail. Après un accident, il est possible de travailler en mi-temps thérapeutique en télétravail. Le mi-temps thérapeutique ou temps partiel thérapeutique est prescrit par un médecin qui estime que travailler à temps complet est trop précoce. Le télétravail peut cependant permettre de continuer à travailler à temps partiel sans avoir se déplacer.

En conclusion, le télétravail favorise le maintien dans l'emploi des personnes handicapées.

▷ Un des avantages du télétravail : Réduction des dépenses

Aujourd'hui les coûts des loyers augmentent et il devient de plus en plus difficile de joindre les deux bouts pour les jeunes entreprises. Alors pourquoi ne pas utiliser les nouvelles technologies de l'information et de la communication pour palier à ce problème ? Évidemment, le télétravail ne doit pas être automatique. En fonction du secteur et de l'activité de l'entreprise, les locaux peuvent être indispensables. Les activités nécessitant un accueil du public ou des clients ou des stocks importants sont obligés d'avoir des locaux par exemple. Cela n'empêche cependant pas aux salariés ayant un métier ne nécessitant pas d'être sur place de pratiquer le télétravail.

Vous pouvez aussi aménager vos locaux de façon à faire une rotation des bureaux. Un bureau n'est pas attribué à une seule personne mais à plusieurs. Quand une personne fait du **télétravail** le jeudi, une autre récupère son bureau. Cela demande une bonne coordination mais permet de réduire l'espace nécessaire et donc le loyer. Autre possibilité, prévoir des bureaux temporaires pour les personnes n'étant pas souvent présentes dans les locaux.

Vous pouvez également réduire les coûts des transports. En effet, les déplacements sont souvent partiellement pris en charge dans les grandes villes. Cette prise en charge peut donc être réduite grâce au télétravail. Cela peut paraître minime mais réduire ce coût sur une centaine de salariés n'est pas négligeable.

▷ Gain de productivité

Pour terminer, un des **avantages du télétravail** est la productivité des salariés. Un salarié qu'on « autorise » à faire du télétravail se sent considéré. Il comprend qu'on lui fait confiance. Il va donc redoubler d'effort afin de montrer que la hiérarchie a raison de lui faire confiance. Le salarié se sent redevable.

C'est également une source de motivation pour le salarié. Une amélioration de la qualité de vie au travail des salariés fait que les salariés se sentent mieux. Cela permet d'augmenter leur productivité. Conscient d'avoir cet avantage, les collaborateurs s'impliquent davantage.

▷ Fidéliser vos salariés

Le télétravail est quelque chose de demandé par beaucoup de candidats et salariés. En proposant ainsi le télétravail à vos salariés vous **les fidéliser** et réduisez ainsi le taux de turnover dans votre entreprise.

(...)

Document 9

Anact
L'AGENCE NATIONALE
POUR L'AMÉLIORATION
DES CONDITIONS DE TRAVAIL

Télétravail

Coronavirus et télétravail : 5 dimensions pour mieux s'organiser collectivement

Publié le 24/11/2020

Que vous deviez mettre en place pour la première fois cette modalité pour vos collaborateurs, ou procéder à des améliorations après un premier déploiement en urgence, retrouvez 5 dimensions à prendre en compte pour combiner poursuite de l'activité à distance et santé au travail.

Les 5 dimensions ci-dessous peuvent être passées en revue par les manageurs et la direction ainsi que dans le cadre du CSE pour définir les modalités d'organisation du télétravail lors de sa mise en place, ou proposer des ajustements par la suite. Elles pourront également être utiles, après la phase de crise sanitaire, afin de définir les grandes lignes d'une politique de télétravail en tirant les enseignements de la situation actuelle.

1. LES LIEUX DE TRAVAIL

Idéalement, le télétravail se fait au domicile du salarié, dans une pièce isolée phoniquement et visuellement. Mais **tous les salariés ne sont pas égaux** sur le plan de l'aménagement de leur lieu de vie en lieu de travail (surface en m2, nombre de personnes présentes au foyer, accès à la fibre...). Que peut faire l'entreprise pour faciliter cette modalité pour le plus grand nombre ?

Pistes d'action :

1. Rappeler par mail les conditions « idéales » facilitant l'activité de travail à domicile et les aménagements utiles (chaque fois que possible, une pièce dédiée suffisamment éclairée, des équipements adaptés : un bureau, une chaise à la bonne hauteur, etc.).
2. Instaurer une flexibilité des horaires de travail pour les salariés devant partager leur espace de travail et leurs équipements avec d'autres personnes du foyer.
3. Dans le cas d'une impossibilité de travailler à domicile, identifier un espace aménagé au sein de l'entreprise permettant de répondre aux recommandations sanitaires.

2. L'ARTICULATION DES TEMPS DE VIE

La nécessité de faciliter davantage l'articulation des **temps de vie privée et professionnelle** des collaborateurs est pointée comme une marge d'amélioration dans nombre d'entreprises. Cette dimension nécessite de questionner la façon dont l'activité et les temps de travail sont définis : existe-t-il des marges de manœuvre pour aménager les horaires de travail – et plus précisément les heures de contact avec les clients - pour tous les salariés en télétravail ou certains services ? Il s'agit dans le contexte actuel de proposer autant que possible des **solutions adaptées aux problématiques personnelles** de chacun des salariés.

Pistes d'action :

1. Présenter de manière détaillée les dispositifs RH à mobiliser pour faciliter la conciliation des temps (congés enfants malades mobilisables par journée, demi-journée, arrêt maladie, temps partiel, chômage technique...), organiser un point régulier avec chaque salarié sur sa situation (celle-ci pouvant notamment évoluer en cas de maladie d'une personne au foyer).
2. Promouvoir les solutions favorisant la conciliation des temps aussi bien auprès des salarié-e-s femmes que hommes dans un objectif d'égalité professionnelle.

3. En intégrant les contraintes d'articulation des temps dues au confinement (activités de soutien aux enfants, pause-déjeuner allongée par le temps de préparation, soins aux personnes malades etc.), identifier les plages horaires de disponibilité de chacun pour répondre à la clientèle, être contacté, ainsi que des plages réservées au temps collectif (réunions d'équipe ou de projet).
4. Deux semaines après la mise en place du confinement, organiser un premier bilan avec l'ensemble de la ligne managériale et les représentants du personnel du CSE.
5. Rappeler l'importance pour chacun de se déconnecter au-delà des horaires de travail ainsi que les mesures de prévention du « présentéisme à distance ».
6. Discuter au niveau de la direction avec les clients et les fournisseurs pour identifier des marges de manœuvre possibles dans la fixation horaires de travail.

3. L'USAGE DES OUTILS NUMÉRIQUES

Si dans les entreprises qui pratiquent déjà le télétravail, les équipements nécessaires au travail à distance sont déjà accessibles, ce n'est pas toujours le cas pour les organisations qui ont déployé cette modalité en urgence. L'utilisation des moyens personnels - moyennant une prise en charge de l'entreprise – peut parfois être envisagée. Mais au-delà de l'équipement, la question des **compétences** doit être prise en compte : les salariés en télétravail maitrisent-ils tous les outils numériques nécessaires au télétravail ?

Pistes d'action :

1. Proposer aux salariés des moyens pour jauger de la qualité de leur connexion (test de débit) et prendre en charge les abonnements et les connexions internet adaptées (Box, abonnements mobiles), par le service informatique.
2. Mettre à disposition de tous des outils de visioconférence, de gestion de documents en ligne, d'accès aux applications maison/métiers à distance (VPN).
3. Former à distance les salariés qui le souhaitent à ces différentes solutions ou mettre à disposition des tutoriels en ligne (vidéos ou mode d'emploi illustré).
4. Rappeler les règles de sécurité informatique essentielles.
5. Favoriser les coopérations entre les salariés sur ces dimensions (identification de binômes, temps dédié aux coopérations...).

4. LE MANAGEMENT

À condition qu'il dispose lui-même des moyens adaptés (temps, marges de manœuvre, charge de travail, soutien de la direction...), le manageur a un **rôle clé** à jouer pour conjuguer les nécessités de l'activité et les conditions de travail. Il s'agit pour lui de pouvoir réguler au fil de l'eau la charge de travail de chacun tout en étant vigilant aux risques liés à la configuration actuelle. Une dimension qui nécessite qu'il puisse réaliser un travail fin de **suivi individuel et collectif.**

Pistes d'action :

1. Inciter les manageurs à organiser des réunions hebdomadaires avec leur équipe pour adapter les objectifs, prioriser les activités, clarifier "qui fait quoi" et identifier les moyens pour pouvoir bien travailler (informations, coordinations, coopérations, etc.).
2. Inciter en complément les manageurs à organiser des points réguliers avec chacun de leurs collaborateurs sur leurs activités avec une vigilance particulière pour les nouveaux entrants, les apprentis, les personnes en difficulté.
3. Sensibiliser les manageurs aux principes du management du travail à distance (prise en compte du travail réel des collaborateurs, aménagement régulier de la charge de

travail, prévention du risque de sur-contrôle de l'activité, vigilance à la sur-sollicitation numérique ou à l'inverse à l'isolement et à la sous-charge de travail...).

4. Proposer des temps d'échanges de pratiques en visioconférence entre manageurs.

5. LE COLLECTIF DE TRAVAIL

Les coopérations, le soutien entre salariés ou encore la fluidité des relations entre manageurs et équipes sont des leviers importants pour favoriser un travail de qualité et de bonnes conditions de travail. **Mais comment animer ces collectifs à distance ?**

Pistes d'action :

1. Organiser des réunions courtes régulières en visioconférence pour faire le point sur l'activité en équipe et par projet.
2. Soutenir les coopérations à distance : mise en place de pratiques de binômage ou de partage d'expérience à distance entre salariés.
3. Inciter les salariés à mettre à jour quotidiennement leurs agendas partagés en indiquant les temps de travail et de garde d'enfants.
4. Animer la communauté des salariés à distance : en proposant régulièrement des temps informels virtuels (pause-café en ligne), en favorisant l'utilisation d'outils de chat en ligne après en avoir partagé les règles.
5. Au niveau du service RH et des IRP, contacter régulièrement les salariés notamment ceux qui risquent d'être en difficulté (personnes seules, salariés n'ayant aucune pratique de télétravail...) afin de favoriser les remontées d'information et les ajustements.

Et demain, le télétravail ?

Dans une situation complexe et spécifique à la pandémie du coronavirus, de nombreux salariés expérimentent aujourd'hui le télétravail à 100% et au domicile. Les enseignements qui pourront en être tirés seront utiles si demain vous souhaitez améliorer les pratiques de télétravail dans l'entreprise. Le télétravail "classique" est généralement limité à un nombre de jours (maximum de 2 à 3 jours par semaine recommandés), et se déroule **soit au domicile soit en espace de coworking**. Il est utile dans cet objectif de **documenter** avec les salariés, le management et les IRP la situation actuelle au fur et à mesure de l'expérience de télétravail en confinement.

10 clés pour bien fonctionner ensemble en télétravail

À période exceptionnelle, mesures exceptionnelles ! En raison de la pandémie de coronavirus, une majorité d'entreprises doit poursuivre son activité avec une grande partie des salariés en télétravail, à plein temps et sans forcément s'y être préparées.
Quels points de repères pour vivre au mieux cet épisode exceptionnel et bien télétravailler ensemble ?
Voici 10 points clés qui peuvent vous aider, avec l'idée que chacun·e fait au mieux avec les moyens dont il dispose, bien entendu !

#1 Se mettre d'accord ensemble sur un fonctionnement collectif

Repenser et faire le point collectivement sur les activités pouvant être réalisées et à quelles conditions.
Se dire le qui fait quoi et comment.
Prévoir les temps d'échange réguliers pour faire le point très concrètement : en équipe ou avec son manager.

#2 Penser activités de travail plutôt que métier

Des salarié-e-s occupant des fonctions qu'on imagine non "télétravaillables" peuvent tout de même télétravailler sur des parties d'activités : back office, suivi des réclamations, plans d'amélioration, etc. Il ne faut pas hésiter à raisonner en activité plutôt qu'en métier.
Cela peut aussi être une occasion de repenser ses activités, de développer des choses non prévues, de consolider des actions qui n'étaient pas prioritaires et pourtant nécessaires pour l'entreprise. Une occasion d'impliquer les équipes dans les propositions !

#3 Manager à distance sur les objectifs

Ce télétravail "subi" à 100% est une occasion de piloter autrement les activités si ce n'était pas encore le cas. S'intéresser aux attendus du travail, se mettre d'accord sur les moyens et délais, et ne plus gérer par le "présentéisme".
Être en soutien aux équipes dans l'écoute de leurs difficultés et besoins.

#4 S'équiper des outils nécessaires pour collaborer à distance

Des logiciels métiers à installer sur les ordinateurs ? Les connexions réseaux sécurisées fonctionnent-elles bien ? Tester de nouveaux outils : audio conférences, web conférences, agendas partagés et messagerie instantanée. En cette période de crise, plusieurs outils sont mis à disposition gratuitement. C'est une occasion de les tester !

#5 Identifier des plages de disponibilité pour échanger

Tout en gardant une souplesse dans les horaires de travail, définir des plages horaires où les uns et les autres peuvent solliciter leurs collègues ou managers.
Communiquer également les plages de disponibilité aux clients / partenaires / fournisseurs.

#6 S'aménager une zone de travail dédiée

Tant que possible, identifier un espace de travail spécifique afin de ne pas être trop interrompu ou pouvoir tout simplement faire des coupures en changeant de lieu.
Aménager au mieux cet espace (bureau, assise, lumière, etc.).

#7 Distinguer temps professionnel et temps personnel

Le risque : travailler en permanence. Ne pas hésiter à se fixer des plages de travail programmées et s'y tenir.
Pour les salariés gardant des enfants à la maison, bien que le télétravail ne soit normalement pas prévu dans ce cadre, essayer de prévoir tant que possible des plages de travail raisonnables en lien avec l'activité à programmer des enfants.

#8 Se déconnecter et prendre des pauses

Lorsque l'on travaille seul, on peut avoir du mal à se déconnecter. Ne pas hésiter à prendre des pauses, couper et s'aérer physiquement, intellectuellement ou socialement dans les limites du possible (prendre l'air dans le périmètre autorisé, échanger avec un ou une proche à distance, lire, préparer un repas, etc.).

#9 S'autoriser à revisiter le fonctionnement collectif : dialogue et échanges !

Se dire ensemble que la façon de travailler peut évoluer pour s'adapter au mieux. Besoins de plus de temps d'échanges ? De revoir les outils ? De redéfinir des plages de travail ? Ne pas hésiter à en discuter et revisiter ensemble les choses. Tout cela repose sur le dialogue.

#10 Garder des temps de convivialité "virtuelle"

Ne pas hésiter à innover pour garder un lien social à distance : pause-café virtuelle ? Forum de discussion ? À vos idées !

Document 10

Santé et sécurité au travail

DOSSIER

RISQUES PSYCHOSOCIAUX (RPS)

Réglementation

Réglementation générale

Une obligation générale de sécurité incombe à l'employeur (article L. 4121-1 du Code du travail). Il lui revient d'évaluer les risques, y compris psychosociaux, et de prendre les mesures nécessaires pour assurer la sécurité et protéger la santé physique et mentale de ses salariés. Cette obligation générale repose sur une approche globale de la prévention des risques professionnels. Il ne s'agit pas seulement de rechercher la conformité à des obligations précises mais d'obtenir le résultat attendu (assurer la sécurité et protéger la santé physique et mentale des salariés).
Pour organiser la prévention des risques psychosociaux en entreprise, l'employeur se fonde sur les principes généraux de prévention. Parmi ces principes (article L. 4121-2 du Code du travail), figure notamment la nécessité de :

- Combattre les risques à la source et d'adapter le travail à l'homme. Cela implique d'intervenir le plus en amont possible pour prévenir les risques psychosociaux : conception de postes de travail adaptés, choix des méthodes de travail et de production, en vue par exemple de limiter le travail monotone et le travail cadencé, soutien technique aux opérateurs pour la réalisation des activités, adaptation des charges de travail...
- Planifier la prévention en y intégrant dans un ensemble cohérent la technique, l'organisation du travail, les conditions de travail, les relations sociales et l'influence des facteurs ambiants, notamment les risques liés au harcèlement moral et au harcèlement sexuel.

Pour mettre en œuvre sa stratégie de prévention, l'employeur a notamment la possibilité de s'appuyer sur le service de santé au travail.

Dispositions réglementaires particulières

Au-delà de ces dispositions générales, la prévention des risques psychosociaux pourra s'appuyer sur des dispositions concernant la prévention de certains facteurs de risque. C'est notamment le cas de la réglementation sur :

- certains modes d'organisation du travail (travail de nuit, travail en équipe de suppléance et travail posté),
- les relations de travail (principe de non-discriminations, interdiction du harcèlement moral et sexuel et obligation de les prévenir),
- la prévention des risques liés au bruit,
- la prévention des risques liés au travail sur écran.

Ce cadre réglementaire permet ainsi d'apprécier les infractions qui pourront éventuellement être réprimées. Ce sont moins les effets des risques psychosociaux en tant que tels qui seront alors appréhendés mais bien le non-respect d'obligations particulières de prévention (non-respect des prescriptions obligatoires relatives au bruit, au travail sur écran...) ou la caractérisation d'infractions précises (agissements de harcèlement moral...). La responsabilité pénale de l'employeur pourra être engagée sur la base du Code du travail ou du Code pénal.
Sa responsabilité civile pourra être recherchée en cas de faute inexcusable.

Accords nationaux interprofessionnels sur le stress au travail, le harcèlement moral et la violence au travail

En dehors des dispositions générales et particulières (prévues par la réglementation), les entreprises sont soumises à deux accords nationaux interprofessionnels, rendus obligatoires pour tous les employeurs et tous les salariés de leur champ d'application à compter de la date de leur extension.

L'accord national interprofessionnel sur le stress au travail a été signé le 02 juillet 2008 et rendu obligatoire par un arrêté ministériel du 23 avril 2009.

Cet accord propose des indicateurs pour dépister le stress au travail et un cadre pour le prévenir. L'accord précise également quelques facteurs de stress à prendre en compte, comme l'organisation et les processus de travail, les conditions et l'environnement du travail, la communication... Il rappelle que, dès qu'un problème de stress a été identifié, une action doit être entreprise pour le prévenir, l'éliminer, ou, à défaut, le réduire. La responsabilité de déterminer les mesures appropriées incombe à l'employeur qui doit associer les institutions représentatives du personnel, ou à défaut, les salariés à leur mise en œuvre.

Cet accord national est la transposition de l'accord-cadre européen signé en 2004.

L'accord national interprofessionnel sur le harcèlement et la violence au travail a été signé le 26 mars 2010 et étendu par un arrêté du 23 juillet 2010. Il invite les entreprises :

- à déclarer clairement que le harcèlement et la violence sur le lieu de travail ne sont pas tolérés,
- à prévoir des mesures appropriées de gestion et de prévention.
  Cet accord fournit une trame d'intervention à formaliser par l'entreprise : suivi des plaintes, respect de la confidentialité, prise en compte des avis de toutes les parties concernées, sanction disciplinaire en cas de fausse accusation, recours à un avis extérieur, médiation... Il rappelle que l'employeur a la responsabilité de déterminer, examiner et surveiller les mesures appropriées à mettre en place, en consultation avec les salariés et/ou leurs représentants.

Cet accord national est la transposition de l'accord-cadre européen signé en 2007. Il vient compléter l'accord national interprofessionnel sur le stress au travail.

Accord pour la prévention des RPS dans la fonction publique

Un protocole d'accord relatif à la prévention des risques psychosociaux dans la fonction publique a été signé le 22 octobre 2013. Cet accord-cadre prévoit la mise en place d'un plan national d'action pour la prévention des RPS dans la fonction publique qui doit se traduire par l'élaboration par chaque employeur public d'un plan d'évaluation et de prévention des RPS.

Différentes circulaires et instructions ont été prises en 2014 afin d'assurer la mise en œuvre de ce plan national d'action.

Pour en savoir plus

- **Accord national interprofessionnel sur le stress au travail**
- **Protocole d'accord pour la prévention des RPS dans la fonction publique**
- **Circulaire du 20 mars 2014 relative à la mise en œuvre du plan national d'action pour la prévention des risques psychosociaux dans les trois fonctions publiques**
- **Circulaire du 20 mai 2014 relative à la mise en œuvre de l'accord cadre relatif à la prévention des risques psychosociaux dans la fonction publique de l'Etat**
- **Circulaire du 25 juillet 2014 relative à la mise en œuvre, dans la fonction publique territoriale, de l'accord-cadre du 22 octobre 2013 concernant la prévention des risques psychosociaux**
- **Instruction n° DGOS/RH3/DGCS/4B/2014/321 du 20 novembre 2014 relative à la mise en œuvre dans la fonction publique hospitalière de l'accord-cadre du 22 octobre 2013 relatif à la prévention des risques psychosociaux dans les trois fonctions publiques**
- **Accord national interprofessionnel sur le harcèlement et la violence au travail**

Mis à jour le 05/01/2017

Comment aborder le sujet

a. Analysez le contexte et la commande

Les règles de présentation sont faciles à honorer.
On trouve dans le dossier deux références juridiques de nature à prendre place dans la zone des « références » du rapport.

Commune d'Alphaville	Le (date de l'épreuve)

RAPPORT

à l'attention de Madame la Directrice générale des services

Objet : La mise en œuvre du télétravail au sein de la commune d'Alphaville

Références : Article L. 2242-17 du Code du travail
Décret du 5 mai 2020 modifiant le décret du 11 février 2016 relatif aux conditions et modalités de mise en œuvre du télétravail dans la fonction publique et la magistrature

Les éléments contextuels

Le contexte est rapidement décrit, mais on y trouve des éléments qui doivent être pris en compte pour rédiger le rapport demandé :

– La commune d'Alphaville compte **40 000 habitants** et emploie **600 agents**.

On sera attentif à cette précision du nombre des agents dans l'élaboration des propositions opérationnelles de la seconde partie du rapport et on s'efforcera d'exploiter avant tout, si elles existent, les expériences relatées dans le dossier correspondant à cette strate démographique. Cette dernière serait essentielle si les dispositions juridiques en vigueur variaient selon que la commune compte ou non 40 000 habitants ou plus, mais l'exploitation du dossier montrera qu'un tel « ressort » démographique n'existe pas en matière de télétravail.

– Le fait que le rapport soit commandé par la **Directrice générale des services** signifie clairement que la mise en œuvre du télétravail concerne l'ensemble des services de la commune.

La commande

Comme précisé dans le cadrage national de l'épreuve, accessible sur les sites des centres de gestion organisateurs et observé dans la totalité des sujets d'annales du concours, les deux parties du rapport sont très nettement indiquées dans la commande, ce qui facilite l'élaboration du plan :

– La première partie porte sur **les enseignements de la mise en place du télétravail dans les collectivités territoriales**.

C'est donc une présentation générale de cette mise en place qui est attendue, sans se limiter au cadre de la commune d'Alphaville.

– La seconde partie doit présenter des propositions opérationnelles pour **mettre en œuvre dans les services de la commune d'Alphaville une organisation du télétravail**. La commande précise que cette organisation doit être **garante de la qualité de vie au travail**.

Il restera évidemment à trouver un plan pour structurer chacune de ces deux parties, le plan le plus classiquement retenu étant celui d'une première partie comportant deux sous-parties, la seconde partie pouvant en comprendre par exemple deux ou trois.

b. Exploitez le sommaire et opérez une lecture de survol du dossier

La **lecture de survol** du dossier permet aisément de repérer ceux des documents qui permettent d'alimenter la première partie et ceux qui contribueront à la rédaction de la seconde, la première étant exclusivement fondée sur des éléments du dossier et la seconde faisant en outre appel à des connaissances du candidat, comme indiqué dans le cadrage national de l'épreuve et rappelé dans le sujet lui-même.
Les titres des documents, reproduits dans la liste signalétique de la première page du sujet, peuvent être rendus plus explicites par les divers titres (chapeaux, sous-titres, intertitres...) que la lecture de survol du dossier permet d'identifier facilement.

1re partie : les enseignements de la mise en place du télétravail dans les collectivités territoriales	2e partie : propositions de mise en œuvre à Alphaville
Document 1 Article L. 2242-17 du Code du travail	
Document 2 **Télétravail : des clés pour protéger la santé des agents** Quel **bilan** peut-on tirer de la mise en place du télétravail dans les collectivités ?	*Document 2* **Télétravail : des clés pour protéger la santé des agents** Comment les employeurs se sont-ils adaptés pour **garantir la santé des agents** tout en maintenant la continuité du service public ?
Document 3 Quelles **premières leçons** de la crise ?	
	Document 4 Travail en présentiel et à distance : ma **feuille de route**
Document 5 Télétravail : renforcement dans les zones d'alerte et ouverture d'une **négociation en 2021**	
	Document 6 Télétravail : **ces collectivités qui ont pris les devants**
Document 7 Le télétravail dans la fonction publique territoriale : les **apports du décret du 5 mai 2020**	
Document 8 Quels sont les **avantages** du télétravail (et ses **inconvénients**) ?	
	Document 9 Coronavirus et télétravail : 5 dimensions pour mieux **s'organiser collectivement**
Document 10 Risques psychosociaux (RPS) – **Réglementation**	

c. Concevez un plan

L'exploitation du sommaire et la lecture de survol du dossier permettent assez facilement de dessiner un plan qui ordonne dans la première partie différentes informations collectées.

Première partie :

Le **cadre juridique du télétravail** doit être abordé dans le rapport, compte tenu de la place qu'il occupe dans le dossier, avec la contrainte d'honorer la commande de la première partie qui doit porter sur les enseignements de la mise en place du télétravail, contrainte à laquelle on peut satisfaire de la manière suivante : **la mise en place du télétravail a conduit à faire évoluer son cadre juridique**. On « tient » ainsi une sous-partie de la première partie.

Reste, pour organiser la deuxième sous-partie, à faire des choix dans la répartition des informations entre première et deuxième parties. Une logique **avantages/inconvénients du télétravail** est séduisante, mais elle conduit à deux sous-parties en plus de celle sur le cadre juridique du télétravail, soit trois sous-parties dans la première partie, organisation possible mais peu orthodoxe : pour présenter ces arguments en une seule sous partie, on peut opter pour des **avantages sous conditions**.

Deuxième partie :

La deuxième partie reste à structurer en utilisant tant des informations du dossier que des connaissances personnelles, dont les « incontournables » de la conduite de projet.

Les titres des documents fournissent cependant des repères utiles :

- des clés pour protéger la santé des agents ;
- les éléments d'une feuille de route ;
- des expériences novatrices de collectivités territoriales ;
- la nécessité de s'organiser collectivement.

d. Exploitez le dossier à partir du plan préconçu

À partir des axes ci-dessus, on peut ouvrir des fiches que l'on va alimenter par un travail de prise de notes à partir des documents du dossier. Les titres de ces fiches pourront évoluer si l'exploitation des documents fait apparaître des thèmes non perçus à ce stade.

On peut également ouvrir une fiche « introduction » que l'on étoffera au fur et à mesure de l'exploitation du dossier avec les informations requises (entrée en matière ou accroche, contexte juridique et territorial, problématique).

NOTE DU FORMATEUR

Dans un but pédagogique, les fiches ci-après sont davantage rédigées qu'elles ne peuvent l'être réellement pendant les trois heures de l'épreuve. Dans la réalité de celle-ci, seule une prise de notes rapide mais précise est possible, la rédaction aboutie s'effectuant directement sur la copie à partir des informations repérées dans le dossier, en étant attentif à éviter le copier-coller grâce à un effort de reformulation de ces informations.

Fiche introduction

Entrée en matière (accroche)

L'épidémie de coronavirus a conduit les collectivités à se convertir à marche forcée au télétravail, qui reste largement pratiqué après le déconfinement. Avant même le confinement, certaines collectivités, comme la région Île-de-France, avaient développé le télétravail : au siège de la région, 65 % des agents télétravaillent. *(document 2)*

Une étude publiée en février 2019 faisait apparaître que, dans le secteur privé, 29 % des effectifs des entreprises de plus de 10 salariés télétravaillaient, soit 5,2 millions de salariés. L'évolution a été plus lente dans la fonction publique de l'État, mais, malgré l'absence de données précises, tout laisse supposer que le télétravail s'est déployé dans les collectivités territoriales (*document 6*). Le conseil départemental de la Loire, par exemple, comme la métropole de Lyon ont fortement développé le télétravail dès 2019. *(document 6)*

Contexte juridique

Le développement du télétravail dans le cadre de l'état d'urgence sanitaire s'est opéré dans les collectivités sans cadre juridique précis, ce qui a conduit le gouvernement à préciser les règles par un décret du 5 mai 2020 modifiant le décret du 11 février 2016. *(document 7)*

Définition

Le décret de 2020 définit le télétravail comme « toute forme d'organisation du travail dans laquelle les fonctions qui auraient pu être exercées par un agent dans les locaux où il est affecté sont réalisées hors de ces locaux en utilisant les technologies de l'information et de la communication ». *(document 7)*

Fiche 1

La mise en place du télétravail a conduit à faire évoluer son cadre juridique
– L'article L. 2242-17 du Code du travail, modifié par la loi n° 2019-1428 du 24 décembre 2019, précise que « la négociation annuelle sur l'égalité professionnelle entre les femmes et les hommes et la qualité de vie au travail porte sur [...] les modalités du plein exercice par le salarié de son droit à la déconnexion et la mise en place par l'entreprise de dispositifs de régulation de l'utilisation des outils numériques, en vue d'assurer le respect des temps de repos et de congé ainsi que de la vie personnelle et familiale. À défaut d'accord, l'employeur élabore une charte, après avis du comité social et économique. Cette charte définit ces modalités de l'exercice du droit à la déconnexion [...] » *(document 1)* – Le décret de mars 2020 (*erreur dans le document : il s'agit en réalité du décret du 5 mai 2020*) précise un décret de 2016 en fixant les modalités du télétravail dans la fonction publique, avec la règle des trois jours (maximum) de télétravail par semaine, avec un temps sur le lieu d'affectation qui ne peut être inférieur à deux jours *(document 7)*, et la possibilité d'une plus grande amplitude pour raisons de santé (handicap, grossesse...) ou à cause d'une situation exceptionnelle perturbant l'organisation du travail sur site, comme le confinement. Le télétravail est pérennisé, ne relevant plus d'une autorisation de l'employeur mais d'une demande écrite de l'agent, qui peut contester la décision de l'employeur qui s'y opposerait. L'employeur qui veut mettre fin au télétravail doit motiver son retrait d'autorisation, avec un délai de prévenance de deux mois. L'employeur reste responsable en cas d'accident de service et, garant de la conformité du lieu de travail, il doit notamment adapter le poste au handicap. *(document 2)* – Une circulaire du ministère de la Transformation et de la Fonction publiques d'octobre 2020 incite les employeurs à organiser deux à trois jours de télétravail par semaine et, dans le cadre du dialogue social, à clarifier les droits et les devoirs des employeurs ainsi que les conditions de mise en œuvre du télétravail. *(document 5)* – Le décret du 5 mai 2020 supprime la disposition du décret de 2016 fixant que le télétravail « est réalisé de façon volontaire », élargit à tout lieu privé et tout lieu à usage professionnel le lieu d'exercice jusqu'alors limité au domicile et au local professionnel mis à disposition par l'employeur. Choisi par l'agent, le lieu du télétravail reste validé par l'autorité territoriale. Le télétravail peut désormais être autorisé pour un nombre de jours fixes par semaine ou par mois, mais aussi pour un volume de jours flottants attribués par semaine, mois ou année, un même agent pouvant exercer sous ces deux modalités. L'agent qui souhaite télétravailler dans un lieu privé doit joindre à sa demande de télétravail une attestation de conformité des installations aux spécifications techniques précisées par la délibération-cadre de la collectivité sur le télétravail. L'administration doit aménager le poste de télétravail pour les agents handicapés ; elle peut autoriser un agent à utiliser son propre matériel informatique. *(document 7)*

Fiche 2

Les avantages sous conditions du télétravail
Le télétravail ne doit pas être subi mais choisi par l'agent. Les risques du télétravail pour la santé commencent à être connus : difficulté de se déconnecter, risques de pathologies en raison d'une trop grande immobilité, isolement. Il faut former les encadrants à piloter une équipe à distance. *(document 2)*
Le conseil départemental de la Loire a réalisé un bilan du télétravail de 45 agents pendant 38 semaines en 2019 : 66 heures de temps de transport et 317 euros de carburants « gagnés », 30,5 tonnes de CO_2 non émises. Par ailleurs, 90 % des cadres et agents concernés ont été satisfaits de l'expérience sur le plan professionnel. *(document 6)*
Un point de vigilance, outre l'isolement des agents : l'impact sur le collectif. *(document 6)*
Dans les grandes agglomérations où les agents rencontrent des difficultés à se loger en cœur de ville, comme dans l'agglomération lyonnaise, le télétravail permet de concilier vie personnelle et vie professionnelle. *(document 6)*
Au sein de la métropole de Lyon, les 124 agents qui ont télétravaillé entre janvier et juin 2019 ont économisé 204 700 kilomètres et de 45 minutes à 1 heure 30 de trajet pour 67 % d'entre eux. En outre, la productivité des télétravailleurs augmente : la moitié du temps de trajet économisé est investie dans le travail. Une large majorité des encadrants estime que la qualité du travail s'est améliorée. *(document 6)*
Le développement du télétravail suppose que les encadrants fassent confiance à leurs agents et à leur capacité à l'autonomie. *(document 8)*
Le développement du télétravail, qui contribue à la qualité de vie au travail à laquelle les nouvelles générations sont sensibles, permet d'attirer et de fidéliser de nouveaux talents. Il participe au développement durable, réduit l'absentéisme et les retards, favorise le maintien dans l'emploi des personnes handicapées, peut réduire les dépenses liées aux locaux et est source de motivation de l'agent qui apprécie qu'on lui fasse confiance et s'implique davantage. *(document 9)*
Il est indispensable que les agents bénéficient de moyens technologiques adaptés, de formations au moyen de tutoriels et disposent d'espaces de coopération. *(document 9)*
Le rôle de l'encadrant est essentiel, il est chargé d'un suivi individuel et collectif : outre des réunions d'équipe hebdomadaires pour adapter les objectifs et les moyens, des points réguliers doivent être faits avec chaque agent sur ses activités, en sachant trouver un équilibre entre surcontrôle et isolement de l'agent. Il faut aussi savoir animer les collectifs à distance, avec des visioconférences courtes, l'organisation de coopérations à distance, l'incitation au partage des agendas et des temps informels virtuels. *(document 9)*

Fiche 3

La mise en œuvre d'une organisation du télétravail à Alphaville
Des clés pour protéger la santé des agents
Il convient de rappeler par mail aux agents les conditions idéales du travail à domicile et les aménagements nécessaires, d'instaurer des horaires flexibles si le lieu de travail est partagé, de rappeler les dispositifs RH existants pour concilier les différents temps, de faire des points réguliers avec les agents sur leur situation, de rappeler l'importance de la déconnexion. *(document 9)*
Un accord-cadre relatif à la prévention des risques psychosociaux dans la fonction publique signé le 22 octobre 2013 prévoit la mise en place d'un plan national d'action pour la prévention des RPS dans la fonction publique : il doit se traduire par l'élaboration par chaque employeur public d'un plan d'évaluation et de prévention des RPS. *(document 10)*

Une feuille de route

Pour quelles activités l'entreprise peut-elle recourir au télétravail et à quelles conditions ? Combien de jours peuvent être télétravaillés, avec quel équipement, et dans quels lieux de travail ? Quelle formation et quelles pratiques de management sont à mettre à place pour éviter les pièges de l'hyperconnexion ou l'isolement ? Pour répondre à ces questions, il faut organiser un retour d'expérience, en étant particulièrement à l'écoute des personnes qui ont télétravaillé pour la première fois. Pour instaurer le télétravail, la collectivité doit préalablement adopter une délibération-cadre sur le télétravail, fixant notamment les activités éligibles, les locaux professionnels le cas échéant mis à disposition, les règles de sécurité des systèmes d'information, les règles de temps de travail, celle de sécurité du travail et de protection de la santé, les modalités de contrôle et les modalités de formation des agents. *(document 7)*

La réflexion peut s'attacher notamment aux points suivants :
- faire le point collectivement sur les activités à réaliser par chacun dans le cadre du télétravail ;
- s'accorder sur ce qui peut être développé, ou au contraire abandonné ;
- s'équiper des outils nécessaires pour collaborer à distance ;
- identifier les plages de disponibilité pour échanger ;
- dialoguer pour revoir si nécessaire le fonctionnement collectif.

(document 9)

Des expériences novatrices

Le *benchmarking* (ou parangonnage) peut s'intéresser particulièrement aux collectivités pionnières, comme le conseil départemental de la Loire ou la métropole de Lyon. *(document 6)*

Une organisation collective

Les encadrants doivent savoir organiser l'activité de leur équipe tout en développant l'autonomie de leurs collaborateurs et en identifiant avec eux les processus qui doivent évoluer. Ils ont à repenser leurs modes de suivi et à encourager la pratique de retours réguliers, en définissant les modalités de partage de l'information. Ils doivent faire preuve d'exemplarité en matière de comportement en télétravail, prévenir les risques d'isolement, veiller au respect des temps de repos et de congé. Ils ont la responsabilité de la montée en compétences de leur équipe et de l'identification des outils facilitant un travail en mode mixte. Ils doivent aussi animer des points réguliers afin d'améliorer les pratiques. *(document 4)*

Corrigé

NOTE DU FORMATEUR

La copie ne doit contenir aucun signe distinctif sous peine d'annulation par le jury du concours pour rupture d'anonymat : il convient donc d'être particulièrement attentif à ne faire figurer dans le timbre aucune mention ne figurant pas dans la commande (n'utilisez pas de nom de collectivité réel ou fictif autre que « commune d'Alphaville »), ni de numéro d'enregistrement du rapport, etc.). De même, gardez-vous bien de porter un paraphe ou une signature en fin de copie.

Attention

Les mentions en italique dans le corrigé (introduction, contexte, définition...) n'apparaissent que dans un but pédagogique et ne doivent pas figurer dans la copie.

Commune d'Alphaville | Le (date de l'épreuve)

RAPPORT

à l'attention de Madame la Directrice générale des services

Objet : La mise en œuvre du télétravail au sein de la commune d'Alphaville

Références : Article L. 2242-17 du Code du travail
Décret du 5 mai 2020 modifiant le décret du 11 février 2016 relatif aux conditions et modalités de mise en œuvre du télétravail dans la fonction publique et la magistrature

(Introduction)

Contexte

L'épidémie de coronavirus a conduit les collectivités à se convertir à marche forcée au télétravail, qui reste largement pratiqué après le déconfinement. Une étude publiée en février 2019 faisait apparaître que, dans le secteur privé, 29 % des effectifs des entreprises de plus de 10 salariés télétravaillaient, soit 5,2 millions de salariés. L'évolution a été plus lente dans la fonction publique de l'État, mais, malgré l'absence de données précises, tout laisse supposer que le télétravail s'est largement déployé dans les collectivités territoriales.
Avant même le confinement, certaines collectivités, comme la région Île-de-France, avaient développé le télétravail : au siège de la région, 65 % des agents télétravaillent. Pour leur part, le conseil départemental de la Loire, par exemple, ainsi que la métropole de Lyon ont fortement développé le télétravail dès 2019.

Définition

Le déploiement du télétravail dans le cadre de l'état d'urgence sanitaire s'est opéré dans les collectivités sans cadre juridique précis, ce qui a conduit le gouvernement à préciser les règles par un décret du 5 mai 2020 modifiant le décret du 11 février 2016. Ce décret de 2020 définit le télétravail comme « toute forme d'organisation du travail dans laquelle les fonctions qui auraient pu être exercées par un agent dans les locaux où il est affecté sont réalisées hors de ces locaux en utilisant les technologies de l'information et de la communication ».

Problématique

Quels sont les enseignements de la mise en place du télétravail dans les collectivités territoriales ? Comment mettre en œuvre dans les services d'Alphaville une organisation du télétravail garante de la qualité de vie au travail ?

Annonce du plan

(I) Le développement du télétravail a conduit à en faire évoluer le cadre juridique (A) et a permis d'identifier les conditions d'une mise en œuvre bénéfique (B). (II) Son organisation à Alphaville requiert une réflexion collective préalable (A), suivie d'un plan d'action méthodique (B).

I - Un développement du télétravail qui conduit à modifier les règles et éclaire les enjeux

A - L'évolution du cadre juridique

Le décret du 5 mai 2020 précise un décret de 2016 en fixant les modalités du télétravail dans la fonction publique, notamment la règle de trois jours maximum télétravaillés par semaine, avec un temps sur le lieu d'affectation qui ne peut être inférieur à deux jours. Cette amplitude de trois jours peut être augmentée pour raisons de santé (handicap, grossesse...) ou en cas de situation exceptionnelle perturbant l'organisation du travail sur site, comme le confinement.
Par ailleurs, le télétravail est pérennisé par ce décret, ne relevant plus d'une autorisation de l'employeur mais d'une demande écrite de l'agent, qui peut contester la décision de l'employeur qui s'y opposerait. Ce dernier, s'il veut mettre fin au télétravail, doit motiver son retrait d'autorisation, avec un délai de prévenance de deux mois. Il demeure responsable en cas d'accident

de service et, garant de la conformité du lieu de travail, il doit notamment adapter le poste au handicap.

En outre, le décret du 5 mai 2020 supprime la disposition du décret de 2016 fixant que le télétravail « est réalisé de façon volontaire », élargit à tout lieu privé et à tout lieu à usage professionnel le lieu d'exercice jusqu'alors limité au domicile et au local professionnel mis à disposition par l'employeur. Choisi par l'agent, le lieu du télétravail reste cependant validé par l'autorité territoriale. Le télétravail peut désormais être autorisé pour un nombre de jours fixes par semaine ou par mois, mais aussi pour un volume de jours flottants attribués par semaine, mois ou année, un même agent pouvant exercer sous ces deux modalités.

De plus, l'agent qui souhaite télétravailler dans un lieu privé doit joindre à sa demande de télétravail une attestation de conformité des installations aux spécifications techniques précisées par la délibération-cadre de la collectivité sur le télétravail. L'employeur peut autoriser un agent à utiliser son propre matériel informatique.

Dans ce cadre, une circulaire du ministère de la Transformation et de la Fonction publiques d'octobre 2020 incite les employeurs à organiser deux à trois jours de télétravail par semaine et, dans le cadre du dialogue social, à clarifier les droits et devoirs des employeurs et les conditions de mise en œuvre du télétravail.

Enfin, l'article L. 2242-17 du Code du travail, modifié par la loi n° 2019-1428 du 24 décembre 2019, précise que « la négociation annuelle sur l'égalité professionnelle entre les femmes et les hommes et la qualité de vie au travail porte sur [...] les modalités du plein exercice par le salarié de son droit à la déconnexion et la mise en place par l'entreprise de dispositifs de régulation de l'utilisation des outils numériques, en vue d'assurer le respect des temps de repos et de congé ainsi que de la vie personnelle et familiale ».

B - Les conditions d'une mise en œuvre bénéfique

Avant tout, le télétravail ne doit pas être subi mais choisi par l'agent. Les risques du télétravail pour la santé commencent à être connus : difficulté de se déconnecter, risques de pathologies en raison d'une trop grande immobilité, isolement. Autre point de vigilance : veiller à ce que le télétravail ne mette pas fin à la dimension collective du travail.

En outre, le développement du télétravail suppose que les encadrants fassent confiance à leurs agents et à leur capacité à l'autonomie. Il faut également former les encadrants à piloter une équipe à distance. Le rôle de l'encadrant est essentiel, il est chargé d'un suivi individuel et collectif : outre des réunions d'équipe hebdomadaires pour adapter les objectifs et les moyens, des points réguliers doivent être faits avec chaque agent sur ses activités, en sachant trouver un équilibre entre surcontrôle et isolement de l'agent. Il faut aussi savoir animer les collectifs à distance, avec des visioconférences courtes, l'organisation de coopérations à distance, l'incitation au partage des agendas et des temps informels virtuels. De plus, il est indispensable que les agents bénéficient de moyens technologiques adaptés, de formations au moyen de tutoriels et disposent d'espaces de coopération.

Dès lors que ces conditions sont remplies, les bénéfices du télétravail sont nombreux : le développement du télétravail, qui contribue à la qualité de vie au travail à laquelle les nouvelles générations sont sensibles, permet d'attirer et de fidéliser de nouveaux talents. Il participe au développement durable, réduit l'absentéisme et les retards, favorise le maintien dans l'emploi des personnes handicapées et peut réduire les dépenses liées aux locaux. Il est en outre source de motivation pour l'agent, qui apprécie qu'on lui fasse confiance et s'implique davantage. Dans les grandes agglomérations où les agents rencontrent des difficultés à se loger en cœur de ville, comme dans l'agglomération lyonnaise, le télétravail permet de mieux concilier vie personnelle et vie professionnelle en supprimant le temps de transport.

Les bilans établis par deux collectivités sont éclairants : le conseil départemental de la Loire a réalisé un bilan du télétravail de 45 agents pendant 38 semaines en 2019 : 66 heures de temps de transport et 317 euros de carburant ont été « gagnés », 30,5 tonnes de CO_2 non émises. De plus, 90 % des cadres et agents concernés ont été satisfaits de l'expérience sur le plan professionnel.

Au sein de la métropole de Lyon, les 124 agents qui ont télétravaillé entre janvier et juin 2019 ont économisé 204 700 kilomètres et de 45 minutes à 1 heure 30 de trajet pour 67 % d'entre eux. En outre, la productivité des télétravailleurs augmente : la moitié du temps de trajet économisé est investie dans le travail. Une large majorité des encadrants estime que la qualité du travail s'est améliorée.

Ainsi, pour peu que l'on sache utiliser les marges de manœuvre permises par l'évolution de la réglementation et tirer les leçons des premières expériences de télétravail à grande échelle, on peut mettre en œuvre à Alphaville une organisation du télétravail à la hauteur des attentes.

II - La mise en œuvre du télétravail à Alphaville

A - Une réflexion collective préalable

Pour instaurer le télétravail, la collectivité doit préalablement adopter une délibération-cadre sur le télétravail, fixant notamment les activités éligibles, les locaux professionnels le cas échéant mis à disposition, les règles de sécurité des systèmes d'information, les règles de temps de travail et celles de sécurité du travail et de protection de la santé, ainsi que les modalités de contrôle et les modalités de formation des agents.

La commune d'Alphaville souhaitant mettre en œuvre une organisation du télétravail dans l'ensemble de ses services, une réflexion collective est indispensable tant pour identifier de manière exhaustive l'ensemble des postes pouvant recourir au télétravail que pour arrêter des règles applicables à l'ensemble des agents. Les expériences réussies de télétravail démontrant que l'implication des agents dans l'ensemble du processus constitue un élément déterminant, il paraît essentiel que tous les agents soient associés à cette réflexion.

Aussi, il semble pertinent d'adopter un mode de conduite qui permette aux idées de tous les agents de s'exprimer et de prendre corps, sans que leur place dans la hiérarchie influe sur le sort réservé à leurs propositions. Il convient donc d'adopter une conduite de projet non fondée sur les relations hiérarchiques et favorisant l'expression de chacun. Une conduite en mode projet paraît ainsi s'imposer, avec la création d'un comité de pilotage comprenant le maire ou l'adjoint ou adjointe au maire en charge du personnel, la directrice générale des services, les directeurs ou directrices généraux adjoints ainsi que le directeur ou la directrice des ressources humaines et le directeur ou la directrice des systèmes d'information. Un comité technique, qui pourra constituer des groupes de travail thématiques, sera composé de l'ensemble des chefs des services (ou des adjoints ou adjointes aux chefs de service que ces derniers souhaiteront déléguer). Ce comité technique comprendra également des agents choisis sur la base du volontariat, avec un souci de représentation des principaux services concernés et d'équilibre des catégories hiérarchique (A, B et C), des sexes et des âges, afin que tous puissent se sentir représentés par ces agents.

Il est essentiel, pour que le projet réussisse, que sa dimension participative soit fortement affirmée avant son démarrage, afin que tous ses acteurs, au premier rang desquels les agents eux-mêmes, se sentent légitimes et reconnus par la collectivité comme porteurs d'un projet essentiel pour le fonctionnement des services d'Alphaville. À cette fin, la première réunion du comité de pilotage pourra s'attacher à définir les modalités de présentation des enjeux du projet à l'ensemble des encadrants et aux agents, par exemple au moyen d'une réunion de tout le personnel si les conditions sanitaires le permettent, ou, *a minima*, d'une information au moyen de l'intranet de la collectivité.

B - Un plan d'action méthodique

Le Comité de pilotage devra s'attacher à structurer la démarche à partir des phases essentielles de toute conduite de projet, dans le cadre d'une feuille de route arrêtée en concertation avec le comité technique précisant les objectifs, les différentes actions à mener, les acteurs, les outils, les échéances et les indicateurs de réussite.

1 - Un *benchmarking* (parangonnage) soigné

Le comité technique pourra très utilement se livrer, dès le démarrage du projet, à une observation attentive des expériences de mise en œuvre du télétravail déjà conduites par d'autres collectivités, en commençant par celles déjà repérées, comme celles du conseil départemental de la Loire et de la métropole de Lyon. Cependant, il sera judicieux de se rapprocher de plus petites collectivités employant un nombre d'agents proche de celui d'Alphaville (600 agents). Il pourra dans ce but consulter le Centre national de la fonction publique territoriale (CNFPT), qui a vraisemblablement organisé des formations sur l'organisation du télétravail, et le centre de gestion de la fonction publique territoriale, dont le service juridique a certainement été saisi par des collectivités de questions liées au télétravail.

2 - Une identification participative des postes pouvant recourir au télétravail et des moyens nécessaires

Les chefs de service sont à l'évidence les acteurs essentiels de cette identification : disposant des fiches de poste de chacun des agents placés sous leur responsabilité, ils ont une vision claire des tâches confiées à chacun d'eux qui leur permet facilement de déterminer si elles peuvent ou non être réalisées dans le cadre du télétravail. Il n'en est pas moins nécessaire que tous les agents soient consultés, certaines de leurs tâches ayant pu évoluer ou s'avérer susceptibles de connaître des évolutions les rendant éligibles au télétravail alors qu'elles ne l'étaient pas jusqu'à présent.

À cette occasion, entendre les agents sur des tâches devenues à leur sens inutiles ou sur des tâches nouvelles devenues nécessaires, le cas échéant « télétravaillables », sera bienvenu. Ce travail peut s'accompagner d'un recensement des moyens informatiques (ordinateurs, téléphonie...) actuellement utilisés par les agents sur leur lieu de travail dans la collectivité, d'une vérification de la pertinence de ces moyens et d'une interrogation au moyen d'un questionnaire sur les moyens dont ils disposent personnellement : ordinateur, téléphone, réseau, abonnement...

À partir de ce recensement, une fois validée par le comité de pilotage la liste des postes concernés par le télétravail, la direction des systèmes d'information estimera les moyens informatiques dont la collectivité devra doter certains agents pour qu'ils puissent télétravailler dans de bonnes conditions. Un arbitrage du comité de pilotage sera également nécessaire pour décider si certains postes requérant un équipement informatique coûteux peuvent effectivement recourir au télétravail, en veillant à ce que la contrainte financière ne fasse pas obstacle à la volonté de généraliser ce dernier dans la collectivité.

3 - Une mise en œuvre attentive au bien-être des agents au travail

À ce stade, il faut adopter collectivement les nouvelles méthodes de travail à développer pour réussir le déploiement du télétravail, en veillant particulièrement à ce qu'elles assurent le bien-être des agents au travail. Les chefs de service seront les garants de la mise en œuvre de ces méthodes dans leurs relations de travail avec les agents placés sous leur responsabilité, mais l'ensemble de la chaîne hiérarchique sera attentive à les respecter, de même que l'exécutif de la collectivité dans ses relations avec la direction générale, afin que se développe une culture vertueuse du télétravail.

L'élaboration participative puis la diffusion d'une charte du télétravail rappelant le cadre juridique de son exercice, les valeurs qui la fondent (par exemple : confiance, responsabilité, exemplarité, bienveillance) et les pratiques conseillées paraissent très pertinentes.

Exemples de pratiques conseillées à tous les agents :

- aménager si possible un espace de télétravail dédié, ou organiser le partage de cet espace ;
- demander le matériel informatique approprié si l'on n'en dispose pas ;
- si nécessaire, suivre ou solliciter l'inscription à des formations en ligne sur les logiciels à utiliser pour télétravailler ;
- alimenter un calendrier partagé précisant les plages d'indisponibilité ;

- respecter les horaires de travail précisés dans la charte, avec les temps de repos et les temps de déconnexion ;
- informer en temps réel sa hiérarchie des difficultés rencontrées ;
- participer aux évaluations régulières du processus.

Exemples de pratiques conseillées aux encadrants :
- réorganiser si nécessaire l'activité des agents placés sous sa responsabilité en fonction des contraintes et des opportunités du télétravail ;
- développer l'autonomie des collaborateurs ;
- revoir ses modes de suivi des agents ;
- être attentif à un suivi régulier des agents qui paraissent en retrait, pour prévenir les risques d'isolement ;
- veiller au respect des temps de repos et de congé ;
- définir les modes de partage des informations ;
- inciter à la formation ;
- prêter attention aux évolutions proposées ;
- animer des points réguliers pour améliorer les pratiques.

4. Une évaluation du projet

Le plan d'action comporte nécessairement, avec une périodicité définie par le comité de direction à partir du déploiement du télétravail dans l'ensemble des services (par exemple : un mois, trois mois, puis tous les six mois), des phases d'évaluation fondées sur une remontée vers le comité de pilotage des expériences réussies comme des points à améliorer, sur la base d'un questionnaire diffusé à l'ensemble des agents.
Cette évaluation sera naturellement réalisée au moyen des outils développés dans le cadre du télétravail, au premier rang desquels les visioconférences : réunions de services animées par les chefs de service, puis réunion des chefs de service animées par la direction générale. Il sera également pertinent d'organiser après un an de télétravail, au moyen du site Internet de la collectivité, une consultation des usagers et des principaux partenaires de la collectivité afin de mesurer les conséquences du télétravail sur la qualité du service rendu.
En même temps, il sera judicieux d'inciter chaque agent à saisir en temps réel sa hiérarchie des difficultés éventuellement rencontrées, par exemple au moyen d'une adresse e-mail dédiée permettant, si l'agent le souhaite, l'envoi d'un message anonymisé, afin de résoudre sans délai les difficultés préoccupantes.

Si l'on prend le soin de susciter et d'alimenter l'adhésion de tous les agents au déploiement du télétravail grâce à une démarche participative, sa généralisation dans les services de la commune d'Alphaville peut devenir un levier de changement puissant, améliorant la qualité de vie au travail, la performance des agents et la qualité du service public.

SUJET N° 2 : Rapport avec propositions

Concours externe, interne et 3e voie de rédacteur principal de 2e classe, session 2019

DURÉE : 3 HEURES

Énoncé

Vous êtes rédacteur principal territorial de 2e classe au sein de la commune de Vertville, qui compte 20 000 habitants et 300 agents. La commune souhaite devenir une collectivité exemplaire en matière environnementale.

Dans un premier temps, le directeur général des services vous demande de rédiger à son attention, exclusivement à l'aide des documents joints, un rapport sur l'écoresponsabilité dans les administrations.

10 points

Dans un deuxième temps, il vous demande d'établir un ensemble de propositions opérationnelles permettant à la commune de Vertville d'engager une démarche écoresponsable au sein des services.

Pour traiter cette seconde partie, vous mobiliserez également vos connaissances.

10 points

Liste des documents :

Document 1 : « Administration écoresponsable. Des gestes si simples et tellement utiles... » (extraits) - *Direction régionale de l'environnement Midi-Pyrénées* - février 2005 - 2 pages

Document 2 : « Mener une démarche écoresponsable : le facteur humain » (extraits) - *Club Développement Durable Grand Lyon* - 10 avril 2017 - 5 pages

Document 3 : « Plan national d'action pour les achats publics durables 2015-2020 » (extrait) - *Ministère de l'Écologie, du Développement durable et de l'Énergie* - mis à jour en 2017 - 4 pages

Document 4 : « Se doter d'une flotte de véhicules propres » - *courrierdesmaires.fr* - 11 janvier 2018 - 3 pages

Document 5 : « La définition du besoin » (extraits) - Direction des affaires juridiques - *economie.gouv.fr* - 1er avril 2019 - 5 pages

Document 6 : « Le développement durable. Territoriaux, nous agissons » (extraits) - *CNFPT* - juillet 2013 - 4 pages

Document 7 : « Les cimetières passent du gris au vert » - Isabelle Verbaere - *laGazette.fr* - 31 octobre 2018 - 2 pages

Document 8 : « Agir sur... les déchets » - extrait du « Guide des administrations écoresponsables » - *ademe.fr* - octobre 2005 - 2 pages

Certains documents peuvent comporter des renvois à des notes ou à des documents non fournis, car non indispensables à la compréhension du sujet.

Document 1

L'histoire
(...) de l'éco-responsabilité

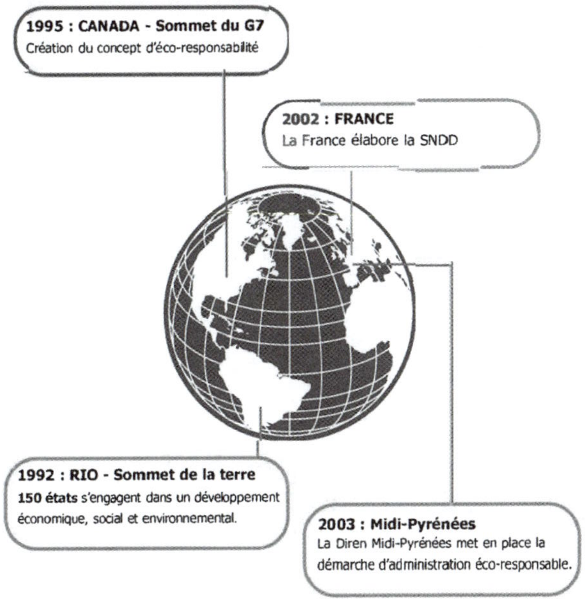

La notion d'éco-responsabilité

La promotion du principe d'éco-responsabilité au sein des administrations et des collectivités publiques vise à développer l'intégration des préoccupations environnementales dans leurs activités internes.

1 **Des gestes si simples et tellement utiles...**

L'histoire en détail

1992 : RIO - Sommet de la Terre

Lors du sommet de la terre à Rio, 150 Etats s'engagent dans un développement économique, social et environnemental.

1995 : CANADA - Réunion du G7

La réunion d'un G7 au Canada crée le concept d'éco-responsabilité.

2002 : FRANCE - Elaboration de la SNDD

La France élabore sa stratégie nationale de développement durable (SNDD) et met en avant la nécessité pour l'Etat de devenir exemplaire.

Cette stratégie fixe :
. des objectifs concrets et quantifiables en matière d'éco-responsabilité dans les domaines de l'énergie, de l'eau, des déchets, des achats, des bâtiments, des transports, des gaz à effets de serre.
. des principes tels, qu'intégrer dans toute décision, notamment dans tout acte de gestion, la protection de l'environnement : . protéger les ressources naturelles (air, eau, énergie...) - réduire les pollutions - préserver les droits des générations futures.

Le ministère de l'écologie et du développement durable (MEDD) se doit d'agir concrètement en faveur du développement durable. Il est aussi porteur et pilote de la démarche.

2003 : Midi-Pyrénées - Démarche de la Diren

La Diren Midi-Pyrénées met en place la démarche d'administration éco-responsable. Dans ce but, elle crée un groupe éco-responsable, se fixe des objectifs, réalise des actions en vue d'exporter son expérience.

. je veux en savoir plus :

> MEDD:
Ministère de l'écologie et du développement durable :
. www.ecologie.gouv.fr
- rubrique Administration ECO-RESPONSABLE

> ADEME :
Agence de l'environnement et de la maîtrise de l'énergie :
. www.ademe.fr
- rubrique Développement durable - Eco-responsabilité

La démarche éco-responsable

La méthodologie proposée par la Diren Midi-Pyrénées consiste à sensibiliser, informer et ensuite, exporter certains principes de base vers les autres acteurs publics.

5 domaines sont retenus et 5 slogans créés :

- **Achetons autrement**
- **Trions nos déchets de bureau**
- **Economisons l'eau**
- **Maîtrisons l'énergie**
- **Améliorons nos déplacements**

(...)

Notre objectif : **une démarche en 2 temps**

- une administration qui montre l'exemple,
- une exportation des principes et de nos expériences vers les autres acteurs publics.

2 **Des gestes si simples et tellement utiles...**

CLUB
DÉVELOPPEMENT
DURABLE
GRANDLYON

Restitution de la séance du 10 avril 2017

Mener une démarche éco-responsable : le facteur humain (extraits)

Hôtel de la métropole, 20, rue du Lac, 69003 Lyon

Accueil et Introduction

 Bruno Charles – *Vice-président de la Métropole de Lyon en charge du développement durable, de la biodiversité, de la trame verte et de la politique agricole.*

Bruno Charles rappelle que la thématique de l'éco-responsabilité, au cœur de cette séance du Club Développement Durable, a été proposée par les communes. Il rappelle que cet enjeu de l'exemplarité n'est pas anecdotique car, dans tous les domaines liés au développement durable, le modèle traditionnel de la délégation ne fonctionne plus : qu'il s'agisse de trier ses déchets ou de prendre son vélo, si le citoyen ne s'empare pas de la politique publique qui est proposée, celle-ci échoue. Le modèle de citoyenneté classique ne suffit plus : je suis éco-citoyen car je m'engage concrètement, par l'acte et pas seulement par le vote. C'est pour cela que nos organisations collectives ne peuvent plus se contenter de proposer des changements, elles doivent se les approprier et changer elles-mêmes leur organisation. C'est une question de crédibilité, même si cette exemplarité se heurte bien souvent au phénomène bureaucratique et à ce que les psychologues sociaux appellent le dilemme social (ou la théorie du passager clandestin, à savoir que chacun a intérêt à ce que les autres changent pour ne pas être obligé de changer lui-même). Aujourd'hui la plupart des gens ont compris ce que sont les enjeux d'un développement durable, sans pour autant nécessairement changer de comportement : c'est à nous, acteurs publics, de montrer l'exemple, afin d'être cohérents avec nous-mêmes, de convaincre le reste de la société de la nécessité de passer à l'acte. La question de cette matinée est bien celle-ci : comment impulse-t-on et prend-on la tête du changement ?

Bruno Charles rappelle que l'exemplarité n'est pas anecdotique : les acteurs publics ne peuvent plus se contenter de proposer le changement, ils doivent l'appliquer pour y participer concrètement, au côté des citoyens.

Les démarches éco-responsables des administrations : une brève introduction

 Aurélien Boutaud – *Consultant environnement, co-animateur du Club développement durable du Grand Lyon.*

a) Une dynamique née dans les années 2000

Les démarches éco-responsables ont connu un certain engouement dans les années 2000, portées notamment par l'Etat, rapidement rejoint par de nombreuses collectivités. Cette dynamique a permis d'établir des réseaux, de diffuser des bonnes pratiques et de produire des outils méthodologiques…

Aurélien Boutaud rappelle que la notion d'éco-responsabilité n'a pas de définition officielle. L'Ademe la décrit comme"*l'engagement des administrations à limiter les impacts environnementaux dans leurs modalités de fonctionnement interne : déplacements, consommations d'énergie (électricité, chauffage, climatisation…),de biens (papier, eau…)*". Ces démarches ont connu un engouement dans les années 2000, suite notamment à la publication de la Stratégie Nationale de développement durable qui faisait de l'exemplarité de l'Etat un levier d'action à part entière. La circulaire du 3 décembre 2008 a renforcé cette dynamique et amené les ministères à se doter d'un Plan d'Administration éco-responsable. Au tournant des années 2010, les retours d'expérience ont permis de mieux structurer les démarches des acteurs publics : des formations, des guides méthodologiques et des réseaux d'échange se sont alors multipliés.

Pas de définition officielle, mais une idée générale :

*« **L'éco-responsabilité** c'est l'engagement des administrations à limiter les impacts environnementaux dans leurs modalités de fonctionnement interne : déplacements, consommation d'énergie (électricité, chauffage, climatisation…), consommation de biens (papier, eau…).* » (Ademe, 2005)

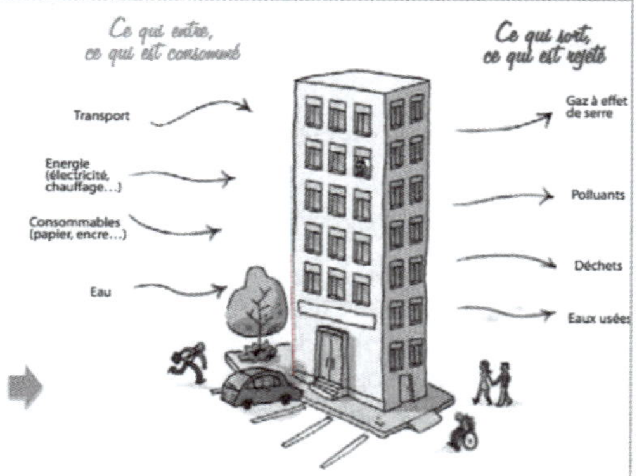

b) Une diffusion des démarches au tournant des années 2010

… la dynamique s'est toutefois ralentie. De nombreuses bonnes pratiques se sont largement diffusées, mais les démarches globales d'exemplarité ne se sont pas généralisées. Parfois délaissé, l'accompagnement au changement est pourtant un facteur clé de la réussite des démarches.

Le tournant des années 2010 est ainsi marqué par un certain engouement pour l'éco-responsabilité. Aurélien Boutaud l'illustre à travers l'exemple du Parc National de la Vanoise, qui a mené à cette époque une démarche originale basée sur le calcul de l'empreinte écologique de l'administration. Ce calcul a permis de hiérarchiser les enjeux pour mener des actions sur les postes de consommation les plus impactants. Par exemple, pour le poste de chauffage au gaz du bâtiment principal, des actions ont été proposées selon les trois modalités du scénario négaWatt : sobriété (baisse de la température de chauffe), efficacité (isolation du bâtiment) et substitution des énergies fossiles par des renouvelables (chaudière bois). Appliqué à tous les postes de consommation, ce travail a permis d'estimer les réductions d'empreinte écologique de l'administration envisageables à court et moyen terme.

c) Aujourd'hui : le facteur humain au cœur des démarches éco-responsables

Malgré cette dynamique des années 2010, l'éco-responsabilité n'est toutefois pas parvenue à s'imposer dans toutes les administrations. Il semble même que l'on assiste aujourd'hui à un certain essoufflement. D'un côté, de nombreuses bonnes pratiques se sont diffusées (restauration collective, marchés publics) et les exigences réglementaires se sont parfois accrues (usage des phytosanitaires, réglementation thermique...). Mais d'un autre côté, la thématique de l'éco-responsabilité apparaît aujourd'hui moins porteuse, tandis que l'accompagnement des démarches est parfois délaissé. Ce dernier est pourtant indispensable : toute démarche éco-responsable suppose des changements de comportement et d'organisation. Ce facteur humain, longtemps délaissé, est sans doute le plus important. C'est pourquoi il est au cœur de cette séance du club développement durable.

Le facteur humain au cœur du changement : mobiliser pour réussir sa démarche éco-responsable

- **Lara Mang-Joubert –** *Facilitatrice de changement, écologie et transition de société*

Pour comprendre l'importance du facteur humain dans les démarches éco-responsables, Lara Mang-Joubert en appelle à l'image de l'iceberg, dont la face visible serait la bonne connaissance technique des enjeux. Cet iceberg repose sur une face cachée, une base constituée d'hommes et de femmes qui participent au quotidien d'une organisation. On ne peut pas changer le haut de l'iceberg sans s'intéresser à ce sur quoi il repose. La proposition de cette matinée consiste à explorer ce facteur humain, qui est la face invisible mais fondamentale de l'éco-responsabilité.

a) L'éco-exemplarité : quels enjeux humains ?

L'éco-exemplarité soulève en général trois types d'enjeux qui relèvent de la routine (les habitudes qu'il faut changer), du sens (la finalité de l'action) et enfin des dissonances cognitives (la cohérence entre les valeurs et l'action).

Pour débuter, Lara Mang-Joubert demande à chacun de réfléchir à quelques enjeux d'éco-responsabilité qui le concernent directement au sein de sa structure. Les propositions sont variées : des déplacements professionnels à la machine à café, en passant par les commandes publiques, les logiciels libres, la distribution des journaux communaux ou encore la dématérialisation.

De manière générale, trois enjeux s'entremêlent pour les agents : l'évolution des routines (les habitudes du quotidien, qui jouent un rôle important et confortant de "système d'économie d'énergie psychique"), le sens des missions (ma place dans la collectivité, mon rôle, le sens de mon action : ce que je fais s'inscrit-il dans une vision collective qui fait sens pour moi ?) et enfin ce que les psychologues appellent les dissonances cognitives (le fait de ne pas être en phase avec ce que je dis, ou ce que sont mes valeurs).

Il est important de comprendre que l'éco-exemplarité ne relève pas d'une obligation : il ne s'agit pas de conduire le changement, mais de l'accompagner. Cela suppose de ne pas imposer un changement, mais de permettre à chacun d'en devenir acteur.

L'éco-exemplarité concerne 5,6 millions d'hommes et de femmes au sein des administrations, qui sont confrontés quotidiennement à ce type de questionnement.

L'éco-exemplarité pose de nombreuses questions : comment ça marche, est-ce que c'est efficace, quels sont les outils, etc. Mais de manière implicite, une question souterraine vient souvent diriger nos projets : " comment puis-je faire changer les autres ? ". Or cette question, légitime, est problématique : elle génère davantage de résistances que de changements. En effet, l'éco-exemplarité nécessite de rendre acteurs toutes les personnes, en premier lieu les élus et les décideurs, mais également l'ensemble des agents et même les partenaires de la collectivité. (...)

Ateliers de travail autour de témoignages des communes

Deux ateliers ont été constitués. Sur la base des témoignages de collectivités ayant mené une démarche éco-responsable, les participants ont été invités à retenir les principaux éléments pour mener à bien une telle démarche, ainsi que les principaux points de vigilance à conserver à l'esprit.

Témoignage de la Ville de Sainte Foy-lès-Lyon

- **Anastasia Musart –** *Chargée de mission développement durable à la Ville de Sainte Foy-lès-Lyon.*

La démarche d'éco-responsabilité a été initiée dans le cadre de l'Agenda 21 de la Ville, dont elle constitue un volet à part entière. Initiée en 2012, elle s'est traduite dans un premier temps par la création d'un réseau d'agents " animateurs développement durable " dont la mission est de sensibiliser leurs collègues à l'éco-responsabilité. Dix volontaires représentant 7 services ont été nommés animateurs et se sont vus remettre une fiche de mission signée par le Maire. Piloté par la chargée de mission développement durable, le réseau se réunit deux à trois fois par an afin de traiter à chaque fois d'une thématique spécifique, qui fait ensuite l'objet d'une publication sous forme de guides pratiques : " les cahiers de DéDé ". De nombreuses thématiques ont été abordées depuis la création du réseau, complétées d'actions concrètes au sein des services. Sur le tri des déchets par exemple (cahier n°1), une visite du centre de tri a été organisée, suivie de la réorganisation du tri dans les services. D'autres thématiques ont été traitées : la réduction des impressions et le tri du papier (cahier n°2), les économies d'énergie (cahier n°3), les économies d'eau (cahier n°4)… En 2015, la dynamique a été relancée grâce à une formation du CNFPT pour les animateurs, ainsi qu'une réunion avec le DGS et le Maire. Un pique-nique pour les agents a été initié lors de la semaine du développement durable (et reconduit chaque année) et de nouveaux sujets ont été abordés, toujours accompagnés de cahiers pratiques à destination des agents : le climat (avec l'organisation d'un défi entre services), le recyclage et la récupération (avec l'organisation d'un " troc des agents " et d'un vide bureau en ligne), l'alimentation durable (avec un repas de noël développement durable réalisé par les agents), etc.

Le bilan est positif : le réseau d'agents est dynamique et force de proposition. Le renouvellement des animateurs se fait au fur et à mesure, même si certains services sont plus difficiles à mobiliser. L'exercice a permis de souligner l'importance de la formation et de la convivialité, ainsi que le besoin de reconnaissance et de valorisation de cette mission. Autre point important : il ne faut pas se limiter à la communication, mais proposer des actions concrètes.

Témoignage de la Ville de Lyon

- **Isabelle Niesseron –** *Responsable de la Mission Développement Durable de la Ville de Lyon*

La démarche d'éco-responsabilité est une déclinaison du PCET de la Ville. Elle visait à réaliser des économies d'énergie grâce à un "Défi Bâtiment" (ciblé sur le bâtiment Griffon). Les autres objectifs étaient d'améliorer le confort et la qualité de vie, et de sensibiliser les agents aux éco-comportements à travers différents leviers : les moyens de transport, l'électricité, l'eau, le chauffage, l'utilisation des bureaux et des lieux communs, la gestion des déchets, l'alimentation sur le lieu de travail, etc. Un questionnaire élaboré en mai 2016 a permis d'identifier les pratiques et les opinions, suite à quoi un groupe pilote a été créé, sur la base du volontariat. Ces ambassadeurs ont pour mission de concrétiser des projets à travers des groupes thématiques. Des animations et une campagne d'information et de sensibilisation des agents sont ainsi construites, et un bilan sera réalisé au bout d'un an – avec notamment un suivi des consommations et la valorisation des économies réalisées et des éco-gestes.

L'enquête a permis d'identifier que l'éclairage du bâtiment et le chauffage étaient des sujets importants d'inconfort pour les agents. Il est également apparu qu'il était important de donner aux agents les moyens des éco-gestes : améliorer les équipements permettant le tri des déchets, faciliter le stationnement des vélos, améliorer le chauffage, favoriser la convivialité et l'aménagement des terrasses afin de favoriser le compostage, etc. Il est également ressorti de l'enquête que la démarche devait reposer sur des aspects ludiques et pratiques, une incitation basée sur des aspirations personnelles, davantage que sur des contraintes ou des injonctions hiérarchiques.

Le bilan est encourageant, puisque trois groupes de travail fonctionnent : sur l'énergie, la végétalisation et l'alimentation ; en revanche, deux groupes n'ont pas "pris", sur la mobilité (difficulté pratique à résoudre pour le stationnement des vélos) et la convivialité (aspect qui a été intégré aux trois groupes qui fonctionnent). Une interrogation demeure toutefois sur la capacité de la démarche à se pérenniser sans animation et pilotage, puisque l'idée est à présent de mettre les moyens d'animation sur d'autres bâtiments. Une méthodologie de l'animation d'une démarche d'éco-responsabilité sera diffusée pour pallier cette incertitude.

Témoignage de la Ville de Dardilly

- **Frédéric Brocard –** *Directeur général des Services de la Ville de Dardilly.*

La démarche a été initiée dans le cadre de l'Agenda 21 de Dardilly, qui date de 2007 et se caractérise par le fait que chaque adjoint porte le développement durable au sein de sa délégation. La première étape de l'Agenda 21 a consisté à développer une démarche interne, en s'appuyant sur les personnes les plus mobilisées et volontaires mais aussi sur des personnes désignées, pour constituer un réseau de correspondants touchant tous les services – soit une vingtaine de personnes au total, qui se réunissent trois à quatre fois par an. Une charte de l'engagement éco-citoyen a été élaborée par ce groupe, recouvrant six thématiques : achats, consommations d'eau, d'énergie, recyclage, déplacements, consommation du papier et sensibilisation du public. Une formation interne au développement durable est venue compléter cette démarche auprès d'une centaine d'agents.

Entre 2009 et 2015, la dynamique s'est toutefois essoufflée, pour différentes raisons – notamment les freins liés aux changements de comportements, parfois difficiles à pérenniser. En 2015, l'évaluation de l'Agenda 21 a été réalisée et a permis d'identifier : les forces (par exemple une stabilité des RH, des ressources qui se maintiennent), les faiblesses (un relatif saupoudrage, un manque de retours sur les effets, ...), les opportunités (la mutualisation des achats, opportunité pour les clauses sociales et environnementales) et enfin les menaces (la lassitude, la dimension non prioritaire du développement durable, etc.).

Le choix a été fait de focaliser les actions internes sur quelques thématiques phares : la mobilité, l'énergie, les déchets, l'alimentation et les achats. Enfin, le renouvellement des correspondants développement durable a permis de relancer fortement la dynamique, et les nouveaux arrivants bénéficient systématiquement d'une sensibilisation au développement durable. La dynamique semble repartie, comme en témoigne par exemple la vidéo élaborée à la demande des correspondants, qui vient illustrer de manière ludique les enjeux de l'éco-citoyenneté. (...)

Document 3

Plan national d'action pour les

ACHATS PUBLICS DURABLES 2015-2020 (extrait)

mis à jour en 2017

Ministère de l'Écologie, du Développement durable et de l'Énergie

1 - Première partie - Contexte et périmètre

Le présent document se veut une feuille de route.

10 ans après la directive Marchés publics qui, en 2004, a pour la première fois organisé les conditions d'une insertion de problématiques environnementales ou sociales dans les spécifications techniques des produits et services souhaités et/ou les critères de choix des offres, et après un état des lieux opéré auprès des acteurs de terrain de l'achat public émanant des trois administrations publiques (Etat, collectivités territoriales, hôpitaux), il fixe des objectifs et prévoit des actions qui répondent aux besoins exprimés par ceux-ci.

Ainsi, il ne s'agit plus de rappeler l'état des textes, désormais mieux connus qu'au moment du premier PNAAPD de 2007, ni de faire le tour de toutes les questions qui se posent en termes juridiques et pratiques, même si le présent document énumère quelques travaux prioritaires à mener à ce titre, mais de s'attaquer de façon pragmatique, et sur la durée, aux obstacles qui ralentissent la montée en puissance de l'achat public durable : convaincre les décideurs, accompagner les acheteurs, dialoguer avec les autres acteurs essentiels que sont les entreprises et leurs organisations représentatives, montrer, démontrer, valoriser, évaluer...

Les objectifs stratégiques fixés par le document le sont à l'horizon 2020. Les outils pour mesurer leur atteinte n'existent pas toujours au moment de la mise en place du plan.

Le présent document se présente donc sous la forme d'une liste d'actions thématiques parfois très concrètes (maintenance d'un site internet par exemple) qui ont été déterminées par les réseaux d'acheteurs consultés comme les plus à même de les aider à progresser dans l'achat public durable.

Certaines sont déjà entamées, d'autres entièrement à construire.

Les cibles du PNAAPD sont prioritairement les acheteurs publics, à deux titres :

comme bénéficiaires des actions qui seront mises en place ou poursuivies sur son fondement

comme participants potentiels et bienvenus à la création et l'animation de ces actions au sein de réseaux territoriaux et nationaux, experts comme praticiens au quotidien.

Et même si l'achat public présente des spécificités relatives à ses procédures, garanties et contrôles, la dynamique du PNAAPD n'ignorera pas l'apport et la richesse de l'échange avec les initiatives privées d'achat responsable.

1.1 - Définition des achats publics durables

Un achat public est un achat réalisé par un pouvoir adjudicateur soumis au code des marchés publics ou à l'ordonnance n° 2005-649 du 6 juin 2005 relative aux marchés passés par certaines personnes publiques ou privées non soumises au code des marchés publics.

Un achat public durable est un achat public :

- intégrant des dispositions en faveur de la protection ou de la mise en valeur de l'environnement, du progrès social, et favorisant le développement économique ;
- qui prend en compte l'intérêt de l'ensemble des parties prenantes concernées par l'acte d'achat ;
- permettant de réaliser des économies « intelligentes » au plus près du besoin et incitant à la sobriété en termes d'énergie et de ressources
- et qui intègre toutes les étapes du marché et de la vie du produit ou de la prestation.

Plan national d'action pour les achats publics durables 2015 - 2020

Un marché public comporte une disposition sociale si :

- l'objet du marché (article 5 du code des marchés publics) comporte une dimension sociale, comme par exemple : « prestation de services réservée à des structures employant des handicapés » ; cet objet donne lieu à l'inscription d'au moins une clause contractuelle dans le marché ;

- ou bien la dimension sociale est prise en compte dans les spécifications techniques (article 6 du code des marchés publics) ; par exemple : « le matériel doit être adapté à une utilisation par une personne handicapée » ;

- ou bien la dimension sociale est prise en compte dans les conditions d'exécution du contrat qui comportent au moins une clause sociale comme l'insertion par l'activité économique (article 14 du code des marchés publics) ou le recours aux structures employant une majorité de travailleurs handicapés (article 15 du code des marchés publics) ;

- ou bien un ou plusieurs critères d'attribution à caractère social (article 53 du code des marchés publics) sont pris en compte, assortis d'au moins une clause contractuelle associée au(x) critère(s). Les critères sociaux éventuellement utilisés pour juger et classer les offres ne sont considérés que dans la mesure où leur utilisation a pour conséquence d'entraîner l'inscription d'au moins une clause dans le contrat.

Un marché public comporte une disposition environnementale si :

- l'objet du marché (article 5 du code des marchés publics) comporte une dimension environnementale, comme par exemple : « prestation de services de restauration avec des produits issus de l'agriculture biologique » ; cet objet donne lieu à l'inscription d'au moins une clause contractuelle dans le marché

- ou bien la dimension environnementale est prise en compte dans les spécifications techniques (article 6 du code des marchés publics). Cela peut se faire par la définition d'exigences équivalentes à celles des écolabels (écolabel européen par exemple) des exigences de performance (par exemple : « automobile émettant moins de 110g CO_2/km ») ou de méthodes et processus de production (par exemple, « l'électricité doit être produite à partir de sources d'énergie renouvelables »)

- ou bien la dimension environnementale est prise en compte dans les conditions d'exécution (article 14 du code des marchés publics) du marché (par exemple : « collecte et recyclage des déchets produits ») ;

- ou bien un ou plusieurs critères d'attribution liés au développement durable (article 53 du code des marchés publics) sont pris en compte, assortis d'au moins une clause contractuelle associée au(x) critère(s). Il peut s'agir des performances en matière de protection de l'environnement, des performances en matière de développement des approvisionnements directs des produits de l'agriculture, du coût global d'utilisation ou des coûts tout au long du cycle de vie. Les critères environnementaux éventuellement utilisés pour juger et classer les offres ne sont considérés que dans la mesure où leur utilisation a pour conséquence d'entraîner l'inscription d'au moins une clause dans le contrat.

Cette définition est désormais commune au présent plan d'action, au Service des achats de l'Etat (SAE) et à l'Observatoire économie des achats publics (OEAP) notamment pour les besoins de son recensement annuel.

Plan national d'action pour les achats publics durables 2015 - 2020

Elle est proposée comme définition commune à l'ensemble des acheteurs publics jusqu'à son évolution éventuelle dans le cadre de la future transposition de la directive 2014/24/UE du 26 février 2014 sur la passation des marchés publics.

1.2 - Contexte

A l'origine du plan national d'action pour les achats publics durables (PNAAPD), une exigence de la commission européenne

La mise en œuvre de plans nationaux d'action pour des achats publics durables est une attente de la Commission européenne, exprimée en 2003 (avec demande d'une actualisation tous les trois ans)[1] et poursuivie depuis[2].

La direction générale Environnement de la commission européenne anime un comité dédié à l'achat public durable (the *Green public procurement advisory group*) qui permet d'échanger sur les bonnes pratiques en matière d'achats publics durables, suit la mise en œuvre des plans d'action nationaux et formule des préconisations sur les guides élaborés par la commission à destination des acheteurs publics. La France y présente le PNAAPD et les politiques menées au titre de l'exemplarité des services centraux et déconcentrés de l'Etat dans leur fonctionnement comme ses deux principaux dispositifs en faveur de l'achat public durable.

Un premier plan national d'action pour des achats publics durables avait été élaboré pour la période 2007-2010

S'agissant d'un premier document de ce type, sur une politique encore naissante, il faisait un état des lieux d'une réglementation, d'acteurs et de dispositifs encore mal connus et fixait quelques axes stratégiques. La circulaire du Premier ministre du 3 décembre 2008 relative à l'exemplarité de l'Etat au regard du développement durable dans le fonctionnement de ses services et de ses établissements publics[3] reprenait une bonne partie de ses objectifs et lui donnait un caractère opérationnel mais limité aux services de l'État (centraux puis rapidement déconcentrés).

Le premier PNAAPD avait pour objectif de faire de la France l'un des pays de l'Union européenne les plus engagés dans l'intégration du développement durable au sein de la commande publique. Sans être à la pointe, la France obtient de bons résultats par rapport à ses voisins européens : d'après l'enquête menée en 2010 par la commission européenne, la France se situe dans les cinq premiers États membres en nombre d'acheteurs publics ayant inclus des clauses environnementales dans au moins 50 % de leurs marchés.

Les acheteurs publics souhaitaient un deuxième plan national d'action pour des achats publics durables plus opérationnel et mieux diffusé

En 2011, une enquête a été menée par l'Observatoire économique de l'achat public (OEAP)

---

1 Communication de la Commission au Conseil et au Parlement européen du 18 juin 2003 [COM(2003) 302]

2 Communication de la Commission du 16 juillet 2008 relative à des marchés publics pour un environnement meilleur - Plan d'action pour une consommation et une production durables et pour une politique industrielle durable - Développement d'une réflexion environnementale axée sur le cycle de vie

3 http://www.legifrance.gouv.fr/affichTexte.do?cidTexte=JORFTEXT000020243534

sur les achats publics durables afin de tirer un bilan du premier exercice du PNAAPD et de comprendre les attentes des acheteurs publics[4]. La majorité de ceux qui ont déclaré connaître le PNAAPD indiquent que celui-ci a contribué à orienter leurs choix dans l'insertion de clauses environnementales et sociales dans leurs marchés. Les lacunes évoquées portent sur le caractère peu pratique et non contraignant du document.

Les suggestions des acheteurs publics pour son amélioration sont les suivantes :

- compléter l'outil par des expériences, des exemples concrets reproductibles ;
- fixer des objectifs opérationnels par famille de produits ;
- mettre en place un système d'évaluation des achats durables, proposer des indicateurs de résultats ;
- veiller à la promotion de l'outil ;
- proposer un guide faisant l'état des lieux des outils disponibles.

Résultats de l'enquête 2011 de l'Observatoire Économique des Achats Publics (OEAP)

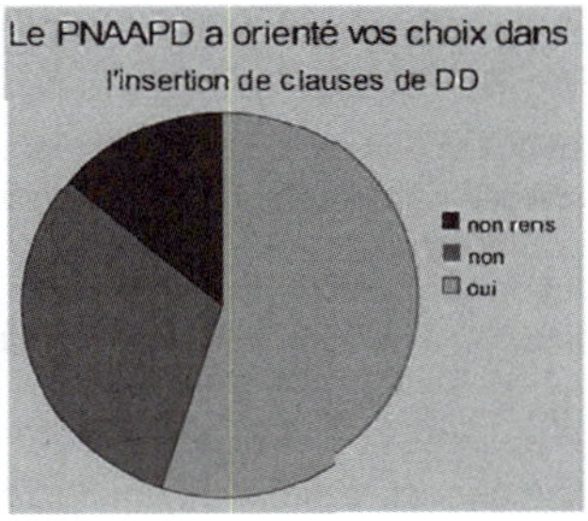

Dans le groupe des institutions ayant répondu par "oui" à la question "Connaissez-vous le PNAAPD?", 55 % répondent par oui à la question : « Le PNAAPD a-t-il contribué à orienter vos choix dans l'insertion de clauses sociales et environnementales » ?, 31 % par non, et 14% n'ont pas répondu.

Résultats de l'enquête statistique 2013 de l'OEAP

Le dernier recensement des achats publics publié en novembre 2014 pour les marchés passés en 2013[5] indique que 6,7 % des marchés de 90 000 € HT et plus comportent une clause environnementale et 6,1 % comportent une clause sociale. Bien que ces pourcentages paraissent bas, ils ne sont pas moins en progression. Pour rappel, en 2009, ils atteignaient respectivement 2,6 % et 1,9 %.

(...)

[4] http://www.economie.gouv.fr/files/files/directions_services/daj/marches_publics/oeap/publications/lettre/2011/lettre-OEAP-N-special.pdf

[5] http://www.economie.gouv.fr/daj/recensement-des-marches-publics-en-2013

Plan national d'action pour les achats publics durables 2015 - 2020

Document 4

LE COURRIER DES MAIRES et des élus locaux

Courrierdesmaires.fr

PARC AUTOMOBILE DES COLLECTIVITÉS - 11/01/2018

Se doter d'une flotte de véhicules propres

par Frédéric Ville

Alors que la ministre des Transports Élisabeth Borne doit présider ce 11 janvier une table-ronde avec les acteurs de la filière du Gaz naturel pour les véhicules (GNV), quid des possibilités offertes aux collectivités pour se doter d'une flotte de véhicules verts? L'offre s'élargit, mais choisir la technologie puis maîtriser le coût global, investissement comme entretien, ne s'improvise pas.

«Green washing » ou véritable levier pour « verdir » les modes de transport ? La loi du 17 août 2015 de transition énergétique prévoit le renouvellement ou l'acquisition de flottes publiques en véhicules à faibles émissions (1) à hauteur de 20 % pour les moins de 3,5 tonnes, pour des parcs de plus 20 véhicules. Mais comment atteindre ces objectifs sans mettre des bâtons dans les roues du fonctionnement quotidien des collectivités ?

Parmi les technologies propres à leur disposition, les biocarburants (biodiesel, bioéthanol) sont controversés. Ils nécessitent des surfaces de terres agricoles importantes, bien qu'on puisse aussi utiliser des friches agricoles, voire certains déchets localement. Le GNV (gaz naturel pour véhicules) est peu polluant (pollution de proximité, émissions de CO2 faibles) mais son approvisionnement et son autonomie (200 à 500 km maximum) posent problème.

GNC ou GPL, des usages différents

Le surcoût à l'achat pour un véhicule léger est respectivement de 2 500 et 1 000 euros par rapport à l'essence et au diesel. Forme la plus répandue du GNV, le GNC (gaz naturel comprimé), d'origine fossile, peut être utilisé pour les poids lourds, et surtout être remplacé par du biogaz (issue de matières organiques, boues de station d'épuration, déchets agroalimentaires, lisiers agricoles), avec 90 à 100 % de CO2 en moins.
Le gaz de pétrole liquéfié (GPL), plus adapté aux véhicules légers, émet très peu de particules fines et 10 à 20 % de CO2 en moins que l'essence. En outre, c'est un carburant économique (0,77 € contre 1,44 € au litre pour le SP 95, mais une consommation supérieure de 10 à 20 %), facile d'approvisionnement, d'autonomie correcte (300 km) et d'un prix équivalent au diesel en bicarburation.

Des écosystèmes vertueux

Les véhicules électriques à batterie sont plus adaptés que les hybrides électriques, rechargeables ou non, les trajets en collectivités étant souvent courts. Les voitures électriques de dernière génération avec batteries au lithium ont plus d'autonomie (près de 300 km). Le prix de revient kilométrique (PRK) d'une Renault Zoé parcourant 10 000 km par an (moyenne pour les collectivités) et 150 000 km au total, est de 12 % supérieur à celui d'une Renault Clio. Avantages : consommation d'environ 2,50 € d'électricité en moyenne aux 100 km pour une citadine/berline compacte, entretien réduit. Les réseaux de bornes de recharge commencent à s'étoffer, le SAV s'organise, le personnel est formé. Reste que le bilan écologique est délicat (industrie nucléaire), le prix d'achat encore élevé et la durée de vie des batteries pas encore connue.

En amont du marché, mieux vaut donc bien déterminer le type de technologie/carburant souhaité. Car le poste carburant représente plus de 50 % du PRK des véhicules. Si l'on change de technologie/carburant, il est bon de soumettre les véhicules à des essais en conditions réelles.

Des collectivités précurseurs

Certaines collectivités se sont lancées dans des écosystèmes vertueux et facteurs de développement économique : Locminé (Morbihan) avec ses véhicules, sa station GNV et son unité de méthanisation valorisant le lisier de porcs bretons ; la région Nouvelle Aquitaine avec son car expérimental roulant au biocarburant produit à partir de déchets de la production viticole ; une borne électrique à Hyères fonctionnant à partir de déchets végétaux, etc.
Pour acheter, mieux vaut définir, à partir d'une période d'amortissement, un coût global : coût d'acquisition, frais de maintenance (vidange, changement de freins, filtres, pneus, etc.), de consommables (carburant, électricité, huile), subventions (État, Ademe, collectivités), incitations fiscales et, s'ils sont différenciant, les coûts d'assurance et de fin de vie.

L'alternative des systèmes hybrides

En matière d'environnement, on valorisera les émissions de polluants (gaz à effet de serre, oxydes d'azote, particules fines) comme les économies d'énergie primaire et de carburant, en les rapportant à la durée de vie et au kilométrage parcouru. A noter que les données de consommation et d'émission sont disponibles pour les véhicules légers, moins pour les poids lourds et autres matériels roulants (engins de chantier, tondeuses, etc.), où cela dépend de l'utilisation faite.

Une alternative à l'achat de nouveaux véhicules : équiper ses voitures de systèmes hybrides (kits à éthanol, GPL, etc.). Enfin, la technique, la sécurité, le SAV, les délais de livraison feront aussi partie des critères d'attribution des marchés. Pour obtenir les données des fournisseurs et ainsi des offres valables, il faudra leur expliquer la démarche.

Les balbutiements des véhicules à hydrogène

Un véhicule à hydrogène contient une bonbonne à hydrogène et une pile à combustible transformant cet élément « H » et l'oxygène de l'air en électricité. Si l'on ajoute une grosse batterie rechargeable au véhicule, l'autonomie passe alors de 150 à 300 kilomètres. Elle est de 500 à 600 kilomètres pour une voiture 100 % hydrogène, dotée d'une petite batterie mais d'une grosse pile à combustible. La voiture à hydrogène réduit les nuisances sonores, utilise une énergie renouvelable (biométhane, biogaz), ne pollue pas (sauf en production d'hydrogène), seule de l'eau étant rejetée. Mais cela a un prix : de 30 000 à 50 000 euros HT par véhicule. Pour être rentable, la consommation étant d'un kilo d'hydrogène aux 100 kilomètres (2 à 200 euros le kilo en fonction des volumes), il faut viser moins de 10 euros/kg par rapport au diesel. Deux expérimentations sont en cours : l'unité de production d'hydrogène du syndicat de déchets Trifyl (Tarn) qui fournit la Kangoo ZE ; la navette fluviale à pile combustible et la station hydrogène mutualisée de Nantes métropole.

Nos conseils

Redimensionner sa flotte

Avant même d'acheter, le dimensionnement de la flotte peut être réduit par du covoiturage professionnel, l'utilisation des transports en commun, l'autopartage, le vélo, la mutualisation des véhicules entre services et/ou collectivités. La tenue d'un planning de réservation de véhicules facilitera le diagnostic pré-achat : qui se déplace, quand, pour quelles distances ? De quoi optimiser ensuite le suivi et l'entretien. Plus les véhicules seront mutualisés, plus ils rouleront et plus les prix de revient kilométrique (PRK) diminueront.

À explorer : mutualiser un garage en régie entre plusieurs collectivités et rationaliser la maintenance avec un nombre réduit de modèles de véhicules.

S'appuyer sur la directive européenne

Tout acheteur public se conformera à la directive européenne sur les véhicules propres (2009/33/CE) et tiendra compte des externalités environnementales : consommations d'énergie, émissions de CO_2, d'oxydes d'azote, d'hydrocarbures non méthaniques et de particules. La directive préconise à cet effet des spécifications techniques, des critères d'attribution ou, avec méthodologie imposée, des coûts de cycles de vie.

Trancher entre achat et location

En louant les véhicules, on bénéficie des évolutions technologiques (batteries). Pour une commune dotée d'un petit parc, la location longue durée simplifie la gestion. Mais elle ne peut pas déduire l'amortissement du résultat, comme une entreprise.

Utiliser l'accord-cadre

Marché public de trois ans, où le choix des entreprises est séparé de l'attribution des commandes (marché subséquent) au gré des besoins, l'accord-cadre est judicieux. Il prévoit un seuil et un plafond en quantité ou en valeur. Intéressant dans un secteur où les prix et technologies évoluent vite. Les groupements de commande sont à favoriser. Recourir à l'Union des groupements d'achats publics dispensera de passation de marché, tout en s'assurant expertise… et remises.

Adapter la taille… et la conduite

Pour une utilisation urbaine ou pour un véhicule utilisé seul et sans transport de marchandise, une petite cylindrée suffira. Des formations à l'écoconduite réduiront aussi les consommations.

Note 01:

Pas plus de 60 g/km de CO_2 selon le décret n° 2017-21 du 11 janvier 2017

Document 5

ESPACE MARCHES PUBLICS

Rubrique Conseil aux acheteurs et aux autorités concédantes / Fiches techniques

FICHE

La définition du besoin (extraits)

(...)

Par « besoins » du pouvoir adjudicateur, on entend, non seulement, les besoins liés à son fonctionnement propre (ex : des achats de fournitures de bureaux, d'ordinateurs pour ses agents, de prestations d'assurance pour ses locaux, etc.) mais également les besoins liés à son activité d'intérêt général et qui le conduisent à fournir des prestations à des tiers (ex : marchés publics de formation et d'insertion, marchés publics de transport scolaire, etc.).

Pour être efficace, l'expression des besoins impose :

l'analyse des besoins fonctionnels des services sur la base, par exemple, d'états de consommation

la connaissance, aussi approfondie que possible, des marchés fournisseurs, qui peut s'appuyer par exemple, sur la participation de l'acheteur à des salons professionnels ou sur la documentation technique ou sur l'organisation d'un sourçage ;

la distinction, y compris au sein d'une même catégorie de biens ou d'équipements, entre achats standards et achats spécifiques ;

lorsqu'elle est possible, l'adoption d'une démarche en coût global prenant en compte, non seulement le prix à l'achat, mais aussi les coûts de fonctionnement et de maintenance associés à l'usage du bien ou de l'équipement acheté, voire des coûts liés à son élimination ou à son recyclage.

1. Comment l'acheteur doit-il déterminer ses besoins ?

L'acheteur doit traduire **le** besoin dans un document contractuel, en principe, le cahier des clauses techniques particulières (CCTP). Les opérateurs économiques sont tenus de remettre une offre conforme à ce cahier des charges. Quel que soit le type de procédure, les besoins doivent être définis avec précision. En procédure adaptée, cette obligation peut être satisfaite, en pratique, par la rédaction d'un descriptif qui, le cas échéant, pourra être succinct. En tout état de cause, l'acheteur doit communiquer aux candidats toutes les informations utiles dont il dispose.

1.1. Les besoins doivent être déterminés par référence à des spécifications techniques

L'acheteur doit définir ses besoins en recourant à des spécifications précises qui ont pour objet de décrire les prestations faisant l'objet du marché public. A cet égard, une offre d'un candidat qui ne respecte pas une spécification technique doit être rejetée par le pouvoir adjudicateur en tant qu'elle constitue une offre irrégulière au sens des articles L. 2152-2 (marchés publics classiques) et L. 2352-1 du code (marchés publics de défense ou de sécurité) Usuellement, ces spécifications sont les prescriptions techniques qui décrivent les caractéristiques d'un produit, d'un ouvrage ou d'un

Mise à jour le 01/04/2019.

service. Mais elles peuvent également se référer au processus ou à la méthode spécifique de production ou à une caractéristique du cycle de vie. En tout état de cause, ces spécifications techniques doivent être liées à l'objet du marché public et proportionnées à sa valeur et à ses objectifs.

L'acheteur peut :

- se référer à des normes (ou à d'autres documents préétablis), approuvés par des organismes reconnus, notamment par des instances professionnelles en concertation avec les autorités publiques nationales ou européennes. Il s'agit d'une évaluation technique européenne, d'une spécification technique commune ou d'un référentiel technique. L'avis du 27 mars 2016 relatif à la nature et au contenu des spécifications techniques dans les marchés publics définit ces termes. Dans ce cas, l'attention de l'acheteur est attirée sur le fait que les articles R. 2111-9 (marchés publics classiques) et R. 2311-5 du code (marchés publics de défense ou de sécurité) imposent un ordre de priorité entre ces différentes normes ou documents équivalents ;

- exprimer les spécifications techniques, en termes de performance à atteindre ou d'exigences fonctionnelles. Par exemple, pour un marché de vêtements de pompier, le pouvoir adjudicateur peut exiger, au titre des spécifications techniques, un tissu résistant au minimum à tel degré de chaleur ou de pression d'eau chaude, avec des renforts ou un poids maximal identifiés.

L'acheteur a la possibilité de combiner les deux catégories de spécifications techniques. Ainsi, pour un même produit, service ou type de travaux, il peut faire référence à des normes pour certaines caractéristiques et à des performances ou exigences fonctionnelles pour d'autres caractéristiques.

Les spécifications techniques doivent être objectives et neutres et ne sauraient avoir pour effet de fausser la concurrence en créant une discrimination entre les opérateurs économiques.

Pour les mêmes raisons, les spécifications techniques ne peuvent mentionner une marque, un brevet ou un type qui auraient pour objet ou pour effet de favoriser ou d'écarter certains produits ou services. L'acheteur peut toutefois y recourir à titre exceptionnel, lorsqu'il lui est impossible de déterminer autrement, une description technique précise de l'objet du marché et à la condition expresse que ces références soient accompagnées de la mention « ou équivalent ». Dans un tel cas, le juge examine si la spécification technique en cause a ou non pour effet de favoriser ou éliminer certains opérateurs économiques puis, dans l'hypothèse d'une atteinte à la concurrence éventuelle, si cette spécification est justifiée par l'objet du marché public ou, si tel n'est pas le cas, si une description suffisamment précise et intelligible de l'objet du marché n'est pas possible sans cette indication.

Dans tous les développements qui suivent, sont traités des aspects spécifiques liés au développement durable. Toutefois, l'attention des acheteurs et des opérateurs économiques est attirée sur l'intérêt de consulter également les fiches techniques spécialement dédiées au développement durable.

1.2. L'acheteur doit prendre en compte les préoccupations de développement durable dans la définition de ses besoins, dans le respect des principes généraux de la commande publique

Lorsqu'il détermine la nature et l'étendue de ses besoins, l'acheteur doit prendre en compte « *des objectifs de développement durable dans leur dimension économique, sociale et environnementale* ». Le développement durable peut être défini comme un développement qui répond aux besoins du présent sans compromettre la capacité des générations futures à répondre aux leurs.

La prise en compte de ces objectifs dans la définition des besoins est, pour l'acheteur, une obligation de moyen : l'acheteur peut déroger à cette obligation, s'il est en mesure de justifier de son impossibilité à prendre en compte de tels objectifs. Par ailleurs, si l'article L 2111-1 du code impose à l'acheteur de prendre en compte des objectifs de développement durable, il ne lui impose pas de retenir un critère écologique au sein des critères de choix des offres. En effet, il peut également satisfaire à cette obligation notamment par référence à des spécifications techniques, par la prise en compte de labels, de normes écologiques, de clauses d'exécution, etc.

Cette obligation, applicable à l'ensemble des acheteurs, transpose les obligations prévues par la directive du Parlement européen et du Conseil concernant l'indication, par voie d'étiquetage et d'informations uniformes relatives aux produits, de la consommation en énergie et autres ressources des produits liés à l'énergie, qui impose à certains acheteurs de tenir compte, au-dessus des seuils de procédures formalisées, de la performance énergétique des produits qu'ils acquièrent.

1.2.1. Les préoccupations environnementales

Les préoccupations environnementales peuvent être intégrées dans le processus d'achat à différentes étapes : lors de la définition et de l'expression du besoin, lors de la présentation des candidatures, lors de la présentation des offres ou au stade de l'exécution du marché public.

- S'agissant de la phase de définition et d'expression du besoin, les exigences environnementales peuvent être prises en compte via des spécifications techniques, les labels ou les écolabels attribués par des organismes indépendants.

Les labels s'entendent comme tout document, certificat ou attestation confirmant que les ouvrages, les produits, les services, les procédés ou les procédures concernés par la délivrance de ce label remplissent certaines exigences. Les écolabels quant à eux sont des déclarations de conformité des prestations labellisées à des critères préétablis d'usage et de qualité écologique, qui tiennent compte du cycle de vie et des impacts environnementaux des produits et qui sont établis par les pouvoirs publics en concertation avec les parties intéressées, tels que les distributeurs industriels, les associations de consommateurs et de protection de l'environnement. Par ces outils, l'acheteur peut ainsi poser des exigences particulières en termes de consommation d'énergie des produits qu'il achète.

Le recours à un label par l'acheteur impose le respect de diverses conditions prévues par les articles R. 2111-14 et R. 2111-15 du code.

Tout d'abord, la réglementation impose le respect de conditions tenant au label lui-même, lequel doit présenter les caractéristiques suivantes :

Avoir été établi par une procédure ouverte et transparente ;

Reposer sur des critères objectivement vérifiables et non-discriminatoires ;

Présenter des conditions d'obtention qui ont été fixées par un tiers sur lequel l'opérateur économique qui demande son obtention ne peut exercer d'influence décisive et sont accessibles à toute personne intéressée.

Par ailleurs, les dispositions du code de la commande publique prévoient que l'acheteur, lorsqu'il entend imposer aux opérateurs économiques le recours à un label, doit s'assurer que les caractéristiques prouvées par ce label :

- Présentent un lien avec l'objet du marché au sens de l'article L. 2112-3 du code ;
- Permettent de définir les travaux, fournitures ou services qui font l'objet du marché.

A cet égard, la référence à des spécifications du label excédant l'objet du marché public ou ses conditions d'exécution, pourrait être contestée par toute personne ayant un intérêt à conclure le contrat au motif qu'elle constitue une restriction injustifiée à l'accès des opérateurs économiques audit marché public.

De même, un acheteur ne peut exiger un label qui serait attribué sur la base de considérations insusceptibles d'être prises en compte car dépourvues de tout lien avec l'objet du marché public ou ses conditions d'exécution (ex: niveau de salaire versé aux employés, mise à disposition d'écoles pour les enfants des salariés, etc.). Tel est le cas des labels qui prévoient la mise en place d'une politique de responsabilité sociale ou environnementale de l'entreprise, ou prévoient le réinvestissement d'une partie des revenus tirés de la vente au bénéfice de l'éducation des conjoints ou des enfants des travailleurs ou de l'amélioration des conditions de vie de leur famille. Ces labels ne peuvent être considérés comme présentant un lien suffisant avec l'objet du marché public ou ses conditions d'exploitation, comme le rappelle régulièrement la Commission. L'acheteur qui souhaiterait définir les spécifications techniques des travaux, services ou fournitures objet du marché public par référence à de tels labels doit s'en tenir à la seule reprise, dans les documents du marché public, des conditions d'obtention de ces labels qui répondent aux exigences précitées.

Ce faisant, le produit bénéficiant du label qu'il n'était pas possible de citer en tant que tel pourra être proposé par les opérateurs économiques, tout en respectant les règles des marchés publics.

De même, si l'acheteur n'exige pas que les travaux, fournitures ou services répondent à l'ensemble des exigences sur la base desquelles le label est attribué, il lui appartient de ne pas faire référence directement à ce label mais d'indiquer celles des exigences qu'il requiert.

Il est possible, en revanche, comme l'indique le considérant 37 de la directive, de faire référence à un label fondé sur le fait que le produit acheté est issu du commerce équitable comportant l'obligation de payer aux producteurs un prix minimum et une majoration de prix.

L'acheteur est tenu d'accepter tout label qui remplirait des exigences équivalentes au label particulier exigé.

L'acheteur doit accepter tout autre moyen de preuve approprié lorsqu'un opérateur économique n'avait manifestement pas la possibilité d'obtenir le label particulier spécifié par l'acheteur ou un label équivalent dans les délais fixés pour des raisons qui ne lui sont pas imputables, et sous réserve que ces moyens satisfassent les exigences indiquées dans les documents de la consultation. A défaut, l'acheteur pourrait être regardé comme imposant aux opérateurs économiques une contrainte discriminante qui conduirait à méconnaître le principe fondamental d'égal accès des candidats à la commande publique.

- Les préoccupations de développement durable peuvent également être prises en compte au stade de l'analyse des candidatures. Ainsi, l'acheteur peut, si cela est justifié par l'objet du marché public ou ses conditions d'exécution, utiliser par exemple un critère de sélection des candidatures relatif au savoir-faire des candidats en matière de protection de l'environnement à travers l'appréciation de leurs capacités techniques.
- Les préoccupations de développement durable peuvent également être intégrées au stade de l'analyse des offres via l'utilisation d'un critère environnemental par exemple (CJCE, 17 septembre 2002, *Concordia Bus Fin/ and Oy Ab,* Aff. C-513/99). L'acheteur prendra garde à ce que l'appréciation du critère se fasse de

manière impartiale et que celui-ci s'accompagne d'exigences permettant d'assurer un contrôle effectif de l'exactitude des informations retenues dans les offres. Ainsi, il est par exemple impossible d'utiliser un critère lié au niveau d'électricité verte produite par le soumissionnaire si rien ne garantit que, dans le cadre de la fourniture d'électricité, l'acheteur bénéficiera effectivement de ce niveau d'électricité dédié (CJCE, 4 décembre 2002.*EVN AG, Wienstrom GmbH Republik Osterreich,* Aff. C-448/01).

- Depuis l'entrée en vigueur du décret n° 2016-412 du 7 avril 2016 relatif à la prise en compte de la performance énergétique dans certains contrats et marchés publics, dans certains cas, les articles R. 234-1 à R. 234-6 du code de l'énergie imposent à l'État et à certains de ses établissements publics d'acheter, des produits, services ou bâtiments à haute performance énergétique. Ces articles imposent à ces acheteurs d'exiger, dans certains cas, des titulaires du marché public, qu'ils n'utilisent que des produits satisfaisant aux mêmes exigences.

Pour de plus ample informations, l'acheteur est invité à se reporter au guide publié par la Commission européenne, « Acheter vert : un manuel sur les marchés publics écologiques », ainsi qu'à sa communication interprétative relative à des marchés publics pour un environnement meilleur. Il est également conseillé de consulter les guides du groupe d'étude des marchés (GEM) développement durable, environnement. (...)

LE CNFPT AU SERVICE DES COLLECTIVITÉS

À travers son offre de service, le CNFPT accompagne les collectivités dans la mise en œuvre de leurs politiques de développement durable, comme dans la formation de leurs agents. Exemples.

TARBES (HAUTES-PYRÉNÉES) LES AGENTS, ÉCO-RESPONSABLES DE LEUR VILLE

Dès 2008, la Ville de Tarbes s'engage sur un projet de long terme avec l'élaboration d'une charte d'écologie urbaine et de développement durable qui décline trois démarches de qualité : « Éducation au développement durable » (EDD), « Tarbes, Mairie éco-responsable » (TMER) et « Tarbes, Ville durable » (TVD). Objectif : donner corps aux principes de développement durable par des actions concrètes et efficaces, portées sur le terrain par les agents de la Ville.

FORMER À LA CONDUITE D'ÉCO-PROJETS

Sollicitée par la Mairie de Tarbes, la délégation régionale Midi-Pyrénées du CNFPT accompagne la démarche TMER, dès 2009. Son ambition est de placer les agents municipaux au cœur du dispositif pour en faire de véritables ambassadeurs du développement durable. Pour aller plus loin, le CNFPT associe au projet les élus et les cadres de la direction générale. Tout au long de l'année, quatre grandes phases d'information, de sensibilisation et de formation sont organisées. Début avril, le projet d'éco-responsabilité et les futures formations sont présentés à l'occasion de six rencontres. Les élus sont ensuite sensibilisés au projet lors d'une demi-journée programmée fin avril. De mai à juin, 105 cadres et leurs adjoints participent à un jour et demi de formation-action. Puis, 450 agents prennent part à une demi-journée de sensibilisation, entre septembre et octobre.

VERS UNE ACTION LOCALE PARTAGÉE...

Désormais formés, les participants peuvent être conviés, fin 2009, aux six groupes de travail thématiques créés. Six grands domaines de l'action publique locale ont ainsi été identifiés pour porter cette démarche transversale : achats durables, bâtiments municipaux, déchets, déplacements, espaces verts et espaces publics, et enfin, communication, formation et sensibilisation au développement durable. Pour piloter au mieux le programme, ces groupes bénéficient d'un accompagnement permanent du CNFPT et de l'appui du comité technique créé à cette occasion. Après trois ans, le bilan est encourageant avec 20 réunions organisées, 70 actions élaborées dont 53 actions éco-responsables, mises en œuvre par les agents de la Ville et évaluées depuis 2013. À suivre désormais, le passage d'une démarche qualité portée par les agents vers une politique de développement durable mobilisatrice, partagée par les habitants, comme par les acteurs socio-économiques de la ville !

Plus d'informations sur cnfpt.fr

MARTINIQUE
SENSIBILISER LES AGENTS ET LES HABITANTS AUX ÉCO-GESTES

Selon une récente enquête de l'Ademe, la précarité énergétique toucherait 14 000 foyers martiniquais. Pour venir en aide au quelque 8% des ménages qui ne peuvent honorer leurs factures énergétiques (eau et électricité), le Conseil général de la Martinique a versé, pour la seule année 2011, 64 000 euros d'aides. Aujourd'hui, son Agenda 21 prolonge cette action, avec le lancement d'un dispositif de formation d'envergure adapté aux habitants comme aux agents du Département.

DES HABITANTS AMBASSADEURS...

Première étape, le Syndicat mixte d'électricité de la Martinique (Smem) anime une formation auprès de 70 ménages fragilisés, sur les trois sites pilotes des quartiers Godissard et Dillon et de la commune du Lamentin. Durant ces ateliers, les familles sont initiées aux gestes éco-responsables et reçoivent un kit « anti-gaspi » d'énergie. Seconde étape, ces nouveaux ambassadeurs, devenus « foyers-relais » dans leur propre commune, sont accompagnés par le Conseil général pendant deux ans. Leur mission ? Sensibiliser le voisinage aux économies d'énergie.

...ET DES AGENTS FORMÉS

Dans le même temps, le CNFPT organise une formation de trois jours à destination de 110 agents du Conseil général, assistantes sociales et aidants familiaux, pour les sensibiliser à la précarité énergétique. L'occasion aussi de les former aux éco-gestes pour faciliter in fine la transmission de bonnes pratiques aux familles (extinction des appareils électriques, contrôle du débit d'eau et de la climatisation...). Au-delà de ce partenariat avec le Département, le CNFPT accompagne cinq communes martiniquaises dans élaboration de leur plan de développement durable. Comme le souligne Arlette Pujar, directrice régionale du CNFPT de Martinique : *« la volonté, ici, est de faire en sorte que le développement durable irradie toutes les formations dispensées aux agents, qu'ils soient cadres ou non. »*

(...)

LES ACTIONS AU SEIN DU CNFPT

Tendre vers l'exemplarité, comme garantie d'une plus grande expertise. Inscrit dans cette démarche, le CNFPT se mobilise aussi dans ses établissements à travers de multiples actions pour répondre au triple objectif économique, social et écologique du développement durable. La preuve par l'exemple...

CONJUGUER RECYCLAGE ET ÉCONOMIE SOCIALE ET SOLIDAIRE

VINCENT BRUNET, RESPONSABLE LOGISTIQUE ET RÉFÉRENT CARBONE DE LA DÉLÉGATION RÉGIONALE POITOU-CHARENTES

Comment a émergé votre projet de gestion écologique et solidaire des papiers de bureaux ?

Vincent Brunet : Cela faisait deux ans que nous réfléchissions à une meilleure gestion de nos déchets. Le papier, deuxième plus gros volume de nos déchets après les déchets industriels banalisés, nous semblait une piste de progrès assez simple à travailler. Toutefois, nous ne trouvions pas de solution de proximité satisfaisante. Puis, en 2012, un agent commercial de La Poste nous a informés de la mise en place d'un service de valorisation des papiers de bureaux, via leur filiale Nouvelle attitude, une entreprise spécialisée dans l'insertion. Ce service repose sur un principe simple : le facteur qui dépose le courrier repart, une fois par semaine, avec le papier collecté au sein de l'organisation partenaire.

Le papier est alors expédié vers la plateforme logistique de La Poste près de Poitiers. Il est ensuite trié et conditionné par des personnes en insertion professionnelle avant d'être remis aux papetiers recycleurs de proximité pour en faire... de la pâte à papier. Un véritable cercle vertueux donc !

Qu'est-ce qui vous a séduit dans cette démarche ?

V.B. : Nous menions déjà des actions de développement durable, avec un axe fort en faveur de la dématérialisation. Ce partenariat avec La Poste dynamise notre politique et témoigne de notre engagement pour une transition durable. C'est aussi une action doublement gagnante. D'un côté nous optimisons les déplacements du facteur qui ne repart pas « à vide » de sa dépose de courrier. De l'autre, nous favorisons l'emploi puisque le tri du papier est effectué par des personnes en insertion. C'est un bel exemple d'économie circulaire, où les déchets produits par les uns créent des emplois pour les autres ! Enfin, c'est un service très simple à mettre en place, qui ne change pas les habitudes de travail et qui peut facilement être transposé au niveau national.

Concrètement, comment cela fonctionne-t-il en interne ?

V.B. : Chaque agent dispose dans son bureau (ou près des photocopieurs) d'une boîte Éco'belle sur laquelle sont inscrits des messages forts et incitatifs comme par exemple « 100 tonnes de papier recyclé = 1 emploi d'insertion ». Une fois par semaine, notre service logistique se charge, quant à lui, de vider les Éco'belle dans des bacs identiques à ceux utilisés pour la dépose du courrier. Le facteur peut ainsi récupérer ces papiers, dès le lendemain matin. À noter qu'un tri étant effectué après la collecte les agents n'ont pas, par exemple, à enlever les agrafes sur les documents. Il faut en revanche perdre le réflexe de froisser les papiers car cela rend le travail plus long et plus complexe en aval. Tous les papiers peuvent être récupérés (catalogues, magazines, enveloppes, etc.) à l'exception des post-it, ou encore des pochettes cartonnées, qui ne sont pas recommandées. Il faut savoir également qu'avant le lancement du service nous avons reçu de La Poste un kit de communication destiné à sensibiliser nos agents à cette nouvelle démarche éco-solidaire.

Quels sont les premiers résultats ?

V .B . : Nous avons signé le contrat en juin 2012. Et à la fin de cette même année, nous avions déjà recyclé 1,2 tonne de papier ! Il faut dire qu'en été nous réalisons notre campagne d'archivage, qui représente de gros volumes de papier à jeter. Alors, certes, le service a un coût (ndlr : calculé en fonction du nombre de salariés dans l'établissement), mais d'un point de vue environnemental nous sommes tous plus que gagnant.

« Sur plus de 900 000 tonnes de déchets de papier de bureau produites chaque année en France, seules 400 000 tonnes sont recyclées ! »

De plus, grâce à ce service, nous avons également pu faire des économies sur la redevance payée à l'agglomération pour la collecte de nos papiers et cartons... Hier, deux bacs de 340 litres étaient ramassés chaque semaine, aujourd'hui nous n'en produisons plus qu'un !

LES ÉCO-AMBASSADEURS DU CNFPT

Au CNFPT, le développement durable dispose de deux réseaux d'ambassadeurs. Le premier fédère 34 référents carbone chargés de diffuser les pratiques éco-responsables dans les instituts et les délégations régionales. Le second réseau réunit 18 référents développement durable, soit un correspondant pour chacun des pôles de compétences dédiés aux grands domaines de l'action locale. Ces derniers veillent à la prise en compte des enjeux de la transition écologique dans la réflexion prospective sur les évolutions des métiers et des territoires, ainsi que dans l'offre de formation. Enfin, la direction de projet développement durable assure le rôle de chef d'orchestre pour coordonner l'action de ces ambassadeurs, en appui des initiatives internes et des projets de collectivités.

UN PLAN DE DÉPLACEMENT POUR RÉDUIRE SON EMPREINTE CARBONE

JOSIANE ALVAREZ, DIRECTRICE ADJOINTE DES RESSOURCES, DÉLÉGATION RÉGIONALE DE CORSE

Pour s'inscrire, au quotidien, dans une démarche de développement durable, la délégation régionale de Corse a déterminé différents axes de progrès en 2012. Un de ces axes vise à élaborer un plan de déplacement de ses agents et des stagiaires accueillis et par conséquent à réduire l'empreinte carbone de son activité de formation. *« Suite à un diagnostic, nous avons constaté que 90% des stagiaires utilisent leur voiture pour se rendre aux formations organisées dans les locaux de la délégation précise Josiane Alvarez. Un certain nombre d'actions ont donc été engagées pour les inciter à modifier leur comportement »* :

- alignement des heures de début et de fin des formations sur les horaires de desserte de l'établissement par les transports en commun ;

- diffusion d'une fiche transport « Un bus direct pour vos formations » ;

- aménagement d'un Abribus dédié au CNFPT ;

- prise en charge partielle du titre de transport pour les agents du CNFPT, suite à la signature d'une convention avec la Communauté d'agglomération du pays ajaccien.

« Les intervenants venant du continent sont, eux aussi, sensibilisés à cette question et invités à privilégier les modes de transport doux. Le taxi n'est, par exemple, plus remboursé. Nous avons aussi développé la visioconférence pour diminuer les déplacements liés à nos réunions. Enfin, la mise en place d'une offre de formation territorialisée en Corse avec quatre sites dédiés va permettre de faire baisser les longs déplacements vers Bastia et Ajaccio. »

Document 7

la gazette·fr

Les cimetières passent du gris au vert

Publié le 31/10/2018 • Par Isabelle Verbaere • dans : France, Innovations et Territoires, Régions

Le zéro phyto et les évolutions de l'offre funéraire permettent de modifier l'aménagement des cimetières pour donner davantage de place au végétal. Les communes, même petites, peuvent développer l'intérêt paysager de leurs cimetières, en se faisant accompagner par un professionnel. L'évolution doit être progressive. Il est essentiel que les habitants comprennent qu'il ne s'agit pas d'un manque d'entretien mais d'une gestion plus écologique.

Chiffres-clés

- Avantage : planté et fleuri, un cimetière est un refuge pour la biodiversité, il participe à la lutte contre les îlots de chaleur urbains et les inondations.
- Inconvénient : le passage à l'entretien sans pesticide sans remise en question du paysage global du cimetière demande plus de temps de travaux et de moyens humains.

Sépultures en pierre, allées et espaces intertombes gravillonnés, sablés ou couverts de bitume : dans la plupart des 40 000 cimetières français, le minéral domine encore largement. « Toutefois, on note un souhait de les voir évoluer vers une présence plus forte du végétal », observe Sandrine Larramendy, paysagiste chargée d'études pour l'association Plante & cité qui a réalisé l'enquête « paysages et entretien des cimetières », publiée en octobre 2017. Plus de 230 collectivités y ont participé.

Plusieurs facteurs incitent les collectivités à développer l'intérêt paysager de leurs cimetières. « Avec le zéro pesticides dans les espaces publics, les lignes bougent, poursuit Sandrine Larramendy. Certes, cette interdiction ne s'applique pas encore aux cimetières, sauf à ceux qui sont des lieux avérés de promenade. Mais beaucoup de collectivités ont anticipé cette interdiction, la moitié de celles qui ont répondu à notre enquête, par exemple ». Se passer de produits chimiques oblige à réaliser des aménagements pour diminuer la contrainte du désherbage : enherbement des allées ou des surfaces minérales, plantations d'arbres, d'arbustes, de vivaces, acceptation de la flore spontanée… La ville d'Angers (151 500 hab.) dispose de trois cimetières dont celui de l'Est, inauguré en 1848, qui compte 18 500 tombes et s'étend sur 14 hectares. « Ce cimetière était très minéral, avec ces sépultures en pierres, ces allées bitumées ou ensablées » expose Yolande Pignon, responsable des questions et de l'expertise funéraires à la direction des parcs, jardins et paysages. « Quand nous sommes passés au zéro phyto en 2011, nous avions deux options : le minéraliser davantage ou le verdir pour tendre vers un cimetière paysager. Les espaces intertombes, les bords de carrés et certaines allées ont été enherbés. Nous avons essayé différentes plantes couvre-sol pour réduire les indésirables. Aujourd'hui, nous utilisons des végétaux allélopathiques, comme le thym serpolet, qui produisent des composés chimiques limitant la germination d'autres plantes. »

Désherbeur thermique et paillage

La ville de Forcalquier (5 000 hab., Alpes-de-Haute-Provence) a renoncé à l'usage des pesticides dans son cimetière dès 2009. Ce lieu, qui date de 1835, est classé depuis 1946 pour son architecture paysagère unique, notamment ses imposants massifs d'ifs qui délimitent les secteurs. « Nous avons utilisé le désherbeur thermique et le paillage pour limiter les herbes folles » détaille Peguy Dalle, chargée de la gestion des flux. « Il n'était pas question d'enherber. Nous ne souhaitions pas arroser davantage. Nous avons donc choisi des plantes économes en eau et semé des messicoles [plantes sauvages des champs de céréales, comme les bleuets, ndlr], qui accueillent une grande biodiversité. »

Reste que les résultats ne sont pas tout de suite à la hauteur de ceux obtenus après des applications de glyphosate, ce qui peut être mal vécu par les familles endeuillées. « Les cimetières sont des lieux hypersensibles » remarque Rémi Duthoit, élu chargé des espaces verts et de la nature en ville à Forcalquier. « Dès qu'il y a une apparence de négligence, les gens ont le sentiment légitime qu'on oublie les morts, et c'est insupportable pour eux. Afin de les convaincre qu'il ne s'agit pas d'un laisser-aller mais d'une nouvelle forme de gestion, les parties où l'on a choisi de ne pas laisser pousser l'herbe, comme les entrées ou certaines allées, doivent être irréprochables. » « La fleur doit prendre la place de la mauvaise herbe dans les endroits où la solution mécanique ou thermique n'est pas satisfaisante », estime Laurence Veillard chargée de mission « éducation au territoire et au développement durable » au syndicat mixte d'aménagement et d'équipement du Mont-Ventoux.

Chouettes, hérissons, écureuils…

Il s'agit donc de montrer à la population l'intérêt de gérer différemment cet espace public. « En communiquant sur le vivant, on donne du sens à la gestion sans pesticide », poursuit Rémi Duthoit. Forcalquier a signé une charte d'engagement pour la biodiversité avec la Ligue de protection des oiseaux [LPO] pour cinq ans. Elle s'est engagée à prendre des mesures en faveur de la faune : ne plus tailler le lierre et les arbustes, laisser du bois mort et des tas de feuilles, construire des abris pour les chauves-souris, etc. L'association a réalisé un inventaire de la faune du cimetière : 67 espèces ont été recensées, dont 32 de vertébrés, oiseaux et reptiles essentiellement. Ces résultats ont été publiés dans le journal municipal accompagnés de relevés et d'illustrations. « Le rapport à la nature est fait de peur. La connaissance permet de lever ce verrou », ajoute Rémi Duthoit. Un inventaire des espèces animales vivant dans les vingt cimetières parisiens a également été dressé. À l'occasion du printemps des cimetières, la ville a valorisé leur patrimoine naturel. Le plus riche, à ce titre, est peut-être le cimetière d'Ivry-sur-Seine, dans le Val-de-Marne, où les visiteurs ont été invités à partir sur les traces des perruches, chouettes, hérissons, écureuils et d'une famille de renard qui a élu domicile au milieu des tombes. Le cimetière du parc de Nantes présente 6 600 espèces d'arbres et arbustes inventoriés par un botaniste local.

Plantation d'arbres fruitiers

Le baromètre Ipsos 2018 pour les services funéraires de la ville de Paris, publié le 4 octobre, montre que les Français sont majoritairement favorables à la crémation pour eux-mêmes et pour leurs proches. Et ce, d'autant que la loi du 19 décembre 2008 relative à la législation funéraire contraint les communes de 2 000 habitants et plus à disposer d'au moins un site destiné au dépôt et à la dispersion des cendres. Ces sites, jardins du souvenir, aires de dispersion et cavurnes (petits caveaux destinés à recueillir une urne) peuvent disposer d'aménagements favorables à la biodiversité. Dans le cimetière d'Ivry, des fruitiers ont été plantés pour nourrir les animaux. « Nous allons aménager le jardin du souvenir avec des pierres, afin de créer un milieu favorable aux petits vertébrés, comme les reptiles », détaille Rémi Duthoit.

Refuge pour la biodiversité, les cimetières paysagers participent également à la lutte contre les îlots de chaleur urbains et à celle contre les inondations par ruissellement. Chaque cimetière recèle aussi un patrimoine à valoriser. « C'est un espace d'histoire et de mémoire, à partager comme lieu de recueillement et de culture », souligne Laurence Veillard. Toutefois, certaines collectivités se refusent à y développer de nouveaux usages, telle que la promenade. « Nous ne souhaitons pas que nos cimetières deviennent des lieux traversants, assure Yolande Pignon. Il n'y a pas d'espace pour ça. Toute la surface est occupée, il y a des inhumations tous les jours. Chaque endeuillé doit pouvoir s'y recueillir sereinement. »

Document 8

Guide des administrations éco-responsables (extrait)

octobre 2005

ADEME

Agence de l'Environnement et de la Maîtrise de l'Energie

Agir sur ...

les déchets

Recycler 60 % des déchets de papiers de bureaux et diminuer de 5 % par an pendant cinq ans les quantités de déchets générés par l'administration.

Ce sont les objectifs de la stratégie nationale de développement durable, appliquée aux administrations de l'Etat

- ➜ Un employé du tertiaire génère environ 100 kg de déchets par an, dont la très grande majorité est constituée de papiers usagés (80 kg).
- ➜ Un service de 800 salariés (taille moyenne d'un conseil régional avant 2005) produit plus de 400 kg de déchets de papiers par jour.
- ➜ La quantité de déchets produits par la restauration collective est très variable : 120 g/repas (moyenne des restaurants collectifs sous contrat ou délégués) à 450 g/repas (moyenne des restaurants et cantines d'entreprises).

Quelques aspects réglementaires ou d'évidence à respecter

- ➜ Trions les déchets pour développer le recyclage... mais surtout réduisons les déchets (choix des produits, des fournisseurs, du conditionnement...).
- ➜ Interdiction de mélanger déchets dangereux et déchets banals.
- ➜ Interdiction de brûler les déchets.
- ➜ Obligation de faire éliminer les déchets dangereux par des filières prévues à cet effet. Obligation d'établir un "Bordereau de suivi des déchets" pour toute production mensuelle ou tout chargement supérieur à 100 kg de déchets dangereux (néons, hydrocarbures, produits chimiques...).
- ➜ Les détenteurs de déchets d'emballages produisant plus de 1 100 litres de déchets d'emballages par semaine doivent soit procéder eux-mêmes à leur valorisation dans des installations agréées, soit les céder par contrat à l'exploitant d'une installation agréée, soit les céder par contrat à un intermédiaire assurant une activité de transport par route, de négoce ou de courtage de déchets.
- ➜ Les seuls modes d'élimination autorisés pour les déchets d'emballages sont la valorisation par réemploi, recyclage ou toute autre action visant à obtenir des matériaux réutilisables ou de l'énergie.

actions près de chez vous...

Le ministère de l'Ecologie et du développement durable a réduit son budget d'enlèvement des déchets de 30 000 €. L'impression en recto-verso limite les déchets, limite les achats de papiers, permet de faire des économies sur les frais d'envoi de documents (poids réduit des documents...).

Le site Descartes (ministère de l'Education nationale de l'Enseignement supérieur et de la Recherche) collecte les cartouches de toner pour les recycler et va mettre en place la collecte sélective de papier.

Le ministère de la Défense à Besançon a remplacé les solvants de nettoyage par des procédés propres. Des gains économiques ont été ainsi réalisés et les déchets toxiques sont limités (90 % en moins).

Agir sur les déchets : exemples d'actions

Sous-thème	Actions individuelles	Actions programmées Sans moyens lourds	Avec de l'investissement
Papiers	- Paramétrer le pilote de l'imprimante pour imprimer en recto-verso. Limiter les photocopies couleurs. - Utiliser l'option deux pages par page imprimée. - Utiliser des versos vierges comme papier de brouillon. - Limiter l'impression des mails ou documents électroniques. - Se désabonner de publications ou revues de presse non lues. - Réutiliser le matériel de classement (pochettes, classeurs, cartons...). - Eviter les pages quasi vides, densifier vos textes (sans pour autant les rendre illisibles).	- Dématérialiser les appels d'offres. - Mener une réflexion sur la diffusion de certaines informations (nombre de revues de presse, abonnements, messagerie...). - Former le personnel.	- Acheter des imprimantes et photocopieurs recto-verso. - Mettre en place une collecte systématique avec stockage et enlèvement hebdomadaire ou mensuel.
Déchets bureautiques	- Récupérer les piles et les toners d'imprimantes usagés et les mettre dans les réceptacles correspondants. - Ne pas jeter les toners d'imprimantes : ils sont toxiques et peuvent se recycler. - Eviter les aplats de couleur et les images inutiles qui peuvent multiplier par 5 ou 10 la consommation de toner.	- Mettre en place une collecte spécifique des piles usagées et toners d'encre. - Faire collecter l'ensemble des déchets électriques et électroniques ; les éliminer en les faisant traiter par une entreprise spécialisée.	- Préférer les matériels ayant une durée de vie plus longue et facilement recyclables. - Favoriser les produits labellisés (NF-Environnement...). - Prendre en compte la gestion de la fin de vie de vos matériels électriques et électroniques lors des appels d'offres (prise en charge par le producteur).
Les autres déchets d'activités	- Ne pas mélanger les déchets dangereux avec les autres déchets et s'assurer que les filières sont adaptées. - Ne pas mélanger les emballages à d'autres déchets qui ne peuvent pas être valorisés selon la même voie.	- Porter les déchets spéciaux et dangereux à la déchèterie.	- Mettre en place des collectes spécifiques. - Choisir des produits non dangereux (peintures à base aqueuse...).

Sources d'infos

- **ADEME Guide "Administrations et établissements publics : comment gérer vos déchets ?" 2005** Réf : 5491
- Collectes de cartouches : **www.emmaus.asso.fr** **www.abcartouches.com**
- Voir aussi les sites des fournisseurs.
- Contactez la collectivité (communes, intercommunalité...) pour connaître sa politique en matière de collecte des déchets non ménagers.

Premiers gestes et mesures des résultats

Pesage de la quantité de déchets (par sondage). Suivi des coûts et des contrats d'enlèvement des déchets. Suivi du nombre de copies ou du stock de papier acheté.

Corrigé

NOTE DU FORMATEUR

Le corrigé ci-après contient quelques précisions en italiques à visée pédagogique qui ne figurent évidemment pas dans une copie de concours (« Introduction », « Entrée en matière », « Contexte », « Problématique », « Annonce de plan », « Développement », etc.).
Rappelons également que la copie ne doit contenir aucun signe distinctif sous peine d'annulation par le jury du concours pour rupture d'anonymat : il convient donc d'être particulièrement attentif à ne faire figurer dans le timbre aucune mention ne figurant pas dans la commande (n'utilisez pas de nom de collectivité réel ou fictif autre que « commune de Vertville », ni de numéro d'enregistrement du rapport, etc.). De même, gardez-vous bien de porter un paraphe ou une signature en fin de copie.

Commune de Vertville — Le (date de l'épreuve)

RAPPORT

à l'attention de Monsieur le Directeur général des services

Objet : La mise en œuvre d'une démarche écoresponsable au sein de la commune de Vertville

Références : Code de la commande publique

(Introduction)

Entrée en matière (accroche)

En 1992, lors du Sommet de la Terre à Rio, 150 États se sont engagés dans un développement économique, social et environnemental, avant qu'une réunion du G7 au Canada crée le concept d'écoresponsabilité. En 2002, la France a élaboré sa stratégie nationale de développement durable, fixant des objectifs concrets et quantifiables en matière d'écoresponsabilité.

Contexte

Comme de nombreuses communes aujourd'hui, la commune de Vertville souhaite devenir une collectivité exemplaire en matière environnementale. À cette fin, elle entend engager une démarche écoresponsable au sein de ses services. [commande] Par écoresponsabilité dans les administrations, on entend développement de l'intégration des préoccupations environnementales dans leurs activités internes.

Définition

Plus précisément, l'Agence de l'environnement et de la maîtrise de l'énergie (ADEME) définit l'écoresponsabilité comme « l'engagement des administrations à limiter les impacts environnementaux dans leurs modalités de fonctionnement interne : déplacements, consommation d'énergie, de biens ».

Problématique

Quel est le périmètre exact de l'écoresponsabilité dans les administrations ? Quelles sont les conditions de réussite ? Comment mettre en œuvre cette démarche dans la commune de Vertville ?

Annonce de plan (nous faisons ici le choix d'annoncer les parties et leurs sous-parties)

(I) L'écoresponsabilité dans les administrations apparaît comme une démarche ambitieuse (A) qui ne peut réussir que dans certaines conditions (B).

(II) La mise en œuvre d'une démarche responsable dans la commune de Vertville requiert un processus participatif (A), fondateur d'un plan d'action rigoureusement construit (B).

(Développement)

I - L'écoresponsabilité dans les administrations, un processus exigeant

A - Une démarche ambitieuse

La Direction régionale de l'environnement (DIREN) Midi-Pyrénées a édité en 2005 un dépliant qui présente de manière pédagogique l'écoresponsabilité dans toutes ses dimensions : les cinq axes valorisés sont acheter autrement, trier les déchets de bureau, économiser l'eau, maîtriser l'énergie, améliorer les déplacements.

En matière d'achats publics, dix ans après une directive marchés publics insérant des problématiques environnementales et sociales dans les spécifications et critères de choix des marchés publics, le plan national d'action pour les achats publics durables 2015-2020, élaboré par le ministère de l'Écologie, du Développement durable et de l'Énergie, précise les conditions auxquelles l'achat public doit satisfaire pour être durable : il doit notamment intégrer des dispositions en faveur de la protection ou de la mise en valeur de l'environnement, du progrès social, favorisant le développement économique, et permettre de réaliser des économies « intelligentes ». Dans ce cadre, un marché public comporte une dimension environnementale si l'objet du marché comporte une dimension environnementale, ou si la dimension environnementale est prise en compte dans les spécifications techniques, ou si la dimension environnementale est prise en compte dans les conditions d'exécution, ou encore si un ou plusieurs critères d'attribution liés au développement durable sont pris en compte. L'acheteur public, lorsqu'il détermine la nature et l'étendue de ses besoins, doit prendre en compte des objectifs de développement durable dans la définition de ses besoins, dans le respect des principes généraux de la commande publique. Les préoccupations environnementales peuvent être intégrées dans le processus d'achat à différentes étapes : lors de la définition et de l'expression du besoin, lors de la présentation des offres ou au stade de l'exécution du marché public.

S'agissant de l'amélioration des déplacements, la loi du 17 août 2015 de transition énergétique prévoit le renouvellement ou l'acquisition de flottes publiques en véhicules à faibles émissions à hauteur de 20 % pour les moins de 3,5 tonnes pour des parcs de plus de 20 véhicules. Avant d'acheter, il convient de redimensionner la flotte au moyen du covoiturage, de l'utilisation des transports en commun, de l'autopartage, du vélo, de la mutualisation des véhicules entre services et collectivités. On devra également arbitrer entre achat et location. Un plan de déplacement des agents permet de réduire leur empreinte carbone, par exemple en alignant les heures de début et de fin de travail sur les horaires de desserte par les transports en commun, en prenant en charge une partie de leurs titres de transport.

Un autre exemple d'action possible : les collectivités peuvent donner davantage de place au végétal dans leurs cimetières, en renonçant aux produits chimiques et en utilisant les désherbeurs thermiques et le paillage.

B - Des conditions de réussite incontournables

Comme le souligne le vice-président de la Métropole de Lyon chargé du développement durable, de la biodiversité, de la trame verte et de la politique agricole, une administration locale ne peut se contenter de proposer l'écoresponsabilité : elle doit changer sa propre organisation.

Si de nombreuses bonnes pratiques se sont diffusées, l'accompagnement des démarches est indispensable à la réussite : il faut en effet changer les routines, permettre de percevoir le sens des missions et de l'écart entre valeurs et actes quotidiens.

Les agents municipaux doivent être placés au cœur de la démarche d'écoresponsabilité afin qu'ils deviennent de véritables ambassadeurs du développement durable. Leur formation joue ainsi un rôle déterminant dans la réussite du projet : comme le souligne la directrice régionale du CNFPT de Martinique, il faut faire en sorte que « le développement durable irradie toutes les formations dispensées aux agents, qu'ils soient cadres ou non ».
À Dardilly, dans le cadre de l'Agenda 21, un réseau de correspondants touchant tous les services et une charte de l'engagement écocitoyen ainsi qu'une formation interne ont rencontré des limites dues à une résistance au changement et à un certain essoufflement qui ont conduit à privilégier des actions phares et à renouveler les correspondants.
Enfin, il est indispensable d'éduquer le public : il faut montrer à la population l'intérêt de gérer différemment les espaces publics, au premier rang desquels les cimetières, lieux particulièrement sensibles ; on peut communiquer par exemple sur le fait que ces espaces peuvent devenir des refuges pour la biodiversité, participer à la lutte contre les îlots de chaleur urbains et les inondations par ruissellement, se prêter à l'usage de la promenade.

Phrase de transition

Après avoir pris la mesure des exigences d'une démarche écoresponsable dans les administrations, il convient de préciser comment la commune de Vertville peut la mettre en œuvre.

II - La mise en œuvre d'une démarche écoresponsable dans la commune de Vertville

A - Un processus participatif

Rendre les services de la commune écoresponsables requiert l'implication de tous les élus de la commune, de tous les agents et de leurs encadrants. L'ambition de ce projet impliquant tous les services nécessite un mode de conduite qui permette aux idées de tous les agents de s'exprimer et de prendre corps sans que la place des agents dans la hiérarchie influe sur le sort réservé à leurs propositions. Il convient donc d'adopter une conduite de projet non fondée sur les relations hiérarchiques et favorisant l'expression de chacun. Une conduite en mode projet paraît ainsi s'imposer, avec la création d'un comité de pilotage comprenant le maire, ou un adjoint au maire à qui le maire souhaitera déléguer cette mission, le directeur général des services et les directeurs de pôle. Un comité technique, qui pourra constituer des groupes de travail thématiques, sera composé des chefs des services principalement concernés (ou des adjoints aux chefs de service que ces derniers souhaiteront déléguer), ressources humaines, services techniques, service finances, service marchés publics. Ce comité technique comprendra également des agents écoresponsables, qui pourront être dénommés éco-agents, choisis sur la base du volontariat avec un souci de représentation des principaux services concernés et d'équilibre des catégories hiérarchiques (A, B et C), des sexes et des âges, afin que tous puissent se sentir représentés par ces agents.

Il est essentiel, pour que le projet réussisse, que sa dimension participative soit fortement affirmée avant son démarrage, afin que tous ses acteurs, au premier rang desquels les éco-agents, se sentent légitimes et reconnus par la collectivité comme porteurs d'un projet stratégique. Plus fondamentalement encore, il convient que la commune de Vertville inscrive l'écoresponsabilité des services dans un projet plus large de développement durable afin que cette écoresponsabilité ne s'arrête pas « à la porte » des services, mais contribue à l'émergence d'une ville durable. À cette fin, on peut envisager que la ville se dote d'une charte d'écologie urbaine et de développement responsable reposant sur trois démarches de qualité : l'écoresponsabilité des services, l'éducation au développement durable, la durabilité de la ville. Cette charte pourrait être élaborée de manière participative, dans le cadre de la démarche de lancement du projet d'écoresponsabilité : lors d'une première réunion de sensibilisation des élus au projet sur une demi-journée, qui pourrait être accompagnée par le CNFPT, les principales valeurs et les grands engagements de la commune pourraient être identifiés, avant une réunion de formation-action de l'encadrement sur une journée et demie, puis une réunion de présentation des objectifs et de la démarche à tous les agents.

B - Un plan d'action rigoureusement construit

Le comité de pilotage devra s'attacher à structurer la démarche à partir des phases essentielles de toute conduite de projet, dans le cadre d'une feuille de route arrêtée en concertation avec le comité technique précisant les objectifs, les différentes actions à mener, les acteurs, les outils, les échéances et les indicateurs de réussite.

1 - Un diagnostic interne collaboratif

Le rôle des éco-agents dans ce diagnostic sera déterminant : immergés au sein des services, ils sont les mieux à même d'opérer un diagnostic précis et exhaustif, dès lors que le comité de pilotage en aura précisé les grands axes : achats durables, bâtiments municipaux, déchets, déplacements, espaces verts et espaces publics, communication. Les éco-agents acquerront une légitimité d'autant plus grande dans les services qu'ils seront attentifs à consulter tous les agents dès cette phase, faisant ainsi la preuve de leurs capacités à faire également remonter leurs suggestions en matière d'écoresponsabilité des services. Ce diagnostic portera à la fois sur un bilan des consommations de la commune (eau, électricité, carburants, papier...) et sur un repérage des bonnes pratiques.

2 - Un *benchmarking* (parangonnage) soigné

Le comité technique aura tout intérêt, pendant la phase de diagnostic, à se livrer à une observation attentive des expériences écoresponsables déjà conduites par d'autres collectivités. Il pourra utilement se rapprocher du CNFPT, qui a accompagné plusieurs de ces démarches, pour en repérer les freins, les forces et les faiblesses. Le CNFPT a notamment accompagné la ville de Tarbes dans son programme de développement durable mis en œuvre depuis 2008.

À Sainte-Foy-lès-Lyon, par exemple, des « animateurs développement durable » ont été chargés de sensibiliser leurs collègues à l'écoresponsabilité au moyen de réunions sur des thèmes spécifiques aboutissant à des guides pratiques. À Lyon, des ambassadeurs ont pour mission d'informer et de sensibiliser les agents aux écogestes.

Le CNFPT a en outre mis en œuvre une gestion écologique et solidaire des papiers de bureau grâce à un partenariat avec La Poste : les papiers de bureaux sont expédiés vers une plateforme logistique de La Poste, triés et conditionnés par des personnes en insertion professionnelle et remis aux papetiers recycleurs de proximité.

3 - Une priorisation des actions

Le *benchmarking*, allié au diagnostic interne, permettra de dresser une liste exhaustive des actions à mener, en les priorisant. Sur chaque thématique, le plan d'action pourra distinguer les actions individuelles, les actions à programmer, en distinguant celles qui peuvent être réalisées sans moyens lourds de celles qui requièrent des investissements. Il conviendra de veiller à ce que ces actions soient réalistes et réellement opérationnelles.

Certaines actions sont indispensables mais peu « voyantes », d'autres sont « voyantes » mais d'une portée plus symbolique que réelle. Il faudra veiller à les mêler intelligemment afin que le projet soit à la fois visible, donc mobilisateur, et utile.

À titre d'exemple, l'intégration de clauses environnementales dans les marchés publics de la commune est incontournable mais peu visible, alors que l'acquisition de vélos électriques de service en remplacement de voitures de service pour le déplacement des agents est visible et mobilisateur, de nature à modifier les comportements des agents dans leur vie quotidienne. De même, privilégier l'économie circulaire n'est pas très porteur sans une politique de communication soignée, alors que l'utilisation de produits et techniques respectueux de l'environnement pour l'entretien des espaces verts et des cimetières rend particulièrement visible la « révolution » entamée.

On sera particulièrement attentif à mettre en œuvre au plus vite les actions individuelles et les actions sans moyens lourds qui démontrent une recherche d'efficacité immédiate, comme, en matière d'action sur les déchets, une réduction du nombre des abonnements papier et des revues de presse, une collecte spécifique des piles et toners d'encre usagés, la collecte et le retraitement des déchets électriques et électroniques, le portage des déchets spéciaux et dangereux en déchèterie.

4 - L'organisation d'événements fédérateurs

Pour valoriser les actions exemplaires et entretenir la motivation des agents, des événements fédérateurs pourront être régulièrement organisés, médiatisés tant par l'intranet de la commune que par les médias locaux : la commune pourra ainsi participer à ces challenges inter-collectivités comme à des défis « mobilité durable » organisés par la région. La remise de récompenses symboliques aux services ou aux agents les plus exemplaires en matière d'écoresponsabilité sera de nature à permettre une émulation féconde.

5 - Une évaluation du projet

La feuille de route devra prévoir, au terme d'un temps suffisant de mise en œuvre du projet, une phase d'évaluation sur la base des indicateurs préalablement fixés.
La communication tant interne qu'externe jouera un rôle déterminant dans la pérennisation des actions efficaces. Les actions les moins probantes pourront être abandonnées, en veillant à ce que cet abandon, tout comme le démarrage de nouvelles actions à expérimenter, soit géré de manière participative afin d'éviter une démotivation des agents ou des services dont les projets seraient abandonnés.

(*Conclusion*)

Si l'on prend le soin de permettre l'adhésion de tous les agents au projet d'administration écoresponsable grâce à une démarche participative, cette dernière peut devenir un levier de changement puissant dans l'ensemble de la commune, en dépassant les limites de ce projet pour aller jusqu'à un développement durable porté non seulement par la collectivité mais par tous les acteurs privés du territoire et par tous les citoyens.

Série de questions

(Rédacteur externe, rédacteur principal de 2e classe externe, interne et 3e voie)

DURÉE 3 HEURES

1. Méthodologie et conseils 241

2. Annales corrigées 249

COEFFICIENT 1

1. Maîtriser les connaissances

Vous ne disposez ici d'aucun dossier et devez élaborer les réponses à l'aide de vos seules connaissances.

A. Concours externe de rédacteur

Au **concours externe** de **rédacteur**, vous choisissez au moment de votre inscription au concours le domaine sur lequel portera le sujet que vous aurez à traiter.

> **ATTENTION**
> Ne vous trompez pas dans votre choix, celui-ci ne pouvant plus être modifié après la clôture des inscriptions.

L'épreuve ne comporte pas de programme réglementairement fixé. La seule précision est apportée par le libellé réglementaire même de l'épreuve en ce qu'il précise que les différents domaines (finances, budget et intervention économique/droit public/action sanitaire et sociale/droit civil) sont inscrits dans le champ des missions des collectivités territoriales.

Le **cadrage national** fournit cependant des précisions sur les thèmes dans chaque domaine en se référant **à titre indicatif** au programme des épreuves des anciens concours de rédacteur territorial :

■ **Finances, budget et intervention économique des collectivités territoriales :**

a) Notions budgétaires :
- les principes budgétaires ;
- les budgets locaux : élaboration, exécution et contrôles ;
- notions sur les instructions budgétaires et comptables applicables aux collectivités locales ;
- la séparation de l'ordonnateur et du comptable.

b) Les ressources des collectivités locales :
- les recettes fiscales ;
- les dotations et subventions de l'État ;
- les emprunts ;
- les ressources domaniales.

c) Les dépenses des collectivités locales :

- dépenses obligatoires et dépenses facultatives ;
- les différentes phases de la dépense.

d) L'intervention économique des collectivités locales :

- les compétences des collectivités territoriales et de leurs groupements dans le domaine économique ;
- l'aspect économique des finances locales.

■ **Droit public en relation avec les missions des collectivités territoriales :**

a) L'organisation administrative :

- l'administration de l'État, les collectivités décentralisées et leurs groupements, les établissements publics ;
- l'organisation juridictionnelle.

b) L'action administrative :

- la règle de droit et le principe de légalité ;
- le pouvoir réglementaire, les actes unilatéraux ;
- les contrats administratifs ;
- la police administrative ;
- le service public et ses modes de gestion ;
- la responsabilité de l'administration ;
- le contrôle de l'action administrative.

c) La fonction publique :

- principes généraux : statut, recrutement, obligations et droits des fonctionnaires ;
- la fonction publique territoriale : principales règles relatives au recrutement et à la carrière des fonctionnaires territoriaux ; les acteurs de la fonction publique territoriale.

■ **Le secteur sanitaire et social, et notamment les politiques de santé, la protection sociale et l'action sanitaire ainsi que les domaines d'intervention des collectivités territoriales dans ce secteur :**

a) La protection sociale :

- l'organisation de la protection sociale : les différents acteurs ;
- la sécurité sociale : les principaux régimes (régime général, régimes spéciaux et autonomes) ; principes essentiels, évolution, principaux types de prestations, financement.

b) L'action sociale :

- aide sociale légale, aide sociale complémentaire ou facultative ; le rôle de l'État, des collectivités territoriales et de leurs établissements publics ;
- les structures de l'aide et de l'action sociale dans les collectivités territoriales.

c) Les institutions sanitaires et les politiques de la santé :

- l'organisation de la santé : les différents acteurs ; le rôle respectif de l'État et des collectivités territoriales ;
- le système hospitalier : service public hospitalier, établissements d'hospitalisation publics et privés ;
- les principales politiques de protection et de prévention dans le domaine de la santé : protection maternelle et infantile, protection de l'enfant, lutte contre les dépendances.

d) Les politiques sociales et de solidarité : le rôle respectif de l'État et des collectivités territoriales :
- la politique de la famille ;
- la politique en faveur des personnes âgées ;
- la lutte contre la pauvreté et l'exclusion ;
- la politique du logement ;
- la politique de la ville.

■ **Le droit civil en relation avec les missions des collectivités territoriales**

a) Les personnes physiques : nom, domicile, état, capacité et incapacité.

b) Le droit de la famille : le mariage et sa dissolution, les différents modes de filiation, l'autorité parentale.

Le concubinage, le pacte civil de solidarité et sa dissolution.

c) La propriété et la possession : le droit de propriété et ses démembrements.

d) Les contrats conclus par les collectivités territoriales : bail, bail rural, bail commercial, acceptation des dons et legs, contrats de cession du domaine privé.

B. Concours externe de rédacteur principal de 2e classe

Le domaine sur lequel portent les questions de l'épreuve du **concours externe** de **rédacteur principal de 2e classe** est plus étroit, l'épreuve consistant en des « réponses à des **questions de droit public et de finances publiques** portant notamment sur le fonctionnement des collectivités territoriales ».

Le **cadrage national** fait référence, à titre indicatif, au programme des anciennes épreuves des concours de rédacteur.

■ **Droit public en relation avec les missions des collectivités territoriales :**

a) L'organisation administrative :
- l'administration de l'État, les collectivités décentralisées et leurs groupements, les établissements publics ;
- l'organisation juridictionnelle.

b) L'action administrative :
- la règle de droit et le principe de légalité ;
- le pouvoir réglementaire, les actes unilatéraux ;
- les contrats administratifs ;
- la police administrative ;
- le service public et ses modes de gestion ;
- la responsabilité de l'administration ;
- le contrôle de l'action administrative.

c) La fonction publique :
- principes généraux : statut, recrutement, obligations et droits des fonctionnaires ;
- la fonction publique territoriale : principales règles relatives au recrutement et à la carrière des fonctionnaires territoriaux ; les acteurs de la fonction publique territoriale.

- **Finances, budget et intervention économique des collectivités territoriales :**

  a) Notions budgétaires :
  - les principes budgétaires ;
  - les budgets locaux : élaboration, exécution et contrôles ;
  - notions sur les instructions budgétaires et comptables applicables aux collectivités locales ;
  - la séparation de l'ordonnateur et du comptable.

  b) Les ressources des collectivités locales :
  - les recettes fiscales ;
  - les dotations et subventions de l'État ;
  - les emprunts ;
  - les ressources domaniales.

  c) Les dépenses des collectivités locales :
  - dépenses obligatoires et dépenses facultatives ;
  - les différentes phases de la dépense.

  d) L'intervention économique des collectivités locales :
  - les compétences des collectivités territoriales et de leurs groupements dans le domaine économique ;
  - l'aspect économique des finances locales.

C. Concours interne et de 3e voie de rédacteur principal de 2e classe

Le champ des questions de l'épreuve des **concours interne et de 3e voie** de **rédacteur principal de 2e classe** est nettement plus large, portant sur « **les missions, compétences et moyens d'action des collectivités territoriales** ».

Pas plus que l'épreuve du concours externe, cette épreuve ne comporte de programme réglementaire permettant de circonscrire précisément le champ de l'épreuve.

Le **cadrage national** propose cependant quelques pistes.

À titre d'illustration, et sans que cette liste non exhaustive constitue un programme réglementaire dont les candidats pourraient se prévaloir, les questions peuvent notamment porter sur :

- la décentralisation ;
- les compétences de la commune, du département, de la région ;
- les organes délibérants et exécutifs des collectivités territoriales et de leurs établissements ;
- l'intercommunalité et les établissements publics locaux ;
- les ressources et les dépenses des collectivités territoriales ;
- les modes de gestion des services publics locaux ;
- les contrats conclus par les collectivités territoriales ;
- la fonction publique territoriale ;
- la gestion des ressources humaines ;
- le dialogue social dans les collectivités territoriales ;
- la place des citoyens dans la vie des collectivités territoriales ;
- l'organisation et la gestion des services ;
- etc.

Insistons sur le fait que les points de suspension signifient bien que cette liste ne saurait être exhaustive et que d'autres thèmes peuvent également être abordés dès lors qu'ils s'inscrivent dans le champ des missions, compétences et moyens d'action des collectivités territoriales.

Enfin, une précision essentielle : le **cadrage national** de chacune des épreuves de série de questions indique que, outre les connaissances dans le domaine de l'épreuve, le candidat est évalué sur **son intérêt pour les questions d'actualité** en lien avec ce domaine.

CONSEILS DU FORMATEUR

À l'approche des épreuves du concours, soyez particulièrement attentif à l'actualité territoriale. Cette attention pourra vous permettre de « faire la différence » en sachant, si des questions s'y prêtent, dépasser une approche « question de cours » pour montrer combien l'actualité récente éclaire la question. Cette actualité peut tout aussi bien consister en une évolution institutionnelle, une décision jurisprudentielle notable, un rapport officiel, un débat national, une déclaration officielle, etc.

Certains domaines sont particulièrement susceptibles de connaître des évolutions, comme celui de l'organisation et des compétences des collectivités territoriales : comment la disparition de la taxe d'habitation pour les résidences principales sera-t-elle compensée dans la durée ? Les collectivités territoriales vont-elles acquérir de nouvelles compétences dans le cadre de la lutte contre le réchauffement climatique ? Quel rôle des collectivités territoriales dans la couverture du risque de la dépendance ?

Inévitablement, les réformes opérées modifieront nombre de points au « programme » de l'épreuve, et un candidat qui n'aurait pas actualisé ses connaissances au fil des jours pourrait s'en trouver lourdement pénalisé.

En outre, l'épreuve orale d'entretien donnera également l'occasion au jury de vérifier l'actualité des connaissances du candidat en matière d'administration territoriale.

2. Adopter une stratégie gagnante

Le cadrage précise que les sujets peuvent comporter **au maximum 10 questions**.

Généralement, dans ce type d'épreuve, le sujet indique que vous pouvez traiter les questions dans l'ordre qui vous convient.

Comme le cadrage le suggère, sachez déterminer le temps et l'énergie que vous consacrerez à chaque question en fonction du nombre de points alloués à chacune d'entre elles. Si vous connaissez parfaitement la réponse à une question alors que celle-ci n'est dotée que d'un seul point, il est inutile de développer longuement votre réponse. Si, en revanche, une question est dotée de 4 ou 5 points, c'est à l'évidence une question importante qui requiert un développement organisé et développé.

Cadrage national

Le nombre de points alloué à chaque question peut varier en fonction de l'importance de la question et de la longueur de la réponse attendue. Ce barème est porté sur le sujet afin que les candidats puissent arrêter leur stratégie de traitement du sujet en toute connaissance de cause.

Certaines questions peuvent requérir un développement structuré, d'autres des réponses plus brèves destinées à mesurer des connaissances.

Le **cadrage national** précise en outre, pour l'épreuve de « série de questions portant sur les missions, compétences et moyens d'action des collectivités territoriales permettant d'apprécier les connaissances professionnelles du candidat » des concours interne et de 3e voie de rédacteur principal de 2e classe, que **les questions peuvent, le cas échéant, prendre la forme de mises en situation**.

CONSEIL DU FORMATEUR

N'hésitez jamais, lorsqu'une question appelle un développement structuré, à rédiger une mini-introduction comportant une entrée en matière, une contextualisation et/ou une définition, une problématique et une annonce de plan, selon la technique en vigueur tant dans les épreuves de synthèse que dans celles, en voie de disparition, de composition.

Un exemple d'introduction

Question : Selon vous, les communes doivent-elles mutualiser leurs polices municipales ?

(Entrée en matière)

La sécurité apparaît aujourd'hui comme une préoccupation essentielle des Français. Les polices municipales jouent un rôle déterminant par les missions essentiellement préventives qu'elles exercent sous la responsabilité des maires. Elles ont vu leurs effectifs augmenter depuis le début des années 1980 et, triplant en 25 ans, elles représentent aujourd'hui 6 % des forces de sécurité.

(Contextualisation)

Dans ce contexte, les petites et moyennes communes rencontrent fréquemment des difficultés à assumer seules la charge d'une police municipale. Des dispositions législatives récentes entendent faciliter la mutualisation des services.

(Problématique)

Pour améliorer l'efficience des polices municipales sans accroître excessivement les coûts, quelles possibilités s'ouvrent aux communes ? La mutualisation offre-t-elle vraiment des avantages ? Peut-elle être mise en œuvre sans risques ?

(Annonce de plan)

Après une présentation des différentes modalités de mutualisation applicables (I), nous en présenterons les avantages tout en soulignant les précautions à prendre (II).

3. Soigner la rédaction

Le **cadrage national** indique notamment que l'épreuve vise à évaluer :

- la capacité du candidat à rendre compte de ses connaissances de manière cohérente;
- les qualités rédactionnelles du candidat.

Il ajoute : sauf indications contraires dans le sujet pour telle ou telle question, des réponses intégralement rédigées sont attendues et seront notamment évaluées en fonction du respect des règles syntaxiques.

Cette insistance marquée est à nouveau signifiée par le barème de correction, comme dans celui des autres épreuves :

L'évaluation du niveau de maîtrise de langue est prise en considération dans la note globale attribuée à la copie. Ainsi, une copie ne devrait pas obtenir la moyenne lorsqu'elle traduit une incapacité à rédiger clairement ou témoigne d'une maîtrise linguistique insuffisante (trop nombreuses erreurs d'orthographe, de syntaxe, de ponctuation, de vocabulaire).

Nous vous conseillons donc vivement de lire les conseils portant sur la syntaxe et l'orthographe développés dans la méthode de l'épreuve de note sur dossier.

QUESTIONS : droit public et finances publiques

Concours externe de rédacteur principal de 2e classe, session 2021, extraits

Question 1 (4 points)

Le recours aux contractuels par les collectivités territoriales.

Corrigé

Le recrutement de fonctionnaires par concours a longtemps été considéré comme le mode privilégié d'accès à l'emploi public dans les fonctions publiques, dont la fonction publique territoriale. La loi du 26 janvier 1984 portant dispositions statutaires relatives à la fonction publique territoriale dispose en effet, par son article 36, que « les fonctionnaires sont recrutés par concours »[1]. Cette même loi n'en prévoit pas moins le recrutement d'agents publics contractuels, possibilité récemment élargie par la loi du 6 août 2019 de transformation de la fonction publique. On compte aujourd'hui plus de 20 % de contractuels dans la fonction publique territoriale.

Qu'en est-il aujourd'hui du recours aux contractuels par les collectivités territoriales ? Quel est le cadre de leur recrutement ? Quels sont les risques et les opportunités ?

Après une présentation des conditions dans lesquelles des contractuels peuvent être recrutés dans les collectivités territoriales (I), nous exposerons les enjeux de ce mode de recrutement (II).

I - Les conditions de recrutement de contractuels dans la fonction publique territoriale

A - Des règles fixées dès l'origine par le statut

Le recrutement d'agents contractuels a longtemps été considéré comme un recrutement dérogatoire au regard de celui des fonctionnaires : on parlait d'agents « non titulaires », avant que le décret du 29 décembre 2015 ne substitue à ce terme celui d'agents « contractuels ».

Dès l'origine, la loi du 26 janvier 1984 fixant le statut des fonctionnaires territoriaux prévoit les cas dans lesquels il est possible de recruter des agents non titulaires, ce mode de recrutement constituant un mode par défaut possible dans des cas limitativement énumérés : s'agissant d'emplois permanents, le recrutement de non-titulaires n'est possible que « pour assurer le remplacement momentané de titulaires autorisés à exercer leurs fonctions à temps partiel ou indisponibles en raison d'un congé de maladie, d'un congé de maternité ou d'un congé parental [...], ou pour faire face temporairement et pour une durée maximale d'un an à la vacance d'un emploi qui ne peut être immédiatement pourvu ». La loi prévoit également le recrutement d'agents non titulaires pour faire face à des besoins saisonniers ou occasionnels.

1. Cette loi a été abrogée par l'ordonnance n° 2021-1574 du 24 novembre 2021 codifiant le droit de la fonction publique. C'est désormais l'article L. 320-1 du Code général de la fonction publique qui fixe que « les fonctionnaires sont recrutés par concours ».

Enfin, des emplois permanents « peuvent être occupés par des agents contractuels pour exercer des fonctions nécessitant des connaissances techniques hautement spécialisées. Ces agents sont recrutés dans ces emplois par des contrats d'une durée maximale de trois ans, renouvelables une fois pour une même période ».

B - Un élargissement récent

La loi du 6 août 2019 de transformation de la fonction publique a considérablement accru les possibilités de recrutement par voie contractuelle : lorsque les besoins du service ou la nature des fonctions le justifient, le recrutement d'agents contractuels sur emploi permanent est étendu à toutes les catégories hiérarchiques (A, B et C). Pour les emplois permanents, le recours aux contractuels est également facilité pour les communes de moins de 1 000 habitants et les établissements publics de coopération intercommunale (EPCI) de moins de 15 000 habitants.

Un contrat de projet d'un à six ans, ouvert à toutes les catégories hiérarchiques, est également créé pour répondre aux besoins ponctuels des collectivités et des établissements publics.

Le recours au contrat est désormais ouvert pour les emplois de directeur général des services (DGS), de directeur général adjoint (DGA) et de directeur général des services techniques (DGST) pour toutes les collectivités et EPCI dont la population dépasse 40 000 habitants.

Enfin, les possibilités de recrutement de contractuels sur des emplois non permanents sont fortement élargies.

II - Les enjeux de ce mode de recrutement

A - Une opportunité pour les agents et leurs employeurs

Un agent contractuel peut être recruté en CDD de trois ans maximum, renouvelable dans la limite de six ans. S'il justifie de six ans de services publics, son CDD peut se transformer en CDI. Si l'agent justifie déjà de six ans de services publics dans des fonctions relevant de la même catégorie hiérarchique, le recrutement se fait directement en CDI. La « CDIsation » de nombreux agents en CDD leur ouvre la possibilité d'une véritable carrière au sein de la fonction publique territoriale alors même qu'ils ne sont pas fonctionnaires.

Le décret du 29 décembre 2015 contribue à en faire une catégorie d'agents publics à part entière, dotés de nouveaux droits, comme celui, pour les contractuels sur emplois permanents recrutés sur un CDD de plus d'un an, de bénéficier d'un entretien professionnel annuel.

La loi du 6 août 2019 instaure le versement, à partir de 2021, d'une prime de précarité pour les agents contractuels dont le contrat est inférieur ou égal à un an, à l'exception des contrats saisonniers et de ceux dont la rémunération n'excède pas deux fois le SMIC. En outre, elle rend obligatoire la formation des agents contractuels qui occupent des emplois permanents et fonctionnels.

Pour les employeurs, l'avantage est évident : les périodes de contrat à durée déterminée permettent d'évaluer les capacités des nouveaux recrutés sur une période plus longue que celle du stage auquel est astreint le fonctionnaire avant titularisation. Le contrat permet en outre aux collectivités de s'adjoindre les talents de personnes que les concours ne permettent pas de recruter. Enfin, les contrats de projet se prêtent particulièrement bien à des recrutements pour des projets donnés réalisables sur un temps limité.

B - Un risque pour l'avenir du recrutement statutaire

L'émergence d'un statut de contractuel fait débat : on peut considérer qu'élargir les possibilités de recrutement des contractuels et préciser leurs droits a pour conséquences de légitimer une forme de précarité et d'introduire dans l'emploi public une forme de flexibilité qui peut s'avérer dommageable pour le service public. Certains craignent que la généralisation du recrutement contractuel aboutisse à une sorte de *spoil system* à l'américaine, où les administrations sont remplacées en cas d'alternance politique.

On entend aussi parler de « mort du statut », au sens où le recrutement de fonctionnaires par concours pourrait devenir si minoritaire que les cadres d'emplois se videraient peu à peu de leurs effectifs au fil des départs en retraite, privant les agents de la protection du statut et les collectivités de la continuité du service qu'il permet.

Ainsi, le développement du recrutement contractuel dans les collectivités territoriales constitue à la fois une chance et une menace.

Question 2 (4 points)

L'évolution de l'autonomie fiscale des collectivités territoriales.

Corrigé

L'article 72 de la Constitution du 4 octobre 1958 fixe que « dans les conditions prévues par la loi, les collectivités territoriales s'administrent librement par des conseils élus et disposent d'un pouvoir réglementaire pour l'exercice de leurs compétences. ». L'article 72-2 en constitue un corollaire, disposant que « les collectivités territoriales bénéficient de ressources dont elles peuvent disposer librement dans les conditions fixées par la loi ». Ce même article précise que « les recettes fiscales et les autres ressources propres des collectivités territoriales représentent, pour chaque catégorie de collectivités, une part déterminante de l'ensemble de leurs ressources ».

Dans ce cadre, qu'en est-il de l'autonomie fiscale des collectivités territoriales ? La décentralisation l'a-t-elle progressivement accrue ou au contraire diminuée ?

(I) Si la décentralisation a pu paraître synonyme d'autonomie fiscale, (II) cette dernière a fortement diminué avec les réformes de la fiscalité locale.

(I) Une décentralisation synonyme d'autonomie fiscale

Jusqu'à la décentralisation, les budgets locaux étaient soumis au contrôle de tutelle de l'État et les collectivités territoriales n'avaient pas le pouvoir de fixer elles-mêmes le taux de leurs différents impôts. Le législateur a progressivement accru l'autonomie financière des collectivités territoriales en réformant la fiscalité directe locale par les lois des 31 décembre 1973 et 29 juillet 1975 et en leur permettant, avec la loi du 10 janvier 1980, de fixer elles-mêmes le taux de leurs impôts. Plus fondamentalement, en substituant à la tutelle un contrôle de légalité a posteriori, la loi de décentralisation de 1982 a fortement accru l'autonomie financière des collectivités territoriales, même si demeure un contrôle de l'État en matière budgétaire.

De plus, l'article 72-2 de la Constitution, modifié par la loi constitutionnelle du 28 mars 2003, affirme que « tout transfert de compétences entre l'État et les collectivités territoriales s'accompagne de l'attribution de ressources équivalentes à celles qui étaient consacrées à leur exercice. Toute création ou extension de compétences ayant pour conséquence d'augmenter les dépenses des collectivités territoriales est accompagnée de ressources déterminées par la loi ».

En outre, la loi organique du 29 juillet 2004 définit les ressources propres des collectivités locales et elle fixe un plancher en deçà duquel le taux d'autonomie financière des collectivités locales ne peut pas descendre : elle dispose par son article 3 que, « au sens de l'article 72-2 de la Constitution, les ressources propres des collectivités territoriales sont constituées du produit des impositions de toutes natures dont la loi les autorise à fixer l'assiette, le taux ou le tarif, ou dont elle détermine, par collectivité, le taux ou une part locale d'assiette, des redevances pour services rendus, des produits du domaine, des participations d'urbanisme, des produits financiers et des dons et legs. ».

Enfin, ce même article 3 fixe que, « pour chaque catégorie de collectivités, la part des ressources propres est calculée en rapportant le montant de ces dernières à celui de la totalité de leurs ressources, à l'exclusion des emprunts, des ressources correspondant au financement de compétences transférées à titre expérimental ou mises en œuvre par délégation et des transferts financiers entre collectivités d'une même catégorie ».

II - Une autonomie fiscale réduite par la réforme de la fiscalité locale

La diminution constante de la fiscalité locale ces dernières années, si elle ne paraît pas mettre fin à l'autonomie financière des collectivités territoriales, dans la mesure où elle est compensée par l'État, la réduit, à l'évidence.

La taxe professionnelle a été supprimée le 1er janvier 2010, remplacée par deux nouvelles contributions des entreprises :

– la contribution économique territoriale (CET), composée de la cotisation financière des entreprises (CFE), dont les collectivités territoriales votent le taux, et de la cotisation sur la valeur ajoutée des entreprises (CVAE), dont le taux est fixé nationalement;

– l'imposition forfaitaire sur les entreprises de réseau (IFER), dont les tarifs et barèmes sont également fixés nationalement.

Même si l'État a garanti à chaque collectivité que ses ressources totales ne varieraient pas du fait de cette réforme, notamment grâce au fonds national de garantie individuelle des ressources (FNGIR), les collectivités y ont évidemment perdu en liberté de fixer leurs taux d'imposition.

Dix ans plus tard, la suppression de la taxe d'habitation pour les résidences principales porte une nouvelle atteinte à l'autonomie fiscale des collectivités territoriales : pour 80 % des foyers fiscaux, la taxe d'habitation a été supprimée en 2020, après avoir été allégée de 30 % en 2018, puis de 65 % en 2019. Pour les 20 % des ménages restants, l'allègement a été de 30 % en 2021 et de 65 % en 2022. En 2023, plus aucun foyer ne paiera de taxe d'habitation sur sa résidence principale. Les communes et les EPCI à fiscalité propre ne perçoivent donc plus le produit de la taxe d'habitation sur les résidences principales, mais bénéficient d'une compensation calculée sur la base du taux de taxe d'habitation adopté en 2017. Cette compensation prend la forme suivante : les communes se voient transférer la part départementale de la taxe foncière sur les propriétés bâties des départements et un abondement de l'État constitué d'une fraction des frais de gestion issue des impositions locales. Les EPCI bénéficient d'une fraction de TVA, égale au montant de la taxe d'habitation perdue.

Les régions, pour leur part, ont progressivement perdu tous les impôts directs qui leur avaient été alloués par la décentralisation des années 1980 : taxe d'habitation à la fin des années 1990, taxe professionnelle en 2010, taxe foncière sur les propriétés bâties transférée aux conseils départementaux et taxe foncière sur les propriétés non bâties transférée au bloc communal.

Enfin, la taxe sur la consommation finale d'électricité (TCFE), qui s'élevait à 2,3 milliards d'euros en 2019, est devenue à compter de 2021 une quote-part de la taxe nationale sur l'électricité. Si les collectivités restent destinataire du produit de la taxe, elles ne peuvent plus en modifier le taux.

Ainsi, même si l'État affirme sa volonté de compenser les recettes perdues par les collectivités territoriales en raison des réformes successives de la fiscalité locale, on peut se demander si la perte de leur autonomie fiscale n'est pas de nature à porter atteinte à leur liberté d'administration.

SÉRIE DE QUESTIONS : missions, compétences et moyens d'action des collectivités territoriales

Concours interne et troisième concours de rédacteur principal de 2e classe, session 2021, extraits

Question 2 (4 points)

Les communes face à la fracture numérique.

Corrigé

Lors de la campagne des élections présidentielles de 1995, le candidat Jacques Chirac a fait campagne sur le thème de la « fracture sociale ». Ce concept de « fracture » a connu ensuite plusieurs déclinaisons, dont celui de la « fracture numérique ».

Le développement de ce que l'on a longtemps appelé « les nouvelles technologies de l'information et de la communication (NTIC) » a en effet donné naissance à des inégalités dues à la fois à l'inégalité d'accès et à l'inégalité d'usage. Non seulement le territoire français est loin d'être également couvert par le réseau Internet, mais une partie de la population ne dispose pas d'un accès aux équipements ou aux compétences nécessaires pour utiliser le numérique. Ainsi, une étude de l'INSEE (2019) montre que près de 13 millions de Français sont éloignés du numérique en France, au premier rang desquels les seniors et les plus précaires.

Quel rôle les collectivités territoriales peuvent-elles jouer pour réduire la fracture numérique ? (I) Elles peuvent à la fois contribuer à développer les possibilités d'accès à Internet et (II) à l'acquisition de la maîtrise de l'outil informatique.

I - Le rôle des communes dans le développement des possibilités d'accès à internet

A - Le déploiement des infrastructures numériques

Le plan France très haut débit (PFTHD), mis en place en 2013, visait à permettre un accès au très haut débit fixe d'ici à 2022 et à déployer la fibre optique directement jusqu'à l'abonné sur l'ensemble du territoire national d'ici à 2025.

Pour autant, l'Autorité de régulation des communications électroniques, des postes et de la distribution de la presse (ARCEP), dans son rapport d'activité de 2020, révélait qu'une fracture numérique persistait entre les communes les plus denses, où près de 93 % des locaux pouvaient bénéficier d'une connexion très haut débit, et les zones rurales, où ce pourcentage n'atteignait que 40 %.

La loi du 21 juin 2004 pour la confiance dans l'économie numérique a autorisé les collectivités territoriales à devenir opérateurs de télécommunications en cas de carence de la part de l'offre privée. Depuis, nombreuses sont les collectivités territoriales qui ont saisi les possibilités offertes par la nouvelle réglementation du marché des télécommunications. Les villes à forte concentration économique se sont davantage impliquées dans le déploiement d'une infrastructure numérique publique que les villes à plus faible concentration économique.

B - Le développement de services d'e-administration locale

De même, les communes impliquées dans le développement des services d'e-administration locale sont majoritairement des communes à forte structure d'agglomération, motivées par des enjeux de développement et de renforcement de l'attractivité de leur territoire.

Les e-services locaux le plus souvent développés par les communes sont les services de billetteries municipales (concerts, musées, etc.), d'inscriptions (restauration scolaire, périscolaire, etc.), de consultation de l'urbanisme, de dématérialisation des marchés publics, d'autorisation pour les concessionnaires de réseaux de la voie publique, de permis de construire, et enfin d'information et de communication externe (communication avec un élu, consultation par les citoyens d'offres d'emploi de la mairie, plateformes de participation en ligne...). En outre, de nombreuses communes ont mis à disposition des élèves des écoles primaires des outils numériques (ordinateurs, tablettes, tableaux blancs interactifs...) utilisées à l'école ou mis à disposition des élèves à domicile pendant la crise sanitaire liée à la Covid 19.

II - L'aide à la maîtrise de l'outil informatique

A - Le risque d'illectronisme

La stratégie nationale Action publique 2022 avait comme objectif une dématérialisation prioritaire des 250 procédures les plus utilisées par les particuliers et les entreprises d'ici à 2022. Cette stratégie risque d'accroître la fracture numérique entre les personnes capables d'utiliser les outils numériques et celles touchées par l'« illectronisme », défini comme « l'état d'une personne qui ne maîtrise pas les compétences nécessaires à l'utilisation et à la création des ressources numériques ». Selon l'INSEE, 47 % de personnes manquent d'au moins une compétence numérique de base, par exemple, communiquer via une application, chercher une information, utiliser un traitement de texte ou résoudre un problème informatique simple.

B - Les communes en première ligne

Les communes jouent un rôle essentiel dans l'accompagnement des usagers dans des lieux de proximité afin qu'ils y trouvent de l'aide pour effectuer leurs démarches et être formés aux usages du numérique afin de favoriser l'inclusion du plus grand nombre. Les bibliothèques ou médiathèques comme des points relais, par exemple dans les cités des métiers, les espaces de conseils et de ressources ouverts à tous les publics (jeunes scolarisés ou non et adultes demandeurs d'emploi aussi bien qu'actifs occupés) en recherche de repères, de conseils d'orientation et d'information sur les métiers et la vie professionnelle, jouent fréquemment ce rôle.
En outre, l'État a développé sur l'ensemble du territoire plus de 2 000 « France services », guichets uniques donnant accès dans un seul et même lieu aux principaux organismes de services publics. Les usagers y bénéficient des partenariats locaux tissés entre France services et les structures locales d'accompagnement (mission locale, centre communal d'action sociale) ou encore de l'accès à des ateliers d'initiation au numérique pour les usagers. Ils y trouvent ainsi un accompagnement au numérique pour en favoriser l'apprentissage et en développer les usages (création d'une adresse e-mail, impression ou scan de pièces nécessaires à la constitution de dossiers administratifs, création d'identifiants pour accéder au service public en ligne., etc.) et une aide aux démarches en ligne (navigation sur les sites des opérateurs, simulation d'allocations, demande de documents en ligne, etc.).

Repérées par les administrés comme le premier lieu d'aide dans leur vie quotidienne, les communes ont ainsi un rôle essentiel à jouer dans la réduction de la fracture numérique.

Question 3 (2 points)

Les budgets participatifs locaux.

Corrigé

On peut définir le budget participatif local comme un dispositif permettant à des citoyens non élus de décider de l'affectation d'une partie des recettes du budget local. Né au Brésil en 1989, à Porto Alegre, première ville à associer les citoyens aux décisions budgétaires, le concept a été importé en France à la fin des années 1990 avant de tomber en désuétude, puis de connaître un regain d'intérêt à partir des municipales de 2014.
On estime aujourd'hui qu'environ 200 collectivités mettent en œuvre un budget participatif local. Elles sont constituées majoritairement de collectivités de taille importante (taille moyenne : 25 000 habitants).

En pratique, la collectivité décide d'allouer une enveloppe budgétaire à des projets proposés et votés par les habitants. Cette enveloppe est généralement de l'ordre de 5 % du budget d'investissement de la collectivité et est dédiée à des projets d'investissement « en dur » comme la réalisation d'espaces verts, de jardins partagés, de crèches, de terrains de sport, de médiathèques...

Après dépôt des idées par les habitants dans le respect d'un règlement du budget participatif, suivi d'une analyse de la faisabilité et du coût par les services communaux, les projets sont soumis au vote et l'enveloppe budgétaire est répartie entre les projets les plus soutenus et dans la limite du budget alloué. Les porteurs de projet sont associés à leur mise en œuvre et la population est régulièrement informée de leur avancée.

Finances publiques

Concours externe de rédacteur, session 2021, extraits

Question 1 (4 points)

Que comportent les sections de fonctionnement et d'investissement des budgets des collectivités territoriales ?

Corrigé

D'un point de vue comptable, le budget des collectivités territoriales se présente en deux parties, une section de fonctionnement et une section d'investissement. Chacune de ces sections doit être présentée en équilibre, les recettes égalant les dépenses.
Quelles recettes et quelles dépenses chacune des sections comporte-t-elle ?
(I) Après avoir précisé les dépenses (A) et les recettes (B) de la section de fonctionnement, (II) nous présenterons les dépenses (A) et les recettes (B) d'investissement.

I - La section de fonctionnement

A - Les dépenses

La section de fonctionnement regroupe toutes les dépenses nécessaires à la gestion courante des services de la collectivité territoriale, dépenses qui, pour l'essentiel, reviennent chaque année, à savoir :
- charges de personnel, indemnités des élus ;
- achats de fournitures : papeterie, mobilier... ;
- autres charges de gestion courante : électricité, téléphone... ;
- prestations de services : charges de publicité, de publication, missions et réceptions, transport de biens et de personnes... ;
- participations aux charges d'organismes extérieurs : aide sociale, syndicats intercommunaux... ;
- charges financières : intérêts des emprunts, frais financiers... ;
- dotations aux amortissements et aux provisions ;
- subventions aux organismes publics et privés.

B - Les recettes

- Les impôts directs locaux (« taxes ménages » : taxe d'habitation sur les résidences secondaires, taxes foncières sur les propriétés bâties et non bâties ; contribution économique territoriale) ;
- Des recettes fiscales indirectes (taxe sur les cartes grises, taxes additionnelles aux droits de mutation, taxe sur les permis de conduire...).
- Des dotations de fonctionnement de l'État.
- Les produits du domaine : loyers sur des biens du domaine privé, rémunération d'une convention d'occupation du domaine public...
- Les revenus des services publics locaux.
- Les recettes des produits financiers.

II - La section d'investissement

A - Les dépenses

Les dépenses d'investissement comprennent essentiellement des dépenses qui se traduisent par une modification de la consistance ou de la valeur du patrimoine de la collectivité territoriale :
- achat de matériel durable ;

– construction ou aménagement de bâtiments;
– travaux d'infrastructure;
– acquisition de titres de participation ou autres titres immobilisés.

Elles comportent également :
– le remboursement en capital des emprunts;
– diverses dépenses réduisant les fonds propres (reprises ou reversements, moins-values...).

B - Les recettes

– L'excédent de recettes par rapport aux dépenses dégagé par la section de fonctionnement : il est utilisé en priorité pour le remboursement du capital emprunté par la collectivité, le surplus constituant l'autofinancement permettant de contribuer au financement des investissements.
– L'amortissement des biens immobilisés.
– Le fonds de compensation de la TVA (FCTVA).
– Les dotations d'équipement de l'État.
– Des subventions d'investissement.
– La taxe locale d'aménagement.
– L'emprunt.

Question 3 (3 points)

La mutualisation des achats.

Corrigé

Les acheteurs peuvent faire le choix d'acquérir seuls les travaux, les fournitures et les services qui répondent à leurs besoins, de se grouper avec d'autres acheteurs ou de recourir à une centrale d'achat. L'intérêt de coordonner et mutualiser leurs achats est multiple pour les acheteurs. Outre les économies d'échelles réalisées en raison du volume de commandes, d'autres aspects positifs doivent être relevés (réduction des coûts de procédure, développement de l'expertise dans le domaine de la commande publique, etc.).

I - La centrale d'achat

Selon l'article L. 2113-2 du code de la commande publique, une centrale d'achat est un acheteur qui a pour objet d'exercer de façon permanente, à titre onéreux ou non, des activités d'achat centralisées qui sont :
– soit l'acquisition de fournitures ou de services destinés à des acheteurs;
– soit la passation des marchés publics de travaux, de fournitures ou de services destinés à des acheteurs.

Le recours à ce mode de mutualisation des achats présente pour les acheteurs de nombreux avantages, notamment :
– la réduction des coûts relatifs à la procédure de passation des marchés publics;
– la réalisation d'économies d'échelle et, en conséquence, la réduction du coût de la prestation;
– le bénéfice de l'expertise du processus d'achat et l'amélioration de l'efficacité de la commande publique;
– l'élargissement de la concurrence.

II - Le groupement de commandes

Conformément aux dispositions des articles L. 2113-6 à L. 2113-8 du Code de la commande publique, des groupements de commandes peuvent être constitués entre des acheteurs afin de passer conjointement un ou plusieurs marchés publics.

Ce groupement peut être constitué par tout acheteur, y compris une centrale. Des personnes morales de droit privé qui ne sont pas des acheteurs au sens de l'ordonnance peuvent égale-

ment être membres du groupement de commandes, à condition que chacun des membres applique, pour les achats réalisés dans le cadre du groupement, les règles prévues par le Code de la commande publique.
Cette mutualisation des achats présente les mêmes intérêts que ceux apportés par le recours à une centrale d'achats, qui recherche cependant davantage la « massification » des besoins. À la différence de la centrale d'achat, le groupement de commandes n'a pas la personnalité juridique. L'intérêt principal pour les acheteurs repose sur le lancement d'une consultation unique pour répondre aux besoins de plusieurs acheteurs en matière de travaux, de fournitures ou de services.
Alors que la centrale d'achat n'a pas à satisfaire un besoin propre lorsqu'elle passe un marché public, il est nécessaire que chaque membre du groupement de commandes soit intéressé par la conclusion du ou des marchés publics qui seront conclus dans le cadre du groupement.
Un groupement de commandes peut être constitué soit de façon temporaire, pour répondre à un besoin commun ponctuel, soit de manière permanente, en vue de répondre à des besoins récurrents.
(Source : www.economie.gouv.fr)

Droit public

Question 1 (4 points)

Le département : une collectivité territoriale menacée ? Vous développerez votre réponse.

Corrigé

La suppression de l'échelon départemental a longtemps été pronostiquée à l'occasion de diverses réformes qui entendaient simplifier le « mille-feuille » territorial. Dans ce contexte, le département était décrit comme un échelon inadapté par sa petite taille héritée de la Révolution française et comme appelé à disparaître au bénéfice de grandes régions et d'intercommunalités puissantes. L'une des propositions phares du rapport Attali, remis en 2008 au président de la République, était de « renforcer les régions et les intercommunalités en faisant progressivement disparaître en dix ans l'échelon départemental ». L'institution avortée des conseillers territoriaux, prévue par la loi du 16 décembre 2010 de réforme des collectivités territoriales, qui se seraient substitués aux conseillers généraux et aux conseillers régionaux conformément aux propositions du comité Balladur de 2009, est apparue comme annonciatrice d'une disparition des départements.
Qu'en est-il aujourd'hui ? Le département est-il toujours menacé ou survivra-t-il aux réformes qui l'ont affaibli ?
(I) Si les possibilités d'action des départements ont été restreintes, (II) ils constituent aujourd'hui un échelon de proximité pertinent.

I - Des possibilités d'action restreintes

A - Un champ de compétences diminué

Avec la loi du 7 août 2015 portant nouvelle organisation territoriale de la République (loi NOTRe), le département ne bénéficie plus de la clause de compétence générale dévolue en 1982 aux collectivités territoriales. Désormais, ses compétences sont limitativement énumérées par la loi, le Code général des collectivités territoriales (CGCT) disposant, par son article L. 3211-1, que « le conseil départemental règle par ses délibérations les affaires du département dans les domaines de compétences que la loi lui attribue ».
La loi du 27 janvier 2014 de modernisation de l'action publique territoriale et d'affirmation des métropoles (MAPTAM) charge le département d'organiser, en qualité de « chef de file », les

modalités de l'action commune des collectivités et des intercommunalités pour l'exercice des compétences relatives à l'action sociale, au développement social, à la contribution à la résorption de la précarité énergétique et à l'autonomie des personnes.

Le département perd l'essentiel de ses compétences économiques au bénéfice de la région, de même que les transports urbains et scolaires. De plus, les départements se trouvant sur le territoire de métropoles doivent transférer ou déléguer à celles-ci un minimum de trois champs de compétences parmi une liste de neuf énumérées par la loi NOTRe.

B - Une limitation des moyens

Essentiellement compétent en matière d'aide et d'actions sociales, avec l'insertion, l'aide aux personnes âgées en perte d'autonomie, l'aide aux personnes handicapées et la protection de l'enfance, dont l'aide sociale à l'enfance, le département ne dispose dans ces domaines que de peu de marge de manœuvre, constituant avant tout un distributeur d'allocations fixées par l'État. L'exercice de ces missions fragilise les départements « pauvres » en période de crise économique et sociale : leurs dépenses sociales contraintes, soumises à des conditions fixées par l'État, augmentant en situation de crise, elles limitent leurs possibilités d'action dans d'autres domaines.

De plus, la diminution de recettes fiscales des départements, avec la suppression de la taxe d'habitation sur les résidences principales et le transfert aux communes de la part départementale de la taxe foncière sur les propriétés privées, accroît la dépendance des départements aux dotations de l'État et à une fraction de la taxe sur la valeur ajoutée. Les droits de mutation à titre onéreux (DMTO) sont largement dépendants de la conjoncture et contribuent à l'effet de ciseau, baisse des recettes et augmentation des dépenses, dont pâtissent particulièrement les départements en période de crise.

II - Un échelon de proximité pertinent

A - Un échelon finalement conservé

La métropole du Grand Lyon a semblé, lors de son institution par la loi MAPTAM du 27 janvier 2014, préfigurer, en intégrant la partie urbaine du département du Rhône (59 communes) et en ramenant ainsi le territoire du département de 267 à 208 communes, d'autres fusions de départements au sein de métropoles. Ces fusions, envisagées dans six autres départements, n'ont cependant pas vu le jour, le risque étant trop grand que les parties rurales demeurées départementales, privées de l'essentiel des ressources issues du périmètre urbain, ne connaissent de graves difficultés.

Des disparitions de départements ont bien eu lieu, avec, en Guyane et en Martinique, l'absorption des départements par les régions et, en Corse, la fusion des départements en nouvelle collectivité de Corse. De même, la collectivité européenne d'Alsace fusionne, depuis le 1er janvier 2021, les départements du Bas-Rhin et du Haut-Rhin, mais cette nouvelle collectivité demeure de nature départementale. Enfin, les fusions projetées d'autres départements n'ont pas eu lieu à ce jour.

B - Un rôle essentiel de proximité

Alors que l'on pensait le département inutile entre grandes régions et puissantes intercommunalités, il paraît jouer aujourd'hui un rôle d'intermédiaire entre communes et régions et un rôle de soutien aux « petites » intercommunalités encore fragiles. Alors que la réduction du nombre des régions a éloigné leurs élus de la population, les conseillers départementaux restent des élus mieux identifiés, d'autant que la prédominance du social dans les compétences du département, sans parler de sa responsabilité sur les collèges et en matière de voirie, permet assez facilement de comprendre ce que fait le département. Sont également lisibles les subventions que les départements apportent aux projets communaux.

Plus largement, en sa qualité de chef de file, le département a su faire reconnaître, sur un territoire facilement identifiable par la population, sa capacité à conduire des projets en matière de développement social, d'autonomie des personnes et de solidarité des territoires.

La modification du mode d'élection des conseillers départementaux depuis mars 2015, avec l'élection d'un binôme composé d'un homme et d'une femme dans chaque canton élargi, a en outre certainement joué un rôle dans la relégitimation du département, de même que la clarification apportée tant par le changement de dénomination de l'assemblée délibérante et de ses élus et que par l'abolition du renouvellement par moitié des cantons tous les trois ans, peu compréhensible.

Le département apparaît ainsi moins menacé aujourd'hui qu'on aurait pu le penser voici quelques années, mais son avenir suppose qu'il dispose d'une autonomie financière aujourd'hui très fragilisée.

Question 4 (3 points)

Le contrôle de légalité des actes des collectivités territoriales par le préfet.
Vous développerez votre réponse.

Corrigé

La décentralisation de 1982 a conduit à un changement fondamental du contrôle du préfet sur les actes des collectivités territoriales : alors que le préfet exerçait auparavant un pouvoir de tutelle sur les collectivités locales, les communes et les départements, lui permettant d'annuler, avant qu'ils produisent leurs effets, les actes qu'il estimait illégaux ou inopportuns, il exerce aujourd'hui un contrôle de nature très différente, condition essentielle de la libre administration des collectivités territoriales.
Depuis la loi du 2 mars 1982 relative aux droits et libertés des communes, des départements et des régions, le contrôle du préfet sur les actes des collectivités territoriales s'exerce a posteriori, les actes devenant exécutoires « dès qu'il a été procédé à leur publication ou affichage ou à leur notification aux intéressés ainsi qu'à leur transmission au représentant de l'État dans le département ». Pour sa part, un acte non soumis à l'obligation de transmission est exécutoire dès que les formalités de publicité ont été accomplies.
Seuls les actes considérés comme les plus importants sont obligatoirement transmis au préfet. Une ordonnance du 17 novembre 2009 portant simplification de l'exercice du contrôle de légalité a réduit la liste des actes transmissibles. Les actes pris au nom de l'État et les actes relevant du droit privé ne sont pas soumis au contrôle de légalité.
« Chargé du contrôle administratif et du respect des lois » (article 72 de la Constitution), le préfet exerce un contrôle administratif sur les actes des collectivités territoriales : il dispose d'un délai de deux mois pour les examiner avant de les déférer aux juridictions administratives s'il les estime illégaux. Seule l'illégalité des actes est un motif susceptible d'être invoqué, le préfet n'étant plus chargé de contrôler leur opportunité. Le préfet peut introduire devant la juridiction administrative un référé-suspension de l'exécution de l'acte qu'il estime illégal, si l'un des moyens invoqués paraît, en l'état de l'instruction, propre à créer un doute sérieux quant à la légalité de l'acte attaqué.
Pendant ce délai de deux mois, le préfet dialogue avec l'auteur de l'acte pour éviter le recours juridictionnel, au moyen d'une lettre d'observation dans laquelle il est demandé à l'auteur de l'acte de s'expliquer, notamment quand il s'agit d'une différence d'interprétation quant à la nature légale de l'acte pris. Le préfet peut également demander des pièces complémentaires. Il peut encore, en cas de vice manifeste d'illégalité, adresser à la collectivité une « lettre d'observation valant recours gracieux ». De plus, la loi du 27 décembre 2019 relative à l'engagement dans la vie locale et à la proximité de l'action publique ouvre la possibilité aux collectivités, lorsqu'un acte est susceptible d'être déféré au tribunal administratif, de saisir le préfet d'une demande écrite de prise de position formelle. Le silence gardé par le préfet pendant trois mois vaut absence de prise de position formelle. Si l'acte est conforme à la prise de position formelle,

le représentant de l'État ne peut pas, au titre de la question de droit soulevée et sauf changement de circonstances, le déférer au tribunal administratif.
Enfin, les actes budgétaires sont soumis à un contrôle spécifique, en plus du contrôle du droit commun des actes administratifs des collectivités territoriales. Le préfet saisit la chambre régionale des comptes lorsque le budget n'est pas adopté dans les délais, ou n'est pas adopté en équilibre réel, ou en cas de déficit de l'arrêté de comptes, ou encore en cas d'omission ou d'insuffisance de crédits correspondant à des dépenses obligatoires.

Action sanitaire et sociale

Question 3 (3 points)

Le conseil de la vie sociale : missions et organisation.

Corrigé

Le conseil de la vie sociale est une instance qui vise à associer les usagers au fonctionnement des établissements sociaux et médico-sociaux.
Après avoir présenté ses missions (I), nous préciserons son organisation (II).

I - Les missions du conseil de la vie sociale

L'article L. 311-6 du Code de l'action sociale et des familles dispose que, « afin d'associer les personnes bénéficiaires des prestations au fonctionnement de l'établissement ou du service, il est institué soit un conseil de la vie sociale, soit d'autres formes de participation ».

A - Les établissements concernés

Le conseil de la vie sociale est obligatoire lorsque l'établissement ou le service assure un hébergement ou un accueil de jour continu ou une activité d'aide par le travail.
Il n'est pas obligatoire lorsque l'établissement ou service accueille majoritairement :
– des mineurs de moins de onze ans;
– des mineurs faisant l'objet de mesures éducatives ordonnées par l'autorité judiciaire en application des dispositions législatives relatives à l'enfance délinquante ou à l'assistance éducative;
– des personnes relevant des lieux de vie et d'accueil qui ne constituent pas des établissements et services sociaux ou médico-sociaux.
Lorsque le conseil de la vie sociale n'est pas mis en place, il est institué un groupe d'expression ou toute autre forme de participation.

B - Ses missions

Le conseil de la vie sociale donne son avis et peut faire des propositions sur toute question intéressant le fonctionnement de l'établissement ou du service, notamment sur l'organisation intérieure et la vie quotidienne, les activités, l'animation socioculturelle et les services thérapeutiques, les projets de travaux et d'équipements, la nature et le prix des services rendus, l'affectation des locaux collectifs, l'entretien des locaux, les relogements prévus en cas de travaux ou de fermeture, l'animation de la vie institutionnelle et les mesures prises pour favoriser les relations entre ces participants ainsi que les modifications substantielles touchant aux conditions de prises en charge.

II - L'organisation du conseil de la vie sociale

A - Sa composition

Le conseil de la vie sociale comprend :
– des représentants des résidents;
– des représentants des familles, ou, s'il y a lieu des représentants légaux;

– des représentants du personnel;
– un représentant de l'organisme gestionnaire.

Les représentants des résidents et des familles sont élus pour une durée de trois ans au maximum par tous les résidents et leurs familles dans le cadre d'élections organisées par l'établissement. Les représentants du personnel sont élus par les salariés. Les personnes élues désignent ensuite, par vote à bulletin secret, un président qui doit obligatoirement être un résident ou un représentant des familles. Le directeur de l'établissement ou son représentant participe aux réunions avec voix consultative.

B - Son fonctionnement

Le conseil se réunit au moins trois fois par an. Il doit obligatoirement être consulté sur des documents importants, dans le cadre de leur élaboration ou de leur révision : le règlement de fonctionnement de l'établissement et le projet d'établissement.

Le rôle du conseil de la vie sociale est uniquement consultatif. La direction de l'établissement doit tenir compte des avis du conseil de la vie sociale mais elle reste responsable des décisions relatives à la gestion de la structure.

Question 4 (3 points)

La commission communale pour l'accessibilité.

Corrigé

La commission communale pour l'accessibilité (CCA) est une instance consultative instaurée par la loi du 11 février 2005 pour l'égalité des droits et des chances, la participation et la citoyenneté des personnes en situation de handicap dans les communes de plus de 5 000 habitants. Sa composition et son rôle sont précisés par l'article L. 2143-3 du Code général des collectivités territoriales (CGCT).

Quelle est sa composition ? (I) Quel rôle joue-t-elle ? (II)

I - La composition de la commission communale pour l'accessibilité

Le maire arrête la liste de ses membres et la préside. Elle est composée notamment des représentants de la commune, d'associations ou organismes représentant les personnes handicapées pour tous les types de handicap, notamment physique, sensoriel, cognitif, mental ou psychique, d'associations ou organismes représentant les personnes âgées, de représentants des acteurs économiques ainsi que de représentants d'autres usagers de la ville.

Elle se distingue de la commission communale d'accessibilité (CA) qui donne des avis sur le respect de la réglementation dans le cadre de projets de travaux.

II - Le rôle de la commission

La commission communale pour l'accessibilité, qui n'a pas de pouvoir décisionnel, constitue un véritable observatoire local de la mise en accessibilité du territoire. Elle dresse le constat de l'état d'accessibilité du cadre bâti existant, de la voirie, des espaces publics et des transports. Elle détaille l'accessibilité aux personnes handicapées ou à mobilité réduite, en fonction du type de handicap, des principaux itinéraires et cheminements dans un rayon de 200 mètres autour des points d'arrêt prioritaires.

Elle établit un rapport annuel et fait toutes propositions utiles de nature à améliorer la mise en accessibilité de l'existant. Ce rapport est présenté au conseil municipal et est transmis au préfet, au président du conseil départemental, au conseil départemental de la citoyenneté et de l'autonomie, ainsi qu'à tous les responsables des bâtiments, installations et lieux de travail concernés par le rapport.

Elle tient à jour, par voie électronique, la liste des établissements recevant du public situés sur le territoire communal ou intercommunal qui ont élaboré un agenda d'accessibilité programmée

et la liste des établissements accessibles aux personnes handicapées et aux personnes âgées. Elle organise également un système de recensement de l'offre de logements accessibles aux personnes handicapées et aux personnes âgées.
Elle est destinataire des projets d'agendas d'accessibilité programmée et des attestations d'achèvement de travaux prévus dans ces agendas, concernant des établissements recevant du public situés sur le territoire communal.

Droit civil

Question 1 (4 points)

Le régime de la disparition.

Corrigé

L'ouverture d'une succession après un décès requiert une preuve du décès apportée au moyen d'un acte de décès établi par un officier d'état civil sur la base du certificat de décès établi par un médecin. Dans certaines situations, la délivrance d'un certificat de décès est impossible en raison de l'absence de dépouille de la personne.
Pour répondre à cette situation, le Code civil prévoit le régime de la disparition.
Après avoir défini la disparition (I), nous en décrirons la procédure de constatation (II) puis les effets (III).

I - Qu'est-ce que la disparition ?

La disparition suppose de très fortes probabilités qu'une personne est décédée, en raison des circonstances de cette disparition, contrairement à l'absence, hypothèse où l'on ignore si la personne absente est encore vivante ou non. Un naufrage, par exemple, un accident d'avion, un incendie, une catastrophe naturelle... constituent des circonstances permettant de présumer du décès de la personne disparue.
L'article 88 du Code civil dispose que « peut être judiciairement déclaré, à la requête du procureur de la République ou des parties intéressées, le décès de tout Français disparu en France ou hors de France, dans des circonstances de nature à mettre sa vie en danger, lorsque son corps n'a pu être retrouvé. Peut, dans les mêmes conditions, être judiciairement déclaré le décès de tout étranger ou apatride disparu soit sur un territoire relevant de l'autorité de la France, soit à bord d'un bâtiment ou aéronef français, soit même à l'étranger s'il avait son domicile ou sa résidence habituelle en France. La procédure de déclaration judiciaire de décès est également applicable lorsque le décès est certain mais que le corps n'a pu être retrouvé ».

II - La procédure de constatation

La saisine de la juridiction compétente par requête est opérée soit par le procureur de la République, soit par les parties intéressées. L'article 90 du Code civil précise que « lorsqu'elle n'émane pas du procureur de la République, la requête est transmise par son intermédiaire au tribunal ».
La juridiction compétente pour constater la disparition diffère selon les cas : l'article 89 du Code civil dispose que « la requête est présentée au tribunal judiciaire du lieu de la mort ou de la disparition, si celle-ci s'est produite sur un territoire relevant de l'autorité de la France, sinon au tribunal du domicile ou de la dernière résidence du défunt ou du disparu ou, à défaut, au tribunal du lieu du port d'attache de l'aéronef ou du bâtiment qui le transportait. À défaut de tout autre, le tribunal judiciaire de Paris est compétent. Si plusieurs personnes ont disparu au cours du même événement, une requête collective peut être présentée au tribunal du lieu de la disparition, à celui du port d'attache du bâtiment ou de l'aéronef, au tribunal judiciaire de Paris ou à tout autre tribunal judiciaire que l'intérêt de la cause justifie ».

De plus, l'article 90 du Code civil précise que « si le tribunal estime que le décès n'est pas suffisamment établi, il peut ordonner toute mesure d'information complémentaire et requérir notamment une enquête administrative sur les circonstances de la disparition. Si le décès est déclaré, sa date doit être fixée en tenant compte des présomptions tirées des circonstances de la cause et, à défaut, au jour de la disparition. Cette date ne doit jamais être indéterminée ».
Enfin, suivant l'article 91 (alinéas 1 et 2) du Code civil, « le dispositif du jugement déclaratif de décès est transcrit sur les registres de l'état civil du lieu réel ou présumé du décès et, le cas échéant, sur ceux du lieu du dernier domicile du défunt. Mention de la transcription est faite en marge des registres à la date du décès. En cas de jugement collectif, des extraits individuels du dispositif sont transmis aux officiers de l'état civil du dernier domicile de chacun des disparus, en vue de la transcription ».

III - Les effets de la disparition

L'article 91 (alinéa 3) du Code civil fixe que « les jugements déclaratifs de décès tiennent lieu d'actes de décès et sont opposables aux tiers, qui peuvent seulement en obtenir la rectification ou l'annulation ».
Ainsi, la personne déclarée disparue est réputée décédée, et sa succession peut être ouverte à la date à laquelle la personne est réputée morte, fixée par la décision du juge. La dissolution de mariage prend effet à cette même date.
L'article 92 du Code civil dispose que, « si celui dont le décès a été judiciairement déclaré reparaît postérieurement au jugement déclaratif, le procureur de la République ou tout intéressé peut poursuivre, dans les formes prévues aux articles 89 et suivants, l'annulation du jugement ».

Question 5 (2 points)

Quelles sont les spécificités de la procédure de changement de prénom pour un mineur ?

Corrigé

L'article 60 du Code civil fixe que « toute personne peut demander à l'officier de l'état civil à changer de prénom. La demande est remise à l'officier de l'état civil du lieu de résidence ou du lieu où l'acte de naissance a été dressé ».
S'agissant d'un mineur, « la demande est remise par son représentant légal ».
De plus, « si l'enfant est âgé de plus de treize ans, son consentement personnel est requis ».
Si les parents sont séparés ou en désaccord, le parent qui veut demander le changement de prénom doit saisir le juge aux affaires familiales.

PARTIE 2

Maîtriser les connaissances indispensables sur **l'environnement territorial**

- Planning de révisions 267
- Tout le cours 268

Sans viser ici l'exhaustivité, nous entendons fournir ici des repères solides qui devraient permettre à chacun de maîtriser les connaissances de base en matière d'administration territoriale, nécessaires à l'élaboration des solutions opérationnelles du **rapport** des **concours externe, interne** et du **troisième concours** de rédacteur principal de 2e classe.
Ces connaissances sont également indispensables à l'épreuve de **série de questions portant sur les missions, compétences et moyens d'action des collectivités territoriales** permettant d'apprécier les connaissances professionnelles des candidats au concours interne et au troisième concours de rédacteur principal de 2e classe.
Elles permettent également de se préparer à l'épreuve de **série de questions**, dans les domaines du droit public et des finances publiques, du concours externe de rédacteur principal de 2e classe.
Enfin, elles constituent un vivier très utile à l'**épreuve orale d'entretien** des concours de rédacteur et de rédacteur principal de 2e classe.

Planning de révisions

Le **planning** ci-après entend vous proposer un **mode d'acquisition méthodique des connaissances**.

La date à laquelle vous commencez à utiliser cet ouvrage pour vous préparer déterminera évidemment la durée de chaque période : si, par exemple, vous entamez votre préparation personnelle six mois avant le concours, les onze périodes d'appropriation seront de l'ordre de deux semaines chacune. Il en ira tout différemment si vous pensez pouvoir préparer le concours en un mois : deux à trois jours seront alors consacrés à chaque période.

Soyez également attentif au fait que ces épreuves requièrent non seulement des connaissances en administration des collectivités territoriales, mais aussi une maîtrise de la méthodologie des différentes épreuves, elle-même découpée en différentes périodes.

PÉRIODES	CONTENU DES RÉVISIONS	NOS OUTILS
1	Le service public, grands principes, principaux modes de gestion	**L'essentiel du cours** : pp. 268-271
2	Les grands axes du système juridictionnel français, les normes juridiques et leur hiérarchie, la responsabilité administrative	**L'essentiel du cours** : pp. 272-275
3	Les principales compétences et attributions des collectivités territoriales	**L'essentiel du cours** : pp. 280-293
4	Les réformes territoriales	**L'essentiel du cours** : pp. 294-303
5	Les principaux modes d'élection locale et leurs conséquences	**L'essentiel du cours** : pp. 304-312
6	Les modes de fonctionnement des collectivités territoriales et de leurs établissements publics	**L'essentiel du cours** : pp. 313-328
7	Les principaux modes de recrutement des agents publics et des fonctionnaires	**L'essentiel du cours** : pp. 329-331
8	Les finances publiques et les budgets locaux, la commande publique, le contrôle des actes	**L'essentiel du cours** : pp. 332-354
9	Les modes d'information des administrés et des élus, la démocratie consultative et participative	**L'essentiel du cours** : pp. 355-361
10	Les modes de management	**L'essentiel du cours** : pp. 362-368
11	Révision d'ensemble	**L'essentiel du cours** : pp. 268-368

1. Le service public, grands principes, principaux modes de gestion

1. Définition et grands principes du service public

A. Définition

Une activité constitue un service public quand elle est assurée ou assumée par une personne publique en vue d'un intérêt public. C'est une activité d'intérêt général gérée par une personne publique ou sous son contrôle par une personne privée, soumise, à des degrés variables suivant les catégories de services, au droit administratif.

B. Grands principes

Le service public obéit aux « lois de Rolland », du nom du juriste Louis Rolland qui les a systématisées dans les années 1930.

Premier principe : la **continuité**. Un service public doit fonctionner de manière continue et régulière, sans autres interruptions que celles prévues par la réglementation. Ce principe a une valeur constitutionnelle. Corollaire de ce principe, l'**adaptabilité** ou **mutabilité** : afin de continuer à poursuivre l'intérêt général, le service public doit s'adapter aux mutations techniques et à l'évolution de la demande sociale. Cette nécessité d'adaptation fonde l'administration à modifier unilatéralement le service public pour répondre à l'évolution de l'intérêt général.

Le principe d'**égalité** impose que tous les usagers, à situation égale, bénéficient des mêmes prestations. Toute discrimination est donc exclue dans l'accès au service comme dans l'usage du service. Les différences de traitement sont possibles dans le respect de la loi et pour des motifs d'intérêt général, sous réserve de ne pas être arbitraires ou discriminatoires.

La **neutralité** signifie que le service public doit être sous-tendu par l'intérêt général sans être influencé par les intérêts privés. Elle interdit à tous les agents des services publics d'exprimer leurs opinions politiques ou religieuses dans l'exercice de leurs missions. En découle le principe de l'égal accès aux emplois publics.

La **laïcité** est inscrite tant dans le préambule de la Constitution de 1946 que dans la Constitution du 4 octobre 1958 : l'article 1er du titre premier du préambule de la Constitution de 1946 fixe en effet que « la France est une République indivisible, laïque, démocratique et sociale ». La Constitution de 1946 précise également que « l'organisation de l'enseignement public, gratuit et laïque à tous les degrés, est un devoir de l'État ». Ces termes sont repris et complétés par l'article 1 de la Constitution du 4 octobre 1958 : « La France est une République indivisible, laïque, démocratique et sociale. Elle assure l'égalité devant la loi de tous les citoyens sans distinction d'origine, de race ou de religion. Elle respecte toutes les croyances. [...] »

La jurisprudence a également affirmé d'autres principes comme l'obligation de fonctionnement correct des services publics.

2. Les modes de gestion des services publics

A. Les marchés publics

Les marchés publics permettent à l'administration de recourir à une personne publique ou privée pour répondre à ses besoins en matière de travaux, de fournitures ou de services, nécessaires à l'exécution d'un service public, en échange d'un prix qu'elle acquitte.

Ce sont des contrats conclus par l'État et ses établissements publics administratifs (ceux à caractère industriel et commercial en sont exclus) ou les collectivités territoriales et les établissements publics locaux.

Il existe plusieurs types de marchés publics : les marchés de travaux publics pour la construction de bâtiments publics, les marchés de fournitures nécessaires au fonctionnement de l'administration (ex. : papier, équipements divers), les marchés de services pour la réalisation de prestations (ex. : nettoyage de locaux administratifs).

B. Les délégations de service public (DSP)

La loi nº 2001-1168 du 11 décembre 2001 portant mesures urgentes de réformes à caractère économique et financier définit comme suit la délégation de service public.

Son article 3 dispose « qu'une délégation de service public est un contrat par lequel une personne morale de droit public confie la gestion d'un service public dont elle a la responsabilité à un délégataire public ou privé, dont la rémunération est substantiellement liée aux résultats de l'exploitation du service. Le délégataire peut être chargé de construire des ouvrages ou d'acquérir des biens nécessaires au service ».

Par convention, une personne morale de droit public confie ainsi pour une durée limitée à une personne publique – une autre administration publique – ou privée – qui peut être un particulier ou une entreprise – la gestion d'un service public dont elle a la responsabilité. Ce mode de gestion de services publics est aujourd'hui répandu tant pour ceux qui relèvent de l'autorité de l'État que des collectivités territoriales.

Le bénéficiaire de la DSP (délégataire) peut être chargé de construire des ouvrages ou d'acquérir des biens nécessaires au service. Contrairement aux marchés, le délégataire n'est pas rémunéré par un prix versé par l'administration (le délégant), mais par les recettes d'exploitation du service.

L'expression « délégation de service public » est apparue dans la **loi Sapin du 29 janvier 1993**. Elle regroupe plusieurs procédés qui existaient déjà auparavant et qui constituent aujourd'hui les différents types de DSP.

a. La concession de travaux publics avec service public pour la construction d'un ouvrage (ex. : autoroutes, ponts à péage), la concession de service public (non liée à la construction d'un ouvrage public)

La concession est un mode de gestion dans lequel l'entreprise finance, réalise et exploite les équipements pour le compte de la collectivité. La concession fait l'objet d'un contrat qui fixe les modalités d'exécution du service et les tarifs applicables. Le contrat établit notamment la nature des ouvrages, le délai d'exécution, les modalités d'exploitation du service, le respect des normes de qualité.

b. L'affermage (gestion de structures déjà réalisées)

C'est une convention par laquelle une personne publique confie la gestion d'un service public à une personne publique ou privée (le fermier), qui se voit remettre, pour la durée du contrat, les ouvrages nécessaires à l'exploitation du service, moyennant le versement d'une contrepartie, prélevée sur les ressources tirées de l'exploitation du service. L'entreprise (ou le fermier) exploite et entretient le réseau, mais la collectivité décide et finance les investissements et reste propriétaire des équipements. Les opérations de recettes et de dépenses effectuées par la commune doivent être décrites dans un budget annexe qui retrace également les opérations financières effectuées avec l'entreprise (ou fermier).

c. La régie intéressée

Le régisseur n'a pas la propriété de l'installation, il est rémunéré par la collectivité en fonction des résultats, par le biais d'une prime de gestion ou d'une participation aux bénéfices.

La loi Sapin, parmi de nombreuses autres dispositions, a eu pour objet et pour effet d'instaurer une procédure contraignante de publicité explicite visant à organiser une mise en concurrence réelle avant l'attribution de la délégation de service public à un tiers par rapport à l'autorité délégante.

Elle n'a pas modifié le caractère *intuitu personae* des contrats de délégation de service public, selon lequel l'autorité délégante attribue la délégation : le cocontractant est toujours choisi en fonction de ses qualités propres qui sont jugées selon leur adéquation par rapport au cahier des charges de la délégation.

C. Le partenariat public-privé

Le partenariat public-privé (PPP) est un mode de financement par lequel une autorité publique fait appel à des prestataires privés pour financer et gérer un équipement assurant ou contribuant au service public. Le partenaire privé reçoit en contrepartie un paiement du partenaire public et/ou des usagers du service qu'il gère.

La loi d'orientation et de programmation pour la sécurité intérieure du 29 août 2002 a relancé ce mode contractuel en autorisant l'État à confier au secteur privé la construction et la maintenance d'immeubles utilisés par la police, la gendarmerie et la défense nationale. La justice et le secteur hospitalier ont suivi avant que ce régime fasse l'objet d'un régime général à travers les **contrats de partenariat public-privé** institués par une **ordonnance du 17 juin 2004**.

Il s'agit de contrats administratifs par lesquels la personne publique peut confier à une entreprise une mission globale relative :

- au financement d'investissements immatériels, d'ouvrages ou d'équipements nécessaires au service public ;
- à la construction et à la transformation des ouvrages ou équipements ;
- à leur entretien, leur maintenance, leur exploitation ou leur gestion ;
- le cas échéant, à d'autres prestations de services concourant à l'exercice par la personne publique de la mission de service public dont elle est chargée.

De manière facultative, tout ou une partie de la conception peut être confiée au partenaire privé.

Le contrat de partenariat se conclut pour une période longue, généralement **entre 20 et 30 ans**, déterminée en fonction de la durée d'amortissement des investissements ou des modalités de financement retenues.

Les contrats de partenariat présentent des modalités de rémunération originales puisque ces dernières peuvent :

- être étalées sur la durée du contrat ;
- être liées à des objectifs de performances ou de disponibilité du bien/service ;
- intégrer des recettes annexes.

Une décision du Conseil constitutionnel du 26 juin 2003 précise que le **projet concerné doit présenter un caractère d'urgence et ou de complexité** qui justifie le recours à un partenaire privé.

En outre, l'ordonnance du 17 juin 2004 en son article 2 a prévu que les contrats de partenariat soient conclus pour la réalisation de projets pour lesquels une évaluation réalisée par la personne publique démontre que le contrat de partenariat offre une solution alternative moins coûteuse et/ou plus avantageuse. Cette évaluation préalable ou analyse comparative a pour objectif de comparer le coût global pour la personne publique en maîtrise d'ouvrage et en contrat de partenariat, afin de déterminer l'alternative présentant le meilleur couple coût/risques pour la personne publique.

Une loi du 28 juillet 2008 a précisé les critères posés par l'ordonnance de 2004 : l'**efficience** justifiant le recours au partenariat s'apprécie en examinant si le contrat de partenariat offre une solution alternative moins coûteuse et/ou plus avantageuse en termes de coût global, de partage des risques (économiques et juridiques) et de performance (par exemple énergétique).

2. Les grands axes du système juridictionnel français

Le principe de séparation des pouvoirs, affirmé par Montesquieu, repose sur trois pouvoirs distincts dont l'équilibre permet un bon gouvernement. À côté du pouvoir législatif, distinct du pouvoir exécutif, les tribunaux participent au gouvernement de la nation au sein de laquelle ils constituent le pouvoir judiciaire. La codification du droit depuis la Révolution française affaiblit le rôle du juge comme créateur du droit ; la multiplication des juridictions, l'évolution du rôle de l'État contribuent également à la péremption de l'idée d'un pouvoir autonome : la Constitution de 1958 prend acte de cette évolution en ne parlant que de « l'autorité judiciaire » et non du pouvoir judiciaire. Cependant, l'existence d'un véritable pouvoir judiciaire, indépendant par rapport aux autres pouvoirs publics, est la condition nécessaire pour que l'État lui-même soit soumis au droit.

On distingue **deux ordres de juridiction**, **l'ordre judiciaire** et **l'ordre administratif** en application de la tradition française, dans laquelle la justice est composée de deux systèmes autonomes comprenant chacun leur propre hiérarchie, leur propre organisation de la magistrature et leur propre Cour suprême, au nom d'une interprétation extensive de la séparation des pouvoirs.

1. Les juridictions judiciaires

Elles comprennent deux types de juridictions, organiquement identiques pour les juridictions de droit commun (même siège, même personnel) mais aux fonctions différentes.

A. Les juridictions civiles

Elles sont composées de juridictions de droit commun qui jugent les litiges entre particuliers mettant en jeu l'application du droit civil et de juridictions d'exception qui ne connaissent que des matières dans lesquelles un texte leur attribue expressément compétence (tribunaux de commerce, conseil de prud'hommes, tribunaux paritaires des baux ruraux, tribunaux des affaires de la Sécurité sociale). Les juridictions civiles les plus connues sont évidemment le tribunal d'instance et le tribunal de grande instance, fusionnés depuis le 1er janvier 2020 (loi du 23 mars 2019 de programmation 2018-2022 et de réforme pour la justice) dans les **tribunaux judiciaires**.

Les tribunaux d'instance et de grande instance situés dans une même ville sont en effet désormais regroupés en une juridiction unique : le tribunal judiciaire.

Le tribunal d'instance situé dans une commune différente d'un tribunal de grande instance devient une chambre détachée de ce tribunal judiciaire, appelée « **tribunal de proximité** ».

On dénombre 164 tribunaux judiciaires, dont 111 ont un ressort de compétence infra-départemental.

Le tribunal judiciaire devient la seule juridiction de droit commun de première instance en matière civile, pénale et commerciale compétente pour les litiges n'ayant pas été attribués à une autre juridiction. Il reprend entièrement les compétences des tribunaux d'instance et de grande instance, quel que soit le montant du litige. S'il existe plusieurs tribunaux judiciaires dans un même département, ceux-ci peuvent être spécialisés pour les affaires complexes ou comptant un grand nombre de parties.

Un **juge des contentieux de la protection** est créé dans chaque tribunal de proximité et au sein du tribunal judiciaire pour statuer sur :

- le crédit à la consommation ;
- le surendettement des particuliers ;
- le contrat de louage d'immeuble à usage d'habitation ;
- la protection des majeurs ;
- l'expulsion des personnes sans droit ni titre.

Le juge des contentieux de la protection connaît à charge d'appel ou en dernier ressort des actions en raison de la nature du litige :

- à charge d'appel pour les litiges tendant à l'expulsion des personnes ;
- en dernier ressort pour une demande inférieure ou égale à la somme de 5 000 euros et à charge d'appel quand la demande excède cette somme ou est indéterminée.

B. Les juridictions pénales

La **justice pénale** garantit le respect de la loi pénale, en sanctionnant les auteurs d'infractions, condamnés à réparation du préjudice subi par la victime et à une sanction pénale.

Les trois types d'infractions et leurs sanctions sont fixés par le Code pénal :

- **Contraventions**, de la 1re à la 5e classe. Le **tribunal de police**, siégeant au tribunal judiciaire, est compétent pour la totalité des contraventions. Il est composé d'un juge, d'un greffier et du procureur de la République ou d'un commissaire de police judiciaire (qui représente les intérêts de l'État).

- **Délits** (vol, usage de drogues, abandon de famille, menace armée), punis d'une peine d'emprisonnement d'une durée maximale de dix ans (vingt ans en cas de récidive) relevant du **tribunal correctionnel**, siégeant au tribunal judiciaire. Il siège en formation collégiale (trois juges, un greffier, le procureur de la République) ; il peut statuer à juge unique pour les délits les moins graves, punis de moins de cinq ans de prison : vols, violences avec interruptions temporaires de travail supérieures à huit jours, infractions au Code de la route, abandon de famille, etc.

- **Crimes** (meurtre, viol, faux-monnayage, escroquerie), punis d'une peine allant de dix ans à la perpétuité, relevant de la **cour d'assises**, qui n'est pas permanente mais siège tous les trois mois au sein du tribunal judiciaire. Elle est composée de trois juges, six jurés (citoyens tirés au sort), l'avocat général (qui représente les intérêts de l'État) et un greffier. Les jurés sont remplacés par des juges pour les crimes terroristes, militaires ou relatifs au trafic de drogue.

  En outre, la loi du 23 mars 2019 instaure l'expérimentation dans dix départements de **cours criminelles** siégeant en cour d'assises, composée de cinq magistrats professionnels, compétentes pour juger en première instance les crimes punis de quinze ou vingt ans de réclusion par des majeurs, sans récidive.

C. Les juridictions de recours

Les **cours d'appel** connaissent, en appel, des décisions rendues par les juridictions de première instance (tribunaux judiciaires, tribunaux de proximité, conseils de prud'hommes, tribunaux de commerce). Leur ressort s'étend sur un ou plusieurs départements (ou collectivité d'outre-mer). On compte 36 cours d'appel.

Elles jugent l'affaire sur le fond et la forme. Elles sont composées uniquement de magistrats professionnels : un premier président, des présidents de chambre et des conseillers. Le ministère public est représenté aux audiences par le procureur général, ou l'un de ses avocats généraux ou substituts généraux.

La **Cour de cassation**, cour unique siégeant à Paris dans l'enceinte du palais de Justice, est la plus haute juridiction de l'ordre judiciaire. À ce titre, elle tranche les recours dirigés contre les décisions prises en dernier ressort par un tribunal ou en appel par une cour d'appel en matière civile ou pénale. Elle ne juge pas les faits, mais vérifie si les juges ont appliqué la bonne règle de droit, en ce qui concerne la procédure et le fond. La Cour de cassation veille ainsi à ce que les tribunaux et les cours d'appel respectent le droit français et international. Lorsque la Cour de cassation estime que la règle de droit n'a pas été appliquée de façon adéquate, elle prononce une « cassation » : la décision de justice est annulée et l'affaire est renvoyée devant une cour d'appel ou un tribunal pour être rejugée.

2. Les juridictions administratives

Les juridictions administratives sont des tribunaux à part entière, distincts des tribunaux judiciaires, qui jugent les litiges nés de l'action administrative.

Saisi d'un recours pour excès de pouvoir, le juge administratif est compétent pour annuler une décision administrative après en avoir constaté l'illégalité. Dans certains domaines, le juge administratif dispose du pouvoir de plein contentieux (également baptisé « de pleine juridiction ») qui lui permet de substituer sa propre décision à celle de l'administration et de condamner celle-ci à indemniser des victimes sur le fondement de la faute ou du risque.

Juridiction suprême de l'ordre administratif, le **Conseil d'État** est juge de cassation des décisions des cours administratives d'appel ou des tribunaux administratifs lorsqu'ils jugent en premier et dernier ressort. Il est aussi juge d'appel (par exemple des élections municipales et cantonales), mais cette activité a fortement décru depuis l'institution des cours administratives d'appel.

Il est enfin juge de premier et dernier ressort pour certains actes administratifs (recours contre des décrets, par exemple).

Les membres du Conseil d'État sont pour l'essentiel recrutés par la voie de l'École nationale d'administration (ENA). Une partie d'entre eux est recrutée au tour extérieur, par nomination du gouvernement. Ils sont inamovibles.

Les **cours administratives d'appel** ont été instituées par la loi du 31 décembre 1987 pour désencombrer le Conseil d'État : elles constituent les juges d'appel de droit commun de l'ordre administratif. Au 1er janvier 2017, elles sont au nombre de 8.

Les **tribunaux administratifs**, créés en 1953, sont les juges administratifs de droit commun en premier ressort. On en compte 42.

Les membres des tribunaux administratifs et des cours administratives d'appel sont des fonctionnaires recrutés par concours, inamovibles comme les membres du Conseil d'État.

3. Notions sur les normes juridiques et leur hiérarchie

1. La hiérarchie des normes

Les normes juridiques constituent entre elles un ordre cohérent, les plus détaillées viennent préciser les plus générales sans les contredire, aucune norme ne pouvant transgresser celles qui lui sont supérieures. Une décision administrative doit ainsi respecter les lois, les traités internationaux et la Constitution.

2. Les différentes normes juridiques

A. La Constitution et le « bloc de constitutionnalité »

La Constitution est, dans l'ordre juridique français, la norme suprême, également baptisée « loi fondamentale ». La supériorité de la Constitution sur tout traité ou engagement international explique que, lorsque la France signe un traité ou souscrit à un engagement international comportant des dispositions contraires à la Constitution, celle-ci doit être révisée pour que le traité produise ses effets en droit interne.

Les lois doivent être conformes à la Constitution et le Conseil constitutionnel est chargé de le vérifier, pour chaque loi qui lui est déférée.

Le « bloc de constitutionnalité », outre la Constitution, comprend la Déclaration des droits de l'homme et du citoyen de 1789 (décision du Conseil constitutionnel du 27 décembre 1973), le préambule de la Constitution de 1946, les principes à valeur constitutionnelle et les principes fondamentaux reconnus par les lois de la République et solennellement réaffirmés par le préambule de la Constitution de 1958 (décision du Conseil constitutionnel du 16 juillet 1971) et la Charte de l'environnement depuis 2005.

B. Les traités et accords internationaux

La France a signé de nombreux traités et accords internationaux pour la plupart soumis au Parlement en vue d'autoriser par voie législative leur ratification ou leur approbation.

Le droit communautaire s'insère de manière aujourd'hui déterminante dans l'ordre juridique national, notamment depuis l'entrée en vigueur, en 1987, de l'Acte unique européen achevant l'intégration du marché intérieur. L'article 55 de la

Constitution précise que les traités et accords ont, sous certaines conditions, une autorité supérieure à celle des lois.

C. La loi organique

Adoptée selon une procédure spécifique et précisant les modalités d'organisation et de fonctionnement des pouvoirs publics dans les cas prévus par la Constitution, la loi organique est située dans la hiérarchie des normes entre la Constitution et la loi ordinaire.

Ainsi, les lois de finances annuelles doivent notamment respecter les dispositions de la loi organique relative aux lois de finances du 1er août 2001.

D. La loi

À l'exception des lois référendaires (adoptées par référendum), la loi est votée par le Parlement. Mais, contrairement aux Constitutions de la IIIe et de la IVe Républiques, la Constitution de 1958 limite strictement, par son article 34, le domaine de la loi et donc le champ de compétences du Parlement.

E. L'acte administratif réglementaire

L'acte administratif peut être réglementaire ou individuel : réglementaire, il s'applique à tous. Des décrets, des arrêtés sont ainsi édictés unilatéralement par le pouvoir exécutif. Individuel, l'acte administratif concerne nommément une ou plusieurs personnes.

Le gouvernement dispose d'un pouvoir réglementaire d'application de la loi mais aussi d'un pouvoir réglementaire autonome dans les domaines qui ne relèvent pas constitutionnellement de la loi.

Les règlements sont supérieurs aux actes individuels émanant de la même autorité administrative. Les règlements autonomes sont subordonnés à la Constitution et aux traités alors que les actes administratifs appliquant les lois doivent, par définition, être directement subordonnés à la loi.

Les juridictions administratives (Conseil d'État, cours administratives d'appel et tribunaux administratifs) sont chargées de faire respecter le principe de légalité, c'est-à-dire de veiller au respect des normes de référence supérieures par les actes administratifs.

Les décisions administratives réglementaires ou individuelles, prises par le Premier ministre ou par un simple fonctionnaire, doivent toujours respecter toutes les normes supérieures : les lois, les traités, la Constitution.

4. La responsabilité administrative

La tradition a longtemps été celle de l'impossibilité de rechercher la responsabilité de l'administration, afin d'empêcher que la poursuite de l'intérêt général ne soit entravée par l'action judiciaire.

Cette tradition a évolué avec l'arrêt Blanco (1873), qui reconnaît que l'administration peut voir sa responsabilité engagée en cas de dommage aux usagers du service public ou aux tiers, cette responsabilité ne pouvant être mise en cause devant les juridictions civiles mais seulement devant les juridictions administratives dans des conditions différentes de celles du droit commun de la responsabilité. Il s'agit d'une forme de responsabilité civile, dans la mesure où elle entraîne l'obligation pour l'administration de réparer le dommage qu'elle fait subir.

La responsabilité administrative n'a ainsi pu pendant des décennies être engagée que pour faute lourde de l'administration, le juge administratif se refusant en outre à prendre en compte le *pretium doloris* (le prix de la douleur) et n'indemnisant pas le dommage moral; en outre, les indemnités demeuraient en toute hypothèse très peu élevées.

La jurisprudence a cependant peu à peu évolué, d'abord en admettant la réparation du préjudice moral (arrêt Letisserand, Conseil d'État, 1961), puis en abandonnant la faute lourde pour la faute simple, notamment en matière médicale.

Ainsi, la faute de service donne droit à réparation pour faute simple, la faute lourde demeurant requise pour que soit engagée la responsabilité de services en raison de difficultés réelles à exercer la mission de service public.

Le juge a également développé la théorie de la **responsabilité sans faute**, qui permet l'indemnisation de la victime dès lors qu'il y a dommage (par exemple du fait d'un ouvrage public), même sans faute. Dans ce cas, la victime doit seulement prouver le préjudice subi.

La responsabilité sans faute a peu à peu été étendue par la jurisprudence : la création par l'administration d'un risque particulier, une rupture d'égalité entre administrés, un préjudice causé « par un acte légalement fait », certains dommages causés par des ouvrages ou des travaux publics… peuvent entraîner la responsabilité sans faute de l'administration.

Que la responsabilité soit engagée pour faute ou sans faute, il faut un dommage, un préjudice, et un lien de causalité entre le dommage et le préjudice. Si le dommage est causé par une faute personnelle d'un agent public, celui-ci pourra être attaqué devant le juge judiciaire. En revanche, si une **faute de service** est à l'origine du dommage, c'est le juge administratif qui est compétent. La difficulté pour les victimes de savoir quel juge saisir a conduit les juges à admettre que les victimes attaquent l'administration devant le juge administratif, celle-ci pouvant, en cas de faute personnelle d'un de ses agents, se retourner contre lui (action dite « récursoire ») pour obtenir remboursement de tout ou partie des indemnités qu'elle aura versées à la victime du dommage.

Une faute de service est le résultat d'un service qui fonctionne mal, ou fonctionne tardivement ou ne fonctionne pas du tout. S'agissant d'une responsabilité pour faute, la victime doit démontrer la faute, mais, dans la réalité, le juge demande souvent à l'administration de démontrer qu'il n'y a pas eu faute.

5. Les principales compétences et attributions des collectivités territoriales

1. Les fondements de la répartition des compétences

A. Compétence générale et compétence d'attribution

La collectivité territoriale qui bénéficie de la **clause générale de compétence** dispose d'une capacité d'intervention générale, sans qu'il soit nécessaire que la loi procède à une énumération de ses attributions : ce n'est plus désormais le cas que de **la commune**.

La **loi n° 2015-991 du 7 août 2015 portant nouvelle organisation territoriale de la République (NOTRe)** a en effet supprimé cette clause générale de compétence pour les régions et les départements.

Ainsi, le Code général des collectivités territoriales (CGCT) fixe :

- Article L. 2121-29 : « Le **conseil municipal** règle par ses délibérations les affaires de la commune. »
- Article L. 3211-1 : « Le **conseil départemental** règle par ses délibérations les affaires du département dans les domaines de compétences que la loi lui attribue.

Il est compétent pour mettre en œuvre toute **aide ou action relative à la prévention ou à la prise en charge des situations de fragilité**, au **développement social**, à l'**accueil des jeunes enfants** et à l'**autonomie des personnes**. Il est également compétent pour **faciliter l'accès aux droits et aux services** des publics dont il a la charge.

Il a compétence pour **promouvoir les solidarités et la cohésion territoriale** sur le territoire départemental, dans le respect de l'intégrité, de l'autonomie et des attributions des régions et des communes. »

- Article L. 4221-1 : « Le **conseil régional** règle par ses délibérations les affaires de la région dans les domaines de compétences que la loi lui attribue.

Il a compétence pour **promouvoir le développement économique, social, sanitaire, culturel et scientifique** de la région, le **soutien à l'accès au logement et à l'amélioration de l'habitat**, le **soutien à la politique de la ville et à la rénovation urbaine** et le **soutien aux politiques d'éducation** et l'**aménagement et l'égalité de ses territoires**, ainsi que pour assurer la **préservation de son identité** et la **promo-**

tion des langues régionales, dans le respect de l'intégrité, de l'autonomie et des attributions des départements et des communes.

Il peut engager des actions complémentaires de celles de l'État, des autres collectivités territoriales et des établissements publics situés dans la région, dans les domaines et les conditions fixés par les lois déterminant la répartition des compétences entre l'État, les communes, les départements et les régions. »

En outre, l'article L. 1111-4 du CGCT dispose que « les **compétences en matière de culture, de sport, de tourisme, de promotion des langues régionales et d'éducation populaire sont partagées** entre les communes, les départements, les régions et les collectivités à statut particulier ».

B. Les collectivités « chefs de file »

La **loi n° 2014-58 du 27 janvier 2014 de modernisation de l'action publique territoriale et d'affirmation des métropoles (MAPTAM)** attribue aux collectivités territoriales, par son article 3, des missions de « chefs de file ».

Cette mission a été introduite dans la Constitution du 4 octobre 1958 par une réforme constitutionnelle de 2003 (loi constitutionnelle n° 2003-276 du 28 mars 2003 relative à l'organisation décentralisée de la République).

L'article 72 de la Constitution fixe désormais qu'« aucune collectivité territoriale ne peut exercer une tutelle sur une autre. Cependant, **lorsque l'exercice d'une compétence nécessite le concours de plusieurs collectivités territoriales, la loi peut autoriser l'une d'entre elles ou un de leurs groupements à organiser les modalités de leur action commune** ».

L'article L. 1111-9 du CGCT (modifié par la loi n° 2019-1428 du 24 décembre 2019) liste comme suit les missions de chaque collectivité « chef de file » :

- La **commune,** ou l'établissement public de coopération intercommunale à fiscalité propre auquel elle a transféré ses compétences, est chargée d'organiser, en qualité de chef de file, les modalités de l'action commune des collectivités territoriales et de leurs établissements publics pour l'exercice des compétences relatives :

  1° à la mobilité durable;

  2° à l'organisation des services publics de proximité;

  3° à l'aménagement de l'espace;

  4° au développement local.
- Le **département** est chargé d'organiser, en qualité de chef de file, les modalités de l'action commune des collectivités territoriales et de leurs établissements publics pour l'exercice des compétences relatives à :

  1° l'action sociale, le développement social et la contribution à la résorption de la précarité énergétique;

  2° l'autonomie des personnes;

  3° la solidarité des territoires.

Il est consulté par la région en préalable à l'élaboration du contrat de plan conclu entre l'État et la région en application de la loi n° 82-653 du 29 juillet 1982 portant réforme de la planification afin de tenir compte des spécificités de son territoire.

- **La région** est chargée d'organiser, en qualité de chef de file, les modalités de l'action commune des collectivités territoriales et de leurs établissements publics pour l'exercice des compétences relatives :
  1° à l'aménagement et au développement durable du territoire ;
  2° à la protection de la biodiversité ;
  3° au climat, à la qualité de l'air et à l'énergie ;
  4° à la politique de la jeunesse ;
  5° (abrogé) ;
  6° (abrogé) ;
  7° aux mobilités, notamment à l'intermodalité, à la complémentarité entre les modes de transports et à l'aménagement des gares ;
  8° au soutien à l'enseignement supérieur et à la recherche.

C. L'exercice concerté des compétences

La **loi n° 2014-58 du 27 janvier 2014 de modernisation de l'action publique territoriale et d'affirmation des métropoles (MAPTAM)** institue, par son article 4, une « **conférence territoriale de l'action publique** » :

« Dans chaque région, la **conférence territoriale de l'action publique** est chargée de favoriser un exercice concerté des compétences des collectivités territoriales, de leurs groupements et de leurs établissements publics.

La conférence territoriale de l'action publique peut débattre et rendre des avis sur tous les sujets relatifs à l'exercice de compétences et à la conduite de politiques publiques nécessitant une coordination ou une délégation de compétences entre les collectivités territoriales et leurs groupements. »

Cette conférence territoriale de l'action publique, **présidée par le président du conseil régional** a essentiellement pour **membres** :

- le président du conseil régional ;
- les présidents des conseils départementaux ;
- les présidents des établissements publics de coopération intercommunale à fiscalité propre de plus de 30 000 habitants ayant leur siège sur le territoire de la région ;
- un représentant élu des établissements publics de coopération intercommunale à fiscalité propre de moins de 30 000 habitants ayant leur siège sur le territoire de chaque département – un représentant élu des communes de plus de 30 000 habitants de chaque département ;
- un représentant élu des communes comprenant entre 3 500 et 30 000 habitants de chaque département ;
- un représentant élu des communes de moins de 3 500 habitants de chaque département.

La conférence territoriale de l'action publique organise librement ses travaux, au travers de commissions thématiques, et leur publicité dans le cadre de son règlement intérieur. Elle débat des projets visant à coordonner les interventions des personnes publiques, qui lui sont présentés par les collectivités territoriales ou les établissements publics de coopération intercommunale à fiscalité propre.

Elle examine les projets de **conventions territoriales d'exercice concerté d'une compétence** qui fixent les objectifs de rationalisation et les modalités de l'action commune pour chacune des compétences concernées.

Chaque projet de convention comprend notamment :
- les niveaux de collectivités territoriales concernés ou les collectivités compétentes définies par des critères objectifs sur l'ensemble du territoire de la région ;
- les délégations de compétences entre collectivités territoriales, ainsi que les délégations de la région ou du département à un établissement public de coopération intercommunale à fiscalité propre ;
- les créations de services unifiés ;
- les modalités de la coordination, de la simplification et de la clarification des interventions financières des collectivités territoriales ;
- la durée de la convention, qui ne peut excéder six ans.

À l'issue de son examen par la conférence territoriale de l'action publique, le projet de convention est transmis au représentant de l'État dans la région, ainsi qu'aux collectivités territoriales et établissements publics appelés à prendre les mesures nécessaires à sa mise en œuvre. Les organes délibérants des collectivités territoriales et des établissements publics concernés disposent d'un délai de trois mois pour approuver la convention, qui est signée par le maire ou par le président.

Les stipulations de la convention sont opposables aux seules collectivités territoriales et établissements publics qui l'ont signée. Elles les engagent à prendre les mesures et à conclure les conventions nécessaires à sa mise en œuvre.

2. Les compétences de la commune

La commune exerce principalement des compétences de proximité, fondées sur les services publics communaux.

Toutefois, en renforçant les compétences obligatoires et optionnelles reconnues aux communautés de communes et aux communautés d'agglomération, la loi NOTRe du 7 août 2015 réduit d'autant les compétences des communes membres de ces EPCI :
- compétences en matière de développement économique ;
- promotion du tourisme et création d'offices du tourisme ;
- aménagement, entretien et gestion des aires d'accueil des gens du voyage ;
- gestion des milieux aquatiques et prévention contre les inondations (GEMAPI) depuis le 1er janvier 2018 ;
- eau et assainissement, collecte et traitement des déchets ménagers à partir de 2020.

A. Urbanisme et aménagement

La décentralisation a considérablement développé les pouvoirs de la commune en matière d'urbanisme puisque le maire délivre les permis de construire au nom de la commune et non plus au nom de l'État dès lors que la commune est dotée d'un plan local d'urbanisme (PLU), héritier des anciens plans d'occupation des sols (POS).

Les communes jouent un rôle déterminant en matière d'urbanisme : c'est à elles qu'il appartient d'élaborer et d'approuver les plans locaux d'urbanisme (PLU), sous réserve de la compétence éventuelle des établissements publics de coopération intercommunale (EPCI) et des métropoles. Les communes peuvent également exercer leur compétence en matière d'urbanisme dans le cadre des zones d'action concertées (ZAC). La loi du 24 mars 2014 pour l'accès au logement et un urbanisme rénové (ALUR) a instauré le transfert automatique de la compétence PLU aux intercommunalités, la loi NOTRe maintenant le mécanisme de la minorité de blocage permettant aux maires de reporter ce transfert.

Les communes participent également, par l'intermédiaire des établissements publics de coopération intercommunale (EPCI) qu'elles constituent, à l'élaboration des schémas de cohérence territoriale (SCOT), successeurs, en application de la loi relative à la solidarité et au renouvellement urbains du 13 décembre 2000 (SRU), des schémas directeurs, qui fixent, pour plusieurs communes ou groupements de communes, les grandes orientations de l'organisation du territoire et de l'évolution des zones urbaines, afin de préserver un équilibre entre zones urbaines, industrielles, touristiques, agricoles et naturelles dans le cadre d'un projet d'aménagement et de développement durables (PADD).

Aux termes de la loi du 13 août 2004, les communes qui en ont fait la demande avant le 1er janvier 2006 se sont vu transférer la responsabilité des ports non autonomes, des ports de plaisance et de pêche, ainsi que des aérodromes civils.

B. Logement

Au sein des EPCI, les communes participent à la définition des programmes locaux de l'habitat (PLH), établis pour six ans, qui fixent les objectifs et les actions permettant de répondre aux besoins de logements et de renouvellement urbain, tout en poursuivant un objectif de mixité sociale.

Depuis la loi dite SRU (loi de solidarité et de renouvellement urbain) du 13 décembre 2000, les communes ont l'obligation de faire en sorte que 20 % des logements sur leur territoire soient des logements sociaux (25 % depuis la loi « Duflot » du 18 janvier 2013 relative à la mobilisation du foncier public en faveur du logement et au renforcement des obligations de production de logement social).

Les communes jouent un rôle important dans l'attribution des logements sociaux : toutes les attributions de logements sociaux sont décidées par une commission d'attribution composée de six membres désignés par le conseil d'administration de l'organisme auprès duquel une demande de logement a été formulée. Le maire de la commune où sont situés les logements, ou son représentant, est également membre de droit de cette commission, avec voix délibérative.

La loi ALUR du 24 mars 2014 a prévu notamment la construction de 500 000 logements par an, dont 150 000 logements sociaux, l'encadrement des loyers et l'instauration d'une garantie universelle des loyers, la généralisation des plans locaux d'urbanisme intercommunaux (PLUi) au moyen d'un transfert automatique de la compétence PLU dans un délai de trois ans après la promulgation de la loi, la création du projet d'intérêt majeur (PIM) pour accélérer la construction de logements.

C. Action économique

Les communes et leurs groupements pouvaient, depuis la loi du 27 février 2002 sur la démocratie de proximité, contribuer au financement d'aides directes aux entreprises dans le cadre d'une convention avec la région et accorder des aides indirectes. La loi du 13 août 2004 relative aux libertés et responsabilités locales avait accru leurs compétences : elles pouvaient désormais, avec l'accord de la région, instaurer leur propre régime d'aide dans le cadre de conventions avec les entreprises. Avec la loi NOTRe, c'est la région qui acquiert une compétence exclusive pour définir les régimes d'aide et décider de l'octroi des aides aux entreprises de son ressort géographique.

Avant la loi NOTRe, dans les communautés de communes comme dans les communautés d'agglomérations, la compétence en matière de développement économique était partagée entre communes et communautés.

La loi NOTRe renforce le rôle des communautés en matière de développement économique avec, au 1er janvier 2017, le transfert obligatoire aux communautés de la totalité des **zones d'activité**, de la **promotion du tourisme**, de la **politique locale du commerce**.

Toutefois, si la gestion des offices de tourisme est transférée aux communautés, les communes gardent une compétence en matière d'activités touristiques. De même, en matière de commerce, certaines actions qui ne sont pas d'intérêt communautaire peuvent continuer à relever des communes.

D. Action sociale et santé

La politique sociale légale ou facultative des communes est conduite au moyen des centres communaux d'action sociale (CCAS) ou des centres intercommunaux d'action sociale (CIAS).

Le CCAS (ou CIAS) anime une action générale de prévention et de développement social dans la commune en liaison avec les institutions publiques et privées. Il est de ce fait l'institution locale de l'action sociale par excellence. À ce titre, il développe différentes activités et missions légales ou facultatives, directement orientées vers les populations concernées.

Le CCAS (ou CIAS) se mobilise dans les principaux champs suivants, par ordre décroissant d'implication : lutte contre l'exclusion (en particulier, aide alimentaire), services d'aide à domicile, prévention et animation pour les personnes âgées, gestion d'établissements d'hébergement pour personnes âgées, soutien au logement et à l'hébergement, petite enfance, enfance et jeunesse, soutien aux personnes en situation de handicap.

À cette fin :

- il gère des équipements et services : établissements et services pour personnes âgées, centres sociaux, crèches, haltes-garderies, centres aérés, etc. ;

- il apporte son soutien technique et financier à des actions sociales d'intérêt communal gérées par le secteur privé ;
- il participe à l'instruction des demandes d'aide sociale légale (aide médicale, RSA, aide aux personnes âgées...) et les transmet aux autorités décisionnelles compétentes telles que le conseil départemental, la préfecture ou les organismes de Sécurité sociale ;
- il intervient également dans l'aide sociale facultative qui constitue souvent l'essentiel de la politique sociale de la commune : secours d'urgence, prêts sans intérêt, colis alimentaires, chèques d'accompagnement personnalisé, etc. ;
- il peut être délégataire de compétences sociales globales sur le territoire communal par convention avec le conseil départemental.

Cette loi du 13 août 2004 relative aux libertés et responsabilités locales a permis en outre aux départements de confier aux communes la gestion des fonds d'aide aux jeunes (FAJ).

Elle a également ouvert aux communes la possibilité d'expérimenter l'exercice de la politique de résorption de l'habitat insalubre. Les pouvoirs de police du maire lui permettent d'obliger un propriétaire d'un logement insalubre ou dangereux à réaliser des travaux et, en cas de défaillance, à se substituer à lui pour exécuter d'office les travaux. Elles peuvent aussi, en convention avec l'État, exercer des activités en matière de vaccination, de lutte contre la tuberculose, le sida et les maladies sexuellement transmissibles.

E. Éducation et enseignement

a. La petite enfance

La petite enfance désigne une étape du développement humain. On parle de petite enfance pour les enfants, de leur naissance à l'âge de 6 ans.

La commune ou les groupements de communes bénéficient d'une compétence facultative en matière d'accueil des jeunes enfants.

L'article R. 2324-17 du Code de la santé publique fixe que « Les établissements et les services d'accueil veillent à la santé, à la sécurité et au bien-être des enfants qui leur sont confiés, ainsi qu'à leur développement. Ils concourent à l'intégration sociale de ceux de ces enfants ayant un handicap ou atteints d'une maladie chronique. Ils apportent leur aide aux parents afin que ceux-ci puissent concilier leur vie professionnelle et leur vie familiale.

Ils comprennent les établissements assurant l'accueil collectif non permanent d'enfants et les services assurant l'accueil familial non permanent d'enfants au domicile d'assistantes maternelles ».

■ L'accueil collectif de jeunes enfants

Les structures d'accueil collectif permettent de recevoir, pendant la journée, des enfants de moins de 6 ans dont les parents travaillent, suivent une formation ou sont à la recherche d'un emploi. Elles sont le plus souvent gérées directement par les communes qui peuvent également verser des subventions, mettre à disposition des locaux ou payer des places à d'autres organismes gestionnaires, au premier rang desquels des associations.

Ces établissements et services sont soumis au contrôle et à la surveillance du médecin responsable du service départemental de protection maternelle et infantile (PMI).

Le maire (ou le président de la communauté de communes) donne l'autorisation d'ouverture de la structure après avis du président du conseil départemental s'il s'agit d'une structure gérée directement par la collectivité. Il émet un avis auprès du président du conseil départemental s'il s'agit d'une structure parentale ou privée (article L. 2324-1 du Code de la santé publique).

Lorsqu'il estime que la santé physique ou mentale ou l'éducation des enfants est compromise ou menacée, le préfet de département ou le président du conseil départemental peut adresser des injonctions aux établissements. En cas d'inexécution, le préfet peut ordonner leur fermeture après avis du président du conseil départemental.

Il existe plusieurs catégories de structures pouvant accueillir les jeunes enfants :

- l'établissement multi-accueil (établissement qui offre au moins deux types d'accueil différents, régulier ou occasionnel), la capacité de chaque unité d'accueil ne pouvant dépasser 60 places ;
- la crèche parentale, gérée par une association de parents et qui ne peut dépasser 25 places ;
- la halte-garderie, qui accueille des enfants de manière ponctuelle ;
- la crèche familiale, qui allie accueil chez une assistante maternelle et accueil en structure collective ;
- la micro-crèche qui ne peut accueillir que 10 enfants au maximum ;
- le jardin d'enfants (accueil des enfants de plus de 2 ans non scolarisés ou scolarisés à temps partiel), dont la capacité d'accueil est limitée à 80 places par unité d'accueil.

L'accueil individuel des jeunes enfants

Les **assistants maternels** assurent l'accueil des enfants à leur domicile moyennant rémunération, après avoir obtenu un agrément délivré par le président de conseil départemental (articles L. 421-1 et L. 421-3 du code de l'action sociale et des familles). Ce dernier informe le maire de la commune de résidence de l'assistant maternel de toute décision d'agrément, de suspension, de retrait ou de modification de l'agrément délivré.

Ils ne peuvent accueillir plus de 4 enfants simultanément.

Les assistants maternels peuvent se regrouper dans des maisons d'assistants maternels (articles L. 424-1 et suivants du code de l'action sociale et des familles), dans la limite de 4 assistants maternels dans une même maison, nécessitant un agrément du président du conseil départemental. Le maire est responsable de la sécurité des locaux puisqu'il autorise l'ouverture de la maison au public.

« Il peut être créé, dans toutes les communes ou leurs groupements, un **relais assistants maternels**, qui a pour rôle d'informer les parents et les assistants maternels sur ce mode d'accueil (...) et d'offrir aux assistants maternels un cadre pour échanger sur leur pratique professionnelle ainsi que leurs possibilités d'évolution de carrière » (article L. 214-2-1 du Code de l'action sociale et des familles).

b. Les écoles primaires

Depuis la loi Jules Ferry du 16 juin 1881, les communes ont la charge des écoles publiques. C'est ainsi que les communes construisent, entretiennent, équipent les écoles primaires (c'est-à-dire les écoles maternelles et élémentaires).

La loi du 13 août 2004 a permis aux communes d'expérimenter la création d'établissements publics d'enseignement primaire pour 5 ans au maximum.

« L'ouverture d'une classe ou d'une école est de fait le résultat de l'exercice de compétences partagées entre l'État et les communes : d'une part, sa création et son implantation par le conseil municipal, c'est-à-dire le choix de la localisation, la construction, l'appropriation ou l'aménagement de locaux à des fins d'enseignement et, d'autre part, l'affectation du ou des emplois d'enseignants correspondants par l'inspecteur d'académie. Ces deux décisions peuvent être simultanées ou distinctes dans le temps » (circulaire du 3 juillet 2003 du ministère de l'Éducation nationale).

Les communes prennent en outre part à l'élaboration de la carte scolaire.

Les activités périscolaires prolongeant le service public de l'éducation peuvent être organisées dans le cadre d'un projet éducatif territorial (PEDT). Le PEDT est élaboré à l'initiative de la collectivité territoriale et associe à cette dernière l'ensemble des acteurs intervenant dans le domaine de l'éducation : administrations de l'État concernées (Éducation nationale, sports, jeunesse, éducation populaire et vie associative, culture, famille, ville, etc.), associations, institutions culturelles et sportives, etc.

Depuis la rentrée 2017, un décret du 29 juin 2017 rend possible l'organisation de la semaine scolaire sur 4 jours dans les écoles maternelles et élémentaires publiques par dérogation au cadre général de 4,5 jours. Lorsque la communauté éducative et la commune ou intercommunalité sont satisfaites de l'organisation sur 4,5 jours, elles peuvent continuer à fonctionner selon les mêmes modalités. En revanche, lorsqu'émerge un consensus local entre conseil d'école, municipalité et service académique en faveur d'une organisation sur 4 jours, une dérogation au cadre général est possible.

F. Culture

Outre le rôle traditionnel des communes en matière culturelle au moyen des bibliothèques ou médiathèques publiques, des musées et des conservatoires municipaux de musique et de danse, les communes et leurs groupements sont, depuis la loi du 13 août 2004, responsables de l'organisation et du financement de l'enseignement artistique initial. Elles peuvent aussi se voir transférer la propriété de monuments classés ou inscrits. Les communes et leurs groupements jouent également un rôle culturel important au moyen de subventions aux associations.

G. Sports et loisirs

Dans ce domaine, la commune crée et gère les équipements sportifs, subventionne les activités sportives, et est en charge des aménagements touristiques.

H. Autres missions

Aux compétences qui viennent d'être vues s'ajoutent celles correspondant aux missions traditionnelles des communes, comme l'entretien de la voirie communale, la protection de l'ordre public au moyen des pouvoirs de police du maire, l'état civil et les fonctions électorales.

3. Les compétences du département

A. L'action sociale et l'aide sociale

La loi du 13 août 2004 relative aux libertés et responsabilités locales avait fait du département le « chef de file » de l'action sanitaire et sociale. Depuis le 1er janvier 2005, en effet, « le département définit et met en œuvre la politique d'action sociale ». La loi du 27 janvier 2014 de modernisation de l'action publique locale et d'affirmation des métropoles (MAPTAM) désigne le département « chef de file » en matière d'aide sociale, d'autonomie des personnes et de solidarité des territoires. En mettant fin à la clause générale de compétence des départements, la loi portant nouvelle organisation territoriale de la République (NOTRe) réduit les compétences du département qui n'en conserve pas moins l'action sociale, l'aide sociale et les routes départementales.

Rappelons les principales compétences du département en matière d'**action sociale et d'aide sociale** :

- aide sociale à l'enfance (ASE), protection maternelle et infantile (PMI), adoption, soutien aux familles en difficultés financières;
- personnes handicapées : politiques d'hébergement et d'insertion sociale, prestations de compensation du handicap;
- personnes âgées : création et gestion de maisons de retraite, maintien des personnes âgées à domicile (APA : allocation personnalisée d'autonomie)
- insertion sociale et professionnelle, avec la prise en charge du revenu de solidarité active (RSA) (qui a remplacé le RMI et RMA au 1er juillet 2009) et du fonds d'aide aux jeunes (FAJ);
- aide au logement, avec le fonds de solidarité pour le logement (FSL);
- contribution à la résorption de la précarité énergétique;
- protection judiciaire de la jeunesse (PJJ), initialement dans le cadre d'expérimentations pour cinq ans. L'État, à la suite de la promulgation de la loi du 5 mars 2007 sur la protection de l'enfance et dans le cadre de la révision générale des politiques publiques (RGPP), a en effet décidé, en 2008, de généraliser le retrait de la PJJ de l'assistance éducative pour la recentrer sur la prise en charge des mineurs délinquants, l'assistance éducative étant désormais confiée aux départements.

La loi NOTRe confie également au département, conjointement avec l'État, l'élaboration d'un schéma départemental d'amélioration de l'accessibilité des services, qui vise à renforcer l'offre de services dans les zones présentant un déficit d'accessibilité.

B. L'aménagement de l'espace et l'équipement

- L'action du département concerne principalement les domaines suivants : l'équipement rural, le remembrement, l'aménagement foncier, la gestion de l'eau et de la voirie rurale, en tenant compte des priorités définies par les communes ;
- les services de transport spécial des élèves handicapés vers les établissements scolaires.
  La loi NOTRe transfère à la région, à compter du 1er janvier 2017, les transports routiers non urbains des personnes, réguliers ou à la demande ; les transports scolaires ; la desserte des îles ; la construction, l'aménagement et l'exploitation des gares publiques routières de voyageurs relevant du département.
- la gestion de la voirie départementale, à savoir toutes les routes n'entrant pas dans le domaine public national ;
- le SDIS (service départemental d'incendie et de secours) qui est chargé de la protection contre les incendies, qui gère les sapeurs-pompiers du département et qui participe également aux opérations de secours en cas d'accidents, de catastrophes naturelles…

C. L'éducation, la culture et le patrimoine

L'action du département concerne également :

- **la construction, l'entretien et l'équipement des collèges.**
  La loi du 13 août 2004 a transféré aux départements la gestion des personnels techniciens, ouvriers et de service (couramment appelés « TOS ») exerçant dans les collèges, qui relevait jusqu'alors de l'État ;
- la responsabilité des bibliothèques départementales de prêt (anciennes bibliothèques centrales de prêt qui avaient été transférées de l'État aux départements par les premières lois de décentralisation), des archives départementales et des musées départementaux ;
- l'adoption, depuis la loi du 13 août 2004, en concertation avec les communes, d'un schéma départemental de développement des enseignements artistiques ;
- l'expérimentation de la gestion des crédits d'entretien et de restauration du patrimoine classé ou inscrit n'appartenant pas à l'État ;
- comme les communes et leurs groupements, il peut également, sur sa demande, se voir transférer la propriété des monuments classés ou inscrits appartenant à l'État.

La compétence culturelle est qualifiée par la loi NOTRe de compétence partagée entre les communes, les départements, les régions et les collectivités à statut particulier, de même que les compétences en matière de sport, de tourisme, de promotion des langues régionales et d'éducation populaire.

D. Les actions économiques

Comme les communes et leurs groupements, les départements pouvaient financer des aides directes aux entreprises dans le cadre d'une convention passée avec la région. Le département pouvait aussi attribuer des aides indirectes aux entreprises.

La loi du 13 août 2004 lui avait permis de mettre en œuvre ses propres régimes d'aide avec l'accord de la région. Avec la loi NOTRe, c'est la région qui acquiert une compétence exclusive pour définir les régimes d'aide et décider de l'octroi des aides aux entreprises de son ressort géographique.

4. Les compétences de la région

A. Les compétences économiques

Autorité décentralisée depuis 1982, la région n'a trouvé place dans la Constitution, aux côtés de la commune et du département, qu'avec la loi constitutionnelle du 28 mars 2003.

Pour autant, la région, dont la compétence générale avait été affirmée par la loi du 2 mars 1982 (« le conseil régional règle par ses délibérations les affaires de la région »), exerçait depuis 1982 d'importantes compétences, notamment en matière économique, que la loi du 13 août 2004 était venue renforcer.

La loi NOTRe met fin à la compétence générale de la région dont les nouvelles compétences sont désormais limitativement énumérées par la loi. En même temps, elle renforce les compétences régionales.

La région, responsable de la définition des orientations en matière de développement économique, élabore un schéma régional de développement économique, d'innovation et d'internationalisation (SRDEII), élaboré en collaboration avec les EPCI à fiscalité propre, et soumis à l'approbation du préfet de région. Ce schéma définit « les orientations en matière d'aides aux entreprises, de soutien à l'internationalisation et d'aides à l'investissement immobilier et à l'innovation des entreprises, ainsi que les orientations relatives à l'attractivité du territoire régional. Il définit les orientations en matière de développement de l'économie sociale et solidaire ». Les actes des collectivités territoriales et de leurs groupements doivent être compatibles avec le SRDEII.

En application des dispositions de l'article L. 1511-2 du CGCT, « **le conseil régional est seul compétent pour définir les régimes d'aides et pour décider de l'octroi des aides aux entreprises dans la région**. Dans le cadre d'une convention passée avec la région, la métropole de Lyon, les communes et leurs groupements peuvent participer au financement des aides et des régimes d'aides mis en place par la région.

Ces aides revêtent la forme de prestations de services, de subventions, de bonifications d'intérêts, de prêts et d'avances remboursables, à taux nul ou à des conditions plus favorables que les conditions du marché.

Les **aides aux entreprises en difficulté** constituent également une compétence exclusive de la région : « Lorsque la protection des intérêts économiques et sociaux de la population l'exige, le conseil régional peut accorder des aides à des entreprises en difficulté. Les modalités de versement des aides et les mesures qui en sont la contrepartie font l'objet d'une convention entre la région et l'entreprise. »

B. L'aménagement du territoire

La région voit également renforcées ses compétences en matière d'aménagement du territoire, par l'élaboration d'un **schéma régional d'aménagement, de développement durable et d'égalité des territoires** (SRADDET), élaboré dans les mêmes conditions que le SRDEII.

Elle devient également compétente pour élaborer un **plan régional de prévention et de gestion des déchets**, à caractère prévisionnel.

Enfin, la région acquiert aussi une compétence auparavant départementale, celle de la **gestion des services non urbains de transport**, réguliers ou à la demande. S'agissant des transports scolaires, la région peut, par convention, en confier l'organisation aux départements ou à un EPCI.

Les régions continuent à exercer d'anciennes compétences :

- l'élaboration et l'exécution de la partie régionale du contrat de plan ;
- la gestion des transports régionaux de voyageurs, notamment ferroviaires (réseau des trains express régionaux, TER), et participation au financement des infrastructures, comme la construction de nouvelles lignes de TGV.

C. L'éducation et la formation

La région met en œuvre des actions de formation professionnelle continue et d'apprentissage, dont l'insertion des jeunes en difficulté et les formations en alternance.

La **loi n° 2014-288 du 5 mars 2014 relative à la formation professionnelle, à l'emploi et à la démocratie sociale** a achevé le transfert de l'ensemble de la compétence formation aux régions.

Selon les dispositions de l'article 21 de la loi, la région est notamment chargée de la **politique régionale d'accès à l'apprentissage et à la formation professionnelle des jeunes et des adultes à la recherche d'un emploi ou d'une nouvelle orientation professionnelle** :

- elle définit et met en œuvre la politique d'apprentissage et de formation professionnelle, élabore le contrat de plan régional de développement des formations et de l'orientation professionnelles et adopte la carte régionale des formations professionnelles initiales ;
- dans le cadre du **service public régional de la formation professionnelle**, elle peut accorder des aides individuelles à la formation et coordonne les interventions contribuant au financement d'actions de formation ;
- elle conclut, avec les départements qui souhaitent contribuer au financement de formations collectives pour la mise en œuvre de leur programme départemental d'insertion prévu à l'article L. 263-1 du Code de l'action sociale et des familles, une convention qui détermine l'objet, le montant et les modalités de ce financement ;
- elle organise l'accompagnement des jeunes et des adultes à la recherche d'un emploi qui sont candidats à la validation des acquis de l'expérience et participe à son financement.

Les compétences de la région en matière d'apprentissage sont profondément modifiées par la **loi n° 2018-771 du 5 septembre 2018 pour la liberté de choisir**

son avenir professionnel. La loi prévoit de nombreux changements en matière d'apprentissage, dont le basculement d'un système administré actuellement par l'État et les régions à un système géré en majorité par les branches professionnelles, à partir de 2020. Les régions se voient ainsi privées de leur pouvoir d'autorisation administrative pour toute ouverture de centre de formation pour apprentis (CFA) et de financement des CFA au moyen de la fraction régionale de la taxe d'apprentissage. L'apprentissage est piloté par les branches professionnelles, qui fixent le coût des contrats d'apprentissage et récoltent la taxe d'apprentissage.

La région construit, entretient et assure le fonctionnement des lycées d'enseignement général et des lycées et établissements d'enseignement agricole.

La loi du 13 août 2004 a transféré aux régions la gestion des personnels techniciens, ouvriers et de service (couramment appelés « TOS ») exerçant dans les lycées, qui relevait jusqu'alors de l'État.

La région participe également au financement des universités, qui demeurent de la compétence de l'État.

D. Les compétences culturelles

Les régions sont depuis 2003 chargées de l'organisation et du financement des musées régionaux, de la conservation et de la mise en valeur des archives régionales.

La loi du 13 août 2003 leur a transféré la responsabilité de l'inventaire général du patrimoine culturel qu'elles peuvent confier, par convention, aux collectivités territoriales et à leurs groupements.

Elles peuvent exercer les mêmes compétences que les communes et les départements en matière de patrimoine.

E. L'action sanitaire

Les régions peuvent, comme les communes et les départements, prendre en charge des politiques de vaccination et de lutte contre la tuberculose, le sida et les maladies sexuellement transmissibles. Elles peuvent en outre expérimenter la participation au financement et à la réalisation d'équipements sanitaires.

6. Les réformes territoriales

A. Qu'est-ce que la décentralisation ?

La décentralisation est un processus par lequel **l'État transfère des compétences et des moyens d'action aux collectivités territoriales**, avant tout pour agir plus efficacement mais aussi pour développer la démocratie locale.

Une collectivité territoriale est une personne morale de droit public administrée par une assemblée délibérante et un exécutif élu, exerçant une compétence générale sur son territoire qu'elle administre librement. Elle dispose de moyens financiers (on parle d'autonomie financière) et humains propres.

L'article 72 de la Constitution du 4 octobre 1958 dispose en effet que :

« Les collectivités territoriales de la République sont les **communes**, les **départements**, les **régions**, les collectivités à statut particulier et les collectivités d'outre-mer. [...] Toute autre collectivité territoriale est créée par la loi, le cas échéant en lieu et place d'une ou de plusieurs collectivités [...].

Les collectivités territoriales ont vocation à prendre les décisions pour l'ensemble des compétences qui peuvent le mieux être mises en œuvre à leur échelon.

Dans les conditions prévues par la loi, **ces collectivités s'administrent librement par des conseils élus** et disposent d'un pouvoir réglementaire pour l'exercice de leurs compétences ».

B. L'acte I de la décentralisation

Les lois dites « Defferre » l'une du 2 mars 1982 relative aux droits et libertés des communes, des départements et des régions, et l'autre du 7 janvier 1983 et relative à la répartition des compétences entre les communes, les départements, les régions et l'État :

- suppriment la tutelle administrative et financière exercée au nom de l'État par le préfet sur les actes des collectivités territoriales.
À un contrôle *a priori* qui permettait au préfet d'annuler les actes des collectivités territoriales qu'il estimait illégaux ou inopportuns est substitué un contrôle *a posteriori* portant sur la seule légalité des actes.
- font du président du conseil général élu par les conseillers généraux l'autorité exécutive du département, au lieu et place du préfet qui était jusque-là l'exécutif du département ;
- transforment la région, jusqu'alors établissement public, en collectivité territoriale administrée par un conseil élu au suffrage universel direct, le conseil régional, et un exécutif élu par les conseillers régionaux, le président du conseil régional.
Les conseillers régionaux ont été élus pour la première fois au suffrage universel en 1986.
- transfèrent des « blocs de compétences » et les ressources correspondantes de l'État vers les collectivités territoriales.

C. L'acte II de la décentralisation

La loi constitutionnelle du 23 mars 2003 relative à l'organisation décentralisée de la République, qui marque l'acte II de la décentralisation, opère plusieurs modifications importantes, destinées à « bâtir une République des proximités, unitaire et décentralisée » (déclaration de politique générale de Jean-Pierre Raffarin, Premier ministre, le 3 juillet 2002).

Cette loi contient pour l'essentiel :

- l'affirmation du **principe d'expérimentation** de nouvelles compétences par les collectivités territoriales.
- le **renforcement de la démocratie locale**.

  L'article 6 de la loi du 23 mars 2003 ajoute à l'article 72 de la Constitution un article 72-1 qui dispose que :

  « La loi fixe les conditions dans lesquelles les électeurs de chaque collectivité territoriale peuvent, par l'exercice du **droit de pétition**, demander l'inscription à l'ordre du jour de l'assemblée délibérante de cette collectivité d'une question relevant de sa compétence.

  Dans les conditions prévues par la loi organique, les projets de délibération ou d'acte relevant de la compétence d'une collectivité territoriale peuvent, à son initiative, être soumis, par la voie du **référendum**, à la décision des électeurs de cette collectivité.

  Lorsqu'il est envisagé de créer une collectivité territoriale dotée d'un statut particulier ou de modifier son organisation, il peut être décidé par la loi de **consulter les électeurs** inscrits dans les collectivités intéressées. La modification des limites des collectivités territoriales peut également donner lieu à la consultation des électeurs dans les conditions prévues par la loi. »

  La loi organique 2003-705 du 1er août 2003 relative au référendum local précise les modalités d'organisation de ce dernier.
- la **garantie de l'autonomie financière** des collectivités territoriales.

  L'article 7 de la loi du 23 mars 2003 ajoute à l'article 72 de la Constitution un article 72-2 qui fixe que :

  « Les collectivités territoriales bénéficient de ressources dont elles peuvent disposer librement dans les conditions fixées par la loi.

  Elles peuvent recevoir tout ou partie du produit des impositions de toutes natures. La loi peut les autoriser à en fixer l'assiette et le taux dans les limites qu'elle détermine.

  Les recettes fiscales et les autres ressources propres des collectivités territoriales représentent, pour chaque catégorie de collectivités, une part déterminante de l'ensemble de leurs ressources. La loi organique fixe les conditions dans lesquelles cette règle est mise en œuvre.

  Tout transfert de compétences entre l'État et les collectivités territoriales s'accompagne de l'attribution de ressources équivalentes à celles qui étaient consacrées à leur exercice. Toute création ou extension de compétences ayant pour conséquence d'augmenter les dépenses des collectivités territoriales est accompagnée de ressources déterminées par la loi.

– La loi prévoit des dispositifs de péréquation destinés à favoriser l'égalité entre les collectivités territoriales. »

D. Entre l'acte II et l'acte III de la décentralisation : la réforme territoriale de 2010

Des conseillers territoriaux

À l'origine de la cette réforme, le Comité pour la réforme des collectivités, dit « Comité Balladur », avait été chargé le 22 octobre 2008 par le président de la République d'élaborer des propositions afin de rationaliser l'organisation des collectivités territoriales en réduisant le « mille-feuille territorial » (cette expression désigne la multiplication des échelons d'administration territoriale, communes, intercommunalités, départements, régions, avec des chevauchements de compétences inefficaces et coûteux). Ce rapport préconisait à terme la disparition des départements au profit des régions et celle des communes au bénéfice des intercommunalités.

Ce rapport a inspiré pour une part la **loi n° 2010-1653 du 16 décembre 2010 de réforme des collectivités territoriales** qui, sans aller jusqu'à faire disparaître les communes ou les départements, visait à renforcer l'échelon intercommunal et à mieux articuler l'exercice des compétences départementales et régionales en remplaçant les conseillers généraux et les conseillers régionaux par un nouveau type d'élu local, le conseiller territorial qui devait siéger à la fois dans l'instance délibérante du département et dans celle de la région.

Ce pan de la réforme est demeuré inappliqué en raison de l'alternance politique de 2012 et de la nouvelle réforme mise en œuvre à compter de 2013.

Le renforcement de l'intercommunalité

La loi du 16 décembre 2010 a institué de nouveaux modes de regroupement volontaire des communes :

- les **métropoles**, visant à donner aux grandes agglomérations qui le souhaiteraient un statut de nature à assurer leur rayonnement à l'échelle européenne. Établissements publics de coopération intercommunale à fiscalité propre de plus de 500 000 habitants, les métropoles doivent bénéficier de transferts de compétences des départements et des régions (développement économique, transports, éducation…), l'État pouvant leur confier de grands équipements et infrastructures ;
- les **pôles métropolitains**, devant permettre une coopération renforcée entre des EPCI à fiscalité propre formant un ensemble de plus de 300 000 habitants dont un EPCI de plus de 150 000 habitants, sans que la continuité territoriale entre les EPCI soit exigée. Ils ont pour objet des actions d'intérêt métropolitain en matière de développement économique, de promotion de l'innovation, de la recherche et de l'enseignement supérieur, de la culture, d'aménagement de l'espace, notamment par le développement des infrastructures et des services de transport, afin de promouvoir un modèle de développement durable et d'améliorer la compétitivité et l'attractivité de leur territoire, ainsi que l'aménagement de celui-ci.

– les **communes nouvelles** constituent un nouveau dispositif de fusion de communes, pouvant être créées au lieu et à la place de communes contiguës, à la demande des conseils municipaux des deux-tiers des communes membres d'une communauté représentant les deux-tiers de la population totale, à la demande d'un EPCI à fiscalité propre ou encore du préfet. La décision doit être prise par arrêté du Préfet, soit après accord unanime des conseils municipaux, soit après accord de deux tiers des conseils municipaux représentant les deux tiers de la population et consultation des électeurs de chaque commune : plus de la moitié des électeurs inscrits doit y participer, l'accord devant correspondre à un nombre de voix au moins égal au quart des électeurs inscrits. Aucune commune ne peut ainsi être intégrée sans son accord au sein de la commune nouvelle.

NOTE DU FORMATEUR

La **loi n° 2015-292 du 16 mars 2015 relative à l'amélioration de la commune nouvelle, pour des communes fortes et vivantes** avait introduit des mesures financières incitatives à la création de communes nouvelles.

La **loi de finances pour 2022** contient des mesures spécifiques aux communes nouvelles, notamment une amélioration de la dotation d'amorçage et la possibilité de percevoir de la dotation de solidarité rurale (DSR) au-delà de 10 000 habitants à compter de 2023. Cette dotation d'amorçage est aujourd'hui attribuée aux communes nouvelles de moins de 150 001 habitants créées à compter de 2021, et représente une bonification de 6 euros par habitant lors des trois premières années d'existence (article L. 2113-22-1 du CGCT). La loi de finances pour 2022 a encore renforcé ce dispositif en prévoyant que ce montant soit majoré de 4 euros par habitant pour les communes nouvelles créées après le 1er janvier 2022 et qui ne rassemblent que des communes dont la population est inférieure ou égale à 3 500 habitants.

Cette loi a également prévu la **possibilité pour des départements et des régions de fusionner**, une telle fusion requérant l'accord de toutes les assemblées concernées et de la population consultée par référendum.

Les dispositions de la loi du 16 décembre 2010 sur l'intercommunalité ont trouvé pleine application, avec l'objectif ambitieux de parvenir à une **couverture intégrale de l'ensemble du territoire par des intercommunalités au plus tard le 1er juin 2013**.

À cette fin, les préfets ont mené avec les élus locaux, dans chaque département, un travail d'élaboration de schémas de coopération intercommunale, qui devaient être achevés fin 2011 et mis en œuvre en 2012 et 2013, une commission départementale de coopération intercommunale (CDCI) pouvant amender les projets présentés par le préfet.

Depuis le 1er juin 2013, le préfet dispose du pouvoir d'intégrer d'office une commune isolée dans un établissement public de coopération intercommunale (EPCI) à fiscalité propre.

E. L'acte III de la décentralisation

■ L'évolution des modes d'élection

La **loi organique n° 2013-402 du 17 mai 2013** relative à l'élection des conseillers municipaux, des conseillers communautaires et des conseillers départementaux abroge l'institution des conseillers territoriaux et divise par deux le nombre de cantons, circonscription électorale dans le cadre de laquelle sont élus les conseillers départementaux. Toutefois, les départements de plus de 500 000 habitants doivent compter au minimum quinze cantons.

Les conseils généraux sont rebaptisés « **conseils départementaux** » afin de rendre les institutions locales plus lisibles. Chaque département compte un nombre impair de cantons afin de garantir l'émergence de majorités.

Afin de promouvoir la parité entre femmes et hommes en politique, les conseillers départementaux sont désormais élus au scrutin binominal paritaire, un homme et une femme étant élus dans chaque canton et siégeant ensemble au conseil départemental. Cette réforme s'est appliquée pour la première fois à l'élection des conseils départementaux de mars 2015.

La durée du mandat des conseillers départementaux demeure fixée à six ans, mais le renouvellement par moitié de l'assemblée départementale tous les trois ans est aboli, les élections étant désormais organisées simultanément dans l'ensemble des cantons.

Pour les élections municipales, le scrutin de liste « mixte » majoritaire et proportionnel jusqu'alors en vigueur dans les communes de 3 500 habitants et plus est désormais appliqué à toutes les **communes à partir de 1 000 habitants**, ce qui permet à la fois de développer encore davantage la parité entre femmes et hommes et de mettre en œuvre dès ce niveau le « fléchage » des élus communautaires. Ainsi, à l'élection au suffrage indirect des membres des organes délibérants des institutions intercommunales, membres désignés en leur sein par les conseils municipaux, est substituée une élection directe par les électeurs de ceux des conseillers municipaux qui sont « fléchés » sur les listes municipales soumises aux suffrages. Cette réforme a pris effet aux élections municipales de mars 2014.

■ La loi MAPTAM du 27 janvier 2014, premier volet de la réforme des territoires

La loi n° 2014-58 du 27 janvier 2014 de modernisation de l'action publique territoriale et d'affirmation des métropoles (MAPTAM) rétablit la **clause de compétence générale** pour les régions et départements que la loi du 16 décembre 2010 faisait disparaître à compter du 1er janvier 2015.

Les communes, les départements et les régions disposent en effet de la clause de compétence générale, les articles L. 2121-29, L. 3211-1 et L. 4221-1 du CGCT prévoyant respectivement que le conseil municipal, le conseil départemental et le conseil régional règlent par leurs délibérations les affaires de la commune, du département et de la région.

La loi MAPTAM entend clarifier les conditions d'exercice de certaines compétences des collectivités territoriales en instaurant des **chefs de file** :

- la région pour l'aménagement et le développement durable du territoire, le développement économique, les aides aux entreprises, l'intermodalité et la

complémentarité des modes de transport, le soutien à l'enseignement supérieur et à la recherche ;
- le département pour l'action sociale, le développement social, l'autonomie des personnes et la solidarité territoriale ;
- les communes pour la mobilité durable, l'organisation des services publics de proximité, l'aménagement de l'espace, le développement local.

Le tourisme demeure une compétence partagée entre communes, départements et régions.

Des **conventions territoriales d'exercice concerté des compétences** fixent les modalités d'action commune pour ces diverses compétences.

Le texte institue au niveau régional une **conférence territoriale de l'action publique** qui établira un pacte de gouvernance territoriale. Elle sera présidée par le président du conseil régional et rassemblera les représentants de l'ensemble des exécutifs locaux – régions, départements, métropoles, agglomérations –, ainsi que des délégués de maires et de communautés de communes, et un représentant de l'État (le préfet).

La loi a opéré la fusion, au 1er janvier 2016, de six intercommunalités au sein de la **métropole d'Aix-Marseille-Provence**, l'institution, à compter du 1er janvier 2015, de la **métropole de Lyon** dotée du statut de collectivité territoriale (fusion de la communauté urbaine de Lyon et de la partie urbaine du département du Rhône), la création d'un établissement public de coopération intercommunale (EPCI) à statut particulier dénommé **Métropole du Grand Paris** en janvier 2016, regroupant la commune de Paris et l'ensemble des communes des trois départements de la petite couronne et les communes franciliennes appartenant à un EPCI comprenant au moins une commune de la petite couronne. Cette métropole est compétente en matière de politique locale de l'habitat, de protection et mise en valeur de l'environnement et politique du cadre de vie, de l'aménagement de l'espace métropolitain, de développement et aménagement économique, social et culturel.

NOTE DU FORMATEUR

La **métropole du Grand Paris**, EPCI à statut particulier et à fiscalité propre, rassemble :
— les 123 communes de la Petite Couronne (Hauts-de-Seine, Seine-Saint-Denis, Val-de-Marne) ;
— 7 communes de la Grande Couronne (Athis-Mons, Juvisy-sur-Orge, Morangis, Paray-Vieille-Poste, Savigny-sur-Orge, Viry-Châtillon dans l'Essonne et Argenteuil dans le Val-d'Oise) ;
— la ville de Paris.

Organisé en **12 territoires** d'au moins 300 000 habitants, le Grand Paris compte près de 7 millions d'habitants.

La métropole est gouvernée par un conseil métropolitain de 208 élus avec au moins un représentant pour chacune des 131 communes.

À l'exception de Paris, 11 territoires sont des **établissements publics territoriaux** (EPT) qui se substituent aux communautés d'agglomération et communautés de

communes existantes. Chaque EPT est administré par un conseil du territoire composé des délégués des communes incluses dans le périmètre du territoire.
La métropole est financée par les impôts sur les entreprises et par des dotations de l'État (dotation globale de fonctionnement).
Les EPT bénéficient d'un fonds de compensation des charges territoriales abondé par les communes en fonction des compétences transférées.

La loi MAPTAM prévoit l'**élection au suffrage universel direct à partir de 2020 des conseillers communautaires des métropoles**.

Dans le monde rural, sont institués des **pôles d'équilibre et de coordination territoriaux** (PECT), établissements publics (syndicats mixtes) constitués par accord entre plusieurs EPCI à fiscalité propre au sein d'un périmètre d'un seul tenant et sans enclave, correspondant à un bassin de vie ou à un bassin de population. Dans les dix-huit mois suivant sa mise en place, le PECT élabore un projet de territoire définissant les conditions d'un développement économique, écologique, culturel et social du périmètre du pôle.

Des **métropoles de droit commun** seront créées par décret (Toulouse, Lille, Bordeaux, Nantes, Strasbourg, Rennes, Rouen, Grenoble, Nice, Montpellier et Brest pourront obtenir le même statut pour leur EPCI), se substituant aux intercommunalités existantes avec des compétences étendues (développement économique, tourisme, transports, habitat, environnement, eau, etc.).

Seront automatiquement transformées en métropoles les intercommunalités de plus de 400 000 habitants si elles se situent au centre d'une aire urbaine de plus de 650 000 habitants, ou si elles sont des capitales régionales.

Toutes les métropoles seront dotées de compétences très larges, au-delà des compétences communales traditionnelles, le département ou la région pouvant en outre leur transférer l'exercice de certaines de leurs compétences.

Enfin, le pays se transforme en **pôle d'équilibre territorial et rural**, établissement public constitué par accord entre plusieurs EPCI à fiscalité propre, au sein d'un périmètre d'un seul tenant et sans enclave. Géré par une conférence des maires, il élabore un projet de territoire pour les EPCI qui le composent et en partenariat avec eux.

■ **La loi du 16 janvier 2015 relative à la délimitation des régions, aux élections régionales et départementales et modifiant le calendrier électoral, deuxième volet**

Cette loi abaisse de vingt-deux à treize le nombre de régions métropolitaines. La réforme entend remplacer le modèle d'une France essentiellement constituée depuis deux siècles de communes et de départements par une France constituée de régions renforcées, de métropoles (loi MAPTAM du 27 janvier 2014) et d'intercommunalités élargies.

■ **La loi du 7 août 2015 portant nouvelle organisation territoriale de la République (loi NOTRe), troisième volet de la réforme territoriale**

La loi n° 2015-991 du 7 août 2015 portant nouvelle organisation territoriale de la République supprime la clause de compétence générale des départements et des régions. Elle accorde aux régions un pouvoir réglementaire, en disposant que « un conseil régional ou, par délibérations concordantes, plusieurs conseils régionaux peuvent présenter des propositions tendant à modifier ou à adapter des dispositions législatives ou réglementaires, en vigueur ou en cours d'élaboration, concernant les compétences, l'organisation et le fonctionnement d'une, de plusieurs ou de l'ensemble des régions. »

Les treize grandes régions créées en métropole ont compétence sur le développement économique, l'aménagement du territoire, la formation professionnelle, la gestion des lycées et les transports, y compris les transports scolaires. Elles peuvent jouer un rôle de coordination en matière d'emploi (« la région participe à la coordination des acteurs du service public de l'emploi sur son territoire [...] Les départements, les communes et leurs groupements peuvent concourir au service public de l'emploi ») et en matière d'environnement.

En matière de développement économique, les régions sont notamment responsables de la politique de soutien aux petites et moyennes entreprises et aux entreprises de taille intermédiaire. Elles peuvent présenter un schéma régional de développement économique, d'innovation et d'internationalisation (SRDEII) qui fixe les orientations régionales pour une durée de cinq ans.

S'agissant de l'aménagement durable du territoire, les régions rédigent un schéma régional d'aménagement, de développement durable et d'égalité des territoires (SRADDET) dans lequel figurent les orientations stratégiques en matière d'aménagement du territoire, de mobilité, de lutte contre la pollution de l'air, de maîtrise et de valorisation de l'énergie, du logement et de gestion des déchets.

Il est également prévu que les compétences des départements en matière de transports routiers non urbains soient transférées à la région dix-huit mois après la promulgation de la loi. Les services de transport routier départementaux et les transports scolaires seront confiés à la région. Il sera néanmoins possible aux régions de déléguer leurs compétences en matière de transports scolaires aux départements. La voirie départementale demeure la compétence du département.

La gestion des collèges continue à relever des départements, qui demeurent également responsables des compétences de solidarité.

La loi prévoit des transferts et des délégations de compétences des départements aux métropoles (les aides au titre du fonds de solidarité pour le logement, l'action sociale, le programme départemental d'insertion, les aides aux jeunes en difficulté, la prévention spécialisée, l'aide aux personnes âgées, le tourisme, les collèges, et les routes départementales).

La culture, les sports, le tourisme, l'éducation populaire et les langues régionales relèvent à la fois des régions et des départements. Les ports, quant à eux, peuvent relever, selon les cas, d'un type ou d'un autre de collectivité territoriale.

Par ailleurs, la loi vise à renforcer les intercommunalités. Les intercommunalités à fiscalité propre passent de 5 000 à 15 000 habitants et sont organisées autour de bassins de vie. Des dérogations pour les zones de montagne et les territoires peu denses sont possibles avec un seuil minimal à 5 000 habitants. En outre, les intercommunalités de 12 000 habitants au moins récemment constituées peuvent être maintenues.

En application de la loi NOTRe, les EPCI sont obligatoirement chargés, depuis le 1er janvier 2017, de la collecte et du traitement des déchets, de la promotion du tourisme, dont la création des offices de tourisme, des aires d'accueil des gens du voyage (aménagement, entretien, gestion), et, à partir du 1er janvier 2020, de l'eau potable et de l'assainissement. La loi du 3 août 2018 relative à la mise en œuvre du transfert des compétences eau et assainissement aux communautés de communes permet aux communautés de communes n'exerçant pas les compétences eau potable et assainissement de reporter le transfert jusqu'au 1er janvier 2026.

La Métropole du Grand Paris (MGP), créée comme les autres métropoles par la loi MAPTAM, a formellement vu le jour comme prévu au 1er janvier 2016, mais ne s'est vu attribuer l'essentiel de ses compétences qu'un an plus tard, début 2017.

À compter du 1er janvier 2018, la collectivité de Corse est devenue une collectivité à statut particulier en lieu et place de la collectivité territoriale de Corse et des départements de Corse-du-Sud et de Haute-Corse.

■ **La loi du 27 décembre 2019 relative à l'engagement dans la vie locale et à la proximité de l'action publique** porte principalement sur les petites communes : elle renforce les pouvoirs des maires au sein des intercommunalités, notamment au moyen d'un pacte de gouvernance réglant les relations entre les intercommunalités et les maires. Elle renforce également les pouvoirs de police du maire pour les infractions simples. Elle encourage l'engagement dans la vie publique locale, notamment en aidant les petites communes à financer la formation des élus, en généralisant la protection fonctionnelle des maires, en ouvrant aux collectivités territoriales la possibilité de demander aux préfets des « conseils de légalité » permettant de prévenir les déférés préfectoraux, en augmentant le niveau des indemnités versées aux maires des communes de moins de 3 500 habitants.

F. La loi du 21 février 2022 relative à la différenciation, la déconcentration et portant différentes mesures de simplification de la vie publique locale (3DS)

« À l'issue du Grand débat national, le président de la République a annoncé l'ouverture «d'un **nouvel acte de décentralisation adapté à chaque territoire**» et précisé lors du Congrès des maires du 19 novembre 2019 que la décentralisation devait s'assortir d'une logique d'efficacité dans la répartition des compétences et de lisibilité de l'action publique. »

Ce projet de loi « vise, tout d'abord, à faire évoluer le cadre des relations entre l'État et les collectivités territoriales en consacrant le principe de différenciation territoriale qui permet d'adapter l'organisation des compétences des collectivités aux particularités locales dans le respect de la Constitution, en premier lieu du principe d'égalité.

Il engage également à construire une nouvelle étape de la décentralisation en parachevant le transfert de certains blocs de compétence, et en clarifiant la répartition de certaines compétences, répondant ainsi aux aspirations d'une action publique de proximité dans des domaines aussi essentiels que la transition écologique, l'urbanisme et le logement, la santé, la cohésion sociale ou encore l'éducation.

Il propose un nouveau renforcement de la déconcentration en redonnant une unité à la parole et à l'action de l'État dans les territoires tout en offrant de nouveaux outils d'ingénierie aux collectivités.

Il simplifie certains volets de l'action publique, notamment en matière de fonctionnement des institutions locales.

Il apporte enfin à des réponses à des problématiques spécifiques rencontrées par les départements et collectivités d'outre-mer. » (Introduction générale de l'étude d'impact consolidée du projet de loi, 22 juin 2021.)

La loi « est structurée autour de quatre priorités :

1. La **différenciation territoriale**, pour s'adapter aux réalités locales. (Elle) réaffirme la capacité d'adaptation de l'organisation et de l'action des collectivités aux particularités de leur territoire, dans le respect du principe d'égalité. Elles auront, par exemple, plus de latitude pour fixer localement la réglementation des compétences qu'elles exercent.

2. La **décentralisation**, pour conforter les compétences des collectivités territoriales dans les domaines de la mobilité, du logement, de l'insertion, de la transition écologique ou de la santé. Les départements et les métropoles pourront se voir confier les tronçons de routes nationales liés aux réseaux routiers dont ils ont déjà la responsabilité.

Les objectifs de production de logement social issus de la loi n° 2000-1208 du 13 décembre 2000 relative à la solidarité et au renouvellement urbains, dite "SRU", applicables aux communes seront pérennisés tout en prenant davantage en compte les réalités locales.

La prise en charge du financement du revenu de solidarité active (RSA) par l'État sera expérimentée dans les départements volontaires, ce qui permettra de dégager des moyens nouveaux au profit de la politique d'insertion.

Les régions pourront poursuivre leurs actions de préservation de la biodiversité via la gestion des sites Natura 2000.

Les collectivités pourront enfin financer des établissements de santé ou recruter du personnel soignant pour les centres de santé qu'elles gèrent.

3. La **déconcentration**, pour rapprocher l'État du terrain, dans une logique d'appui et de contractualisation avec les collectivités territoriales. Le gouvernement pourra, par exemple, faciliter le recours par les collectivités aux capacités d'appui en ingénierie du Centre d'études et d'expertise sur les risques, l'environnement, la mobilité et l'aménagement (CEREMA), établissement public de l'État.

Le préfet de région sera désormais le délégué territorial de l'Agence de l'environnement et de la maîtrise de l'énergie (ADEME), ce qui permettra de garantir sa bonne articulation avec l'action des autres services de l'État.

4. La **décomplexification de l'action publique locale**, pour simplifier le fonctionnement des collectivités territoriales et des établissements de l'État au bénéfice du citoyen. À titre d'exemple, afin d'éviter aux usagers de redonner à plusieurs reprises les mêmes informations à l'administration, les différentes administrations pourront s'échanger plus facilement les données utiles dans un cadre transparent.

La loi offre ainsi aux collectivités des leviers pour faire face aux défis sociaux, environnementaux et économiques auxquels elles sont quotidiennement confrontées, dans le cadre d'un partenariat rénové avec l'État, en favorisant les initiatives locales et en valorisant la diversité des territoires. » (Extraits du communiqué de presse au Conseil des ministres du 12 mai 2021.)

7. Les principaux modes d'élection locale et leurs conséquences

1. Le cumul des mandats

À ce jour, un parlementaire ne peut pas être député européen, ministre, ou siéger dans une autre chambre du Parlement. Il ne peut pas cumuler plus d'un mandat local parmi les fonctions suivantes : conseiller général, régional, assemblée de Corse, conseiller municipal d'une ville d'au moins 3 500 habitants.

Le Parlement a définitivement adopté, le 22 janvier 2014, deux projets de loi : le premier (loi organique n° 2014-125 du 14 février 2014 interdisant le cumul des fonctions exécutives locales avec le mandat de député ou de sénateur) interdit le cumul de fonctions exécutives locales – maire, président ou vice-président d'un conseil départemental, président ou vice-président de conseil régional ou d'une intercommunalité – avec un mandat de député ou de sénateur à compter de 2017 (juillet pour les députés et octobre pour les sénateurs). Le deuxième texte concerne les parlementaires européens, qui, à partir de 2019, sont soumis aux mêmes interdictions de cumul.

2. La commune

Les institutions communales sont généralement assez bien connues des citoyens : même si le conseil qui gère la commune n'est pas baptisé conseil communal mais conseil municipal, si son exécutif n'est pas le président du conseil municipal mais le maire, ces institutions sont suffisamment anciennes (la commune date du 14 décembre 1789) et proches des habitants pour que ceux-ci les connaissent.

L'article L. 2121-1 du code général des collectivités territoriales dispose que « le corps municipal de chaque commune se compose du conseil municipal, du maire et d'un ou plusieurs adjoints ».

On parle souvent de manière impropre de « la mairie » en confondant commune et mairie. La mairie ne jouit évidemment pas de la personnalité juridique et n'est rien d'autre que le bâtiment qui accueille tout ou partie des services de la commune, où siège le conseil municipal et où se trouve le bureau du maire.

Autre terme souvent mal employé, celui de « municipalité » : la municipalité n'est pas la commune, mais une instance composée du maire et ses adjoints, qui siège généralement une fois par semaine en mairie pour prendre les principales décisions qui concernent l'administration de la commune et préparer l'ordre du jour du conseil municipal.

A. L'élection du conseil municipal

Le principe de l'élection du conseil municipal date de la loi du 21 mars 1831.

Ainsi, les membres du conseil municipal sont élus au suffrage universel direct.

Leur mandat est de six ans et le renouvellement est intégral tous les six ans (à la différence des conseils généraux qui étaient renouvelés par moitié tous les trois ans).

Participent à l'élection tous les électeurs inscrits sur la liste électorale de la commune, circonscription unique.

L'âge d'éligibilité est, pour tous les mandats locaux, de 18 ans. On croit parfois à tort qu'il faut être âgé de 21 ans pour être élu maire : ce n'est plus vrai aujourd'hui.

Le nombre de conseillers municipaux dépend du nombre d'habitants de la commune (il est fixé comme suit par l'article L. 2121-2 du code général des collectivités territoriales) :

– moins de 100 habitants : 7 conseillers* – 100 à 499 habitants : 11 conseillers – 500 à 1 499 habitants : 15 conseillers – 1 500 à 2 499 habitants : 19 conseillers – 2 500 à 3 499 habitants : 23 conseillers – 3 500 à 4 999 habitants : 27 conseillers – 5 000 à 9 999 habitants : 29 conseillers – 10 000 à 19 999 habitants : 33 conseillers – 20 000 à 29 999 habitants : 35 conseillers – 30 000 à 39 999 habitants : 39 conseillers – 40 000 à 49 999 habitants : 43 conseillers	– 50 000 à 59 999 habitants : 45 conseillers – 60 000 à 79 999 habitants : 49 conseillers – 80 000 à 99 999 habitants : 53 conseillers – 100 000 à 149 999 habitants : 55 conseillers – 150 000 à 199 999 habitants : 59 conseillers – 200 000 à 249 999 habitants : 61 conseillers – 250 000 à 299 999 habitants : 65 conseillers – 300 000 habitants et plus : 69 conseillers – Lyon : 73 conseillers – Marseille : 101 conseillers – Paris : 163 conseillers

* Modifié par la loi n° 2013-403 du 17 mai 2013 – art. 28, qui abaisse de 9 à 7 le nombre de conseillers dans les communes de moins de 100 habitants.

L'article 38 de la loi du 27 décembre 2019 relative à l'engagement dans la vie locale et à la proximité de l'action publique dispose en outre que « par dérogation à l'article L. 2121-2, dans les communes de **moins de 100 habitants**, le conseil municipal est réputé complet dès lors que le conseil municipal compte au moins **cinq membres** à l'issue du second tour du renouvellement général du conseil municipal ou d'une élection complémentaire ».

« Il en va de même dans les **communes de 100 à 499 habitants**, dès lors que le conseil municipal compte au moins **neuf membres** à l'issue du second tour du renouvellement général du conseil municipal ou d'une élection complémentaire. »

Le nombre d'habitants détermine aussi le mode de scrutin, majoritaire dans les communes de moins de 1 000 habitants, « mixte » (majoritaire et proportionnel) dans les communes de 1 000 habitants et plus depuis la réforme opérée par la loi du 17 mai 2013.

Pour mémoire, cette loi a abaissé de 3 500 à 1 000 habitants le seuil à partir duquel le scrutin est un scrutin de liste « mixte ».

Plus précisément, depuis la loi du 17 mai 2013 qui s'est appliquée pour la première fois aux élections municipales de mars 2014 :

- dans les **communes de moins de 1 000 habitants**
  - Le scrutin est majoritaire, plurinominal, à deux tours. Les candidats se présentent sur une liste, mais les électeurs peuvent modifier les listes, panacher, ajouter ou supprimer des candidats sans que le vote soit nul. Les listes incomplètes et les candidatures individuelles sont autorisées. Contrairement aux règles en vigueur dans les communes de 1 000 habitants et plus, il n'existe pas d'obligation de parité femmes-hommes.
  - Une déclaration de candidature est désormais obligatoire, une candidature au seul second tour étant possible si le nombre de candidats au premier tour est inférieur au nombre de sièges à pourvoir.
  - Obtiennent un siège au conseil municipal, dès le premier tour, les candidats remplissant une condition : avoir obtenu la majorité absolue des suffrages exprimés et recueilli au moins un quart des suffrages des électeurs inscrits. Les suffrages sont décomptés individuellement par candidat et non par liste.
  - Pour les sièges restant à pourvoir, un second tour est organisé : l'élection a alors lieu à la majorité relative, quel que soit le nombre de votants. Les candidats obtenant le plus grand nombre de voix sont élus. Si plusieurs candidats obtiennent le même nombre de suffrages, l'élection est acquise pour le plus âgé.
  - Dans les communes de moins de 1 000 habitants, les conseillers communautaires (c'est-à-dire ceux qui représentent les communes dans les organes intercommunaux) sont les membres du conseil municipal désignés « dans l'ordre du tableau » (maire, premier adjoint, deuxième adjoint...).
- dans les **communes de 1 000 habitants et plus**
  - Les conseillers municipaux sont élus au scrutin de liste, à deux tours, majoritaire avec prime accordée à la liste arrivée en tête et proportionnel. Les listes doivent être complètes, sans possibilité pour l'électeur de modifier l'ordre de présentation.
  - Les listes doivent être composées d'autant de femmes que d'hommes, avec alternance obligatoire d'une femme et d'un homme ou inversement.
  - Le dépôt d'une déclaration de candidature est exigé pour chaque tour de scrutin. Un candidat ne peut l'être dans plus d'une circonscription électorale, ni sur plus d'une liste.
  - Au premier tour, la liste qui obtient la majorité absolue des suffrages exprimés (50 % des voix plus une) reçoit un nombre de sièges égal à la moitié des sièges à pourvoir. Les autres sièges sont répartis à la représentation proportionnelle à la plus forte moyenne entre toutes les listes ayant obtenu plus de 5 % des suffrages exprimés en fonction du nombre de suffrages obtenu, y compris la liste ayant obtenu la majorité absolue. Si aucune liste n'obtient la majorité absolue au premier tour, un second tour est nécessaire.
  - Lors de l'éventuel second tour, seules les listes ayant obtenu au premier tour au moins 10 % des suffrages exprimés sont autorisées à se maintenir. Elles peuvent connaître des modifications, notamment par fusion avec d'autres

listes pouvant se maintenir ou fusionner. En effet, les listes ayant obtenu au moins 5 % des suffrages exprimés peuvent fusionner avec une liste ayant obtenu plus de 10 %. La répartition des sièges se fait alors comme lors du premier tour, la liste ayant obtenu le plus de voix recevant un nombre de sièges égal à la moitié des postes à pourvoir et bénéficiant de la répartition proportionnelle des postes restants.

- Les conseillers communautaires sont désormais élus au suffrage universel direct, par un système de fléchage, dans le cadre des élections municipales. Les électeurs désignent avec le même bulletin de vote les élus au conseil municipal et les élus aux structures intercommunales : le bulletin de vote comprend en effet deux listes (on parle de « fléchage »), une pour les candidats au conseil municipal, une pour les candidats aux sièges de conseillers communautaires.

NOTE DU FORMATEUR

Pour expliquer simplement le système (sans entrer dans les subtilités du mode de calcul de la répartition proportionnelle à la plus forte moyenne), prenons l'exemple d'une commune de 39 000 habitants.
La liste qui obtient au premier tour 56 % des voix obtient la moitié des 39 sièges à pourvoir, soit 20 sièges, et 56 % des 19 sièges restant à pouvoir, soit de 10 à 11 sièges.
Les autres listes qui ont obtenu au moins 5 % des suffrages vont participer, selon le nombre de suffrages exprimés qu'elles ont recueillis, à la répartition des sièges restants. Une liste qui a obtenu 31 % des suffrages obtiendra ainsi 31 % des 19 sièges à pourvoir, soit de 5 à 6 sièges.

Ce mode de scrutin présente le double avantage de permettre à la fois des majorités fortes au sein des conseils municipaux et une représentation des minorités.

La loi n° 2007-128 du 31 janvier 2007 tendant à promouvoir l'égal accès des femmes et des hommes aux mandats électoraux et fonctions électives avait modifié la présentation des listes aux élections municipales dans les communes de 3 500 habitants et plus. Jusqu'alors, au total de la liste « l'écart entre le nombre de candidats de chaque sexe ne (pouvait) être supérieur à un », et « au sein de chaque groupe entier de six candidats dans l'ordre de présentation de la liste (devait) figurer un nombre égal de candidats de chaque sexe ».

Désormais, et depuis les élections municipales de mars 2008, il doit y avoir une alternance stricte dans la présentation de la liste entre « un homme, une femme, un homme, une femme », etc. ou, bien sûr « une femme, un homme, une femme, un homme », etc. (c'est le principe dit « chabadabada »).

Deuxième mesure, l'institution de la parité pour la désignation des adjoints au maire. Pour ce faire, l'élection des adjoints est déconnectée de l'élection du maire : dans les communes de 3 500 habitants et plus, limite abaissée depuis à 1 000 habitants et plus, les adjoints au maire sont élus au scrutin de liste, « l'écart entre le nombre de candidats de chaque sexe au sein de chaque liste ne pouvant être supérieur à un », disposition modifiée par la loi du 27 décembre 2019 relative à l'engagement dans la vie locale et à la proximité de l'action publique : désormais, « la liste est composée alternativement d'une personne de chaque sexe ».

B. L'élection du maire

Le maire est élu par le conseil municipal qui se réunit au plus tôt le vendredi et au plus tard le dimanche qui suit l'élection du conseil au complet. Il est élu à bulletin secret. La séance est présidée par le doyen (le conseiller municipal le plus âgé) du conseil.

La majorité (c'est-à-dire plus de la moitié) des conseillers municipaux en exercice doit être présente. À défaut, le conseil reconvoqué à trois jours d'intervalle élit valablement le maire quel que soit le nombre de conseillers présents.

On dit parfois que le maire est élu « par les habitants de la commune », ce qui n'est pas juridiquement exact : si les électeurs peuvent légitimement augurer de l'élection comme maire de la « tête de liste » de la liste majoritaire, le futur maire est d'abord, comme une partie de ses colistiers, élu conseiller municipal, mais il ne deviendra maire qu'une fois élu maire par le conseil municipal. Il est donc élu maire au **suffrage universel indirect**, et non directement par les électeurs de la commune.

Pour être élu maire, il faut obtenir la majorité absolue des suffrages exprimés par les conseillers municipaux aux deux premiers tours. Si après deux tours, aucun candidat n'a obtenu la majorité, on procède à un troisième tour et l'élection a lieu à la majorité relative.

Après l'élection du maire, le conseil municipal fixe, par délibération, le nombre des adjoints (au maximum 30 % de l'effectif légal du conseil municipal) puis procède à leur élection.

C. L'élection des adjoints au maire

Les adjoints au maire, souvent improprement baptisés « maires adjoints », sont également élus par le conseil municipal en son sein, avec les mêmes règles de majorité que le maire.

Dans les communes de 1 000 habitants et plus, les adjoints au maire sont, depuis la loi du 17 mai 2013 qui s'est appliquée pour la première fois aux élections municipales de mars 2014, élus au scrutin de listes bloquées et paritaires à la majorité absolue. La liste est désormais composée alternativement d'une personne de chaque sexe.

Si, après deux tours, aucune liste n'a obtenu la majorité absolue, il est procédé à un troisième tour et l'élection a lieu à la majorité relative.

Ainsi, on ne devient pas adjoint au maire par délégation du maire, on devient adjoint au maire parce qu'on est élu adjoint au maire par le conseil municipal avant de bénéficier d'une délégation de pouvoir du maire.

À noter que le retrait par le maire d'une délégation à un adjoint ne le prive pas de son mandat d'adjoint. Elle le prive en revanche des indemnités qu'il perçoit en tant qu'adjoint au maire.

3. Le département

Le conseil général qui, avec la loi du 17 mai 2013, est devenu le conseil départemental, constitue l'organe délibérant du département, le président du conseil départemental et les vice-présidents du conseil départemental l'exécutif du département.

Il était très fréquent que les départements se fassent appeler « conseils généraux », sans doute pour éviter toute confusion avec le département circonscription administrative déconcentrée de l'État. Des fonctionnaires territoriaux se disaient ainsi souvent « agents du conseil général de … », alors que, en toute rigueur, ils sont agents du département de …

Indéniablement, la terminologie n'était pas de nature à faciliter la compréhension du fonctionnement de nos institutions : une assemblée baptisée conseil général règlait par ses délibérations les affaires du département, les conseillers généraux étant élus lors d'élections cantonales. Élire les conseillers départementaux lors d'élections départementales est certainement beaucoup plus clair… Sans parler du renouvellement par moitié du conseil général tous les trois ans, qui était loin d'être compris de tous, auquel la réforme de 2010 avait mis fin avec l'institution des conseillers territoriaux. La loi du 17 mai 2013 maintient les conseillers généraux, devenus conseillers départementaux, mais abolit le renouvellement par moitié tous les trois ans.

A. L'élection du conseil départemental

Le canton a été créé par la loi du 22 décembre 1789. Il n'est plus aujourd'hui que la circonscription électorale dans le cadre de laquelle les conseillers départementaux sont élus. Le principe de l'élection du conseil général, devenu conseil départemental, remonte à la loi du 22 juin 1833.

Depuis 1871, les conseillers généraux sont élus au suffrage universel direct, pour six ans. L'élection s'effectue dans le cadre du canton à raison d'un représentant par canton.

Les conseils généraux étaient, jusqu'à la réforme de 2010, renouvelables par moitié tous les trois ans : cela signifiait concrètement que, dans un département donné, on votait l'année N dans un canton sur deux afin d'élire pour six ans un conseiller général, et, l'année N+3, dans les autres cantons.

Le conseil général étant ainsi renouvelé par moitié tous les trois ans, la durée du mandat du président du conseil général n'était que de trois ans.

Les conseillers généraux étaient élus au scrutin uninominal (ce qui signifie que l'on vote pour une personne et non pour une liste) majoritaire à deux tours : la majorité absolue est requise au premier tour ; seuls peuvent accéder au second tour les candidats qui se sont présentés au 1er tour et qui ont obtenu au moins 10 % du nombre d'électeurs inscrits. La réforme des collectivités territoriales opérée par la loi du 16 décembre 2010 a porté ce pourcentage à 12,5 % des inscrits, modification mise en œuvre dès les élections cantonales de mars 2011.

Les conseillers départementaux, en 2015, ont été élus au scrutin binominal (une personne de chaque sexe) majoritaire à deux tours dans le cadre de cantons élargis.

Les conseillers généraux élus en mars 2011 avaient vu leur mandat réduit à trois ans, jusqu'en mars 2014, date à laquelle devaient être élus pour six ans les **conseillers territoriaux** qui auraient remplacé conseillers généraux et conseillers régionaux. **La règle du renouvellement par moitié des conseillers généraux tous les trois ans a ainsi pris fin.** La loi du 17 mai 2013 a confirmé l'abolition de ce renouvellement par moitié tous les trois ans.

B. L'élection du président du conseil départemental

L'élection du président du conseil général avait (jusqu'à la réforme de 2010) lieu à l'issue de tout renouvellement triennal.

Son mandat était donc de trois ans. Il est élu par les membres du conseil général : comme pour l'élection du maire, la majorité absolue est requise aux deux premiers tours, et la majorité relative suffit en cas de troisième tour.

Comme dans l'élection du maire par le conseil municipal, un quorum est requis : le conseil général ne peut, dans ce cas, délibérer que si les deux tiers de ses membres sont présents. Si cette condition n'est pas remplie, la réunion se tient de plein droit trois jours plus tard. La réunion peut alors avoir lieu sans condition de quorum.

Le président du conseil départemental est, depuis les élections départementales de 2015, élu pour six ans.

C. L'élection des vice-présidents, de la commission permanente et du bureau

a. La commission permanente

Le conseil départemental élit les membres de la commission permanente.

La commission permanente est composée du président du conseil départemental, de quatre à quinze vice-présidents, sous réserve que le nombre de ceux-ci ne soit pas supérieur à 30 % de l'effectif du conseil, et éventuellement d'un ou plusieurs autres membres.

Aussitôt après l'élection du président et sous sa présidence, le conseil départemental fixe le nombre des vice-présidents et des autres membres de la commission permanente.

Les membres de la commission permanente autres que le président sont élus au scrutin de liste. Chaque conseiller départemental peut présenter une liste de candidats, qui doit être composée alternativement d'un candidat de chaque sexe.

Les listes sont déposées auprès du président dans l'heure qui suit la décision du conseil départemental relative à la composition de la commission permanente. Si, à l'expiration de ce délai, une seule liste a été déposée, les différents sièges de la commission permanente sont alors pourvus immédiatement dans l'ordre de la liste et il en est donné lecture par le président.

Dans le cas contraire, le conseil départemental procède d'abord à l'élection de la commission permanente, à la représentation proportionnelle à la plus forte moyenne, sans panachage ni vote préférentiel. Les sièges sont attribués aux candidats dans l'ordre de présentation sur chaque liste. Si plusieurs listes ont la même moyenne pour l'attribution du dernier siège, celui-ci revient à la liste qui a obtenu le plus grand nombre de suffrages. En cas d'égalité de suffrages, le siège est attribué au plus âgé des candidats susceptibles d'être proclamés élus. Si le nombre de candidats figurant sur une liste est inférieur au nombre de sièges qui lui reviennent, le ou les sièges non pourvus sont attribués à la ou aux plus fortes moyennes suivantes.

Après la répartition des sièges de la commission permanente, le conseil départemental procède à l'élection des vice-présidents au scrutin de liste à la majorité absolue, sans panachage ni vote préférentiel. Sur chacune des listes, l'écart entre le nombre des candidats de chaque sexe ne peut être supérieur à un. Si, après deux tours de scrutin, aucune liste n'a obtenu la majorité absolue, il est procédé à un troisième tour de scrutin et l'élection a lieu à la majorité relative. En cas d'égalité de suffrages, les candidats de la liste ayant la moyenne d'âge la plus élevée sont élus.

Les membres de la commission permanente autres que le président sont nommés pour la même durée que le président.

b. Le bureau

Le bureau du conseil départemental est composé du président du conseil départemental, et des vice-présidents, ainsi qu'éventuellement des autres membres de la commission permanente, auxquels le président a délégué l'exercice d'une partie de ses fonctions (articles L. 3122-8 et L. 3221-3 du code général des collectivités territoriales).

4. La région

Le conseil qui gère la région est le conseil régional, l'exécutif de la région le président du conseil régional.

A. L'élection du conseil régional

Jusqu'à la décentralisation, la région était un établissement public aux compétences limitativement énumérées par la loi, administré par un simple conseil d'administration.

La loi du 2 mars 1982 transforme la région en collectivité territoriale en instituant l'élection des conseillers régionaux au suffrage universel direct.

Le mode d'élection des conseillers régionaux a été fixé par la loi du 10 juillet 1985, modifiée par la loi du 19 janvier 1999 puis par la loi du 11 avril 2003.

Les premières élections régionales ont eu lieu en 1986.

Les conseillers régionaux sont élus pour six ans au suffrage universel direct.

Jusqu'aux élections régionales de 2004, les conseillers régionaux étaient élus au scrutin de liste proportionnel à un tour, les listes étant établies dans le cadre du département. Pour remédier à l'éparpillement des sièges entre de nombreuses listes rendant difficile l'administration des régions faute de majorités stables et aboutissant parfois à l'élection d'exécutifs peu représentatifs du vote des électeurs, la loi du 11 avril 2003 modifie fondamentalement le mode de scrutin.

Ainsi, les listes sont établies au niveau régional, mais les candidats sont répartis en sections départementales, le nombre de sièges étant calculé globalement pour chaque liste au niveau régional puis réparti entre les sections départementales en fonction du nombre de suffrages obtenus par chaque section.

Lors du premier tour de scrutin, si une liste obtient la majorité absolue des suffrages exprimés, elle obtient le quart des sièges à pourvoir. Les autres sièges sont répartis à la représentation proportionnelle entre toutes les listes ayant obtenu au moins 5 % des suffrages, dont la liste ayant obtenu la majorité absolue.

Si aucune liste n'obtient la majorité absolue, au second tour, la liste qui arrive en tête obtient le quart des sièges, les autres sièges étant répartis à la proportionnelle entre toutes les listes ayant obtenu au moins 5 % des suffrages, dont la liste arrivée en tête.

Seules peuvent se maintenir au deuxième tour les listes qui ont obtenu 10 % ou plus des suffrages exprimés.

On le voit, ce mode de scrutin est proche de celui mis en œuvre dans les communes de 1 000 habitants et plus, à la différence près que la « prime majoritaire » n'est pas, pour l'élection du conseil régional, de la moitié mais du quart des sièges.

La loi du 31 janvier 2007 tendant à promouvoir l'égal accès des femmes et des hommes aux mandats électoraux et fonctions électives avait modifié les règles de composition des listes : comme dans les communes de 3 500 habitants et plus (désormais 1 000 et plus), les listes doivent être composées alternativement d'un candidat de chaque sexe. La parité est également étendue aux listes de candidats vice-présidents et membres de la commission permanente.

La durée du mandat des conseillers régionaux élus en mars 2010 avait été ramenée à 4 ans afin que soient élus en mars 2014 les conseillers territoriaux qui devaient remplacer conseillers généraux et conseillers régionaux et constituer les assemblées délibérantes du département et de la région.

Ils auront finalement été élus pour six ans en décembre 2015, dans le cadre d'un scrutin de liste inchangé garantissant la parité femmes-hommes que l'institution des conseillers territoriaux aurait fait régresser si elle s'était appliquée, en ce qu'elle substituait à l'élection de listes constituées alternativement d'une personne de chaque sexe un scrutin uninominal peu propice à la parité.

B. L'élection du président du conseil régional

Le président du conseil régional est élu selon les mêmes conditions que le maire et le président du conseil départemental (majorité absolue pour les deux premiers tours et majorité relative pour le troisième tour).

La durée de son mandat est de six ans, comme celui du maire, et, désormais, du président du conseil départemental.

C. L'élection des vice-présidents, de la commission permanente et du bureau

Les modes de désignation sont identiques à ceux de l'exécutif départemental.

8. Les modes de fonctionnement des collectivités territoriales et de leurs établissements publics

1. La commune

A. Le fonctionnement et les attributions du conseil municipal

Le conseil municipal se réunit au minimum une fois par trimestre (donc quatre fois par an) sur convocation du maire. Le délai de convocation est de 5 jours francs pour les communes de 3 500 habitants et plus, et 3 jours francs pour les communes de moins de 3 500 habitants. La convocation contient l'ordre du jour du conseil municipal. Dans les communes de 3 500 habitants et plus, l'ordre du jour est accompagné de notes explicatives de synthèse sur les affaires soumises à délibération.

La convocation est transmise de manière dématérialisée ou, si les conseillers municipaux en font la demande, adressée par écrit à leur domicile ou à une autre adresse.

Le maire peut réunir l'assemblée chaque fois qu'il le juge utile. Il est tenu de réunir le conseil municipal, dans les 30 jours qui suivent la demande motivée :

- d'un tiers au moins des conseillers ou de la moitié (communes de moins de 3 500 habitants) ;
- du préfet.

Le code général des collectivités territoriales dispose (article L.2121-29) que « le conseil municipal règle par ses délibérations les affaires de la commune ». Le conseil municipal ne peut délibérer que lorsque la majorité absolue des membres en exercice assiste à la séance. Si le quorum n'est pas atteint, une seconde convocation est adressée aux membres du conseil. Dans ce cas, quel que soit le nombre des membres présents, le conseil peut valablement délibérer.

Les séances du conseil municipal sont publiques. Toutefois, le conseil municipal peut décider sur demande du maire ou de trois conseillers, par un vote acquis sans débat, dans les conditions de l'article L. 2121-18 du code général des collectivités territoriales, qu'il se réunit à huis clos. Le président peut donner la parole à un citoyen présent dans la salle du conseil : cette décision vaut suspension de séance.

Le conseil municipal exerce ainsi ses compétences au moyen de **délibérations**, actes juridiques fondamentaux en matière de gestion des collectivités territoriales, prises à la majorité absolue des suffrages exprimés. Les délibérations sont exécutoires de plein droit dès qu'il a été procédé à leur publication ou à leur notification aux intéressés ainsi qu'à leur transmission au représentant de l'État dans le département ou à son délégué dans l'arrondissement.

Le conseil municipal peut aussi émettre des avis, lorsqu'ils sont requis par une loi ou un règlement ou sur invitation du préfet.

Il peut enfin émettre des vœux sur toute question d'intérêt local. Par ailleurs, les questions orales permettent à tout conseiller municipal de poser des questions en cours de séance sur les affaires de la commune. Le règlement intérieur du conseil municipal fixe notamment les règles applicables à ces questions orales.

Ainsi, le conseil municipal :

- assure la gestion financière de la commune : il discute et vote le budget. Il fixe notamment les taux d'imposition ainsi que les principes et modalités des emprunts. Il approuve le compte de gestion et le compte administratif;
- gère le patrimoine communal (administration du patrimoine privé et public de la commune : acquisition, location, aliénation des propriétés communales; travaux communaux);
- crée et organise les services publics municipaux. Certains services sont obligatoires (état civil, pompes funèbres, aide sociale, etc.), d'autres sont facultatifs;
- prend les décisions de principe concernant les contrats et travaux;
- autorise les actions en justice intentées au nom de la commune;
- est chargé de la création des écoles et classes maternelles et élémentaires, après avis du représentant de l'État;
- désigne des membres ou des délégués pour siéger dans des organismes extérieurs.

Le conseil municipal peut également **déléguer une partie de ses attributions**, limitativement énumérées par l'article L. 2122-20 du code général des collectivités territoriales, au maire, qui doit alors prendre personnellement les décisions entrant dans le champ de cette délégation sans pouvoir les déléguer à son tour.

Parmi les compétences qui peuvent être déléguées au maire par le conseil municipal, citons par exemple :

- la fixation et la modification de l'affectation des propriétés communales utilisées par les services municipaux;
- la fixation de certains droits de voirie et de droits prévus au profit de la commune qui n'ont pas un caractère fiscal, dans les limites fixées par le conseil municipal;
- la réalisation d'emprunts destinés au financement des investissements prévus au budget, dans les limites fixées par le conseil municipal;
- la passation et le règlement de certains marchés de gré à gré, lorsque les crédits sont prévus au budget;
- la passation de contrats d'assurance;
- la création de régies comptables;
- la délivrance et la reprise des concessions dans les cimetières;
- la création de classes dans les établissements d'enseignement;
- l'exercice au nom de la commune des droits de préemption définis par le code de l'urbanisme;

– l'exercice des actions en justice au nom de la commune dans les cas définis par le conseil municipal.

Le maire doit rendre compte au conseil municipal à chacune de ses réunions obligatoires des décisions qu'il a prises sur délégation. Le conseil municipal peut toujours décider de mettre fin aux délégations qu'il a accordées au maire.

Les affaires examinées par le conseil municipal sont préalablement étudiées par des commissions municipales (consultatives).

Le maire préside le conseil municipal, ouvre et clôt les séances, exerce la « police de l'assemblée ».

Le conseil municipal adopte, à la majorité absolue des délibérations, des avis et des vœux. Le scrutin peut être à main levée (ordinaire), public ou secret.

Les délibérations sont rendues publiques grâce au compte rendu et au registre des délibérations.

Les communes de 3 500 habitants et plus sont soumises à des obligations de publicité dans un recueil des actes administratifs.

B. Les attributions du maire

Le maire est un élu local traditionnellement caractérisé par sa « double casquette », celle d'agent de l'État d'une part, celle d'agent de la commune d'autre part.

a. Le maire, agent de l'État

Le maire est chargé d'attributions qu'il exerce au nom de l'État sur le territoire de la commune, soit sous l'autorité du préfet, soit sous celle du procureur de la République.

Sous l'autorité du préfet, le maire :

- publie et exécute les lois et règlements dans la commune, et assure l'exécution des mesures de sûreté générale ;
- organise les élections politiques et professionnelles et révise les listes électorales ;
- participe aux opérations de recensement démographique et militaire ;
- est le correspondant de différents services de l'État et délivre à ce titre différents documents administratifs (cartes nationales d'identité, passeports, validation annuelle des permis de chasser, etc.).

Le préfet peut, dans le cadre de l'exercice de ces pouvoirs, adresser des instructions et des injonctions au maire et se substituer à lui en cas de carence. Les décisions prises par le maire engagent la responsabilité de l'État et le préfet peut les modifier ou les annuler.

Sous l'autorité du procureur de la République, le maire :

- exerce les fonctions d'officier de police judiciaire (OPJ) ;
- est officier d'état civil : il célèbre les mariages, enregistre les naissances et les décès, délivre des copies et extraits des registres d'état civil.

b. Le maire, représentant de la commune

Le maire est l'exécutif de la commune.

Il détient des pouvoirs :

- financiers (il prépare, propose et exécute le budget) ;
- patrimoniaux (il gère le patrimoine de la commune, dirige les services municipaux en régie et contrôle les établissements publics communaux) ;
- juridiques (il conclut les marchés et les contrats au nom de la commune).

Le maire est également le chef du personnel communal.

Il est l'autorité de police municipale, garant du bon ordre, de la sécurité et de la salubrité publique.

2. Le département

A. Le fonctionnement et les attributions du conseil départemental

L'article L. 3211-1 du Code général des collectivités territoriales dispose que « le conseil départemental règle par ses délibérations les affaires du département dans les domaines de compétences que la loi lui attribue.

Il est compétent pour mettre en œuvre toute aide ou action relative à la prévention ou à la prise en charge des situations de fragilité, au développement social, à l'accueil des jeunes enfants et à l'autonomie des personnes. Il est également compétent pour faciliter l'accès aux droits et aux services des publics dont il a la charge.

Il a compétence pour promouvoir les solidarités et la cohésion territoriale sur le territoire départemental, dans le respect de l'intégrité, de l'autonomie et des attributions des régions et des communes ».

Le conseil départemental se réunit à l'initiative de son président, au moins une fois par trimestre, ou sur demande de la commission permanente, ou du tiers des conseillers départementaux.

Le président convoque le conseil, en adressant 12 jours avant la séance aux conseillers départementaux un ordre du jour accompagné d'un rapport sur chacune des affaires soumises à délibération. L'ordre du jour est arrêté par le président et par la commission permanente.

Le conseil départemental ne peut valablement délibérer que si la majorité absolue de ses membres est présente. Pour être valables, les décisions doivent être adoptées à la majorité des suffrages exprimés.

Les séances sont publiques (sauf si le conseil départemental décide le huis clos ou si le président du conseil départemental, dans le cadre de ses pouvoirs de « police des séances », restreint l'accès du public). Avec l'accord du président ou sur demande du Premier ministre, le préfet du département peut être entendu.

Le conseil départemental :

- discute et vote le budget départemental ;
- statue sur l'acceptation des dons et legs faits au département ;
- crée et supprime les services publics départementaux et en fixe les règles d'organisation.

B. Les attributions du président du conseil départemental

Exécutif du conseil départemental, le président du conseil départemental prépare et exécute les délibérations de ce conseil.

Il exerce la police de l'assemblée départementale en assurant le maintien de l'ordre public pendant les séances.

Le président peut déléguer, comme le maire à ses adjoints, l'exercice d'une partie de ses fonctions aux vice-présidents. Ensemble, ils constituent le bureau.

Les délégations peuvent être annulées à tout moment.

Ordonnateur des dépenses du département, il prescrit l'exécution des recettes. Chaque année, il rend compte au conseil de la situation du département.

Le président gère le domaine du département et est titulaire du pouvoir de police domaniale. Il dispose aussi de pouvoirs de police particuliers, notamment en matière de circulation.

Le président du conseil départemental est « seul chargé de l'administration ». Il est donc le chef des services du département. Il peut cependant disposer, en cas de besoin, des services déconcentrés de l'État.

Chaque année, le président rend compte au conseil départemental par un rapport spécial de la situation du département, qui précise notamment l'état d'exécution des délibérations adoptées et la situation financière du département. Le préfet quant à lui informe aussi chaque année le conseil départemental de l'activité des services de l'État dans le département.

3. La région

A. Le fonctionnement et les attributions du conseil régional

Le code général des collectivités territoriales (article L. 4221-1) dispose que « le conseil régional règle par ses délibérations les affaires de la région dans le domaine de compétences que la loi lui attribue ».

Comme le conseil départemental, le conseil régional se réunit à l'initiative de son président, au moins une fois par trimestre, ou sur demande de la commission permanente, ou du tiers des conseillers régionaux.

Le président convoque le conseil, en adressant 12 jours avant la séance aux conseillers régionaux un ordre du jour accompagné d'un rapport sur chacune des affaires soumises à délibération. L'ordre du jour est arrêté par le président et par la commission permanente.

Le conseil régional ne peut valablement délibérer que si la majorité absolue de ses membres est présente. Pour être valables, les décisions doivent être adoptées à la majorité des suffrages exprimés.

Les séances sont publiques (sauf si le conseil général décide le huis clos ou si le président du conseil général, dans le cadre de ses pouvoirs de « police des séances », restreint l'accès du public). Avec l'accord du président ou sur demande du Premier ministre, le préfet du département peut être entendu.

Le conseil régional :

- discute et vote le budget régional;
- statue sur l'acceptation des dons et legs faits à la région;
- crée et supprime les services publics régionaux et en fixe les règles d'organisation.

B. Les attributions du président du conseil régional

À l'instar du président du conseil départemental, le président du conseil régional :

- prépare et exécute les délibérations du conseil régional;
- est l'ordonnateur des dépenses de la région et prescrit l'exécution des recettes;
- est seul chargé de l'administration;
- gère le domaine de la région;
- intente les actions en justice au nom de la région en vertu d'une décision du conseil régional.

C. Le conseil économique, social et environnemental régional (CESER)

Le conseil économique et social régional (CESR) est une assemblée consultative souvent méconnue représentant les « forces vives » de la région ou « la société civile organisée de la région ». Il comprend entre 40 et 110 membres suivant les régions, appartenant à quatre collèges :

- le collège des entreprises et activités non salariées (35 % des sièges);
- le collège des organisations syndicales de salariés (35 % des sièges);
- le collège des organismes participant à la vie collective de la région (25 % des sièges);
- le collège des personnalités qualifiées participant au développement régional (5 % des sièges).

Ses membres sont désignés pour six ans renouvelables par les différents collèges.

Le CESR est obligatoirement saisi pour avis, avant examen par le conseil régional, notamment des documents relatifs à la préparation et à l'exécution dans la région du plan national, du projet de plan de la région, et de leur bilan annuel d'exécution, ainsi que de tout document de planification et des schémas directeurs, des documents budgétaires de la région.

Le président du conseil régional peut aussi demander au CESR des avis sur des projets économiques, sociaux ou culturels.

Le CESR peut aussi, de sa propre initiative, émettre des avis sur toute question relevant des compétences de la région.

4. Les établissements publics de coopération intercommunale (EPCI)

A. Intercommunalité de gestion et intercommunalité de projet

L'intercommunalité désigne les différentes formes de **coopération entre les communes par transfert de compétences au bénéfice des établissements qu'elles créent**.

L'article L. 5111-1 du Code général des collectivités territoriales (CGCT) fixe en effet que « les collectivités territoriales peuvent s'associer pour l'exercice de leurs compétences en créant des organismes publics de coopération dans les formes et conditions prévues par la législation en vigueur ».

Étant des établissements publics, les EPCI sont régis par le **principe général de spécialité**, c'est-à-dire qu'ils n'exercent que les compétences limitativement énumérées par la loi et ne bénéficient pas de la clause générale de compétence.

L'EPCI agit en lieu et place de ses communes membres. Disposant de ses propres organes (conseil, président) et d'un budget propre, il prend des décisions en son nom propre, indépendamment des conseils municipaux.

On distingue traditionnellement **deux types d'intercommunalité** :

- l'**intercommunalité de gestion**, par laquelle les communes gèrent en commun des services publics locaux. Il s'agit d'une intercommunalité dite **associative**, mise en œuvre par des **établissements publics de coopération intercommunale (EPCI) sans fiscalité propre**, c'est-à-dire dont les ressources dépendent des contributions budgétaires des communes ou d'une contribution fiscalisée (des taux additionnels aux taxes directes locales calculés par l'État, sur la base du produit voté par le syndicat, s'ajoutent aux taux votés par la commune) ;
- l'**intercommunalité de projet**, qui permet la mise en œuvre de projets de développement local, est une intercommunalité **fédérative**, gérée par des **EPCI à fiscalité propre** qui disposent de **recettes fiscales directes**.

Parmi les EPCI à fiscalité propre, on distingue les EPCI à fiscalité professionnelle unique (FPU) (les métropoles, la plupart des communautés urbaines, les communautés d'agglomération et les syndicats d'agglomération nouvelle) et les EPCI à fiscalité additionnelle (la plupart des communautés de communes appliquent, en principe, la fiscalité additionnelle, mais peuvent opter pour la FPU).

B. Commission départementale de coopération intercommunale et schéma départemental de coopération intercommunale

La loi n° 2010-1563 du 16 décembre 2010 de réforme des collectivités territoriales (dite loi RCT) a renforcé le rôle de la **commission départementale de coopération intercommunale** (CDCI) et prévu l'élaboration d'un **schéma départemental de**

coopération intercommunale (SDCI), à caractère prescriptif, visant une rationalisation de la carte intercommunale et la couverture intégrale du territoire par des EPCI à fiscalité propre, sans enclaves ni discontinuités territoriales.

La **commission départementale de coopération intercommunale (CDCI)** a été instituée par la loi n° 99-586 du 12 juillet 1999 relative au renforcement et à la simplification de la coopération intercommunale, dite loi Chevènement.
La CDCI compte un nombre minimum de 40 sièges, avec des sièges supplémentaires en fonction de la démographie du département, du nombre et de la taille des communes et des EPCI à fiscalité propre.
Sa composition est la suivante :
- collège des communes : 50 % ;
- collège des EPCI à fiscalité propre : 30 % ;
- collège des syndicats mixtes et syndicats de communes : 5 % ;
- collège du conseil départemental : 10 % ;
- collège du conseil régional : 5 %.

Présidée par le représentant de l'État dans le département, elle joue un rôle essentiel dans **l'élaboration du schéma départemental de coopération intercommunale (SDCI)** :
- elle établit et tient à jour un état de la coopération intercommunale dans le département ;
- elle peut formuler toute proposition pour renforcer cette coopération et à cet effet, entend, à leur demande, les représentants des collectivités locales concernées.

Le représentant de l'État dans le département la consulte sur :
- tout projet de création d'un établissement public de coopération intercommunale ;
- tout projet de création d'un syndicat mixte ;
- tout projet de modification du périmètre d'un établissement public de coopération intercommunale ou de fusion de tels établissements qui diffère des propositions du schéma départemental de la coopération intercommunale ;
- tout projet d'association de communes en vue de l'élaboration d'une charte intercommunale de développement et d'aménagement.

Elle est saisie par le représentant de l'État dans le département ou à la demande de 20 % de ses membres. Ses propositions et observations sont rendues publiques.

Le **schéma départemental de coopération intercommunale (SDCI)**, institué par la loi n° 2010-1563 du 16 décembre 2010 de réforme des collectivités territoriales, sert de cadre de référence à l'évolution de la carte intercommunale dans chaque département ; il donne une représentation cartographiée de l'ensemble des établissements publics de coopération intercommunale et en fixe les orientations d'évolution. Il doit être arrêté avant le 31 décembre 2011.
Il a pour objectif :
- « la **couverture intégrale du territoire par des établissements publics de coopération intercommunale à fiscalité propre** et la suppression des enclaves et discontinuités territoriales » (article L. 5210-1-1.-I de la loi du 16 décembre 2010) ;

– la rationalisation des périmètres des EPCI à fiscalité propre ;
– la réduction du nombre de syndicats intercommunaux ou mixtes.
Un **projet de schéma est élaboré par le représentant de l'État dans le département**. Il est **adressé pour avis aux conseils municipaux des communes et aux organes délibérants des établissements publics de coopération intercommunale** et des syndicats mixtes concernés par les propositions de modification de la situation existante en matière de coopération intercommunale. Ils se prononcent dans un **délai de trois mois** à compter de la notification. À défaut de délibération dans ce délai, celle-ci est réputée favorable.
Le projet de schéma, ainsi que l'ensemble des avis sont ensuite **transmis pour avis à la commission départementale de la coopération intercommunale** qui, à compter de cette transmission, dispose d'un **délai de quatre mois** pour se prononcer. À défaut de délibération dans ce délai, celle-ci est réputée favorable. Les propositions de modification du projet de schéma adoptées par la commission départementale de la coopération intercommunale à la majorité des deux tiers de ses membres sont intégrées dans le projet de schéma.
Le schéma est arrêté par décision du représentant de l'État dans le département.
Il est révisé selon la même procédure au moins tous les six ans à compter de sa publication.
Cette « clause de revoyure » a ensuite été avancée à 2015.

Chaque département devait être couvert par un ensemble d'**EPCI à fiscalité propre regroupant initialement au moins 5 000 habitants**. La **loi portant nouvelle organisation du territoire de la République (NOTRe) du 7 janvier 2015** a relevé ce seuil du nombre minimum d'habitants des établissements intercommunaux à fiscalité propre de **5 000 à 15 000 habitants**, avec des exceptions pour les zones rurales peu denses et les zones de montagne. Ainsi, sauf exception, aucun EPCI à fiscalité propre ne peut regrouper moins de 15 000 habitants : les communautés de communes comptant moins de 15 000 habitants doivent fusionner pour atteindre ce nombre.

La commission départementale de coopération intercommunale, sous l'impulsion du préfet et du sous-préfet, est chargée d'étudier les propositions de ces communautés de communes pour atteindre ce nombre d'habitants. La CDCI peut proposer un schéma prescriptif en la matière. Ce schéma est soumis au vote des conseils communautaires et des conseils municipaux des communes adhérentes à cette communauté de communes (ce vote se fera à la majorité absolue des conseils municipaux (50 % des communes représentant deux tiers de la population de l'ensemble des conseils municipaux, ou deux tiers des conseils municipaux représentant au moins 50 % de la population totale des communes adhérentes à la communauté de communes concernée).

C. Le processus de création d'un EPCI

Cette procédure, régie par l'article L. 5211-5 du CGCT, est commune à l'ensemble des catégories d'EPCI. Elle comporte **trois étapes**.

Première étape : la délimitation du périmètre de l'EPCI

Un arrêté préfectoral délimite le projet de périmètre du futur EPCI.

L'initiative de la création peut venir des communes désireuses de créer l'EPCI ou du préfet lui-même.

Si le préfet s'écarte du schéma adopté, ou si aucun schéma n'a été adopté dans le département, il saisit la CDCI, qui dispose alors d'un pouvoir d'amendement à la majorité des deux tiers de ses membres.

Deuxième étape : la consultation des communes

Elle intervient dans un délai de trois mois. Les communes doivent approuver le périmètre et les statuts avec les règles de majorité suivantes : deux tiers des communes représentant la moitié de la population totale concernée ou la moitié des communes représentant deux tiers de la population totale, avec, de plus, l'accord obligatoire des communes comptant plus du quart de la population totale de l'EPCI (pour les syndicats), ou l'accord obligatoire de la commune dont la population est la plus nombreuse, si celle-ci est supérieure à un quart de la population totale de l'EPCI (pour les EPCI à fiscalité propre).

Troisième étape : l'arrêté préfectoral de création

Le préfet a l'obligation d'attendre l'expiration du délai de trois mois si toutes les communes ne se sont pas prononcées.

Sous le contrôle du juge de l'excès de pouvoir, le préfet peut :

- ne pas donner suite à la demande de création ;
- la modifier, par exemple en incluant une commune, contre son gré, au nom de l'intérêt général, dans le périmètre du futur EPCI ;
- refuser de créer l'EPCI même si la majorité est atteinte.

En revanche, il ne peut pas créer l'EPCI sur un périmètre différent de celui qui a été soumis au vote des conseils municipaux.

D. Typologie des EPCI

a. Les EPCI sans fiscalité propre

Les syndicats de communes

L'article L. 5212-1 du CGCT dispose que « le **syndicat de communes** est un établissement public de coopération intercommunale associant des communes en vue d'œuvres ou de services d'intérêt intercommunal ».

Les communes disposent d'une totale liberté dans le choix des compétences transférées.

Le syndicat « à la carte »

Le syndicat « à la carte » a la faculté d'exercer des compétences distinctes sur le territoire de ses différentes communes membres. Les communes décident individuellement de lui transférer ou non les compétences qu'il est habilité, par ses statuts, à exercer.

b. Les EPCI à fiscalité propre

> Au 1er **janvier 2022**, on recense **1 254 EPCI à fiscalité propre** sur le territoire français :
> – 992 communautés de communes ;
> – 227 communautés d'agglomération ;
> – 14 communautés urbaines ;
> – 21 métropoles
> S'y ajoute la métropole de Lyon.
> 34 951 communes sont ainsi regroupées, et 4 isolées.
> (Source : DGCL)

La communauté de communes

Créée par la loi du 6 février 1992, la communauté de communes (article L. 5214-1 du CGCT) est « un établissement public de coopération intercommunale regroupant plusieurs communes d'un seul tenant et sans enclave. Elle a pour objet d'associer des communes au sein d'un espace de solidarité, en vue de l'élaboration d'un projet commun de développement et d'aménagement de l'espace ».

Elle exerce **de plein droit** en lieu et place des communes membres des compétences obligatoires en matière :

- d'**aménagement de l'espace**, dont le plan local d'urbanisme intercommunal (PLUI) sauf opposition des communes ;
- de **développement économique** : création et entretien des zones d'activités, politique locale du commerce et soutien aux activités commerciales d'intérêt communautaire, promotion du tourisme, dont la création d'offices de tourisme, de zones d'activités touristiques ;
- d'aménagement, entretien et gestion des **aires d'accueil des gens du voyage** ;
- de **collecte et traitement des déchets** ;
- de **gestion des milieux aquatiques et préventions des inondations** (GEMAPI) depuis le 1er janvier 2018 ;
- d'**assainissement**, à partir du 1er janvier 2020 ;
- de **gestion de l'eau**, à partir du 1er janvier 2020.

Elle exerce également des **compétences optionnelles** relevant au moins de trois des neuf groupes de compétences suivants :

- protection et mise en valeur de l'environnement et soutien aux actions de maîtrise de la demande d'énergie ;
- politique du logement et du cadre de vie ;
- création, aménagement et entretien de la voirie ;
- construction, entretien et fonctionnement d'équipements culturels et sportifs et d'équipements de l'enseignement pré-élémentaire et élémentaire ;
- action sociale d'intérêt communautaire ;
- création et gestion des maisons de services publics ;
- assainissement, jusqu'au 1er janvier 2020 ;
- gestion de l'eau, jusqu'au 1er janvier 2020 ;

- politique de la ville : élaboration du diagnostic du territoire et définition des orientations du contrat de ville ; animation et coordination des dispositifs contractuels de développement urbain, de développement local et d'insertion économique et sociale ainsi que des dispositifs locaux de prévention de la délinquance ; programmes d'actions définis dans le contrat de ville.

La communauté d'agglomération

Créée par la loi du 6 février 1992, la communauté d'agglomération (article L. 5216-1 du CGCT) est « un établissement public de coopération intercommunale regroupant plusieurs communes formant, à la date de sa création, un **ensemble de plus de 50 000 habitants d'un seul tenant et sans enclave**, autour d'**une ou plusieurs communes centres de plus de 15 000 habitants**.

Le seuil démographique de 15 000 habitants ne s'applique pas lorsque la communauté d'agglomération comprend le chef-lieu du département ou la commune la plus importante du département. Le seuil démographique de 50 000 habitants est réduit à 30 000 habitants lorsque la communauté d'agglomération comprend le chef-lieu du département ».

Elle exerce de plein droit en lieu et place des communes membres, des **compétences obligatoires** :

- en matière de **développement économique** : création, aménagement, entretien et gestion de zones d'activité industrielle, commerciale, tertiaire, artisanale, touristique, portuaire ou aéroportuaire qui sont d'intérêt communautaire ; actions de développement économique d'intérêt communautaire ;
- en matière d'**aménagement de l'espace communautaire** : schéma de cohérence territoriale et schéma de secteur ; création et réalisation de zones d'aménagement concerté d'intérêt communautaire ; organisation de la mobilité ;
- en matière d'**équilibre social de l'habitat** : programme local de l'habitat ; politique du logement d'intérêt communautaire ; actions et aides financières en faveur du logement social d'intérêt communautaire ; réserves foncières pour la mise en œuvre de la politique communautaire d'équilibre social de l'habitat ; action, par des opérations d'intérêt communautaire, en faveur du logement des personnes défavorisées ; amélioration du parc immobilier bâti d'intérêt communautaire ;
- en matière de **politique de la ville** : élaboration du diagnostic du territoire et définition des orientations du contrat de ville ; animation et coordination des dispositifs contractuels de développement urbain, de développement local et d'insertion économique et sociale ainsi que des dispositifs locaux de prévention de la délinquance ; programmes d'actions définis dans le contrat de ville.

Elle exerce dans les mêmes conditions, des **compétences optionnelles** relevant au moins de trois des six groupes de compétences suivants :

- création ou aménagement et entretien de la voirie d'intérêt communautaire ; création ou aménagement et gestion des parcs de stationnement d'intérêt communautaire ;
- assainissement ;
- gestion de l'eau ;

- en matière de protection et de mise en valeur de l'environnement et du cadre de vie : lutte contre la pollution de l'air, lutte contre les nuisances sonores, élimination et valorisation des déchets des ménages et déchets assimilés ou partie de cette compétence ;
- construction, aménagement, entretien et gestion d'équipements culturels et sportifs d'intérêt communautaire ;
- action sociale d'intérêt communautaire.

La communauté urbaine

Les premières communautés urbaines ont été créées par la loi n° 66-1069 du 31 décembre 1966 relative aux communautés urbaines.

Elles relèvent aujourd'hui, pour l'essentiel, des dispositions de la loi du 12 juillet 1999 relative au renforcement et à la simplification de la coopération intercommunale (dite loi Chevènement).

Depuis la loi n° 2010-1563 du 16 décembre 2010 de réforme des collectivités territoriales, la communauté urbaine est (article L. 5215-1 alinéa 1 du CGCT) « un établissement public de coopération intercommunale regroupant plusieurs communes d'un seul tenant et sans enclave qui forment, à la date de sa création, un ensemble de **plus de 450 000 habitants** et qui s'associent au sein d'un espace de solidarité, pour élaborer et conduire ensemble un projet commun de développement urbain et d'aménagement de leur territoire ».

Ce seuil été ramené à **250 000 habitants** par la loi n° 2014-58 du 27 janvier 2014 de modernisation de l'action publique territoriale et d'affirmation des métropoles (MAPTAM).

Elle exerce de plein droit en lieu et place des communes membres, des **compétences obligatoires** (pas de compétences optionnelles) en matière de :

- **développement et aménagement économique, social et culturel de l'espace communautaire** : création, aménagement, entretien et gestion de zones d'activité industrielle, commerciale, tertiaire, artisanale, touristique, portuaire ou aéroportuaire ; actions de développement économique ; construction ou aménagement, entretien, gestion et animation d'équipements, de réseaux d'équipements ou d'établissements culturels, socioculturels, socio-éducatifs, sportifs, lorsqu'ils sont d'intérêt communautaire ; lycées et collèges ; promotion du tourisme, dont la création d'offices de tourisme ; programme de soutien et d'aides aux établissements d'enseignement supérieur et de recherche et aux programmes de recherche ;
- **aménagement de l'espace communautaire** : schéma de cohérence territoriale et schéma de secteur ; plan local d'urbanisme et documents d'urbanisme en tenant lieu ; définition, création et réalisation d'opérations d'aménagement d'intérêt communautaire ; et après avis des conseils municipaux, constitution de réserves foncières ; organisation de la mobilité ; création, aménagement et entretien de voirie ; signalisation ; parcs et aires de stationnement ; plan de déplacements urbains ;
- **équilibre social de l'habitat** sur le territoire communautaire : programme local de l'habitat ; politique du logement ; aides financières au logement social ; actions en faveur du logement social ; action en faveur du logement des per-

sonnes défavorisées; opérations programmées d'amélioration de l'habitat, actions de réhabilitation et résorption de l'habitat insalubre;

- **politique de la ville** : élaboration du diagnostic du territoire et définition des orientations du contrat de ville; animation et coordination des dispositifs contractuels de développement urbain, de développement local et d'insertion économique et sociale ainsi que des dispositifs locaux de prévention de la délinquance; programmes d'actions définis dans le contrat de ville;
- **gestion des services d'intérêt collectif** : assainissement et eau; création, extension et translation des cimetières, ainsi que création et extension des crématoriums et des sites cinéraires; abattoirs, abattoirs marchés et marchés d'intérêt national; services d'incendie et de secours; contribution à la transition énergétique; création, aménagement, entretien et gestion de réseaux de chaleur ou de froid urbains; concessions de la distribution publique d'électricité et de gaz; création et entretien des infrastructures de charge de véhicules électriques;
- **protection et mise en valeur de l'environnement et de politique du cadre de vie** : collecte et traitement des déchets des ménages et déchets assimilés; lutte contre la pollution de l'air; lutte contre les nuisances sonores; soutien aux actions de maîtrise de la demande d'énergie;
- **aménagement, entretien et gestion des aires d'accueil des gens du voyage**.

La métropole

Il s'agit de la catégorie d'EPCI la plus intégrée (articles L. 5217-1 et suivants du CGCT). Instituée par la loi n° 2010-1563 du 16 décembre 2010 de réforme des collectivités territoriales, elle a été fortement modifiée par la loi n° 2014-58 du 27 janvier 2014 de modernisation de l'action publique territoriale et d'affirmation des métropoles (MAPTAM). Elle présente la particularité de résulter de la transformation d'un EPCI à fiscalité propre préexistant.

« La métropole est un établissement public de coopération intercommunale à fiscalité propre regroupant plusieurs communes d'un seul tenant et sans enclave au sein d'un espace de solidarité pour élaborer et conduire ensemble un projet d'aménagement et de développement économique, écologique, éducatif, culturel et social de leur territoire afin d'en améliorer la cohésion et la compétitivité et de concourir à un développement durable et solidaire du territoire régional. Elle valorise les fonctions économiques métropolitaines, ses réseaux de transport et ses ressources universitaires, de recherche et d'innovation, dans un esprit de coopération régionale et interrégionale et avec le souci d'un développement territorial équilibré. » (article L. 5217-1 I du CGCT).

Sont transformées en métropole au 1er janvier 2015 l'ensemble des EPCI à fiscalité propre qui forment, à la date de la création de la métropole, un ensemble de **plus de 400 000 habitants dans une aire urbaine de plus de 650 000 habitants**. De plus, par accord des deux tiers au moins des conseils municipaux des communes intéressées représentant plus de la moitié de la population totale de celles-ci ou par la moitié au moins des conseils municipaux des communes représentant les deux tiers de la population, peuvent obtenir par décret le statut de métropole, à leur demande :

1° les établissements publics de coopération intercommunale à fiscalité propre qui forment, à la date de la création de la métropole, un ensemble de plus de 400 000 habitants et dans le périmètre desquels se trouve le chef-lieu de région ;

2° les établissements publics de coopération intercommunale centres d'une zone d'emplois de plus de 400 000 habitants, au sens de l'Institut national de la statistique et des études économiques, et qui exerçaient en lieu et place des communes, les compétences obligatoires d'une métropole à la date de l'entrée en vigueur de la loi n° 2014-57 du 27 janvier 2014.

La métropole exerce de plein droit en lieu et place des communes membres, des **compétences obligatoires** en matière de :

- **développement et aménagement économique, social et culturel** : création, aménagement et gestion des zones d'activité industrielle, commerciale, tertiaire, artisanale, touristique, portuaire ou aéroportuaire ; actions de développement économique ainsi que participation au copilotage des pôles de compétitivité et au capital des sociétés d'accélération du transfert de technologie ; construction, aménagement, entretien et fonctionnement d'équipements culturels, socioculturels, socio-éducatifs et sportifs d'intérêt métropolitain ; promotion du tourisme, dont la création d'offices de tourisme ; programme de soutien et d'aides aux établissements d'enseignement supérieur et de recherche et aux programmes de recherche, en tenant compte du schéma régional de l'enseignement supérieur, de la recherche et de l'innovation ;
- **aménagement de l'espace métropolitain** : schéma de cohérence territoriale et schéma de secteur ; plan local d'urbanisme et documents d'urbanisme en tenant lieu ; définition, création et réalisation d'opérations d'aménagement d'intérêt métropolitain ; actions de valorisation du patrimoine naturel et paysager ; constitution de réserves foncières ; organisation de la mobilité ; création, aménagement et entretien de voirie ; signalisation ; abris de voyageurs ; parcs et aires de stationnement et plan de déplacements urbains ; création, aménagement et entretien des espaces publics dédiés à tout mode de déplacement urbain ainsi qu'à leurs ouvrages accessoires ; participation à la gouvernance et à l'aménagement des gares situées sur le territoire métropolitain ; établissement, exploitation, acquisition et mise à disposition d'infrastructures et de réseaux de télécommunications ;
- **politique locale de l'habitat** : programme local de l'habitat ; politique du logement ; aides financières au logement social ; actions en faveur du logement social ; actions en faveur du logement des personnes défavorisées ; amélioration du parc immobilier bâti, réhabilitation et résorption de l'habitat insalubre ; aménagement, entretien et gestion des aires d'accueil des gens du voyage ;
- **politique de la ville** : élaboration du diagnostic du territoire et définition des orientations du contrat de ville ; animation et coordination des dispositifs contractuels de développement urbain, de développement local et d'insertion économique et sociale ainsi que des dispositifs locaux de prévention de la délinquance ; programmes d'actions définis dans le contrat de ville ;
- **gestion des services d'intérêt collectif** : assainissement et eau ; création, gestion, extension et translation des cimetières et sites cinéraires d'intérêt métro-

politain ainsi que création, gestion et extension des crématoriums ; abattoirs, abattoirs marchés et marchés d'intérêt national ; services d'incendie et de secours ; service public de défense extérieure contre l'incendie ;
- **protection et mise en valeur de l'environnement et de politique du cadre de vie** : gestion des déchets ménagers et assimilés ; lutte contre la pollution de l'air ; lutte contre les nuisances sonores ; contribution à la transition énergétique ; soutien aux actions de maîtrise de la demande d'énergie ; élaboration et adoption du plan climat-énergie territorial, en cohérence avec les objectifs nationaux en matière de réduction des émissions de gaz à effet de serre, d'efficacité énergétique et de production d'énergie renouvelable ; concession de la distribution publique d'électricité et de gaz ; création, aménagement, entretien et gestion de réseaux de chaleur ou de froid urbains ; création et entretien des infrastructures de charge nécessaires à l'usage des véhicules électriques ou hybrides rechargeables ; gestion des milieux aquatiques et prévention des inondations ; autorité concessionnaire de l'État pour les plages.

Elle peut également exercer, à l'intérieur de son périmètre, des compétences en lieu et place des départements et des régions par transfert conventionnel.

9. Les principaux modes de recrutement des agents publics fonctionnaires et contractuels

Les employeurs des fonctionnaires territoriaux comptent 35 000 communes, 20 000 établissements publics locaux, 101 départements et 13 régions métropolitaines, soit plus de 55 000 employeurs publics.

Les fonctionnaires territoriaux exercent environ 250 métiers différents. Pour autant, à la différence de l'État qui compte environ 600 corps dont il cherche aujourd'hui à réduire le nombre en les réorganisant, la fonction publique territoriale ne compte que **53 cadres d'emplois** (par exemple ceux des attachés territoriaux, des ingénieurs territoriaux ou encore des conservateurs des bibliothèques territoriaux). Un cadre d'emplois regroupe des agents dont les emplois et les métiers sont très proches. Chaque cadre d'emplois est régi par un décret portant statut particulier du cadre d'emplois, qui précise notamment les missions incombant au cadre d'emplois et les moyens d'y accéder.

Les **filières** sont un moyen aisé de regrouper les cadres d'emplois au sein de « grandes familles » de métiers. On recense ainsi huit filières différentes dans la fonction publique territoriale : administrative; technique; culturelle; sportive; médico-sociale; animation; police municipale (parfois également dénommée filière « sécurité »); sapeurs-pompiers.

Exemple : La filière administrative contient les cadres d'emplois d'adjoint administratif, de rédacteur, d'attaché territorial et d'administrateur.

Chaque cadre d'emplois est divisé en **grades** qui distinguent les agents en fonction de leur expérience, de leur ancienneté, de leur qualification ou de leur responsabilité. Parmi ces grades, on distingue le grade de recrutement et les grades d'avancement. Au sein d'un grade, un fonctionnaire bénéficie en fonction de son ancienneté d'avancements d'échelon.

Exemple : Le cadre d'emplois des rédacteurs territoriaux comprend les grades de rédacteur, de rédacteur principal de 2e classe et de rédacteur principal de 1re classe.

Le grade de rédacteur est un grade de recrutement, accessible par concours. Le grade de rédacteur principal de 2e classe est à la fois un grade de recrutement accessible par concours et un grade d'avancement. Le grade de rédacteur principal de 1re classe est uniquement un grade d'avancement.

Les cadres d'emplois sont répartis en trois **catégories hiérarchiques**, qui correspondent à des fonctions de conception et de direction (catégorie A); à des fonctions d'application (catégorie B); à des fonctions d'exécution (catégorie C).

Exemple : Le décret portant statut particulier du cadre d'emplois des rédacteurs territoriaux dispose que « les rédacteurs territoriaux constituent un cadre d'emplois administratif de catégorie B ».

Au cours de sa carrière, un fonctionnaire peut accéder à un cadre d'emplois de catégorie supérieure, soit par concours, soit par promotion interne avec ou sans examen professionnel.

Le **recrutement par concours** est la règle en matière de recrutement dans la fonction publique territoriale, même si cette règle connaît des dérogations.

On distingue :

- les concours **internes**, ouverts à tous les agents publics titulaires ou non titulaires avec pour condition une certaine durée de services publics, généralement 1 an pour l'accès aux cadres d'emplois de catégorie C et 4 ans pour ceux de catégories A et B. À noter que tous les cadres d'emplois ne sont pas ouverts au concours interne, notamment ceux qui correspondent à des professions réglementées (comme médecin territorial, sage-femme territoriale ou infirmière territoriale) ;
- les concours **externes**, dont l'accès est conditionné par la détention de titres ou diplômes, ou, depuis la loi du 17 février 2007, à la reconnaissance de l'expérience professionnelle en complément ou en lieu et place de diplôme.
  Le niveau de diplôme requis est lié à la catégorie hiérarchique du cadre d'emplois.
  Pour un cadre d'emplois de catégorie A, le concours externe est accessible à partir du niveau minimum de la licence (niveau 6, anciennement niveau II). En catégorie B, le recrutement par concours externe s'effectue à partir du niveau baccalauréat (niveau 4, anciennement niveau IV). En catégorie C, des diplômes de type brevet, CAP et BTS sont requis (niveau 3, anciennement niveau V).
- les concours de **troisième voie** (ou troisième concours) sont ouverts au titre d'une activité professionnelle dans le secteur privé, quelle qu'en soit la nature, généralement pendant 4 ans ; ils sont également accessibles aux personnes qui ont exercé, en général pendant 4 ans, des responsabilités associatives, ainsi qu'aux personnes qui ont exercé des mandats électifs locaux.
  À noter que certains cadres d'emplois sont ouverts au recrutement direct sans concours : c'est par exemple le cas du recrutement au grade d'adjoint administratif, d'adjoint technique, d'adjoint d'animation ou d'adjoint du patrimoine.

Il convient également de rappeler que, dans la fonction publique territoriale, la réussite à un concours n'entraîne pas automatiquement nomination sur un poste. Le législateur a en effet entendu concilier recrutement par concours et libre administration des collectivités territoriales. Alors que l'État, lorsqu'il organise des concours de recrutement, est à la fois organisateur de concours et employeur, dans la fonction publique territoriale, les organisateurs de concours sont généralement distincts du futur employeur.

L'organisation des concours d'accès à la fonction publique territoriale repose à la fois sur l'obligation (sauf exceptions) pour l'employeur de recruter des lauréats de concours et sur la liberté de recruter librement un lauréat de concours. Les candidats qui réussissent un concours sont ainsi inscrits par l'autorité organisatrice du concours sur une **liste d'aptitude** (valable deux années renouvelables deux fois pour un an à la demande du lauréat, soit quatre ans au total), qui leur donne vocation à être nommés dans la collectivité ou l'établissement public qu'ils auront choisi et/ou qui les aura choisis.

La fonction publique, et notamment la fonction publique territoriale, peut également recruter des **agents non titulaires** désormais qualifiés agents contractuels.

Les emplois répondant à un besoin permanent sont, conformément à la loi, occupés par des fonctionnaires. Toutefois, un certain nombre de dérogations sont prévues, fixant les conditions d'emploi d'agents contractuels et leurs lieu et place : remplacement, absence de candidature de fonctionnaires, handicapés, etc.

Les emplois ne correspondant pas à un besoin permanent – emplois occasionnels, saisonniers, de cabinet – ne peuvent être, quant à eux, occupés que par des agents contractuels ou, pour le dernier cas, par des fonctionnaires en détachement.

La **loi n° 2019-828 du 6 août 2019 de transformation de la fonction publique** élargit les possibilités de recrutement d'agents contractuels :

• Emplois de direction

Peuvent être pourvus par la voie du recrutement direct les emplois suivants :
– directeur général des services et, lorsque l'emploi est créé, directeur général adjoint des services des départements et des régions ou des collectivités exerçant les compétences des départements ou des régions ;
– directeur général des services, directeur général adjoint des services et directeur général des services techniques des communes de plus de 40 000 habitants et des établissements publics de coopération intercommunale à fiscalité propre de plus de 40 000 habitants ;
– directeur général des établissements publics dont les caractéristiques et l'importance le justifient.

• Emplois de catégorie B

Il devient possible de recruter par contrat sur les emplois de catégorie B, lorsque la nature des fonctions ou les besoins des services le justifient, dans les mêmes conditions que pour les emplois de catégorie A.

• Emplois dans les « petites » communes et intercommunalités

Dans les communes de moins de 1 000 habitants et dans les EPCI de moins de 15 000 habitants, tous les emplois peuvent être pourvus au moyen du contrat.

• Contrat de projet

Selon les termes de l'exposé des motifs de la loi :
« L'article 8 crée un nouveau type de **contrat à durée déterminée** au sein de la fonction publique, le contrat de projet. Il permet aux services d'être en capacité de mobiliser des profils divers pour la conduite de projets ou d'opérations identifiés s'inscrivant dans une durée limitée. Ce nouveau contrat, spécifique à la fonction publique et n'ouvrant droit ni à un contrat à durée indéterminée, ni à titularisation, est ouvert à l'ensemble des catégories hiérarchiques. Conclu pour une **durée déterminée minimale d'un an et ne pouvant excéder six ans maximum,** il prend fin :
– lorsque le projet ou l'opération pour lequel ce contrat a été conclu ne peut se réaliser ;
– lorsque le projet ou l'opération arrive à son terme ;
– lorsque le projet ou l'opération se termine de manière anticipée.
Une indemnité spécifique est prévue en cas de rupture anticipée du contrat. »

10. Les finances publiques locales et les budgets locaux

Il n'est évidemment pas possible de développer ici un cours entier de finances publiques locales, mais on posera tout de même quelques repères, utiles non seulement pour traiter les questions de l'épreuve écrite de réponses à des questions de finances (une des options de l'épreuve de réponses à une série de questions du concours externe de rédacteur), de réponses à des questions de droit public et de finances publiques (concours externe de rédacteur principal de 2e classe), mais aussi pour traiter le cas échéant de problèmes financiers dans les propositions opérationnelles de l'épreuve de rapport avec propositions des concours externe, interne et de troisième voie de rédacteur principal de 2e classe, sans parler des questions qui peuvent être posées lors de l'épreuve orale d'entretien afin de mesurer les connaissances du candidat en matière d'environnement territorial.

1. Qu'est-ce que l'autonomie financière des collectivités territoriales ?

Depuis la révision constitutionnelle du 28 mars 2003, l'article 72-2 de la Constitution précise le principe d'autonomie financière des collectivités territoriales qui constitue une des conditions de leur libre administration.

L'**article 72-2** dispose en effet que « les collectivités territoriales bénéficient de **ressources dont elles peuvent disposer librement** dans les conditions fixées par la loi.

Elles peuvent recevoir tout ou partie du produit des impositions de toutes natures. La loi peut les autoriser à en **fixer l'assiette et le taux** dans les limites qu'elle détermine.

Les recettes fiscales et les autres ressources propres des collectivités territoriales représentent, pour chaque catégorie de collectivités, une **part déterminante de l'ensemble de leurs ressources**. La loi organique fixe les conditions dans lesquelles cette règle est mise en œuvre.

Tout **transfert de compétences** entre l'État et les collectivités territoriales s'accompagne de l'**attribution de ressources équivalentes** à celles qui étaient consacrées à leur exercice. Toute création ou extension de compétences ayant pour conséquence d'augmenter les dépenses des collectivités territoriales est accompagnée de ressources déterminées par la loi.

La loi prévoit des dispositifs de **péréquation** destinés à favoriser l'égalité entre les collectivités territoriales ».

La **loi organique du 29 juillet 2004** définit les ressources propres des collectivités territoriales et fixe un plancher en deçà duquel le taux d'autonomie financière des collectivités locales ne peut pas descendre.

L'article 3 de cette loi organique précise ainsi que, « au sens de l'article 72-2 de la Constitution, les **ressources propres des collectivités territoriales** sont constituées du produit des impositions de toutes natures dont la loi les autorise à fixer l'assiette, le taux ou le tarif, ou dont elle détermine, par collectivité, le taux ou une part locale d'assiette, des redevances pour services rendus, des produits du domaine, des participations d'urbanisme, des produits financiers et des dons et legs.

Pour la catégorie des communes, les ressources propres sont augmentées du montant de celles qui, mentionnées au premier alinéa, bénéficient aux établissements publics de coopération intercommunale ».

2. Quels sont les principes budgétaires qui s'imposent aux collectivités territoriales ?

Par principe budgétaire, on entend les grandes règles, fixées par la loi (et le plus souvent inscrites dans le code général des collectivités territoriales), destinées à assurer une bonne utilisation des fonds publics et un contrôle efficace de l'assemblée délibérante.

A. L'unité budgétaire

Pour exercer leur pouvoir de bonne façon, les assemblées délibérantes doivent avoir une vision d'ensemble des recettes et des dépenses de la collectivité, ce qui impose leur inscription sur un document unique. Afin que ce document soit clair, des documents sont annexés au budget.

Les budgets autonomes et les budgets annexes constituent une exception au principe d'unité budgétaire.

B. L'universalité budgétaire

Afin que les assemblées délibérantes puissent déterminer librement les dépenses, le budget ne doit pas établir de lien entre recettes et dépenses, soit :

- la règle du produit brut ou de la non-compensation ;
- la règle de la non-affectation des recettes.

Les budgets annexes, l'affectation de certaines recettes sont une exception à ce principe.

C. L'annualité budgétaire

Le budget des collectivités territoriales doit être voté avant le début de l'exercice. Les collectivités territoriales sont toutefois autorisées à voter leur budget jusqu'au 15 avril, afin de prendre en compte des données contenues dans la loi de finances.

L'exécution du budget s'étend en outre du 1er janvier au 31 décembre.

Les reports de crédits et les autorisations de programme, notamment, constituent une exception à ce principe.

D. La spécialité des crédits

Les assemblées délibérantes décident de l'utilisation des crédits. À cette fin, les opérations comptables sont regroupées sous une nomenclature budgétaire qui permet aux élus d'identifier les crédits votés.

Les virements et transferts de crédits font exception à ce principe.

E. L'équilibre

Les collectivités territoriales sont astreintes à l'équilibre de leurs dépenses et de leurs recettes par section (section de fonctionnement et section d'investissement).

Le respect de ce principe requiert une évaluation sincère des recettes et des dépenses. En outre, les collectivités territoriales ne peuvent pas emprunter pour financer la charge de la dette.

F. La sincérité

Les collectivités territoriales ne peuvent en effet pas surestimer les recettes ni sous-estimer les dépenses.

3. Quels sont les différents documents budgétaires d'une collectivité territoriale ?

A. Le budget primitif (BP)

Document budgétaire de base, le budget primitif doit être voté avant le début de l'exercice budgétaire auquel il se rapporte.

La loi avait toutefois fixé au 31 mars la date limite de vote du budget primitif par l'assemblée délibérante, cette date étant repoussée au 15 avril les années de renouvellement des assemblées locales.

L'article 37 de la loi n° 2012-1510 du 29 décembre 2012 de finances rectificatives pour 2012 a prévu qu'à compter de l'exercice 2013 et de façon pérenne la date limite de vote des budgets locaux est fixée au 15 avril au lieu du 31 mars. L'article L. 1613-2 du code général des collectivités territoriales a été modifié en conséquence. L'année du renouvellement de l'assemblée, le budget local doit être voté avant le 30 avril.

Le budget primitif prévoit et autorise les recettes et les dépenses de la commune en section de fonctionnement et en section d'investissement.

B. Le budget supplémentaire (BS)

Adopté par l'assemblée délibérante en cours d'année d'exécution du BP, il apporte des correctifs au budget, en incorporant au budget les différentes décisions modificatives, en rectifiant les prévisions budgétaires (majorations ou annulations de crédits), en reprenant les résultats (excédent ou déficit) et les reports (pour l'essentiel des dépenses engagées mais non mandatées) de l'exercice précédent.

À noter que le BS n'est pas obligatoire.

C. Les décisions modificatives (DM)

Des dépenses imprévues peuvent nécessiter l'ouverture de crédits ou des ajustements s'avérer nécessaires en fin d'exercice. Des DM peuvent ainsi intervenir tout au long de l'exercice budgétaire.

D. Les budgets annexes

Le code général des collectivités territoriales dispose que « les produits des régies dotées de la seule autonomie financière, y compris les taxes ainsi que les charges, font l'objet d'un budget spécial annexé au budget de la commune voté par le conseil municipal ».

Le service des eaux et de l'assainissement, par exemple, lorsque la collectivité locale décide de l'exploiter elle-même en régie, fait l'objet d'un budget annexe.

E. Le compte administratif (CA)

Il est présenté comme le BP, avec une section de fonctionnement et une section d'investissement, chaque section étant séparée en recettes et en dépenses. Il retrace les opérations réalisées au cours de l'exercice en dépenses et en recettes, ainsi que les « restes à réaliser ». Il permet ainsi de comparer, ligne par ligne, les évaluations initiales et les réalisations.

Il doit être approuvé par l'organe délibérant avant le 30 juin de l'exercice suivant celui auquel il s'applique, en même temps que le compte de gestion établi par le comptable.

L'excédent ou le déficit de gestion qu'il fait apparaître est repris dans l'exercice suivant (BS ou DM). La reprise de ce résultat fera l'objet d'une délibération spécifique de l'assemblée délibérante : l'affectation du résultat.

F. Le compte de gestion

Établi par le comptable, c'est un document de synthèse des flux financiers (dépenses et recettes) de la collectivité concernée. Il justifie l'exécution du budget et présente l'évolution patrimoniale et financière de la commune.

4. Comment est présenté le budget des collectivités territoriales ?

Les opérations budgétaires sont réparties en deux sections équilibrées, la **section de fonctionnement** et la **section d'investissement**, qui comprennent chacune les recettes et les dépenses.

La section de fonctionnement correspond à l'exploitation courante des services. On y trouve en dépenses :
- les frais de personnel ;
- les frais de travaux, fournitures et services extérieurs qui n'ont pas le caractère d'équipement ;
- les transferts versés (subventions de fonctionnement à des organismes dotés de l'autonomie financière, etc.) ;
- la charge de la dette (intérêts).

Elle comprend en recettes :
- les transferts et dotations affectés au fonctionnement (par exemple la dotation globale de fonctionnement) ;
- les recettes fiscales : taxe d'habitation, taxe sur le foncier bâti, taxe sur le foncier non bâti, cotisation foncière des entreprises ;
- les produits de l'exploitation et du domaine.

La section d'investissement correspond aux opérations modifiant le patrimoine de la collectivité, soit :
- en dépenses :
- le remboursement du capital de la dette,
- les charges d'investissement réalisées directement par la commune,
- les subventions d'équipement versées par la collectivité ;
- en recettes :
- l'épargne brute dégagée par différence entre les charges et les produits de fonctionnement,
- les subventions d'équipement reçues (dotation globale d'équipement, fonds de compensation de la TVA, subventions des autres collectivités territoriales, etc.),
- les produits d'emprunts.

Ainsi, lorsque les recettes de fonctionnement sont supérieures aux dépenses de fonctionnement, l'épargne brute ou autofinancement permet le financement des investissements.

5. Comment le budget est-il préparé et voté ?

A. La préparation du budget

La préparation du budget incombe à l'exécutif de la collectivité (et, par délégation, à ses services qui réunissent les éléments nécessaires).

Pour préparer le budget de l'année N, les services disposent du budget de l'année précédente (N–1) et le dernier compte administratif arrêté (N–2). Pour confectionner le budget, il est en outre nécessaire de connaître l'état du personnel, l'état de la dette (créances à long terme de la commune), les éléments fournis par l'État en matière fiscale (dotation globale de fonctionnement, dotation globale d'équipement, etc.).

La préparation budgétaire requiert l'évaluation des recettes de fonctionnement et d'investissement, des dépenses de fonctionnement et d'investissement, la recherche de l'équilibre budgétaire; l'inscription prioritaire des dépenses obligatoires.

Dans les communes de 3 500 habitants et plus, les départements et les régions, le vote du budget est obligatoirement précédé d'un **débat d'orientation budgétaire** ou DOB (débat de l'assemblée délibérante) qui doit intervenir dans les deux mois précédant le vote du budget (10 semaines s'agissant de la région). Ce débat permet l'information des élus locaux sur la situation financière de la collectivité ainsi que sur les grandes orientations budgétaires de l'exercice. Ce débat constitue une formalité substantielle préalable à l'adoption du budget.

La loi du 7 août 2015 portant nouvelle organisation de la République (NOTRe) fixe que le débat d'orientation budgétaire se fonde sur un **rapport d'orientation budgétaire** (ROB).

S'agissant des communes, l'article L. 2312-1 du CGCT dispose que le ROB porte sur « les orientations budgétaires, les engagements pluriannuels envisagés ainsi que sur la structure et la gestion de la dette ». Dans les communes de 10 000 habitants et plus, « le rapport comporte, en outre, une présentation de la structure et de l'évolution des dépenses et des effectifs. Il précise notamment l'évolution prévisionnelle et l'exécution des dépenses de personnel, des rémunérations, des avantages en nature et du temps de travail ».

Un décret du 24 juin 2016 apporte des précisions sur le contenu, les modalités de publication et de transmission du ROB pour les communes, les départements et les régions. S'agissant des communes, il précise notamment « les orientations budgétaires envisagées par la commune portant sur les évolutions prévisionnelles des dépenses et des recettes, en fonctionnement comme en investissement. Sont notamment précisées les hypothèses d'évolution retenues pour construire le projet de budget, notamment en matière de concours financiers, de fiscalité, de tarification, de subventions ainsi que les principales évolutions relatives aux relations financières entre la commune et l'établissement public de coopération intercommunale à fiscalité propre dont elle est membre ».

De plus, la loi du 12 juillet 2010 portant engagement national pour l'environnement a institué un **rapport sur le développement durable** dans les collectivités territoriales et EPCI de plus de 50 000 habitants : préalablement aux débats sur le projet de budget, l'exécutif présente un rapport sur la situation en matière de développement durable intéressant le fonctionnement de la collectivité, les politiques qu'elle mène sur son territoire et les orientations et programmes de nature à améliorer cette situation. Il s'agit également d'une formalité substantielle préalable à l'adoption du budget.

B. Le vote du budget

Le budget est voté par l'assemblée délibérante de chaque collectivité territoriale.

Le budget primitif doit être voté au 1er janvier de l'exercice auquel il s'applique. Ce délai est théorique, puisque la date limite de vote du budget est fixée au 15 avril. Cette date est reportée au 30 avril l'année de renouvellement des assemblées locales.

Voter un budget supplémentaire n'est pas obligatoire. Lorsqu'un budget supplémentaire est voté par l'assemblée délibérante, il l'est souvent au troisième trimestre.

Le budget est voté par chapitres, ou, à la demande de l'assemblée délibérante, par articles. La section de fonctionnement est adoptée avant la section d'investissement.

Les communes de plus de 10 000 habitants, les départements et les régions peuvent désormais recourir au vote par fonction, c'est-à-dire à un vote des dépenses de fonctionnement et d'investissement par grandes familles de dépenses.

6. Quelles sont les principales ressources des collectivités territoriales ?

Les ressources des collectivités territoriales désignent les recettes dont elles bénéficient pour assurer leurs missions.

L'article 72-2 de la Constitution fixe que « les collectivités territoriales bénéficient de ressources dont elles peuvent disposer librement dans les conditions fixées par la loi. [...] Les recettes fiscales et les autres ressources propres des collectivités territoriales représentent, pour chaque catégorie de collectivités, une part déterminante de l'ensemble de leurs ressources ». Ces règles constituent la base de l'« **autonomie financière** » des collectivités territoriales.

On peut présenter les ressources des collectivités territoriales en distinguant leurs **ressources propres** et leurs **ressources extérieures**.

A. Les ressources propres

Les recettes fiscales constituent la majorité des recettes des collectivités territoriales (138,5 milliards d'euros fin 2016, soit 55,1 % de leurs recettes totales).

Environ les deux tiers de ces recettes fiscales proviennent de la fiscalité directe (95,7 milliards d'euros en 2019).

a. La fiscalité directe

Elle repose essentiellement sur six taxes qui se sont élevées en 2019 à 95,7 milliards d'euros :

■ Trois taxes dites « ménages », car versées principalement par les ménages, qui sont en réalité des impôts et non des taxes, la **taxe d'habitation**, la **taxe foncière sur les propriétés bâties**, la **taxe foncière sur les propriétés non bâties**, pour un montant de 59 milliards d'euros en 2019 :

- La **taxe d'habitation** s'applique à chaque personne (propriétaire ou locataire ou occupant à titre gratuit) disposant d'un bien immobilier. Elle est payée par la personne ayant la disposition ou la jouissance à titre privatif des locaux imposables au 1er janvier de l'année d'imposition. Elle s'élevait en 2019 à 23,5 milliards d'euros.

LA SUPPRESSION DE LA TAXE D'HABITATION

La taxe d'habitation (TH) sur les résidences principales a été modifiée par la loi de finances pour 2018. Depuis 2018, elle a baissé progressivement pour 80 % des Français, avant d'être totalement supprimée en 2020 pour cette population.

Pour les 20 % de contribuables restants (les contribuables les plus aisés), la suppression est intervenue en trois étapes à partir de 2021, soit une suppression totale en 2023 pour les résidences principales. Les habitations principales n'étant plus soumises à la TH, cette dernière est renommée « taxe d'habitation sur les résidences secondaires et autres locaux meublés non affectés à l'habitation principale » (THRS).

Pour compenser cette suppression, représentant pour les collectivités un « manque à gagner » estimé par le gouvernement à 17 milliards d'euros par an, la loi de finances pour 2020 a prévu le versement de l'intégralité de la fraction départementale de la taxe foncière aux communes à partir de 2021. En compensation, les départements se voient affecter une partie de la TVA.

- La **taxe foncière sur les propriétés bâties** concerne les propriétaires d'un bien immobilier ou les usufruitiers. Pour les particuliers, il s'agit essentiellement des locaux d'habitation, des sols des bâtiments et des terrains formant une dépendance indispensable et immédiate à ces constructions et des parkings, qu'ils soient occupants ou non des lieux. En 2019, elle s'élève à 34,5 milliards d'euros.
- La **taxe foncière sur les propriétés non bâties**

  La taxe foncière sur les propriétés non bâties (TFPNB) est due par les propriétaires ou usufruitiers de propriétés non bâties, au 1er janvier de l'année d'imposition. Elle est encaissée par la collectivité territoriale (la commune ou l'EPCI à fiscalité propre), sur le territoire de laquelle le terrain est situé. En 2019, elle dépasse à peine 1 milliard d'euros.
- Des **impôts dits « économiques »** (payés par les entreprises) :
  - La **contribution économique territoriale** (CET), instituée par la loi de finances 2010 en remplacement de la taxe professionnelle. Il s'agit également d'un impôt et non d'une taxe.

Elle comprend :
- la **cotisation foncière des entreprises** (CFE), collectée au seul profit des communes et de leurs groupements qui en fixent le taux, assise sur la valeur locative des biens passibles d'une taxe foncière (terrains, constructions, installations...) situés en France ;
- la **cotisation sur la valeur ajoutée des entreprises** (CVAE), partagée entre les différents niveaux de collectivités (25 % pour les communes et leurs groupements, 25 % pour les régions, 50 % pour les départements). Son taux est fixé nationalement selon un barème progressif en fonction du chiffre d'affaires.

En 2019, 8 milliards d'euros ont été collectés au titre de la CFE et 18,9 milliards d'euros au titre de la CVAE, en baisse par rapport au produit de la taxe professionnelle (31,3 milliards d'euros avant sa suppression).

• L'**imposition forfaitaire sur les entreprises de réseaux** (IFER)

Également instituée dans le cadre de la suppression de la taxe professionnelle, l'IFER vise certaines entreprises dont l'activité est exercée dans les secteurs de l'énergie, des transports ferroviaires et des télécommunications et est répartie entre le bloc communal, les départements et les régions.

En 2019, 1,6 milliard d'euros d'IFER a été collecté.

■ **La taxe sur les surfaces commerciales** (TASCOM), d'un montant de 791 millions d'euros en 2019, au profit du bloc communal, à laquelle sont soumis les commerces qui exploitent une surface de vente au détail de plus de 400 m^2 et réalisent un chiffre d'affaires hors taxe de 460 000 euros ou plus.

S'y ajoute la **taxe d'enlèvement des ordures ménagères** (TEOM, 7 milliards d'euros en 2019), dont bénéficie le bloc communal, et des taxes annexes comme la **taxe GEMAPI** (taxe facultative au bénéfice du bloc communal contribuant au financement d'investissements liés à la prévention des inondations, à la préservation de la qualité de l'eau et à la protection des biens et des personnes, 190 millions d'euros en 2019).

b. La fiscalité indirecte

Elle représente une part limitée (environ 15 %) des ressources fiscales des collectivités. En 2016, elle s'élevait à 51,1 milliards d'euros.

Il s'agit principalement des droits de mutation à titre onéreux (DMTO) : sont soumises à des droits d'enregistrement ou à une taxe de publicité foncière les mutations de propriété à titre onéreux d'immeubles ou de droits immobiliers (usufruit, nue-propriété, servitudes foncières, emphytéose, etc.).

Citons également :

- La **taxe d'aménagement**, établie sur la construction, la reconstruction, l'agrandissement des bâtiments et aménagements de toute nature nécessitant une autorisation d'urbanisme. Elle est due par le bénéficiaire de l'autorisation de construire ou d'aménager.
- Le **versement transport** : le versement destiné aux transports en commun est une imposition dont le produit est obligatoirement affecté au financement des

dépenses d'investissement et de fonctionnement des transports publics urbains. Sont redevables du versement transport les personnes physiques ou morales, publiques ou privées, employant plus de 9 salariés dans le périmètre de l'autorité organisatrice des transports urbains (AOTU). L'assiette du versement transport est constituée par l'ensemble des rémunérations soumises à cotisation.

- La **taxe sur la consommation finale d'électricité** : l'article 54 de la loi de finances pour 2021 a réformé la taxation de la consommation d'électricité. Il supprime progressivement les taxes locales sur la consommation finale d'électricité (TLCFE) en les intégrant progressivement à la taxe intérieure sur les consommations finales d'électricité (TICFE). Cette suppression s'étale sur quatre années.
- La **taxe de séjour** : elle est instituée de manière facultative par délibération du conseil municipal ou de l'organe délibérant d'un EPCI prise avant le 1er juillet pour être applicable à compter du 1er janvier de l'année suivante.

c. Les redevances

Les redevances liées à l'utilisation d'un service public (eau, transports, ramassage des ordures ménagères...).

d. La gestion du domaine

La gestion par une collectivité de son domaine privé comme de son domaine public génère des recettes. On peut citer par exemple le stationnement payant ou les redevances pour occupation du domaine public.

B. Les ressources extérieures

a. Les transferts financiers de l'État

Ces **transferts financiers de l'État** en faveur des collectivités territoriales s'élèvent à 105,5 milliards d'euros en 2022.

Ils comprennent :

- **les concours de l'État aux collectivités territoriales** (52,4 milliards d'euros en 2022), essentiellement composés des **dotations**. Ils ont pour objet de contribuer au financement global des collectivités (dépenses de fonctionnement et d'investissement).

Ils constituent l'essentiel de l'effort financier de l'État en faveur des collectivités, regroupant :

- les prélèvements sur les recettes de l'État (PSR) ;
- les crédits budgétaires relevant de la mission « Relations avec les collectivités territoriales » ;
- la fraction de la taxe sur la valeur ajoutée affectée aux régions depuis 2018 et aux départements depuis 2021.

Au sein de cette enveloppe, les deux principaux transferts sont la **dotation globale de fonctionnement**, principal concours de l'État finançant les charges de fonctionnement du bloc communal et des départements (26,6 milliards d'euros), et les dépenses du **fonds de compensation de la TVA** (FCTVA) qui vient en aide à l'investissement des collectivités territoriales (6,5 milliards d'euros en 2021).

LA DOTATION GLOBALE DE FONCTIONNEMENT (DGF)

En 2022, le montant total de la DGF (26,6 milliards d'euros) se répartit entre, d'une part, les communes et leurs groupements à hauteur de 18,2 milliards d'euros, et, d'autre part, les départements à hauteur de 8,3 milliards d'euros.
Pour chaque catégorie de collectivité, on peut la diviser en deux parts :
– la **part forfaitaire**, qui correspond à un tronc commun perçu par toutes les collectivités bénéficiaires ;
– la **part péréquation**, dont les composantes sont reversées aux collectivités les plus défavorisées.
Dans le cadre de la DGF des communes et des EPCI, cette deuxième composante correspond à la dotation d'aménagement composée elle-même de quatre fractions : la dotation d'intercommunalité, la dotation de solidarité urbaine et de cohésion sociale (DSU), la dotation de solidarité rurale (DSR) et la dotation nationale de péréquation (DNP).
Les départements reçoivent, en plus de la dotation forfaitaire, la dotation de compensation, la dotation de péréquation urbaine (DPU) et la dotation de fonctionnement minimale (DFM).

■ Les **transferts divers de l'État hors fiscalité transférée et hors apprentissage**, atteignant 11,97 milliards d'euros en 2022, qui comprennent les subventions aux collectivités territoriales des ministères autres que le ministère de la Cohésion des territoires et des Relations avec les collectivités territoriales (MCT-RCT), les contreparties de dégrèvements d'impositions locales décidés par voie législative et le produit des amendes de police de la circulation et des radars.

■ La **fiscalité transférée et le financement de la formation professionnelle**, pour lesquelles le législateur détermine une part locale d'assiette, destinée à accompagner les transferts de compétences aux collectivités territoriales prévus par les lois de décentralisation, conformément à l'article 72-2 de la Constitution, qui dispose que « **tout transfert de compétences entre l'État et les collectivités territoriales s'accompagne de l'attribution de ressources équivalentes** à celles qui étaient consacrées à leur exercice. Toute création ou extension de compétences ayant pour conséquence d'augmenter les dépenses des collectivités territoriales est accompagnée de ressources déterminées par la loi ». Ils s'élèvent à 40,8 milliards d'euros en 2022.

b. L'emprunt

L'emprunt constitue une ressource temporaire à laquelle les collectivités ne peuvent recourir que pour financer leurs dépenses d'investissement.

En 2020, l'emprunt des collectivités territoriales et de leurs groupements à fiscalité propre a représenté 18,38 milliards d'euros, soit environ 7,4 % de leurs recettes totales (247 milliards d'euros en 2020). L'encours de la dette des collectivités est relativement stable, même s'il tend à augmenter d'année en année (120 milliards d'euros fin 2009, 148,5 milliards d'euros fin 2016, 155 milliards d'euros en 2020).

c. Les fonds européens

Gérés par l'Union européenne, les fonds structurels européens visent à favoriser le rattrapage des régions les moins avancées et aider les régions en crise à se reconvertir.

Ils sont au nombre de deux :

- le Fonds social européen (FSE), qui sert à promouvoir la cohésion sociale et à soutenir l'emploi ;
- le Fonds européen de développement régional (FEDER), qui vise à réaliser des investissements dans les secteurs porteurs de croissance, dans les grandes infrastructures (autoroutes) et à soutenir le développement local.

LA PÉRÉQUATION

L'article 72-2 de la Constitution fixe que « la loi prévoit des dispositifs de péréquation destinés à favoriser l'égalité entre les collectivités territoriales ».
Il s'agit d'un mécanisme de redistribution qui vise à réduire les écarts de richesse entre les différentes collectivités territoriales.
On distingue :
– la **péréquation horizontale**, qui s'effectue entre collectivités, consistant à attribuer aux collectivités défavorisées une partie des ressources des collectivités les plus « riches ». Quatre fonds de péréquation ont été créés à partir de 2011 : le fonds national de péréquation des droits de mutation à titre onéreux (DMTO) perçus par les départements ; le fonds national de péréquation des ressources intercommunales et communales (FPIC) ; le fonds national de péréquation de la cotisation sur la valeur ajoutée des entreprises (CVAE) des départements ; le fonds national de péréquation des ressources des régions et de la collectivité territoriale de Corse ;
– la **péréquation verticale** assurée par les dotations de l'État aux collectivités. La dotation globale de fonctionnement (DGF) en est le principal instrument.
La péréquation est à environ 70 % verticale.

7. Quelles sont les dépenses obligatoires et les dépenses facultatives des collectivités ?

Certaines dépenses sont obligatoires, c'est-à-dire qu'elles doivent obligatoirement être inscrites dans le budget. À défaut, le préfet, ou le comptable public, ou toute personne y ayant intérêt, peut saisir la chambre régionale des comptes qui dispose d'un mois pour constater le défaut d'inscription et mettre la collectivité en demeure d'inscrire la dépense. Si la collectivité ne se conforme pas à l'avis, la chambre régionale des comptes peut demander au préfet de procéder à l'**inscription d'office** de la dépense.

A. Les dépenses obligatoires

L'article L. 162-15 du code général des collectivités territoriales dispose que « ne sont obligatoires pour les collectivités territoriales que les dépenses nécessaires à l'acquittement de dettes exigibles et les dépenses pour lesquelles la loi l'a expressément décidé ».

Les dépenses de fonctionnement correspondent à l'exploitation courante et régulière des services.

Il s'agit des frais de personnel, du remboursement de la dette (intérêts des emprunts), de la participation communale due au titre des contingents (exemple : les frais de casernement de la brigade des sapeurs-pompiers, aide sociale), des charges foncières réglées par la collectivité en tant que propriétaire, des cotisations versées à divers organismes au titre d'une affiliation.

Les dépenses d'investissement traduisent les opérations modifiant le patrimoine de la collectivité territoriale. Elles comprennent le remboursement de la dette en capital (financé par les ressources propres de la section d'investissement et le prélèvement sur les recettes de fonctionnement), les charges d'investissement réalisées par la collectivité territoriale (acquisitions, travaux), les subventions d'équipement versées à d'autres collectivités, les participations à des sociétés d'économie mixte d'aménagement.

B. Les dépenses facultatives

Elles comprennent notamment les dépenses de travaux, de fournitures et de services extérieurs n'ayant pas le caractère d'équipement nécessaire au bon fonctionnement du service public. Ces dépenses correspondent généralement à la passation de marchés (nettoyage, restauration, maintenance du matériel, etc.).

8. Engager, liquider, mandater, payer ?

On distingue, en matière de procédure de dépense publique locale, deux phases distinctes baptisées phase administrative, mise en œuvre par l'ordonnateur, et phase comptable, qui incombe au comptable.

La **phase administrative** comprend l'engagement, la liquidation, l'ordonnancement ou mandatement :

- **engager une dépense**, c'est, pour un organisme public, créer ou constater à son encontre une obligation de laquelle résulte une charge. L'engagement comptable, au moyen d'un bon d'engagement, permet de « vérifier les crédits et d'en faire la réservation », tandis que l'engagement juridique traduit la décision d'effectuer une dépense (signature d'un marché, par exemple). C'est l'exécutif de la collectivité qui engage les dépenses ;
- **liquider une dépense** consiste, après constat de la réalité du service fait, à vérifier le montant précis de la somme due et la conformité du document comptable ;

- **ordonnancer** (ou mandater) une dépense, c'est, pour l'ordonnateur, donner l'ordre au comptable, par un mandat, de procéder au paiement. Le mandat s'accompagne d'un ordre de virement au fournisseur.

Pendant la **phase comptable**, le comptable vérifie la régularité comptable avant de procéder au paiement de la dépense :

- la **prise en charge du mandat** engage (personnellement et pécuniairement) le comptable qui vérifie la qualité de l'ordonnateur, la disponibilité des crédits, l'exacte imputation de la dépense, les pièces justificatives, la liquidation et le caractère libératoire du règlement. Il vise ensuite le mandat et le met en paiement ;
- le **paiement de la dépense** est alors également réalisé par le comptable qui décaisse les fonds.

L'ordonnateur et le comptable sont ainsi strictement séparés : celui qui décide les opérations ne détient pas les fonds, celui qui détient les fonds ne décide pas les opérations.

9. Quel contrôle sur les comptes des collectivités territoriales ?

Le contrôle de la chambre régionale des comptes s'exerce sur toutes les collectivités territoriales de son ressort géographique, ainsi que sur les établissements publics (hôpitaux, lycées, collèges, etc.), les groupements intercommunaux, sociétés d'économie mixte locales et certaines associations subventionnées. Il convient de distinguer le contrôle budgétaire, dans lequel le préfet joue un rôle essentiel, du contrôle juridictionnel et du contrôle de gestion.

A. Le contrôle budgétaire

Le contrôle budgétaire est assuré par la chambre régionale des comptes dans quatre cas :

- sur saisine du préfet lorsque le budget n'a pas été transmis dans un délai de 15 jours après la date limite fixée pour son adoption ou lorsqu'il n'a pas été adopté avant cette date limite. La chambre régionale des comptes dispose alors d'un mois pour faire des propositions pour le règlement du budget. Le préfet peut ensuite, sur la base de ces propositions, régler le budget et le rendre exécutoire ;
- sur saisine du préfet, du comptable public ou de toute personne y ayant intérêt lorsque des dépenses obligatoires n'ont pas été inscrites au budget. La chambre régionale des comptes adresse alors à la collectivité concernée une mise en demeure dans un délai d'un mois. À défaut de réaction de la personne publique dans un délai d'un mois, la chambre régionale des comptes demande au préfet l'inscription de la dépense au budget et propose éventuellement les modifications budgétaires nécessaires pour couvrir cette dépense.

Il faut néanmoins, pour que cette procédure soit recevable, que cette dépense s'effectue :

- sur saisine du préfet, lorsque le budget ne fait pas apparaître un équilibre réel. La chambre régionale des comptes dispose alors de trente jours pour proposer les mesures nécessaires au rétablissement de l'équilibre. Si la collectivité ne prend pas, dans le mois qui suit, des mesures jugées suffisantes par la chambre régionale des comptes, c'est le préfet qui règle et rend le budget exécutoire ;
- sur saisine du préfet lorsque le compte administratif ne lui est pas transmis dans un délai de 15 jours ou lorsque les comptes font apparaître un déficit d'au moins 5 % des recettes de la section de fonctionnement (10 % dans les communes de moins de 20 000 habitants). La chambre régionale des comptes propose des solutions dans un délai d'un mois et le budget primitif de l'exercice suivant lui est automatiquement transmis par le préfet. Si la chambre régionale des comptes constate dans ce nouveau budget des propositions insuffisantes, elle propose dans le mois au préfet les mesures nécessaires au rétablissement de l'équilibre. Celui-ci rend alors le budget exécutoire.

B. Le contrôle juridictionnel

Il s'agit du contrôle exercé par la chambre régionale des comptes sur l'ensemble des comptes des comptables publics des collectivités territoriales et de leurs établissements publics. Entre aussi dans ce contrôle la gestion de fait des deniers des collectivités territoriales.

Les comptables des collectivités territoriales et des établissements publics locaux doivent rendre compte chaque année de leurs activités en produisant les comptes résumant les opérations exécutées sous leur responsabilité.

À l'issue de la procédure, la chambre régionale des comptes rend un arrêt définitif qui, soit décharge le comptable en cas de réparation des omissions ou irrégularités, soit condamne le comptable à rembourser sur ses deniers personnels.

La chambre régionale des comptes peut d'elle-même réviser ses jugements. Le jugement définitif de la chambre régionale des comptes est susceptible d'appel à la Cour des comptes. Il est cependant possible de se pourvoir en cassation devant le Conseil d'État contre les arrêts définitifs de la Cour des comptes.

C. Le contrôle de gestion

Le contrôle de gestion est assuré par la chambre régionale des comptes de manière rétrospective et se traduit par des lettres d'observation sur la qualité de la gestion de l'ordonnateur. La mise en route de ce type de contrôle est une compétence discrétionnaire de la chambre.

Les observations formulées par la chambre régionale des comptes, qui portent sur la régularité des actes de gestion, l'économie des moyens et l'évaluation des résultats et non sur l'opportunité, sont communiquées aux ordonnateurs qui peuvent répliquer. Si les explications fournies ne la satisfont pas, elle communique ses observations à l'organe délibérant, par l'intermédiaire des ordonnateurs.

L'article L. 241-9 du code des juridictions financières dispose que, « lorsque des observations sont formulées, le dirigeant ou l'ordonnateur concerné, y compris, le cas échéant, celui qui était en poste au cours de l'exercice examiné, disposent d'un délai de deux mois pour remettre au greffe de la chambre régionale des comptes une réponse écrite. Les observations ne peuvent être arrêtées définitivement qu'après réception de cette réponse ou, à défaut, à l'expiration du délai précité ».

Toute personne contrôlée ou nominativement ou explicitement mise en cause peut saisir la chambre régionale des comptes d'une demande de rectification d'observations définitives sur la gestion.

10 Qu'est-ce que la « gestion de fait » ?

L'article 60-XI de la loi de finances n° 63-156 du 23 février 1963 dispose que :

« Toute personne qui, sans avoir la qualité de comptable public ou sans agir sous contrôle et pour le compte d'un comptable public, s'ingère dans le recouvrement de recettes affectées ou destinées à un organisme public doté d'un poste comptable ou dépendant d'un tel poste doit, nonobstant les poursuites qui pourraient être engagées devant les juridictions répressives, rendre compte au juge financier de l'emploi des fonds ou des valeurs qu'elle a irrégulièrement détenus ou maniés.

Il en est de même pour toute personne qui reçoit ou manie directement ou indirectement des fonds ou des valeurs extraits irrégulièrement de la caisse d'un organisme public, et pour toute personne qui, sans avoir la qualité de comptable public, procède à des opérations portant sur des fonds ou des valeurs n'appartenant pas aux organismes publics mais que les comptables publics sont exclusivement chargés d'exécuter en vertu de la réglementation en vigueur.

Les gestions de fait sont soumises aux mêmes juridictions et entraînent les mêmes obligations et responsabilités que les gestions régulières. »

La procédure de gestion de fait vise à rétablir les formes comptables, en assujettissant le comptable de fait aux mêmes obligations qu'un comptable public, ainsi que les formes budgétaires, en faisant délibérer l'organe ayant le pouvoir d'autoriser les dépenses.

Le développement d'associations para-administratives, afin de pallier les rigidités de la comptabilité publique, a favorisé le développement de la gestion de fait, par exemple lorsqu'une association subventionnée par la commune prend en charge des factures libellées au nom de la commune ou verse des rémunérations à du personnel communal.

Lorsque l'association ne jouit d'aucune autonomie, les fonds versés demeurent des fonds publics puisque c'est, de fait, la collectivité qui décide de leur utilisation. Pour apprécier l'autonomie de l'association par rapport à la collectivité, la chambre régionale des comptes examine si l'association est ou non le simple relais des services de la collectivité. Si tel est le cas, la gestion de fait est établie. Des régularisations peuvent parfois être mises en œuvre sans sanction. Aux sanctions financières peuvent s'ajouter la démission d'office et l'inéligibilité.

11. Notions sur la commande publique

La **commande publique** est un terme générique relatif à l'ensemble des contrats passés par les personnes publiques pour satisfaire leurs besoins. Ces contrats peuvent ou non être soumis au code des marchés publics.

Elle regroupe ainsi les marchés publics, les marchés soumis à l'ordonnance n° 2005-649 du 6 juin 2005 relative aux marchés passés par certaines personnes publiques ou privées non soumises au code des marchés publics, les délégations de service public, les contrats de partenariat.

Pour sa part, le **Code de la commande publique** publié au *Journal officiel de la République française* le 5 décembre 2018, entré en vigueur le 1er avril 2019, intègre les **marchés publics** (qui relevaient antérieurement de l'ordonnance n° 2015-899 du 23 juillet 2015 relative aux marchés publics) et les **contrats de concession** (ancienne ordonnance n° 2016-65 du 29 janvier 2016 relative aux contrats de concession).

1. Les principes fondamentaux de la commande publique

L'article L. 3 du Code de la commande publique fixe que « les acheteurs et les autorités concédantes respectent le principe d'**égalité de traitement des candidats** à l'attribution d'un contrat de la commande publique. Ils mettent en œuvre les principes de **liberté d'accès** et de **transparence des procédures**, dans les conditions définies dans le présent code.

Ces principes permettent d'assurer l'efficacité de la commande publique et la bonne utilisation des deniers publics ».

A. Le principe d'égalité de traitement des candidats

Le principe d'égalité de traitement découle de l'idée selon laquelle tous les citoyens sont égaux devant la loi. Ainsi, de la même manière, tous les candidats à un marché public doivent :

- bénéficier d'un même traitement;
- recevoir les mêmes informations.

Aucune entreprise ou fournisseur ne peut être favorisé, le délit de favoritisme étant d'ailleurs pénalement sanctionné.

B. Le principe de liberté d'accès

Quels que soient leur taille et leur statut, les candidats doivent pouvoir accéder librement à une consultation.

Ce principe implique de :

- choisir une durée de marché raisonnable de manière à relancer régulièrement la mise en concurrence entre les candidats;
- procéder à une publicité la plus large possible;
- rédiger les termes du marché avec objectivité pour ne pas privilégier certains candidats;
- ne pas exclure une entreprise qui répondrait à toutes les conditions annoncées.

C. Le principe de transparence des procédures

Le principe de transparence correspond à l'idée selon laquelle les règles de la consultation doivent être déterminées au moment du lancement de la procédure et rendues publiques par l'acheteur public. Elles sont intangibles durant la consultation.

Il se traduit par :

- une publicité afin de garantir une vraie mise en concurrence;
- la conservation de tous les documents qui ont abouti à la sélection du candidat et de son offre;
- la justification du choix du titulaire du marché et la motivation du rejet des autres candidatures.

2. Les marchés publics

A. Qu'est-ce qu'un marché public ?

L'article L. 1111-1 du Code de la commande publique dispose qu'« un marché est un contrat conclu par un ou plusieurs acheteurs soumis au présent code avec un ou plusieurs opérateurs économiques, pour répondre à leurs besoins en matière de **travaux**, de **fournitures** ou de **services**, en contrepartie d'un prix ou de tout équivalent ».

Les **acheteurs publics** sont : l'État, les collectivités territoriales et les établissements publics. D'autres organismes privés créés pour satisfaire des besoins d'intérêt général doivent aussi respecter les règles de passation des marchés publics.

« Un **marché de travaux** a pour objet :

1° soit l'exécution, soit la conception et l'exécution de travaux dont la liste figure dans un avis annexé au présent code;

2° soit la réalisation, soit la conception et la réalisation, par quelque moyen que ce soit, d'un ouvrage répondant aux exigences fixées par l'acheteur qui exerce une influence déterminante sur sa nature ou sa conception.

Un ouvrage est le résultat d'un ensemble de travaux de bâtiment ou de génie civil destiné à remplir par lui-même une fonction économique ou technique » (article L. 1111-2).

« Un **marché de fournitures** a pour objet l'achat, la prise en crédit-bail, la location ou la location-vente de produits.

Il peut comprendre, à titre accessoire, des travaux de pose et d'installation » (article L. 1111-3).

« Un **marché de services** a pour objet la réalisation de prestations de services » (article L. 1111-4).

« Lorsqu'un marché porte sur des travaux et sur des fournitures ou des services, il est un marché de travaux si son objet principal est de réaliser des travaux.

Lorsqu'un marché a pour objet des services et des fournitures, il est un marché de services si la valeur de ceux-ci dépasse celle des fournitures achetées » (article L. 1111-5).

B. Les procédures de passation des marchés publics

La procédure de passation s'effectue en fonction du montant du marché, de son objet ou des circonstances de sa conclusion :

- soit **sans publicité ni mise en concurrence préalables** :

  Un marché sans publicité ni mise en concurrence préalables peut être passé dans des cas limitativement énumérés par les textes. Le Code de la commande publique précise les cas des marchés passés sans publicité ni mise en concurrence, en raison de **leur montant** ou de **leur objet** :
  - urgence impérieuse ;
  - absence d'offre, candidatures irrecevables, offres inappropriées ;
  - prestations qui ne peuvent être fournies que par un opérateur économique déterminé ;
  - livraisons complémentaires ou achat de matières premières particulières ;
  - cessation définitive d'activité ou certaines procédures ;
  - marché avec le ou l'un des lauréats d'un concours ;
  - réalisation de prestations similaires ;
  - **réponse à un besoin estimé inférieur à 25 000 euros HT** ;
  - fournitures de livres non scolaires ou enrichissement des collections inférieurs à 90 000 euros HT.

- soit selon une **procédure adaptée** :

  Une procédure adaptée est une procédure par laquelle l'acheteur définit librement les modalités de passation du marché, dans le respect des principes de la commande publique.

  L'acheteur peut passer un marché selon une procédure adaptée :

  1° lorsque la valeur estimée hors taxe du besoin est inférieure aux seuils européens mentionnés dans un avis qui figure en annexe du Code de la commande publique ;

  2° en raison de l'objet de ce marché, dans les conditions fixées par décret en Conseil d'État ;

3° lorsque, alors même que la valeur estimée du besoin est égale ou supérieure au seuil de procédure formalisée, la valeur de certains lots est inférieure à un seuil fixé par voie réglementaire.

- soit selon une **procédure formalisée** :
  Les trois procédures formalisées sont : l'**appel d'offres**, la **procédure avec négociation** et le **dialogue compétitif** :
  - l'**appel d'offres**, ouvert ou restreint, est la procédure par laquelle l'acheteur choisit l'offre économiquement la plus avantageuse, sans négociation, sur la base de critères objectifs préalablement portés à la connaissance des candidats. L'appel d'offres est dit ouvert lorsque tout opérateur économique intéressé peut soumissionner, restreint lorsque seuls les candidats sélectionnés par l'acheteur sont autorisés à soumissionner ;
  - la **procédure avec négociation** est la procédure par laquelle l'acheteur négocie les conditions du marché avec un ou plusieurs opérateurs économiques ;
  - le **dialogue compétitif** est la procédure par laquelle l'acheteur dialogue avec les candidats admis à y participer en vue de définir ou développer les solutions de nature à répondre à ses besoins et sur la base desquelles ces candidats sont invités à remettre une offre.

3. Les marchés de partenariat

L'article L. 1112-1 du Code de la commande publique fixe qu'« un marché de partenariat est un marché public qui a pour objet de confier à un opérateur économique ou à un groupement d'opérateurs économiques une mission globale ayant pour objet la construction, la transformation, la rénovation, le démantèlement ou la destruction d'ouvrages, d'équipements ou de biens immatériels nécessaires au service public ou à l'exercice d'une mission d'intérêt général et tout ou partie de leur financement. Le titulaire du marché de partenariat assure la maîtrise d'ouvrage de l'opération à réaliser.

Cette mission globale peut en outre comprendre :

1° tout ou partie de la conception des ouvrages, équipements ou biens immatériels ;

2° l'aménagement, l'entretien, la maintenance, la gestion ou l'exploitation d'ouvrages, d'équipements ou de biens immatériels ou une combinaison de ces éléments ;

3° la gestion d'une mission de service public ou des prestations de services concourant à l'exercice, par la personne publique, de la mission de service public dont elle est chargée ».

4. Les contrats de concession

L'article L. 1121-1 du Code de la commande publique fixe qu'« un contrat de concession est un contrat par lequel une ou plusieurs autorités concédantes soumises au présent code confient l'exécution de travaux ou la gestion d'un service à un ou plusieurs opérateurs économiques, à qui est transféré un risque lié à l'exploitation de l'ouvrage ou du service, en contrepartie soit du droit d'exploiter l'ouvrage ou le service qui fait l'objet du contrat, soit de ce droit assorti d'un prix.

La part de risque transférée au concessionnaire implique une réelle exposition aux aléas du marché, de sorte que toute perte potentielle supportée par le concessionnaire ne doit pas être purement théorique ou négligeable. Le concessionnaire assume le risque d'exploitation lorsque, dans des conditions d'exploitation normales, il n'est pas assuré d'amortir les investissements ou les coûts, liés à l'exploitation de l'ouvrage ou du service, qu'il a supportés ».

12. Le contrôle des actes des collectivités territoriales

Les modalités de contrôle de légalité des actes jouent un rôle déterminant dans le processus de décentralisation.

Comment pourrait-on véritablement parler de décentralisation si le contrôle de la légalité des actes permettait à l'État d'empêcher les collectivités territoriales d'exercer leurs compétences ?

Les lois de décentralisation ont inventé un dispositif qui permet à l'État de demeurer le garant de l'unicité de la République, en s'assurant que les actes pris par les collectivités territoriales ne portent pas atteinte au droit qui s'impose à tous.

La loi du 2 mars 1982 a ainsi mis fin à la tutelle administrative que l'État exerçait jusqu'alors sur les collectivités territoriales et modifié fondamentalement son contrôle sur la légalité de leurs actes. Le préfet ne dispose plus du pouvoir d'annuler lui-même les actes des autorités locales avant qu'ils ne produisent leurs effets (contrôle a priori) ; il peut en revanche saisir le juge administratif à fin d'annulation d'un acte illégal (contrôle a posteriori).

Les collectivités territoriales et leurs établissements publics ont donc l'obligation de transmettre au préfet leurs actes juridiques « les plus importants par leurs conséquences » (délibérations, principaux contrats, décisions réglementaires et individuelles prises par le maire dans le cadre de l'exercice de ses pouvoirs de police, conventions relatives aux marchés et aux emprunts, conventions de concession et d'affermage des services publics locaux, décisions individuelles prises en matière de gestion du personnel, décisions individuelles en matière d'urbanisme, etc.).

La transmission au contrôle de légalité rend les actes opposables aux tiers et fait courir le délai dans lequel le préfet peut saisir le tribunal administratif (délai de deux mois à compter de la réception de l'acte en préfecture). Les actes des collectivités territoriales et de leurs établissements publics sont **exécutoires de plein droit** dès leur publication (actes réglementaires) ou leur notification (actes individuels) dès lors qu'ils ont fait l'objet d'une transmission au contrôle de légalité.

On appelle **déféré administratif** ou **déféré préfectoral** le recours intenté par le préfet en vue d'obtenir l'annulation par le juge administratif d'un acte qu'il juge illégal.

Le représentant de l'État peut assortir son recours d'une demande de suspension de l'acte. Le juge des référés (président du tribunal administratif ou magistrat délégué par lui) fait droit à cette demande si l'un des moyens invoqués paraît, en l'état de l'instruction, propre à créer un doute sérieux quant à la légalité de l'acte attaqué. Il est statué sur cette demande dans le délai d'un mois.

Le représentant de l'État peut également introduire, dans le délai de dix jours suivant réception d'un acte relatif à des marchés publics, délégations de service public ou d'urbanisme, une demande de suspension. L'acte est alors suspendu et redevient exécutoire si le juge des référés n'a pas statué dans le délai d'un mois.

Lorsque l'acte attaqué est de nature à compromettre l'exercice d'une liberté publique ou individuelle, la suspension est prononcée par le juge des référés dans les quarante-huit heures.

Le préfet fait connaître à la collectivité sa décision de déférer l'acte.

Si le préfet sollicite des précisions ou des pièces manquantes ou s'il entame des négociations avec la collectivité en faisant valoir ses observations, le délai de deux mois court à partir de la réponse de la collectivité territoriale et non du jour de la réception. La formation du recours gracieux a pour effet de proroger le délai du recours contentieux.

Enfin, l'article 74 de la loi du 27 décembre 2019 relative à l'engagement dans la vie locale et à la proximité de l'action publique dispose qu'« avant d'adopter un acte susceptible d'être déféré au tribunal administratif, les collectivités territoriales ou leurs groupements ainsi que leurs établissements publics peuvent saisir le représentant de l'État chargé de contrôler la légalité de leurs actes d'une **demande de prise de position formelle** relative à la mise en œuvre d'une disposition législative ou réglementaire régissant l'exercice de leurs compétences ou les prérogatives dévolues à leur exécutif. La demande est écrite, précise et complète. Elle comporte la transmission de la question de droit sur laquelle la prise de position formelle est demandée ainsi que du projet d'acte.

Le silence gardé par le représentant de l'État pendant trois mois vaut absence de prise de position formelle.

Si l'acte est conforme à la prise de position formelle, le représentant de l'État ne peut pas, au titre de la question de droit soulevée et sauf changement de circonstances, le déférer au tribunal administratif ».

13. Les modes d'information des administrés et des élus

1. L'information des administrés

L'article L. 2141-1 du code général des collectivités territoriales affirme « Le droit des habitants de la commune à être informés des affaires de celle-ci et à être consultés sur les décisions qui les concernent, indissociable de la libre administration des collectivités territoriales, est un principe essentiel de la démocratie locale. »

Le Conseil d'État, dans son rapport de 1994 consacré aux services publics, considère qu'aux côtés des principes traditionnels d'égalité et de continuité des services publics ont émergé les nouveaux principes de **transparence** et de **responsabilité**. Ces nouveaux principes passent nécessairement par l'information des habitants sur l'action de l'administration.

La législation et la jurisprudence relative à la communication des documents administratifs en général sont fondées sur **le principe du libre accès à l'information, le secret devenant l'exception**. Tel est le principe posé par la loi du 17 juillet 1978 concernant l'amélioration des relations entre l'administration et le public et créant la Commission d'accès aux documents administratifs (CADA). La loi du 11 juillet 1978 impose en outre la motivation des actes administratifs.

Selon le code général des collectivités territoriales, toute personne physique ou morale a le droit de demander communication sur place et de prendre copie totale ou partielle des procès-verbaux du conseil municipal, des budgets et des comptes de la commune, des arrêtés municipaux. Ce droit d'accès interdit en revanche de « reproduire, de diffuser ou d'utiliser à des fins commerciales les documents communiqués ».

Pour que les administrés puissent exercer correctement leur droit d'accès aux documents, ils doivent en connaître l'existence et, surtout, pouvoir les identifier. En effet, l'administré doit désigner lui-même le document qu'il désire consulter.

Quand, par exemple, les budgets sont mis à la disposition du public, ils sont accompagnés de documents annexes permettant d'apprécier les engagements et les concours de la commune. Il en est de même des documents relatifs à l'exploitation des services publics délégués.

L'article L. 2121-27-1 du code général des collectivités territoriales dispose que « Dans les communes de 1 000 habitants et plus, lorsque des informations générales sur les réalisations et sur la gestion du conseil municipal sont diffusées par la commune, un espace est réservé à l'expression des conseillers élus sur une liste autre que celle ayant obtenu le plus de voix lors du dernier renouvellement du conseil municipal ou ayant déclaré ne pas appartenir à la majorité municipale. Les modalités d'application du présent article sont définies par le règlement intérieur du conseil municipal. »

2. L'information des élus locaux

Les élus locaux bénéficient par ailleurs d'un **droit à l'information** à propos des sujets qui sont traités lors des séances de leur assemblée. Ce droit à l'information, qui s'ajoute à celui dont bénéficie tout citoyen (dans le cadre du droit d'accès aux documents administratifs), n'a été introduit au niveau communal que par la **loi du 6 février 1992** (alors que les départements en bénéficiaient depuis 1871 et les régions depuis 1972).

Tout membre du conseil d'une collectivité ou d'un groupement dispose, dans le cadre de sa fonction, du droit d'être informé des affaires de celui-ci. En pratique, il doit être informé de la date de l'assemblée et des affaires qui y seront abordées suffisamment longtemps avant sa tenue mais également pendant. Au-delà de la seule information sur la tenue des assemblées, **certains documents sont obligatoirement transmis** aux différents conseillers dans des délais suffisants pour qu'ils puissent en prendre connaissance.

Le refus de communication et d'information des élus locaux est une décision grave et irrégulière. Les maires et présidents d'EPCI, de département ou de région sont responsables de cette information. Certaines informations doivent être adressées sans demande préalable des élus.

S'agissant des **communes et des EPCI**, toute **convocation** doit être faite par le maire ou la personne en ayant délégation, indiquer les questions portées à l'ordre du jour et être mentionnée au registre des délibérations. Elle est affichée ou publiée et transmise de manière dématérialisée ou, si les conseillers municipaux en font la demande, adressée par écrit à leur domicile ou à une autre adresse. Pour les communes de moins de 3 500 habitants et les EPCI dont aucune commune membre n'a une population de 3 500 habitants ou plus, la convocation est adressée au moins **trois jours** francs avant la réunion. Pour les communes de 3 500 habitants et plus et pour les autres EPCI, ce délai est fixé à **cinq jours**. Mais, en cas d'urgence, ce délai peut être abrégé par le maire à condition qu'il ne soit pas inférieur à un jour franc. Pour les départements et régions, **douze jours** au moins avant la réunion du conseil, le président adresse aux conseillers un rapport sur chacune des affaires qui doivent leur être soumises.

Habituellement, l'**initiative de la réunion du conseil** appartient au maire ou au président de l'EPCI, du département ou de la région, mais les conseillers peuvent provoquer cette réunion à condition d'être suffisamment nombreux à poser la demande. Dans les communes de moins de 1 000 habitants et EPCI assimilés, la demande doit émaner de la majorité des membres du conseil, dans les autres communes ou EPCI et dans les départements et régions, d'au moins le tiers des élus.

La **convocation au conseil** obéit à un formalisme précis. Elle doit comporter la liste de toutes les questions à l'ordre du jour. Une note de synthèse suffisamment détaillée sur les affaires soumises à délibération est, de plus, jointe pour les communes de 3 500 habitants et plus. Quant aux départements et aux régions, ils doivent fournir un rapport pour chacune des affaires soumises au conseil.

Au-delà, et en fonction de réglementations spécifiques, certains dossiers imposent des modalités spécifiques de fourniture d'information, que ce soit aux seuls conseillers ou à l'ensemble de la population. Ce sera le cas de l'élaboration budgétaire, de la construction et de l'examen de certains documents d'urbanisme. C'est notamment le cas, dans des communes de 3 500 habitants et plus, pour tout contrat de service public concerné par la délibération du conseil dont le projet de contrat ou de marché accompagné de l'ensemble des pièces est consultable en mairie par tout conseiller.

Pour les seuls **conseils départementaux et régionaux**, chaque année, le président présente au conseil un **rapport spécial** qui fait l'objet d'un débat devant l'assemblée. Ce rapport porte sur la situation du département ou de la région, l'activité et le financement des différents services de la collectivité ou des organismes qui dépendent d'elle, l'état d'exécution des délibérations du conseil et la situation financière de la collectivité. S'ajoute, pour la **région, l'état d'exécution du plan régional**.

Dans les communes de 50 000 habitants et plus et à la demande d'au moins un sixième des membres du conseil, dans les conseils départementaux ou régionaux à la demande d'au moins un cinquième des membres du conseil, le conseil délibère sur la **création d'une mission d'information et d'évaluation**. Cette dernière est chargée de recueillir des éléments d'information sur une question de l'intérêt de la collectivité ou de procéder à l'évaluation d'un service public de cette même collectivité. Les modalités de présentation, d'examen de la demande de constitution, puis celles de fonctionnement, de composition, de durée de mission, sont fixées par le règlement intérieur.

Au-delà des possibilités ouvertes par la loi, dont certaines dépendent déjà de lui, l'établissement et le contenu du **règlement intérieur** revêtent une importance toute particulière pour ouvrir de nouveaux droits à l'information et à l'expression des élus au sein de leur collectivité. Ce règlement est obligatoire dans les communes de 1 000 habitants et plus et EPCI assimilés, dans les conseils départementaux et dans les conseils régionaux.

Les **questions orales**, étendues par la loi du 6 février 1992 aux conseils municipaux, constituent un bon moyen d'information mais elles sont encadrées et ne sauraient constituer une intervention spontanée. Les conseillers municipaux ont le droit d'exposer en séance du conseil des questions orales ayant trait aux affaires de la commune. Dans les communes de 1 000 habitants et plus, comme dans les départements et régions, le règlement intérieur fixe la fréquence ainsi que les règles de présentation et d'examen de ces questions. À défaut de règlement intérieur, celles-ci sont fixées par une délibération du conseil municipal. L'exécutif est tenu d'y répondre, sauf refus motivé.

En séance, l'initiative des conseillers est limitée. La demande d'inscription à l'ordre du jour doit être adressée avant la réunion de l'assemblée. Si elle est formulée en cours de délibération, elle ne pourra être inscrite à l'ordre du jour que du conseil suivant, sauf s'il s'agit d'une question de procédure. Le droit d'expression des élus est tout aussi contrôlé : les demandes d'intervention sont filtrées par le président de l'exécutif – il est aussi président de séance – qui peut s'appuyer sur le règlement intérieur, mais aussi apprécier le caractère abusif des interventions.

C'est en matière financière et contractuelle que le législateur est le plus exigeant. Le **débat d'orientation budgétaire** et le **rapport d'orientation budgétaire** préalable à l'examen du projet de budget, les documents détaillés annexés au budget (selon un plan comptable censé améliorer la transparence mais peu lisible pour le non-spécialiste) et au compte administratif, et disponibles suffisamment à l'avance (douze jours pour les conseils régionaux et généraux) doivent permettre à tout élu de se prononcer en connaissance de cause. De même les contrats et marchés de service public doivent faire l'objet d'une information complète et préalable.

À ce droit à l'information lié aux décisions du ressort de la collectivité s'ajoute celui portant sur **l'environnement de la collectivité** : la loi du 12 juillet 1999 sur l'intercommunalité enjoint aux présidents des établissements publics de coopération intercommunale (aux conseils desquels les oppositions communales sont absentes du fait du mode de désignation indirecte) d'adresser chaque année aux maires des communes adhérentes un **rapport d'activité joint au compte administratif**, tout comme les délégués de la commune à l'EPCI doivent rendre compte au moins deux fois par an de l'activité de l'EPCI dans le cadre d'un débat qui lui est consacré. Cette obligation est d'autant plus importante que les transferts de compétences croissants des communes vers les EPCI aboutissent à vider de tout débat public des sujets de plus en plus nombreux qui sont soustraits à la décision des conseils municipaux.

De même, les **avis et observations des chambres régionales des comptes sur la gestion de la collectivité** sont transmis à l'assemblée de la collectivité et inscrits obligatoirement à son ordre du jour.

Quant au **droit d'amendement**, reconnu par le juge administratif qui l'interprète de façon libérale, son exercice est singulièrement restreint en matière financière. Outre l'irrecevabilité des amendements augmentant une dotation d'État ou créant des impôts et taxes non prévus par la loi, l'obligation de l'équilibre budgétaire et la marge de manœuvre limitée (la grande majorité des dépenses de fonctionnement est obligatoire et les dotations et subventions de l'État sont globales), le caractère peu détaillé de l'examen et du vote du budget limitent *de facto* le droit d'amendement.

Dernier pouvoir de l'élu opposant, celui d'attaquer les délibérations prises par son assemblée sur la base de leur légalité interne ou externe (CE, 24 mai 1995, *Ville de Meudon*) n'est pas le moins utilisé car il est souvent le seul moyen de contester la décision prise et illustre, au niveau local aussi, le lien entre contestation politique et contestation juridique.

14. Notions sur la démocratie consultative et participative

L'article 10 de la **loi du 6 février 1992 sur l'administration territoriale de la République** dispose que « le droit des habitants de la commune à être informés des affaires de celle-ci et à être consultés sur les décisions qui les concernent, indissociable de la libre administration des collectivités territoriales, est un principe essentiel de la démocratie locale [...] ».

La participation s'exerce au moyen des **commissions consultatives des services publics locaux** (qui doivent comprendre des représentants des usagers) et des **comités consultatifs**, comprenant des représentants des associations, qui peuvent être créés par le conseil municipal pour tout problème d'intérêt communal concernant tout ou partie du territoire de la commune.

La **loi du 27 février 2002 sur la « démocratie de proximité »**, mise en œuvre à la suite du rapport Mauroy, vise à créer de nouvelles conditions d'exercice de la démocratie locale. Elle comporte plus de 300 mesures portant sur la participation des habitants, le statut de l'élu, le patrimoine, le régime PLM (Paris, Lyon, Marseille), les compétences des régions, les SDIS (services départementaux d'incendie et de secours), les enquêtes publiques, le recensement, le conservatoire du littoral.

Le chapitre consacré à la **participation des habitants à la vie locale** rend obligatoire la création de **conseils de quartier** et **d'adjoints de quartier** (dans la limite de 10 % du nombre de conseillers municipaux) dans les villes de plus de 80 000 habitants (49 villes). La création est facultative dans les villes de 20 000 à 79 999 habitants (351 villes). Leur composition et leur mode de fonctionnement sont fixés par le conseil municipal sur proposition du maire : les conseils de quartier peuvent être consultés par le maire et associés aux actions intéressant le quartier, en particulier celles menées au titre de la politique de la ville. Des **mairies annexes** doivent obligatoirement être créées dans les quartiers des villes de plus de 100 000 habitants (37 villes). Les **commissions consultatives des services publics locaux** deviennent obligatoires dans les régions, les départements, les villes de plus de 10 000 habitants ainsi que les établissements publics de coopération intercommunale.

1. Le référendum décisionnel local

La loi ATR de 1992 avait instauré ce qu'on appelait parfois le « **référendum communal** » : il s'agit en fait d'une consultation directe des électeurs sur les décisions entrant dans la compétence communale; la décision d'organiser cette consultation, à la demande du maire ou d'un tiers des conseillers municipaux (la moitié dans les communes de moins de 3 500 habitants), est prise par délibération du conseil municipal, les résultats du référendum ne liant alors pas l'autorité communale.

Le **référendum décisionnel local** a été créé par la **loi constitutionnelle du 28 mars 2003**. Ses modalités ont été précisées par une **loi organique du 1er août 2003**. Jusque-là, seules les communes pouvaient organiser un « référendum local », c'est-à-dire un vote sur un sujet d'intérêt communal. Mais celui-ci n'était que consultatif, le conseil municipal n'étant pas tenu par le résultat du vote. Aujourd'hui, toutes les collectivités territoriales, y compris celles à statut particulier et d'outre-mer, peuvent organiser des référendums locaux et ils ont valeur de décision.

L'assemblée délibérante d'une collectivité territoriale peut soumettre à référendum local tout projet de délibération tendant à régler une affaire de la compétence de cette collectivité. Par ailleurs l'exécutif peut seul soumettre à référendum local tout projet d'acte relevant des attributions qu'il exerce au nom de la collectivité, à l'exception des projets d'acte individuel.

L'assemblée délibérante de la collectivité territoriale concernée par le référendum fixe le jour du scrutin. Celui-ci ne peut avoir lieu moins de deux mois après la transmission du texte, sur lequel portera le vote, au représentant de l'État (préfet). Par ailleurs, un référendum local ne peut avoir lieu pendant les campagnes ou le jour des élections locales, législatives, sénatoriales, européennes, présidentielle, ou d'un référendum décidé par le président de la République Un dossier d'information sur le sujet du référendum est mis à la disposition du public.

Seuls les électeurs de la collectivité concernée peuvent participer au vote et non ses habitants. Les ressortissants des États membres de l'Union peuvent seulement participer aux référendums organisés par les communes. Le projet de texte soumis au référendum est adopté si au moins la moitié des électeurs inscrits ont participé au vote et s'il réunit la majorité des voix.

2. La consultation des électeurs

Outre le référendum local, **la loi organique du 1er août 2003** relative à l'expérimentation par les collectivités territoriales (article 122) prévoit un nouveau mode de participation des électeurs aux décisions locales, la **consultation des électeurs** (« les électeurs d'une collectivité territoriale peuvent être consultés sur les décisions que les autorités envisagent de prendre pour régler les affaires relevant de la compétence de celle-ci. La consultation peut être limitée aux électeurs d'une partie du ressort de la collectivité, pour les affaires intéressant spécialement cette partie de la collectivité »).

La décision de consulter appartient à l'assemblée délibérante, mais 1/5e des électeurs d'une commune inscrits sur les listes électorales (1/10e des électeurs dans les autres collectivités territoriales) peuvent demander à ce que soit inscrite à l'ordre du jour de l'assemblée délibérante de la collectivité l'organisation d'une consultation sur toute affaire relevant de sa décision. Pas de confusion : il ne s'agit là en aucune manière d'un référendum décisionnel : la loi précise à cet égard que « la délibération (par laquelle l'assemblée délibérante de la collectivité territoriale arrête le principe et les modalités d'organisation de la consultation) indique expressément que cette consultation n'est qu'une demande d'avis ».

3. Le droit de pétition

L'article 72-1 de la Constitution dispose que « les électeurs de chaque collectivité territoriale peuvent, par l'exercice du droit de pétition, demander l'inscription à l'ordre du jour de l'assemblée délibérante de cette collectivité d'une question relevant de sa compétence ». Cette disposition introduite dans la Constitution en mars 2003 n'a fait l'objet d'aucune loi qui en précise les modalités d'application. À défaut de texte spécifique, ce droit relève des dispositions de l'article L. 1112-16 du Code général des collectivités territoriales.

Une pétition doit être signée, s'agissant d'une commune ou d'un EPCI, par un 1/5e des électeurs inscrits sur les listes électorales, pour toute autre collectivité, par 1/10e des électeurs inscrits sur les listes électorales. Un électeur ne peut signer qu'une pétition par an, pour chacun des niveaux de collectivités.

La pétition ne peut concerner une compétence d'une autre collectivité, *a fortiori* l'État, même si la demande porte sur les conséquences pour la collectivité de l'exercice de cette compétence. C'est notamment le cas pour le tracé d'une autoroute, l'extension d'un aéroport, les conditions d'attribution de logements sociaux…

4. Les conseils citoyens dans le cadre de la politique de la ville

La loi du 21 février 2014 de programmation pour la ville et la cohésion urbaine permet de concentrer les moyens vers les territoires qui en ont le plus besoin et d'arrêter la dispersion en resserrant la géographie prioritaire. Environ 1 300 quartiers populaires sont ciblés en fonction du revenu par habitant en lieu et place des 2 500 quartiers bénéficiant de CUCS. Par ailleurs, la nature même des contrats passés entre l'État et les collectivités territoriales change. Alors qu'auparavant les interventions étaient cloisonnées (rénovation urbaine, actions sociales…), les nouveaux contrats de ville sont des contrats globaux à l'échelle d'un quartier, qui doivent prendre en compte le bâti, mais aussi le développement économique et l'action sociale, pour passer de la notion de contrat avec des programmes ciblés à un véritable projet de territoire. Enfin, les habitants sont davantage associés aux décisions concernant leur quartier et participent directement à l'élaboration et à la mise en œuvre des contrats de ville au sein des **conseils citoyens**.

L'article 7-1 de la loi du 21 février 2014 dispose qu'« **un conseil citoyen** est mis en place dans chaque quartier prioritaire de la politique de la ville, sur la base d'un diagnostic des pratiques et des initiatives participatives. […] Ces conseils citoyens sont associés à l'élaboration, à la mise en œuvre et à l'évaluation des contrats de ville. Des représentants du conseil citoyen participent à toutes les instances de pilotage du contrat de ville, y compris celles relatives aux projets de renouvellement urbain. Les conseils citoyens exercent leur action en toute indépendance vis-à-vis des pouvoirs publics et inscrivent leur action dans le respect des valeurs de liberté, d'égalité, de fraternité, de laïcité et de neutralité ».

15. Éléments de management

1. Qu'est-ce que le management ?

Le « management » désigne le fait de piloter une organisation.

Plus précisément, on définit aujourd'hui couramment le management comme **la capacité de diriger un service ou une organisation en motivant les personnes**.

Henri Fayol (1841-1925), ingénieur et chef d'entreprise, auteur de *Administration industrielle et générale* (1916), définit ainsi le management :

« Prévoir,
organiser,
commander,
coordonner,
contrôler ».

Si la notion de « commandement » traduit une conception aujourd'hui dépassée du management, cette définition n'en demeure pas moins pertinente.

On peut toutefois lui préférer d'autres définitions du management :

- prospective et fixation des objectifs ;
- répartition des tâches et allocations des ressources ;
- vérification du travail effectué.

ou encore :

- définition des buts à atteindre ;
- mise au point des stratégies à suivre ;
- élaboration et suivi des plans d'action.

2. Qu'est-ce qu'encadrer ?

L'**encadrement** est une expression du pouvoir hiérarchique. Il consiste à :

- clarifier les responsabilités (et les élargir pour faire évoluer les collaborateurs) ;
- fixer des objectifs motivants permettant de renforcer les compétences professionnelles ou relationnelles ;
- clarifier l'autonomie et les délégations accordées à chacun.

Encadrer, c'est travailler à faire travailler les autres, « cadrer » leur travail de manière à ce qu'ils réalisent les objectifs fixés en respectant certaines règles.

Encadrer une équipe, c'est la diriger, c'est-à-dire lui donner une direction en définissant des objectifs et en vérifiant s'ils sont ou non atteints.

On dit aussi : **encadrer, c'est donner le sens** (la direction et la signification).

Encadrer (par exemple dans l'expression : « encadrer un texte »), c'est aussi « mettre en valeur ».

3. Qu'est-ce que la régulation ?

Quotidiennement, un chef de service pratique **la régulation** de son équipe :
- la **régulation professionnelle** consiste à rappeler les objectifs, c'est-à-dire les actions concrètes à réaliser dans un délai convenu et défini ;
- la **régulation hiérarchique** est nécessaire pour recadrer un collaborateur s'affranchissant des repères fondant la relation contractuelle de subordination : le respect des disciplines de travail, des horaires, des temps de pause, des délais, la disponibilité, la réalisation du travail demandé et des objectifs et la présence au poste de travail ;
- la **régulation personnelle** est la plus difficile à réaliser et prend la forme d'un entretien de face à face dont l'objectif est de réaffirmer son autorité hiérarchique, le respect des disciplines de travail et des collègues.

4. Quelques conseils en matière d'encadrement

■ Définir des objectifs clairs, concrets et mesurables renforçant les compétences et acceptés par chacun de vos collaborateurs.

■ Définir un cadre de travail clair comportant au moins :
- la définition des responsabilités et des objectifs ;
- la définition des règles du jeu dans l'équipe : partage de l'information, entraide, allocation des moyens, respect du temps, modalités d'évaluation, rémunération et primes, exercice du pouvoir disciplinaire.

■ Donner des signes de reconnaissance clairs.

■ Pratiquer la reprise d'autorité dès que la règle n'est pas respectée en trois temps :
- rappel de la règle ;
- constat et validation des faits ;
- demande d'action.

5. Les modes d'encadrement et de régulation

■ Deux modes d'encadrement se distinguent :
- « Je vous demande » (mode imposition) ;
- « Je vous écoute » (mode coach).

■ De même, il existe deux modes de régulation :
- « Je vous propose » (mode négociation) ;
- « Je vous invite » (mode animation).

6. Les différents types de management

A. Le management participatif

Fondement : ouverture, négociation.
Fonction : mobiliser, impliquer.
Objectif : que les collaborateurs soient parties prenantes.
Point positif : génère de l'engagement.
Écueil : la démagogie.

B. Le management délégatif

Fondement : initiative, autonomie, confiance.
Fonction : responsabiliser.
Objectif : que les collaborateurs se responsabilisent.
Point positif : génère du développement.
Écueil : retrait ; laisser-faire.

C. Le management directif

Fondement : organisation, consignes.
Fonction : structurer.
Objectif : que les collaborations soient efficaces.
Point positif : génère de la sécurité.
Écueil : autoritarisme.

D. Le management persuasif

Fondement : explication, persuasion, conviction.
Fonction : accompagner, associer.
Objectif : que les collaborateurs adhèrent.
Point positif : génère de la confiance.
Écueil : paternalisme, autoritarisme.

7. L'évaluation des fonctionnaires

Traditionnellement, la valeur professionnelle des fonctionnaires se traduisait par l'attribution d'une note.

La loi n° 2014-58 du 27 janvier 2014 de modernisation de l'action publique territoriale et d'affirmation des métropoles (MAPTAM) dispose que « l'appréciation, par l'autorité territoriale, de la valeur professionnelle des fonctionnaires se fonde sur un **entretien professionnel annuel** conduit par le supérieur hiérarchique direct qui donne lieu à l'établissement d'un compte rendu ».

Le décret n° 2014-1526 du 16 décembre 2014 relatif à l'appréciation de la valeur professionnelle des fonctionnaires territoriaux rend obligatoire, à compter du 1er janvier 2015, pour l'appréciation de la valeur professionnelle des fonctionnaires territoriaux, l'entretien professionnel, en lieu et place de la notation.

Le nouveau dispositif d'entretien professionnel s'impose à toutes les collectivités et à l'ensemble des cadres d'emplois. Cet entretien annuel constitue un moyen privilégié pour évaluer l'atteinte des objectifs individuels et collectifs fixés au précédent entretien, examiner la cause des écarts entre objectifs atteints et fixés, s'accorder sur de nouveaux objectifs et les moyens nécessaires pour les atteindre. L'expression des besoins en formation de l'agent évalué, les appréciations de l'encadrant, son avis sur l'évolution de la carrière et du régime indemnitaire de l'agent sont évidemment au cœur de l'entretien et jouent un rôle déterminant dans le développement de la motivation.

L'entretien d'évaluation peut ainsi notamment permettre de déterminer le niveau du **régime indemnitaire** alloué à chaque agent et de faire ainsi varier une part de la rémunération de l'agent évalué en fonction des résultats de l'agent évalué.

Le régime indemnitaire constitue un levier efficace, grâce à des éléments de différenciation indemnitaire en lien avec l'évaluation des résultats professionnels. Ce régime est fixé par l'organe délibérant de la collectivité territoriale, après avis du comité technique. Cette mise en place n'est pas obligatoire.

Le régime indemnitaire fixé par une collectivité peut tenir compte des conditions d'exercice des fonctions, de l'engagement professionnel des agents et, si la collectivité le souhaite, des résultats collectifs du service. Le régime indemnitaire tenant compte des fonctions, des sujétions, de l'expertise et de l'engagement professionnel (RIFSEEP) de l'État sert de référence au régime indemnitaire pour la plupart des cadres d'emplois dans la fonction publique territoriale.

Le décret n° 2014-513 du 20 mai 2014 portant création d'un régime indemnitaire tenant compte des fonctions, des sujétions, de l'expertise et de l'engagement professionnel dans la fonction publique de l'État fixe que le régime indemnitaire comprend deux parts : d'une part, une **indemnité de fonctions, de sujétions et d'expertise** (fixée selon le niveau de responsabilité et d'expertise requis dans l'exercice des fonctions) et, d'autre part, un **complément indemnitaire annuel** lié à l'engagement professionnel et à la manière de servir.

L'article L. 712-1 du Code général de la fonction publique fixe que :

« Le fonctionnaire a droit, après service fait, à une rémunération comprenant :

1° le traitement;

2° l'indemnité de résidence;

3° le supplément familial de traitement;

4° les primes et indemnités instituées par une disposition législative ou réglementaire ».

L'article L. 714-1 précise que « les primes et indemnités allouées au fonctionnaire peuvent tenir compte des fonctions qu'il exerce, de ses résultats professionnels et des résultats collectifs du service auquel il appartient ».

8. Les sanctions disciplinaires dans la fonction publique territoriale

Les sanctions sont réparties entre quatre groupes :

- **Premier groupe :**
  - l'avertissement (non inscrit au dossier du fonctionnaire) ;
  - le blâme (inscrit au dossier et effacé au bout de 3 ans sauf nouvelle sanction) ;
  - l'exclusion de 3 jours maximum, sans traitement.
- **Deuxième groupe :**
  - la radiation du tableau d'avancement ;
  - l'abaissement d'échelon ;
  - l'exclusion temporaire pour une durée de 4 à 15 jours, sans traitement.
- **Troisième groupe :**
  - la rétrogradation ;
  - l'exclusion temporaire de fonctions pour une durée de 16 jours à 2 ans, sans traitement.
- **Quatrième groupe :**
  - la mise à la retraite d'office ;
  - la révocation.

En cas de procédure disciplinaire, l'agent concerné doit être averti qu'il a droit à communication de son dossier et un délai raisonnable doit lui être laissé pour préparer sa défense.

S'il encourt une sanction autre que celle du premier groupe, la commission administrative paritaire de sa catégorie se réunit en conseil de discipline, présidée par un juge administratif. La procédure est contradictoire et le fonctionnaire peut être accompagné d'un défenseur. Le rapport d'enquête établi par l'administration relatant les faits est présenté et discuté. L'avis du conseil de discipline ne lie pas l'administration.

La sanction doit être motivée. Jusqu'à peu, elle était susceptible d'un recours juridictionnel devant le tribunal administratif et d'un recours devant le conseil de discipline de recours. La saisine du conseil de discipline de recours était toujours possible si la sanction est du quatrième groupe. Pour les sanctions des deuxième et troisième groupes, il fallait que l'autorité ait prononcé une sanction plus sévère que celle proposée par le conseil de discipline.

Contrairement à l'avis donné par le conseil de discipline de premier degré, l'autorité était pour partie liée par l'avis du conseil de discipline de recours : elle ne pouvait prendre de sanction plus sévère que celle proposée par celui-ci.

La loi du 6 août 2019 a supprimé la procédure d'appel devant le conseil de discipline de recours. L'agent conserve la possibilité d'exercer un recours gracieux auprès de l'autorité qui a prononcé la sanction ou de saisir directement le juge administratif.

9. Les risques psychosociaux

Environ 20 % des salariés européens estiment que leur santé est affectée par des problèmes de stress au travail. En France, un salarié sur six estime être l'objet de comportements hostiles dans le cadre de son travail.

Les risques psychosociaux comprennent :

- le stress au travail;
- les violences internes (commises au sein de l'entreprise par des salariés : conflits, brimades, harcèlement moral, etc.);
- les violences externes (commises sur des salariés par des personnes externes à l'entreprise);
- l'épuisement professionnel (ou burn out);
- les formes de mal-être, de souffrance, de malaise ressentis par les salariés.

RAPPEL DU FORMATEUR

Pour l'Agence européenne pour la sécurité et la santé au travail de Bilbao, le stress « survient lorsqu'il y a un déséquilibre entre la perception qu'une personne a des contraintes imposées par son environnement et la perception qu'elle a de ses propres ressources pour y faire face ».

L'expression « risques psychosociaux » renvoie à des contextes de travail et de risques qui vont au-delà du seul stress : surcharge de travail, contraintes excessives de temps mais aussi perte de repères, manque de sens au travail, conflit de valeurs.

La santé psychique des salariés dépend largement de la relation aux autres : la reconnaissance, la possibilité d'échanges et de coopération dans le travail, le soutien des collègues et de la hiérarchie jouent un rôle déterminant dans la prévention de ces risques.

Ainsi, les risques psychosociaux peuvent être précisément définis comme « des risques pour la santé mentale, physique ou sociale, engendrés par les conditions d'emploi et les facteurs organisationnels et relationnels susceptibles d'interagir avec le fonctionnement mental ».

Un **accord-cadre** signé en 2013 a rappelé les neuf obligations de sécurité de l'employeur en matière de protection de la santé physique et mentale mentionnées dans le Code du travail et applicable à la fonction publique :

1. éviter les risques;
2. évaluer les risques qui ne peuvent être évités;
3. combattre les risques à la source;
4. adapter le travail à l'homme, en particulier en ce qui concerne la conception des postes de travail ainsi que le choix des équipements de travail et des méthodes de travail et de production, en vue notamment de limiter le travail monotone et le travail cadencé, et de réduire les effets de ceux-ci sur la santé;
5. tenir compte de l'état de l'évolution de la technique;
6. remplacer ce qui est dangereux par ce qui n'est pas dangereux ou par ce qui est moins dangereux;

7. planifier la prévention en y intégrant, dans un ensemble cohérent, la technique, l'organisation du travail, les conditions de travail, les relations sociales et l'influence des facteurs ambiants, notamment les risques liés au harcèlement moral ;
8. prendre les mesures de protection collective en leur donnant la priorité sur les mesures de protection individuelle ;
9. donner les instructions appropriées aux travailleurs.

L'encadrement joue donc un rôle déterminant dans la prévention de ces risques : mieux organiser le travail, atténuer la charge de travail, clarifier la répartition des tâches, donner du sens aux activités, pratiquer un management respectueux des personnes, etc., autant de pistes à explorer.

Enfin, l'Agence nationale d'amélioration des conditions de travail (ANACT) met son expertise au service tant de diagnostics que de préconisations.

PARTIE 3

Réussir l'épreuve d'admission : l'entretien avec le jury

DURÉE 20 MINUTES

- Planning de révisions 370
- Méthodologie et conseils 371
- Simulations d'entretien 388

COEFFICIENT 1

Planning de révisions

Le **planning** ci-après entend vous proposer **un mode d'acquisition méthodique des connaissances et des savoir-faire indispensables** à la réussite de l'épreuve d'entretien.

La date à laquelle vous commencez à utiliser cet ouvrage pour vous préparer déterminera évidemment la durée de chaque période : si, par exemple, vous entamez votre préparation personnelle six mois avant le concours, les neuf périodes d'appropriation compteront chacune de l'ordre de deux semaines. Il en ira tout différemment si vous pensez pouvoir préparer le concours en un mois : deux à trois jours seront alors consacrés à chaque période.

Soyez également attentif au fait que cette épreuve requiert non seulement une maîtrise de la technique de l'entretien, mais aussi celle, notamment, des connaissances sur l'environnement territorial, développées en partie II, qui font l'objet de la période 1 ci-dessous.

PÉRIODES	CONTENU DES RÉVISIONS	NOS OUTILS
1	Se préparer en amont de l'épreuve	
2	Prendre connaissance de la totalité des conseils méthodologiques	**Méthodologie et conseils :** pp. 371-387
3	Élaborer l'exposé de 5 minutes sur la formation, l'expérience, le projet	**Méthodologie et conseils :** pp. 375-379
4	Mémoriser l'exposé de 5 minutes sur la formation, l'expérience, le projet, s'entraîner à le livrer à un auditoire, sans notes et en 10 minutes	
5	Relire l'ensemble des conseils méthodologiques, approfondir les questions portant sur l'encadrement	**Méthodologie et conseils :** pp. 371-387
6	Multiplier les entraînements en temps réel devant un « jury » composé de plusieurs personnes (collègues, amis…)	
7	Retravailler l'exposé de 5 minutes sur la formation, l'expérience, le projet, en fonction du déroulement de la simulation de l'épreuve de 20 minutes	
8	Être particulièrement attentif à l'actualité des collectivités territoriales à l'approche de l'épreuve	
9	S'entraîner une dernière fois en temps réel devant un « jury » quelques jours avant l'épreuve d'admission	

Les trois concours (externe, interne, troisième concours) d'accès à chacun des deux premiers grades du cadre d'emplois des rédacteurs territoriaux (rédacteur et rédacteur principal de 2e classe) comportent chacun une unique épreuve orale d'admission consistant en un entretien d'une durée de 20 minutes comportant un exposé de 5 minutes sur **la formation, l'expérience, le projet du candidat**.

L'épreuve des concours d'accès au second grade (rédacteur principal de 2e classe) diffère de celle des concours d'accès au premier grade (rédacteur) sur un point : outre les connaissances, l'entretien des concours de rédacteur principal de 2e classe vise notamment à mesurer **les aptitudes à l'encadrement**.

ATTENTION

Une évolution réglementaire assez récente (décret n° 2013-593 du 5 juillet 2013) dote cette épreuve orale d'admission, comme toutes les épreuves d'admission des concours et examens de la fonction publique territoriale, d'une note éliminatoire : toute note inférieure à 5 sur 20 à cette épreuve élimine définitivement le candidat, quelle que soit la moyenne générale des notes qu'il a obtenues.

Un jury peut désormais, s'il estime la prestation d'un candidat si préoccupante qu'il veut rendre impossible sa réussite au concours, choisir de lui attribuer la note de 4 ou de 4,50 à l'épreuve orale d'admission : le jury est ainsi certain que, même si ce candidat a été excellent à l'écrit, il ne sera pas lauréat du concours.

Rappel des épreuves

	Externe	Interne	3e voie
Rédacteur	Entretien ayant pour point de départ un exposé du candidat sur sa formation et son projet professionnel et permettant au jury d'apprécier sa capacité à s'intégrer dans l'environnement professionnel au sein duquel il est appelé à exercer ses fonctions, sa motivation et son aptitude à assurer les missions dévolues au cadre d'emplois (durée totale de l'entretien : 20 min, dont 5 au plus d'exposé ; coefficient 1)	Entretien ayant pour point de départ un exposé du candidat sur les acquis de son expérience et permettant au jury d'apprécier ses motivations et son aptitude à exercer les missions dévolues au cadre d'emplois (durée totale de l'entretien : 20 min dont 5 au plus d'exposé ; coefficient 1)	Entretien ayant pour point de départ un exposé du candidat sur les acquis de son expérience, permettant au jury d'apprécier ses motivations et son aptitude à exercer les missions dévolues au cadre d'emplois ainsi que sa capacité à s'intégrer dans l'environnement professionnel (durée totale de l'entretien : 20 min dont 5 au plus d'exposé ; coefficient 1)
Rédacteur principal de 2e classe	Entretien ayant pour point de départ un exposé du candidat sur sa formation et son projet professionnel, permettant au jury d'apprécier ses connaissances, sa motivation et son aptitude à exercer les missions dévolues aux membres du cadre d'emplois et à encadrer une équipe (durée totale de l'entretien : 20 min, dont 5 au plus d'exposé ; coefficient 1)	Entretien, ayant pour point de départ un exposé du candidat sur les acquis de son expérience, permettant au jury d'apprécier ses connaissances, sa motivation, son aptitude à exercer les missions dévolues aux membres du cadre d'emplois et à encadrer une équipe (durée totale de l'entretien : 20 min, dont 5 au plus d'exposé ; coefficient 1)	Entretien, ayant pour point de départ un exposé du candidat sur les acquis de son expérience, permettant au jury d'apprécier ses connaissances, sa motivation, son aptitude à exercer les missions dévolues aux membres du cadre d'emplois et sa capacité à s'intégrer dans l'environnement professionnel et à encadrer une équipe (durée totale de l'entretien : 20 min, dont 5 au plus d'exposé ; coefficient 1)

1. Un entretien avec un jury

1. Un entretien

L'intitulé réglementaire de l'épreuve ne doit pas vous induire en erreur : les 15 minutes qui font suite à l'exposé de 5 minutes ne se réduisent nullement à une aimable conversation de salon. Elles prennent la forme de questions généralement brèves du jury, qui peuvent être d'abord inspirées par votre exposé avant de s'élargir pour mesurer vos aptitudes à exercer les missions d'un rédacteur ou d'un rédacteur principal de 2e classe.

Le concept d'entretien correspond bien à la nature même de l'épreuve en ce qu'il fait écho à celui d'**entretien de recrutement** : si le jury ne cherche pas à recruter un rédacteur ou un rédacteur principal de 2e classe pour pourvoir un poste précis, l'entretien du concours n'est guère éloigné d'un entretien de recrutement, puisque le jury cherche à mesurer si ce que vous dites et si votre comportement pendant l'épreuve vous donnent vocation à exercer l'ensemble des missions confiées aux membres du cadre d'emplois des rédacteurs territoriaux.

Ces questions ne comportent à l'évidence ni temps de préparation ni tirage au sort.

2. Un jury

Les textes réglementaires qui déterminent l'organisation des concours précisent la qualité des membres des jurys. S'agissant des concours et examens de la fonction publique territoriale, un décret en Conseil d'État (décret du 5 juillet 2013) valable pour tous ces concours et examens dispose que chaque jury de concours (également baptisé jury plénier ou jury réglementaire, au sens où il s'agit du jury qui choisit le cas échéant les sujets, prononce l'admissibilité et l'admission des candidats) est composé d'au moins 6 membres. Ce décret précise également que les jurys sont composés de trois collèges égaux, celui des **élus locaux**, celui des **fonctionnaires territoriaux**, celui des **personnalités qualifiées**.

En outre, lorsque le jury se constitue en groupes d'examinateurs, c'est-à-dire lorsqu'il se scinde en plusieurs « sous-jurys » ou « jurys d'entretien », la composition des groupes ainsi constitués respecte la répartition en trois collèges égaux. Cela signifie que le jury d'oral, s'il comprend trois personnes, sera composé d'un élu local, d'un fonctionnaire territorial et d'une autre personne qui peut, par exemple, appartenir à une autre fonction publique que la fonction publique territoriale.

Soyez attentif si les membres du jury – c'est une pratique courante – se présentent en début d'épreuve, en déclinant leur qualité, sans indiquer généralement leur collectivité ou administration. Bien évidemment, un élu au moins siégeant dans votre jury, vous serez attentif à ce que rien dans vos propos ne laisse transparaître un jugement de valeur déplacé à l'encontre des élus.

Selon les autorités organisatrices, vous pourrez être entendu à cette épreuve par un jury plénier (qui peut par exemple comprendre six ou neuf personnes), ou par un jury de trois personnes.

Les autorités organisatrices déterminent en effet le mode d'organisation de l'épreuve en fonction du nombre de candidats. Lorsque le nombre de candidats admissibles est faible, un même jury entend l'ensemble des candidats.

2. Un exposé sur la formation, l'expérience, le projet

1. L'utilisation des cinq minutes réglementaires

La différence d'intitulé selon les voies de concours paraît sans réelle influence sur la nature de l'exercice attendu, à savoir une présentation par le candidat de son parcours et de son projet professionnel sous la forme d'un bref exposé.

L'intitulé réglementaire de l'épreuve indique que cet exposé peut durer jusqu'à cinq minutes, ce qui signifie que chaque candidat dispose du droit de présenter son parcours et son projet pendant cinq minutes. S'il est envisageable qu'un exposé dure moins de cinq minutes, il paraît vivement souhaitable d'utiliser pleinement ces cinq minutes, dans la mesure où un exposé trop bref risque d'être pénalisé par le jury et expose le candidat à une durée d'entretien d'autant plus longue que l'exposé aura été court, évidemment moins « confortable » que le temps d'exposé puisque le candidat n'est pas maître des questions posées par le jury.

Le candidat n'est pas interrompu pendant cet exposé, sauf s'il excède les cinq minutes réglementaires, auquel cas le jury l'invite fermement à conclure. Le jury peut toutefois, si le candidat s'avère incapable de développer un exposé, l'inviter au moyen de questions à faire valoir son expérience, mais une telle incapacité à exposer sera inévitablement pénalisée, traduisant une préparation insuffisante ou une impossibilité pour le candidat de gérer son stress, alors même qu'on attend d'un futur rédacteur ou rédacteur principal de 2e classe qu'il prépare ses interventions et sache, dans des situations professionnelles parfois complexes, dépasser son stress éventuel.

Une précision essentielle : **vous n'êtes pas autorisé à utiliser quelque document que ce soit**, ni CV, ni le texte de votre exposé. Cela signifie que vous devez **mémoriser les grandes lignes de votre exposé** et veiller à ce que sa restitution orale n'excède pas cinq minutes.

Il est donc vivement conseillé de s'entraîner dans les conditions réelles de l'épreuve.

2. Un parcours raisonné

Les jurys déplorent souvent que les exposés soient, selon le cas :

- trop anecdotiques ;
- trop plats ;
- exclusivement chronologiques ;

- abusivement valorisants;
- dénués de toute motivation;
- vides de tout projet;
- stéréotypés;
- incomplets;
- exagérément détaillés;
- insuffisamment détaillés;
- peu compréhensibles;
- déséquilibrés;
- trop tournés vers le passé;
- trop « scolaires »;
- livrés sur le ton du « par cœur »;
- etc.

Vous avez donc tout intérêt à préparer très soigneusement votre exposé, en sachant éviter une approche trop anecdotique pour valoriser les compétences que vous avez acquises tout au long de votre parcours.

Cette préparation minutieuse impose de **mémoriser l'essentiel de l'exposé, tout en évitant que sa restitution le jour de l'épreuve laisse au jury une impression de « par cœur » pénalisante**. Une bonne préparation va donc jusqu'à donner l'impression de ne pas avoir appris par cœur même lorsque l'on restitue ce que l'on a, le cas échéant, appris par cœur.

Enfin, les jurys déplorent parfois un décalage décevant entre ce que l'exposé laisse percevoir du candidat et ce que les réponses aux questions révèlent pendant l'entretien : il est donc inutile et même dangereux de sur-valoriser dans l'exposé son parcours et son expérience.

3. Semez des « petits cailloux »

Le temps de l'exposé, contrairement aux temps suivants de l'entretien, vous appartient totalement, puisqu'il ne donne lieu à aucune intervention du jury. Dès que votre exposé est achevé, le jury reprend la main.

Pour autant, vous pouvez, de manière non négligeable, influer sur la suite de l'entretien en semant dans votre exposé des « petits cailloux » que le jury ramassera.

Un « petit caillou », c'est un terme ou une expression que vous utilisez sans la développer parce que vous souhaitez que le jury s'en saisisse pendant le temps qui suit l'exposé. En d'autres termes, vous vous efforcez d'emmener le jury sur un terrain que vous connaissez et qui vous permet de vous valoriser.

Si, par exemple, vous employez le mot « déontologie », il est vraisemblable que le jury vous demande ce qu'évoque pour vous la « loi déontologie » (loi n° 2016-483 du 20 avril 2016 relative à la déontologie et aux droits et obligations des fonctionnaires, qui vise notamment à moderniser les droits et obligations des fonctionnaires).

3. Une aide à la préparation de l'exposé

Le décret fixant les modalités d'organisation des troisièmes concours d'accès à certains cadres d'emplois (par exemple celui des attachés territoriaux) renvoie à un arrêté du 29 janvier 2007 fixant un **modèle de document retraçant l'expérience professionnelle des candidats** utilisé par ailleurs pour des examens professionnels de catégorie C.

Ce document n'est pas demandé aux candidats aux concours de rédacteur et de rédacteur principal de 2e classe, mais il peut constituer pour vous une aide à la construction de votre exposé : sa colonne « nature des activités » comprend des items qui peuvent être utilisés pour valoriser les expériences et les compétences acquises :

- **principales missions**;
- **responsabilités confiées**;
- **réalisations**;
- **publics visés**;
- **outils ou méthodes employés**;
- **travail en équipe**;
- etc.

Ce document attire également l'attention sur l'opportunité de valoriser également, le cas échéant, au-delà de la formation initiale, la **formation continue**. Il vous appartient de privilégier, si vous avez suivi de nombreuses formations, celles qui vont convaincre le jury d'une réelle motivation pour l'acquisition de nouveaux savoirs, savoir-faire ou savoir-être, d'autant plus valorisantes qu'elles contribueront à faire valoir les aptitudes à assumer les missions incombant au cadre d'emplois postulé.

Il convient de préciser que, si vous vous portez **candidat au troisième concours** au titre de votre expérience professionnelle dans le secteur privé, ou de votre mandat électif local, ou de votre responsabilité associative, vous devez faire valoir ces expériences dans votre exposé, sans négliger de présenter également l'expérience acquise, le cas échéant, dans la fonction publique. Vous pourrez très utilement valoriser vos expériences antérieures qui se sont avérées ou s'avéreront particulièrement utiles dans l'exercice des missions confiées aux membres du cadre d'emplois des rédacteurs territoriaux.

Document retraçant l'expérience professionnelle du candidat à l'examen professionnel de ...

Nom et prénom du candidat : ....

Date de naissance : ....

Date d'entrée dans la fonction publique : ....

Date d'entrée dans la fonction publique territoriale (si différente) : ....

Autre expérience professionnelle que dans la fonction publique : OUI – NON

Si oui, préciser la durée : ....

Expérience professionnelle dans la fonction publique ou dans le secteur privé

Employeur (désignation, adresse, téléphone, domaine d'intervention)	Service d'affectation (désignation, nombre d'agents ou de salariés)	Informations sur les emplois occupés par le candidat		
		Période d'emploi (dates de début et de fin)	Intitulé de l'emploi	Nature des activités (principales missions, responsabilités confiées, réalisations, publics visés, outils ou méthodes employés, travail en équipe, etc.)

Formation initiale ou validation des acquis de l'expérience du candidat

Diplôme préparé (intitulé précis)	Spécialité éventuelle	Niveau de certification du diplôme (*)	Obtenu (oui/ non)	Année d'obtention	Pays de délivrance du diplôme

(*) Niveau V : BEP, CAP, diplôme national du brevet ; niveau IV : baccalauréat, brevet de technicien ; niveau III : BTS, DUT ; niveau II : licence, master 1 ; niveau I : doctorat, master 2.

Formation continue

Intitulé précis du stage suivi	Organisme de formation	Année	Nombre de jours

Attestation établie le : ....

Signature du candidat :

Cette attestation est la propriété exclusive du candidat, qui en certifie l'authenticité des informations. Elle est faite pour servir et valoir ce que de droit.

Ce qu'il ne faut pas dire

« J'ai commencé comme agent le 10 mai 2004. Je m'occupais du secrétariat du service affaires générales de la commune. Après, le 18 juin 2012, j'ai muté et je suis devenue secrétaire du chef du service comptabilité dans une commune un peu plus grosse. J'ai beaucoup aimé faire du secrétariat parce que cela correspond bien à mon goût pour les dossiers administratifs.

Le 11 septembre 2017, j'ai été nommée adjoint administratif sur mon poste et j'ai muté après les municipales de 2020 - pour des raisons que je n'ai pas besoin de vous expliquer ! - sur un autre poste, toujours dans les finances, dans une commune un peu plus importante.

Je veux devenir rédacteur parce que cela me semble mérité après près de 20 ans de carrière et parce que je n'ai pas envie de plafonner. [...] »

Les défauts de ce début d'exposé sont manifestes :

- aucun projet n'y apparaît : quelle motivation tant lors de l'accès au premier poste que lors des choix ultérieurs ?
- le parcours paraît plus subi que choisi ;
- la description des fonctions est inexistante ;
- le degré de précision des dates est inapproprié et laisse craindre un attachement scrupuleux à des détails très secondaires ;
- le registre de langue est inadapté au grade postulé.

4. L'aptitude à exercer les missions

1. La capacité à s'intégrer dans l'environnement professionnel (concours externe et troisième concours de rédacteur)

L'évaluation de cette capacité apparaît très explicitement dans les objectifs de l'épreuve d'entretien des concours externe et de troisième voie. Elle passe par la vérification de la connaissance par le candidat du cadre institutionnel dans lequel il sera appelé à exercer ses fonctions.

Pour autant, ces connaissances sont généralement également vérifiées chez les candidats aux concours internes, qui, se présentant au concours au titre d'une ancienneté d'au moins 4 ans dans la fonction publique, et le plus souvent dans la fonction publique territoriale, doivent faire la preuve de connaissances précises de celle-ci et, plus largement, des collectivités territoriales.

Ainsi, comme dans beaucoup de concours et examens de la fonction publique territoriale comportant une épreuve d'entretien, les candidats doivent être prêts à apporter réponse à des questions portant notamment sur :

- les compétences des collectivités territoriales ;
- les modes de désignation et les compétences des organes délibérants et exécutifs des collectivités territoriales et de leurs établissements publics ;
- l'intercommunalité ;
- la fonction publique territoriale, les droits et obligations des fonctionnaires ;
- des notions générales sur les finances publiques locales ;
- des notions générales sur les moyens d'action des collectivités territoriales ;
- l'actualité des collectivités territoriales.

2. Les connaissances, la motivation (concours externe, interne et troisième concours de rédacteur principal de 2e classe)

La vérification des connaissances et de la motivation paraît également passer par une vérification d'une bonne maîtrise des principales données concernant les collectivités territoriales. Il est cohérent, s'agissant d'un grade d'avancement, que le jury exige davantage des candidats à ce concours que des candidats aux concours d'accès au grade de rédacteur.

On peut ici se référer à titre d'illustration au champ des connaissances requises à l'épreuve d'entretien des concours d'attaché territorial :

- Décentralisation et déconcentration.
- Droits et obligations des fonctionnaires.
- La fonction publique territoriale.
- Les collectivités territoriales et leurs établissements publics : leurs organes et leurs principales compétences.
- Les principales caractéristiques des collectivités territoriales selon leur nature et leur taille.
- La répartition des pouvoirs et les modes de décision dans les collectivités territoriales.
- Notions de base en matière de finances publiques locales.
- Notions sur le processus d'élaboration budgétaire.
- La démocratie locale.
- Les moyens juridiques d'action des collectivités territoriales, la commande publique (marchés publics, partenariat public-privé, etc.).
- Les relations entre l'administration et les administrés.
- L'accessibilité des services publics.
- Le contrôle de légalité des actes des collectivités territoriales.
- Notions sur les politiques publiques sectorielles des collectivités territoriales.
- L'évaluation des politiques publiques.

3. Les aptitudes à l'encadrement (concours externe, interne et troisième concours de rédacteur principal de 2e classe)

L'intitulé réglementaire de l'épreuve d'entretien des trois concours de rédacteur principal de 2e classe précise que le jury évalue les aptitudes à l'encadrement.

Le statut particulier du cadre d'emplois précise en effet que les titulaires des grades d'avancement (rédacteur principal de 2e classe et de 1re classe) se voient notamment confier des fonctions d'encadrement.

Pour autant, le candidat au concours de rédacteur, qui peut devenir, par concours comme par examen professionnel, rédacteur principal de 2e classe, ne saurait tout ignorer de l'encadrement, d'autant que les rédacteurs peuvent se voir confier des fonctions d'encadrement des agents d'exécution.

Extrait du décret n° 2012-924 du 30 juillet 2012 portant statut particulier du cadre d'emplois des rédacteurs territoriaux

« Les **rédacteurs territoriaux** sont chargés de fonctions administratives d'application. Ils assurent en particulier des tâches de gestion administrative, budgétaire et comptable, et participent à la rédaction des actes juridiques. Ils contribuent à

l'élaboration et à la réalisation des actions de communication, d'animation et de développement économique, social, culturel et sportif de la collectivité.
Les rédacteurs peuvent se voir confier des fonctions d'**encadrement des agents d'exécution.**
Ils peuvent être chargés des fonctions d'assistant de direction ainsi que de celles de secrétaire de mairie d'une commune de moins de 2 000 habitants.
Les rédacteurs principaux de 2e classe et les rédacteurs principaux de 1re classe ont vocation à occuper les emplois qui, relevant des domaines d'activité mentionnés ci-dessus, correspondent à un niveau d'expertise acquis par la formation initiale, par l'expérience professionnelle ou par la formation professionnelle tout au long de la vie.
Ils peuvent à ce titre réaliser certaines tâches complexes de gestion administrative, budgétaire et comptable, être chargés de l'analyse, du suivi ou du contrôle de dispositifs ou assurer la coordination de projets.
Ils peuvent également se voir confier la **coordination d'une ou de plusieurs équipes, et la gestion ou l'animation d'un ou de plusieurs services.** »

A. Des mises en situation

Le jury pourra aborder les problématiques de l'encadrement au moyen de mises en situation.

Il peut par exemple vous placer dans la situation suivante : « **Vous venez d'être recruté en qualité de chef d'un service comptant quatre agents dans une commune de 20 000 habitants. Vous succédez à un chef de service qui a exercé ces mêmes fonctions pendant 20 ans.** »

À partir de cette situation, de nombreuses questions peuvent vous être posées, comme :

- Lors de votre prise de fonctions, quelles sont vos premières actions ?
- Concrètement, comment encadrer une équipe de quatre agents ?
- Comment réussir les changements que vous souhaitez ?
- Un des agents du service se montre particulièrement opposé au changement : que faites-vous ?
- Un conflit latent entre deux agents pèse sur le service depuis plusieurs années : comment agissez-vous ?
- Une violente altercation oppose deux agents du service en présence d'un administré : comment réagissez-vous ?
- Les insuffisances du chef de service auquel vous succédez ont conduit l'adjoint au maire en charge du secteur dont relève votre service à exercer directement la responsabilité de ce service. Comment agissez-vous ?
- La répartition des tâches entre les différents agents est confuse : comment agissez-vous ?
- L'adjoint au maire en charge de votre secteur vous demande de mettre en œuvre une procédure qui vous paraît contestable : que faites-vous ?
- Vous devez mettre en œuvre une décision prise par votre directeur qui soulève une forte opposition de tous les agents de votre service : que faites-vous ?

- En fort désaccord avec votre hiérarchie, quelle autre alternative que se taire ou démissionner ?
- Votre directeur vous demande d'appliquer une mesure illégale : que faites-vous ?
- Pouvez-vous nous décrire l'organisation des services dans cette commune de 20 000 habitants ?

B. Les concepts d'encadrement et de management

Les questions peuvent également chercher à mesurer la maîtrise des principaux concepts de l'encadrement et du management, au moyen de questions comme :

- Qu'est-ce qu'encadrer ?
- Peut-on bien encadrer sans aimer encadrer ?
- Un cadre peut-il avoir raison seul contre tous ?
- Qu'est-ce qui fait la légitimité d'un responsable ?
- Faut-il savoir faire pour faire faire ?
- Quel type (mode) de management pratiquez-vous ou entendez-vous pratiquer ?
- Comment articuler confiance et contrôle ?
- Quelles sont les conditions d'une délégation réussie ?
- Comment motiver un collaborateur ?
- Comment évaluer la « manière de servir » ?
- Quelles sont les conditions de l'évaluation réussie d'un collaborateur ?
- À partir d'un cas précis que vous avez connu, que signifie gérer un conflit ?
- Qu'est-ce que la conduite de projet ?
- Qu'est-ce qui vous paraît essentiel dans la conduite de projet ?
- Qu'est-ce qu'un expert ?
- Qu'est-ce qui rend un expert légitime ?
- La transversalité : mythe ou réalité ?
- Qu'est-ce que l'évaluation d'une action, d'une politique ?
- Comment conduire le changement ?
- Comment vaincre les résistances au changement ?

À titre indicatif, le cadrage national de l'épreuve d'entretien des concours d'attaché territorial indique que les questions d'encadrement peuvent notamment se fonder sur les thèmes suivants :

- le recrutement ;
- l'évaluation ;
- la conduite d'entretien/la communication/la capacité à rendre compte ;
- la gestion de conflits ;
- la capacité à motiver, proposer, conduire/déléguer ;
- la capacité d'organisation ;
- la conduite de projets/le pilotage d'opérations/ la conduite du changement ;
- la connaissance du statut en matière de gestion des ressources humaines.

5. Le rôle essentiel du comportement

Incontestablement, le jury cherche à évaluer non seulement des connaissances mais aussi, compte tenu des missions incombant au cadre B qu'est le rédacteur territorial, la capacité à assumer les responsabilités exercées par un rédacteur, à communiquer, faire preuve de réactivité, argumenter, etc.

Faire face à l'adversité, rester lucide devant l'imprévu, savoir s'adapter, faire preuve à la fois de souplesse et de fermeté, tenir à ses idées tout en sachant prendre en compte la contradiction, être capable de faire avancer la réflexion même lorsqu'on n'a pas réponse, savoir « rebondir », etc., autant d'aptitudes que le jury va chercher à évaluer au moins pendant les 15 minutes qui suivent votre exposé.

1. La communication est pour une bonne part non verbale

Votre posture, votre comportement pendant l'épreuve doivent délivrer le message que vous êtes une personne ouverte, équilibrée (assise bien droite, utilisant bien l'espace, sachant regarder la personne qui lui parle et les membres du jury quand elle parle, etc.), à l'écoute, impliquée, responsable.

Un candidat avachi, ou replié sur lui-même, crée un a priori défavorable, inévitablement pénalisant.

L'exposé ne vous permet pas toujours suffisamment de regarder les membres du jury : la réflexion projette parfois vers le haut un regard vide, avec des clignements d'yeux, qui ne cherche pas à recueillir des informations sur l'environnement mais à traquer des idées « à l'intérieur de la tête ». Ce sera souvent votre attitude si vous cherchez à reconstituer un exposé cohérent à partir de bribes insuffisamment mémorisées.

Évitez également pendant cette phase d'exposé la tête baissée, le regard obstinément fixé sur la table (souvent accompagné du marmonnement…), posture qui accompagne souvent la livraison un peu trop laborieuse d'un exposé appris par cœur.

Efforcez-vous au contraire, tout au long de votre exposé puis de l'entretien, de regarder équitablement les membres du jury afin de mesurer si vous êtes entendu et si vous intéressez. **Si vous percevez une incompréhension, n'hésitez pas à reformuler.** Si vous croyez sentir un manque d'intérêt, adoptez un ton plus convaincant, moins monocorde, introduisez des ruptures de rythme, par exemple par des **reformulations fortement synthétiques** (comme : « Un an, donc, de découverte du fonctionnement d'une petite commune » ou : « Suit une expérience d'une tout autre nature »).

Ensuite, pendant l'entretien proprement dit, efforcez-vous de regarder le membre du jury qui vous pose une question, et lorsque vous répondez, regardez-le mais regardez aussi les deux autres membres du jury afin de recueillir des informations sur la manière dont vos propos sont reçus et aussi d'éviter une « entrée dans le jeu » un peu agressive du ou des membres du jury que vous ne regarderiez jamais…

ATTENTION

Évitez les gestes parasites, ne vous balancez pas sur votre chaise, ne tripotez pas vos cheveux, votre stylo, contrôlez vos jambes. Asseyez-vous confortablement sur votre chaise.
Vous pouvez vous détendre mais ne vous relâchez pas.

Parlez assez fort (pas trop), assez lentement (pas trop), articulez : ni lenteur solennelle, ni précipitation. Le ton est celui de la conversation, même quand vous exposez.

Pensez à respirer : pas de trop longues apnées…

Vos gestes doivent être naturels mais maîtrisés (ni paralysie, ni désordre gestuel), ils ne doivent pas donner d'indications sur votre trouble. Soyez sincère et « assurez » (lorsque le jury affirme quelque chose, n'opinez pas systématiquement du bonnet : c'est dangereux !).

Vous n'êtes pas une victime, les membres du jury ne sont pas vos bourreaux.

Vous n'êtes ni celui qui sait tout, ni celui qui ne sait rien.

Les membres du jury ne sont ni ceux qui savent tout, ni ceux qui ne savent rien.

Pas d'agressivité à l'encontre du jury. Retourner les questions au jury, lui demander d'apporter réponse aux questions qu'il pose, est contraire à la « posture » requise et peut être vécu par le jury comme une forme d'agression.

Ceci étant, **ne vous laissez aller à aucune familiarité avec le jury**, même si vous avez l'impression que « tout se passe bien » et si vous pensez que le « bon climat » que vous percevez vous permet un certain relâchement. Veillez également à ne pas envahir l'espace du jury (« *Don't invade my privacy* », disent les États-Uniens). À cet égard, serrer en arrivant la main de chacun des membres du jury est plutôt malvenu et peut laisser entendre au jury que vous cherchez à forcer la sympathie pour obtenir une appréciation favorable de votre prestation.

Efforcez-vous toujours d'apporter réponse et de vous comporter comme vous le feriez en situation professionnelle si la question vous était posée par votre directeur général ou par l'exécutif de votre collectivité.

2. Une expression correcte

Ne recherchez pas à tout prix la perfection du langage (au risque du blocage) : la spontanéité n'est pas interdite et « passe » mieux qu'un temps trop long de réflexion imposé par le souci maniaque d'une syntaxe absolument parfaite.

Cependant, évitez la langue de bois, le « remplissage n'ayant rigoureusement aucun sens », pour reprendre une expression inventée par le journaliste et académicien aujourd'hui disparu, Bertrand Poirot-Delpech, qui se moquait du langage « RAS » (voir page 39).

Le registre de langue (niveau de langage) ne sera jamais relâché, ni, évidemment, vulgaire, mais normal et parfois soutenu, plutôt dans le registre technique que littéraire (les « forces de l'ordre » de préférence à « la maréchaussée »), sans affectation inutile toutefois.

Si possible, préparez-vous à plusieurs avant le concours et enregistrez-vous afin de repérer vos tics de langage et vos formules d'hésitation (ben, heu, voilà, etc.).

3. Une tenue correcte

Un seul slogan : « À l'aise dans vos baskets… mais ne venez pas en baskets. »

« Tenue correcte exigée », ce qui n'impose ni la cravate ni le tailleur, mais empêche le pull avachi, la barbe de trois jours. Choisissez une tenue dans laquelle vous vous sentez à l'aise (si vous portez une cravate, qu'elle ne vous étrangle pas, si vous avez choisi un tailleur, que la jupe ne soit pas trop courte…).

Évidemment, pas de signe distinctif (appartenance à une collectivité, une association, etc.), bref pas de signes ostensibles qui pourraient donner l'impression que vous cherchez à influencer le jury.

Une tenue trop provocante peut donner l'impression que vous cherchez à utiliser pour convaincre des arguments qui ne relèvent pas des aptitudes attendues d'un rédacteur ou rédacteur principal de 2e classe.

On ne peut cependant nier que le charme joue et que le jury doit parfois se méfier de lui-même.

4. Encore quelques conseils

Méfiez-vous des questions simples, simplistes (empoisonnées). Ne répondez jamais seulement par « oui » ou par « non » : argumentez.

Écoutez, entendez : ne dites pas « c'est une bonne question », mais plutôt « c'est une question difficile, délicate, actuelle, controversée, etc. ».

N'hésitez jamais à reformuler : cela donne du temps et des idées.

Quand la conversation « marche » bien, les difficultés des questions vont croissant ou s'élargissent : c'est bon signe. La note monte, le jury cherche à savoir jusqu'où monter.

Prenez les questions comme une chance que vous devez saisir (des balles pour jongler, pas des balles pour vous tuer).

Efforcez-vous de ne pas détester le jury : celui qui questionne vous permet de vous faire valoir.

Vous pouvez faire préciser une question, ou mieux la préciser vous-même (« Si j'ai bien compris, vous me demandez si, de… »). En toute hypothèse, évitez : « Vous pouvez répéter la question ? »

Lorsque vous « tenez une question », prenez le temps de vous en servir : définition, actualisation, élargissement. Si vous relancez la balle trop vite, le rythme va s'accélérer, et tout le monde, vous-même, le jury, va s'y épuiser.

Ne vous laissez pas enfermer dans vos contradictions : sachez admettre que vous vous êtes trompé(e).

Sachez aussi revenir au sujet, donnez l'impression de maîtriser le débat : la digression est choisie, les glissements sont programmés. Mais sachez aussi abandonner sans regret un « terrain » qui vous est cher : lorsque le jury perçoit que vous êtes très à l'aise sur telle ou telle question, par exemple parce qu'elle coïncide avec votre champ de compétences professionnelles, il peut vous emmener sur un autre terrain ; acceptez d'y aller sans réticence visible.

Ne répondez jamais au jury : « Je vous l'ai déjà dit. » Si le jury vous pose une question que vous pensez déjà avoir traitée, reformulez, le jury ne vous a peut-être pas compris ou souhaite une réponse plus précise.

Pour conclure, en fin d'entretien, le jury, au moment d'attribuer une note à un candidat, aura toujours en tête la question suivante : au vu de son exposé, de ses réponses, de son comportement, lui confierions-nous ou non des fonctions de rédacteur ou de rédacteur principal de 2e classe dans une commune, un département, une région, un établissement public local ? Travaillerions-nous quotidiennement avec lui en toute confiance ? Les **qualités** que nous avons perçues compensent-elles ou non les imperfections de l'exercice imposé ?

Simulations d'entretien

Le premier exemple est celui de la prestation d'une candidate réelle (ici dénommée C) au **troisième concours de rédacteur**, auditionnée par un jury de trois personnes, une élue locale (EL), un fonctionnaire territorial (FT), une personnalité qualifiée (PQ). Nous avons seulement supprimé quelques informations contenues dans l'exposé afin de le rendre anonyme.

Le deuxième exemple a trait au **concours externe de rédacteur principal de 2e classe**.

SIMULATION N° 1 : Rédacteur

EL : « Bonjour, asseyez-vous. Je vous rappelle les règles : vous disposez de 5 minutes pour présenter sans être interrompue votre expérience professionnelle. Nous vous interromprons seulement si vous dépassez les 5 minutes réglementaires. Nous vous poserons ensuite des questions nous permettant d'évaluer vos connaissances et vos aptitudes à exercer les missions d'un rédacteur territorial. Êtes-vous prête ? »

C : « Oui, je suis prête. »

EL : « Je lance le chronomètre. C'est à vous. »

C : « Bonjour, je suis donc C, j'ai […] ans. J'occupe depuis trois ans un poste de […] au service […] de (collectivité ou établissement public), sur le grade d'adjoint administratif principal de 2e classe.

Mon parcours professionnel s'est construit autour de deux temps forts que je vais vous exposer :

I – Le (la) (*discipline culturelle*) d'abord et les qualités qu'il (elle) m'a permis de développer

II – Une reconversion nécessaire autour d'un nouveau projet porteur de sens, le service public

Premier temps : comment le (la) (discipline culturelle) m'a permis de développer des compétences professionnelles

Mon premier moteur, ma passion, c'est le (la) (discipline culturelle). Ça a été aussi mon premier projet professionnel :

- C'est une discipline qui exige de la persévérance, de l'engagement, qui apprend la régularité et qui apporte beaucoup de satisfactions personnelles et la reconnaissance des autres (public, élèves).
- J'ai choisi de me former pour enseigner parce que j'avais l'envie de partager cette passion et de transmettre un savoir.

– C'est aussi mener à bien des projets, comme le projet (projet culturel). Des élèves de (discipline) étaient réticents, et j'ai su les convaincre. Leur engagement, leurs remerciements, la reconnaissance du public ont été des facteurs déterminants de motivation qui m'ont conduit à une deuxième édition de ce projet.

Je travaillais en parallèle dans la vente (notamment d'articles de (discipline culturelle). Quand j'ai dû abandonner la pratique professionnelle du (de la) (discipline culturelle) pour raison d'âge et que la vente est devenue mon activité à temps plein, il m'est vite apparu que la satisfaction des clients, essentielle pour moi, primait très largement sur la recherche du profit, qui, lui, ne me correspondait pas.

■ Deuxième temps : un projet de reconversion dans le service public

C'est au cours d'un bilan de compétences que j'ai pu identifier que le service public me permettrait de retrouver les notions d'engagement, de désintéressement et le sentiment d'utilité. À l'occasion de la réussite d'un premier concours, j'ai appris à mieux connaître le service public et découvert la fonction publique.

Il m'a paru à ce moment-là nécessaire de valoriser mes compétences sur des postes administratifs avant d'intégrer la fonction publique.

1 – Nécessité de légitimer mes compétences, de les mettre à l'épreuve :

J'ai pu le faire en occupant un poste polyvalent de [...] dans le domaine de [...].

C'était une création de poste qui m'a permis de développer une grande autonomie, mais aussi beaucoup de polyvalence puisque mes missions allaient de la gestion administrative de (domaine) au support informatique.

J'ai surtout pu apprécier le travail en transversalité, la collaboration avec les autres équipes pour améliorer les outils.

2 – Une volonté d'être au service du public

Forte de cette expérience, j'ai alors répondu à une offre de (collectivité ou établissement public) en intégration directe puis nommée sur le grade d'adjoint administratif principal de 2e classe à la suite de la réussite du concours.

J'y voyais un lien direct avec mon poste précédent, mais aussi une porte d'entrée et une manière de continuer à construire mon projet professionnel.

Je ne détaillerai pas le contenu des missions propres à un (intitulé du poste).

C'est un poste formateur qui m'a permis d'acquérir de nouvelles connaissances de la fonction publique lors de ma formation d'intégration et surtout dans le cadre de l'exercice de mes missions.

J'y retrouve : la rigueur (organisation, respect des échéances), l'exemplarité (réponses apportées), la collaboration (travail en binôme pour les opérations à gros volumes) et la transversalité (autres équipes impliquées, diversité des interlocuteurs), l'équité.

Ma hiérarchie m'a montré sa confiance en me confiant des opérations à gros volumes et en me chargeant d'élaborer des guides de procédure.

Pour conclure

J'ai persévéré pour mener à bien mon projet professionnel :

1 – en intégrant la fonction publique sans concours;

2 – en présentant le concours de rédacteur, pour franchir l'étape suivante de mon projet;

3 – en exerçant des compétences qui correspondent au cadre d'emplois des rédacteurs territoriaux (coordination, planification, rédaction).

J'ai à présent terminé mon exposé, je vous remercie pour votre attention et je me tiens à l'écoute de vos questions.

EL : « Merci. Vous êtes dans les temps. Vous faites valoir votre connaissance du service public et de la fonction publique. Pouvez-vous citer quelques droits et obligations des fonctionnaires ? »

C : « Pour commencer par les droits, je citerai la liberté d'opinion, le droit de grève, le droit syndical, le droit à la formation, le droit à rémunération après service fait, le droit à la protection.

S'agissant des obligations, je citerai le secret professionnel, le devoir de réserve, l'information du public, l'obéissance hiérarchique, l'obligation d'effectuer les tâches confiées. »

PQ : « Qu'est-ce que la protection fonctionnelle ? »

C : « La loi du 13 juillet 1983 portant droits et obligations des fonctionnaires reconnaît aux fonctionnaires un droit à une protection et une réparation par leur collectivité lorsqu'ils sont, dans l'exercice de leurs fonctions, victimes de menaces, d'injures, de voies de fait... »

EL : « Toujours à propos de service public : vous êtes directrice d'un centre aéré et vous accueillez un enfant handicapé. Que faites-vous ? »

C : « Bien que sans expérience en la matière, j'aurai tout d'abord à l'esprit que la loi handicap du 11 février 2005 reconnaît le droit des enfants, des jeunes et des adultes handicapés à accéder aux institutions ouvertes à l'ensemble de la population, par exemple les écoles et les centres de loisirs. Je dois faire en sorte que soient respectés les principes d'égal accès au service public et de non-discrimination. L'enfant handicapé doit donc être accueilli comme tout autre enfant. »

EL : « Effectivement ; mais concrètement ? »

C : « Concrètement, les besoins de l'enfant et les contraintes imposées à l'équipe du centre aéré doivent être identifiés pour permettre un accueil adapté. Je mets donc en place un protocole d'accueil comprenant la formation des agents, des rencontres avec l'enfant et sa famille aux différentes étapes de l'accueil, un accueil individualisé pour les enfants lourdement handicapés. J'associe la famille à l'élaboration du protocole ou d'un plan d'aide individualisé (PAI) précisant les conditions d'accueil de l'enfant. Je m'assure d'un réseau d'intervenants extérieurs pour apporter si nécessaire des soins médicaux et je m'assure que je dispose d'informations médicales écrites concernant l'enfant... »

EL : « Et quelles sont les principales étapes de la conduite de projet ? »

C : « Tout projet commence par une phase de conception, avec un diagnostic : il faut analyser l'existant, identifier les besoins, repérer les contraintes, identifier les solutions possibles et choisir parmi les différentes solutions. Vient ensuite la phase de réalisation, avec la programmation des différentes actions dans le cadre d'un calendrier précis et leur mise en œuvre. Le projet se termine toujours par une phase d'évaluation et de capitalisation de l'expérience. »

FT : « Un peu de finances publiques : quels sont les principes du budget d'une collectivité ? »

C : « Je citerai le principe d'annualité : le budget doit être défini pour une année, du 1er janvier au 31 décembre. Il doit être voté en principe le 31 décembre de l'année précédente, avec possibilité de vote plus tardif, jusqu'au 15 avril. »

FT : « D'autres principes ? »

C : « Oui, le principe de l'équilibre réel, équilibre entre recettes et dépenses, équilibre de chaque section du budget, fonctionnement et investissement. Le principe d'unité, également : toutes les recettes et dépenses figurent dans un document unique. »

FT : « Et le principe d'universalité ? »

C : « Cela signifie que toutes les dépenses et recettes doivent être indiquées dans leur intégralité. »

PQ : « Pour continuer dans le domaine des finances publiques locales, par quoi a été remplacée la taxe professionnelle ? »

C : « Je sais que la taxe professionnelle, une des "quatre vieilles", a été remplacée en 2010 par une contribution économique territoriale (CET) composée d'une cotisation foncière des entreprises (CFE) assise sur les bases foncières, et d'une cotisation sur la valeur ajoutée des entreprises (CVAE) assise sur la valeur ajoutée des entreprises. »

PQ : « Pourquoi ce remplacement ? »

C : « Je crois que la taxe professionnelle était assise sur la valeur locative des locaux et des machines et était accusée de peser sur la compétitivité des entreprises françaises. »

FT : « C'était quoi, les "quatre vieilles" ? »

C : « La taxe d'habitation, la taxe foncière sur les propriétés bâties, la taxe foncière sur les propriétés non bâties, qui ne sont d'ailleurs pas des taxes, mais des impôts. Et la taxe professionnelle… »

FT : « Quelle différence faites-vous entre taxe et impôt ? »

C : « La taxe est perçue en échange d'un service rendu, c'est par exemple le cas de la taxe d'enlèvement des ordures ménagères. L'impôt, lui, est dû par le contribuable sans correspondre au coût du service et sans nécessité d'une contrepartie. »

EL : Pour revenir sur le terrain social : que pouvez-vous nous dire sur le CCAS ?

C : « Le CCAS, centre communal d'action sociale, est un établissement public administratif, héritier du bureau d'aide sociale. Présidé par le maire de la commune, il est administré par un conseil d'administration composé à parité d'élus locaux désignés par le conseil municipal et de personnalités qualifiées désignées par le maire. Il exerce une action générale de prévention et de développement social dans la commune. Il est chargé de missions et d'activités légales, mais aussi facultatives. »

EL : « Cela signifie que les activités facultatives ne sont pas légales ? »

C : « L'aide légale correspond à des aides de l'État instruites au niveau local par le CCAS. En complément des aides légales, le CCAS peut octroyer des prestations d'aide sociale complémentaires, dites facultatives parce qu'elles n'ont pas un caractère obligatoire. Elles ne sont évidemment pas contraires à la loi. »

PQ : « Qu'est-ce que le principe de libre administration des collectivités territoriales ? »

C : « Le principe de libre administration des collectivités territoriales signifie que les communes, les départements, les régions, s'administrent librement par des conseils élus. C'est le principe fondateur de la décentralisation. L'État n'exerce plus de pouvoir de tutelle sur les collectivités, mais seulement un pouvoir de contrôle administratif *a posteriori* opéré par le préfet qui peut déférer au juge administratif les actes qu'il estime illégaux. Pour s'administrer librement, les collectivités sont dotées des moyens humains et financiers sans lesquels elles ne pourraient exercer leurs compétences. »

FT : « Pouvez-vous citer quelques compétences des collectivités territoriales ? »

C : « S'agissant de la commune, je citerai des compétences traditionnelles comme l'entretien et la réalisation de la voirie communale, la construction et l'entretien des écoles primaires (maternelles et élémentaires), l'urbanisme.

Le département est chargé de l'action sociale et de l'aide sociale, parmi lesquelles la protection maternelle et infantile, l'aide sociale à l'enfance et l'aide aux personnes âgées. Il finance également la construction et l'entretien de la voirie départementale, la construction et l'entretien des collèges.

La région, enfin, est principalement compétente en matière de développement économique, d'aide aux entreprises, d'aménagement du territoire, de formation professionnelle. Elle finance la construction et l'entretien des lycées. »

PQ : « Quelques questions sur le management, pour terminer : quels sont les outils du manager pour motiver ses agents ? »

C : « Je crois qu'il est essentiel que le rôle de chaque agent soit clairement défini. Dans ce cadre, il faut fixer à chacun des objectifs également clairs, réalistes, atteignables et le doter des moyens nécessaires pour les atteindre. Au quotidien, il faut savoir encourager, reconnaître les tâches bien accomplies tout en sachant souligner les insuffisances. Si l'on ne fait jamais aucune critique, le compliment perd son sens. Le manager dispose également de moyens institutionnels pour entretenir la motivation des agents, comme le régime indemnitaire, l'avancement de grade, la promotion interne, pour lesquels il peut faire des propositions à sa hiérarchie. »

FT : « Il nous reste 1 minute. Sur qui, sur quoi pouvez-vous vous appuyer pour développer vos compétences en tant que manager ? »

C : « Je pense évidemment à la formation délivrée par le CNFPT dans le cadre de la cotisation employeur de 0,90 %. Si j'accède par concours au grade de rédacteur, je bénéficierai d'une formation initiale obligatoire. Je pourrai aussi choisir dans l'offre du CNFPT différentes formations au management. L'aide de ma hiérarchie, que je solliciterai régulièrement, me permettra aussi de développer mes compétences. Et je solliciterai aussi les conseils de collègues plus expérimentés que moi… »

EL : « Les 20 minutes sont écoulées. Nous vous remercions. »

C : « Je vous remercie. »

SIMULATION N° 2 : Rédacteur principal

EL : « Bonjour. Comme vous le savez, l'épreuve commence par un exposé de 5 minutes sur votre formation et votre projet professionnel, suivi de questions du jury pendant les 15 minutes restantes. Êtes-vous prêt ? »

C : « Je suis prêt. »

EL : « À vous. »

C : « Bonjour, je m'appelle C.

Je vais d'abord vous présenter mon parcours de formation avant de vous exposer mes motivations pour entrer dans la fonction publique territoriale comme rédacteur principal de 2e classe.

Après un baccalauréat littéraire obtenu avec mention en 2014, je me suis inscrit à une formation post-bac à Lille pour me préparer aux concours des écoles de journalisme tout en suivant les cours à l'université en vue d'une licence de géographie et aménagement. Il s'agit d'un dispositif qui permet que les 220 heures de cours annuels à l'École supérieure de journalisme fassent partie de la licence et se substituent à certains cours.

Ayant obtenu ma licence en 2017, je me suis présenté au concours niveau bac + 3 de l'École supérieure de journalisme de Lille mais ai malheureusement échoué au concours.

Pendant ma scolarité, j'ai effectué un stage au sein du service urbanisme d'une collectivité de 30 000 habitants. C'est dans ce cadre que j'ai découvert les collectivités territoriales et la fonction publique territoriale que je ne connaissais pas. J'ai appris que différents concours permettaient d'y accéder selon le niveau de diplôme et que des recrutements sur contrat étaient également possibles. J'ai postulé plusieurs postes contractuels dans des services chargés de l'urbanisme et de l'aménagement du territoire, mais ma candidature n'a pas été retenue, sans doute en raison de mon absence d'expérience.

J'ai alors décidé de me présenter à la session 2018 du concours externe d'attaché territorial dans la spécialité urbanisme et aménagement du territoire, malheureusement ouvert pour un faible nombre de postes par le Centre de gestion où je me suis inscrit. J'ai été admissible, mais n'ai pas été admis.

C'est pourquoi je me présente au concours externe de rédacteur principal de 2e classe ouvert au niveau bac + 2, proche de mon niveau de diplôme, qui paraît me permettre d'exercer des missions intéressantes en lien avec ma formation.

Pour me préparer au concours, outre l'acquisition livresque de connaissances, j'ai rencontré plusieurs cadres exerçant en collectivité, qui m'ont paru très intéressés et motivés par leurs missions et m'ont permis de comprendre la logique du déroulement d'une carrière dans la fonction publique territoriale. Ils m'ont convaincu de l'intérêt du service public local qui permet de travailler au quotidien au service du public et de concrétiser les orientations fixées par les élus.

Si je réussis ce concours, je postulerai en priorité des postes liés à l'urbanisme et au développement des territoires. J'ai bien conscience qu'il est plus difficile pour un “vrai externe”, qui ne travaille pas encore en collectivité que pour un contractuel en poste d'être nommé, et je rechercherai simultanément un emploi contractuel et un emploi titulaire. J'envisage également de me présenter à nouveau au concours externe d'attaché territorial, mais plutôt dans la spécialité administration générale qui offre davantage de postes.

Je me suis renseigné : dans l'hypothèse où je serais recruté comme rédacteur principal de 2e classe après réussite au concours et deviendrais également lauréat du concours d'attaché en 2021, j'attendrais d'être titularisé pour demander un détachement pour stage sur le grade d'attaché territorial.

J'en ai terminé sur ma formation et mon projet professionnel et je suis prêt à répondre à vos questions. »

EL : « Je vous remercie. Vous dites être convaincu de l'intérêt du service public local. Quelles sont, selon vous, les valeurs du service public ? »

C : « Je dirais avant tout l'égalité et la neutralité, principes consacrés par le juge administratif.

L'égalité, c'est à la fois une des valeurs de la République et le principe fondamental du service public : pas de service public sans égalité devant le service public et égalité d'accès aux services publics. Ce principe implique qu'aucune distinction ne soit faite entre les usagers qui doivent bénéficier des prestations du service public sans discrimination.

La neutralité est immédiatement liée au principe d'égalité : elle requiert l'impartialité des agents publics et l'interdiction de toute discrimination fondée sur les convictions politiques, philosophiques, religieuses, syndicales ou tenant à l'origine sociale, au sexe, à l'état de santé, au handicap, à l'origine ethnique ou aux orientations sexuelles. »

EL : « Cela signifie que le service public doit traiter tout le monde de la même façon ? »

C : « Non, le principe d'égalité d'accès et de traitement n'interdit pas de différencier les modes d'action du service public afin de lutter contre les inégalités économiques et sociales.

Tous les usagers dans une même situation doivent être traités de la même façon, mais les usagers placés dans des situations différentes peuvent être traités différemment. Par exemple, la tarification des services publics peut être adaptée à la situation socio-économique des usagers au moyen du quotient familial. »

FT : « Et la transparence ? »

C : « Le principe de transparence fonde tout citoyen ou tout usager à s'assurer du bon fonctionnement des services publics.

Tout usager dispose d'un droit à l'information sur l'action des services publics qui ont l'obligation de l'informer de manière systématique. La transparence permet un contrôle de l'action des services publics par les usagers. Dans ce cadre, les services publics doivent être attentifs à consulter leurs usagers avant de prendre des décisions touchant à l'organisation et au contenu du service rendu.

Un autre principe important dont je n'ai pas parlé : l'adaptabilité, qui impose au service public de s'ajuster aux besoins. Lorsque les exigences de l'intérêt général évoluent, le service doit s'adapter à ces évolutions. »

FT : « Vous avez évoqué un recrutement en qualité de contractuel. Les choses ont-elles récemment changé à ce sujet ? »

C : « Le statut énumère les situations permettant le recrutement d'agents contractuels : remplacement temporaire sur des emplois non permanents, recrutement sur emplois permanents pour assurer le remplacement temporaire de fonctionnaires ou d'agents contractuels ou pour faire face à une vacance temporaire d'emploi dans l'attente du recrutement d'un fonctionnaire.

Le statut énumère également toute une série d'emplois qui peuvent être occupés de manière permanente par des agents contractuels : c'est notamment le cas lorsqu'il n'existe pas de cadre d'emplois de fonctionnaires susceptibles d'assurer les fonctions correspondantes. Je sais que, dans ce cadre-là, des communes embauchent dans des services urbanisme des professionnels très "pointus" qu'elles ne peuvent recruter au moyen du concours. »

FT : « Oui, mais qu'est-ce qui a changé récemment ? »

C : « Ah oui ! La loi du 6 août 2019 de transformation de la fonction publique élargit les possibilités de recrutement d'agents contractuels : emplois de direction, par exemple les directeurs généraux de services dans les communes de plus de 40 000 habitants, emplois de catégorie B, tous les emplois dans les communes de moins de 1 000 habitants.

La loi a également créé un nouveau type de contrat à durée déterminée, de 1 an au moins à 6 ans au plus : le contrat de projet, qui permet aux collectivités de recruter des profils divers pour la conduite de projets ou d'opérations identifiés s'inscrivant dans une durée limitée. »

PQ : « D'accord. Autre chose : vous envisagez, en lien avec votre formation, un poste dans un service urbanisme. Que pouvez-vous nous dire du PLU ? »

C : « Oh ! Beaucoup de choses !

La loi du 13 décembre 2000 relative à la solidarité et au renouvellement urbains (dite loi SRU) a substitué au plan d'occupation des sols le plan local d'urbanisme. Il est élaboré à l'initiative et sous la responsabilité de l'établissement public de coopération intercommunale compétent en matière de PLU ou de la commune.

La délibération prescrivant l'élaboration du PLU et précisant les modalités de concertation est notifiée aux autorités concernées (préfet, président du conseil régional, président du conseil départemental…). Les services de l'État sont associés à l'élaboration du projet de PLU à l'initiative du maire ou à la demande du préfet.

Le projet de PLU est arrêté par le conseil municipal après consultation des autorités concernées. Il comprend un rapport de présentation, un projet d'aménagement et de développement durables, des orientations d'aménagement et de programmation, un règlement, des annexes. »

FT : « On va en rester là pour le PLU. Et, en deux mots, le SRADDET ? »

C : « Le SRADDET ? Institué par la loi NOTRe du 7 août 2015, le schéma régional d'aménagement, de développement durable et d'égalité des territoires fixe les objectifs de moyen et long terme sur le territoire de la région, notamment en matière d'équilibre et d'égalité des territoires, d'implantation des infrastructures d'intérêt régional, de désenclavement des territoires ruraux, d'habitat, d'intermodalité et de développement des transports... et j'en oublie... Il identifie des itinéraires d'intérêt régional et peut fixer des objectifs dans tout autre domaine contribuant à l'aménagement du territoire. »

PQ : « Encore autre chose. Tout à l'heure, nous parlions des principes fondamentaux du service public. Et les principes fondamentaux de la commande publique ? »

C : « L'article L. 3 du Code de la commande publique fixe que "les acheteurs et les autorités concédantes respectent le principe d'égalité de traitement des candidats à l'attribution d'un contrat de la commande publique. Ils mettent en œuvre les principes de liberté d'accès et de transparence des procédures, dans les conditions définies dans le code. Ces principes permettent d'assurer l'efficacité de la commande publique et la bonne utilisation des deniers publics". »

FT : « Parfait. Vous savez certainement qu'un rédacteur principal de 2e classe peut se voir confier l'encadrement d'une équipe. Vous venez d'obtenir le poste de chef du service urbanisme dans une commune moyenne. Votre service compte six personnes.

Que faites-vous le jour de votre prise de fonctions ? »

C : « J'imagine que mon supérieur hiérarchique direct, après m'avoir conduit dans mon service pour me présenter à tous "mes" agents, m'accompagnera d'abord dans un tour de tous les services pour me présenter à mes collègues chefs de service. Vraisemblablement, je passerai ensuite par la direction des ressources humaines pour quelques formalités et, peut-être, la remise d'un livret d'accueil.

Ensuite, de retour dans mon service, j'organiserai la rencontre dans les premiers jours de la semaine de chacun des agents afin de faire plus ample connaissance. Au cours de cette rencontre, où j'échangerai avec eux sur la manière dont j'entends travailler avec eux, je leur demanderai de me faire connaître leurs attentes et leurs besoins et de m'informer des dossiers dont ils sont chargés. Je conviendrai avec chacun d'entre eux du moment de la journée où nous pourrons regarder ensemble les dossiers les plus urgents, ce qui me permettra de me "mettre dans le bain" progressivement.

Je prendrai le temps de me familiariser avec l'arborescence des différents dossiers relevant du service afin de poursuivre cette "immersion". Je solliciterai un rendez-vous dans la semaine avec mon supérieur hiérarchique afin de lui faire part de mes premières observations et interrogations. »

EL : « Une première journée bien remplie... Et imaginons que le directeur sous la responsabilité duquel vous êtes placé vous demande d'exécuter un ordre que vous pensez illégal. Que faites-vous ? »

C : « Une situation délicate... Je pense que je commencerai par faire valoir les arguments qui me conduisent à ne pas obéir à cet ordre. Si je ne parviens pas à le convaincre, je demanderai un temps de réflexion qui pourra me permettre de recueillir l'avis d'un collègue juriste et de conforter ma position. Si mon directeur persiste dans sa demande, je l'informerai de mon impossibilité d'exécuter cet ordre et de mon intention de solliciter l'arbitrage de la hiérarchie, en portant le problème à la connaissance du directeur général des services. Je pourrai attirer son attention sur le fait que le devoir d'obéissance du fonctionnaire connaît des limites : il n'est pas tenu d'obéir à un ordre manifestement illégal et de nature à compromettre gravement un intérêt public. Même si cette dernière condition n'est pas remplie, je suis fondé à ne pas appliquer une mesure illégale dans la mesure où ma propre responsabilité pourrait se trouver engagée. »

PQ : « Il nous reste une minute. En matière de finances publiques locales, qu'est-ce que la "péréquation" ? »

C : « L'article 72-2 de la Constitution fixe que "la loi prévoit des dispositifs de péréquation destinés à favoriser l'égalité entre les collectivités territoriales."

Il s'agit d'un mécanisme de redistribution qui vise à réduire les écarts de richesse entre les différentes collectivités territoriales. On distingue la péréquation horizontale, qui s'effectue entre collectivités, consistant à attribuer aux collectivités défavorisées une partie des ressources des collectivités les plus "riches", et la péréquation verticale assurée par les dotations de l'État aux collectivités. La péréquation verticale est essentiellement assurée au moyen de la dotation globale de fonctionnement (DGF). »

EL : « Les 20 minutes sont écoulées. Merci et bon retour. »

C : « Merci, et bonne après-midi. »

IMPRIM'VERT®

Dépôt légal : septembre 2022
Achevé d'imprimer en août 2022 par SEPEC en France
N° d'éditeur : MAGSI20210593
N° d'imprimeur : 09467220801

PEFC™ 10-31-1470 / Certifié PEFC / Ce produit est issu de forêts gérées durablement et de sources contrôlées. / pefc-france.org